二十一世纪普通高等教育人才培养“十三五”系列规划教材

ERSHIYI SHIJI PUTONG GAODENG JIAOYU RENCAI PEIYANG SHISANWU XILIE GUIHUA JIAOCAI

货币金融学

HUOBI JINRONGXUE

主　编◎李庚寅

副主编◎戴　江

图书在版编目(CIP)数据

货币金融学/李庚寅主编.—成都:西南财经大学出版社,2016.9
ISBN 978-7-5504-2668-9

Ⅰ.①货… Ⅱ.①李… Ⅲ.①货币和银行经济学—高等学校—教材
Ⅳ.①F820

中国版本图书馆 CIP 数据核字(2016)第 229293 号

货币金融学

主　编:李庚寅
副主编:戴　江

责任编辑:李晓嵩
封面设计:何东琳设计工作室
责任印制:封俊川

出版发行	西南财经大学出版社(四川省成都市光华村街 55 号)
网　　址	http://www.bookcj.com
电子邮件	bookcj@foxmail.com
邮政编码	610074
电　　话	028-87353785　87352368
照　　排	四川胜翔数码印务设计有限公司
印　　刷	四川森林印务有限责任公司
成品尺寸	185mm×260mm
印　　张	20.5
字　　数	465 千字
版　　次	2016 年 10 月第 1 版
印　　次	2016 年 10 月第 1 次印刷
印　　数	1—3000 册
书　　号	ISBN 978-7-5504-2668-9
定　　价	39.80 元

前言一

近几年，应用型本科院校迅速发展，正逐渐成为当前和今后一个时期内，我国高等教育发展的重要组成部分。应用型本科院校作为高等院校一个新的办学层次，其办学定位、人才培养目标和培养模式，应不同于研究型本科院校。具体来说，在对学生的要求上，理论素养应较研究型本科院校学生低，实践能力则应较研究型本科院校学生高。

但在实践中，上述特点并未体现，实际上应用型本科院校的教学管理在很多方面仍沿袭研究型本科院校的做法。例如，在教材的使用上，就未有什么区别。因此，编写适应应用型本科院校办学特色的教材，已迫在眉睫。本教材正是鉴于这一背景编写的。

众所周知，自20世纪60年代以来，金融有了长足的发展，金融已成为现代经济的核心。货币银行学作为金融学专业，甚至是经济类专业的学科基础课，地位十分重要。如何将当代金融发展的方方面面尽现在这一课程中，已成为该课程教材编写的趋向。在课程的冠名上，就存在歧义，如“金融学”“货币金融学”“金融经济学”“货币经济学”等。

本教材的主要对象为应用型本科院校学生，根据我们几年应用型本科院校教学的经验，本教材编写的宗旨如下：一是内容应力求简洁。体系结构简洁，难度适中，重在培养学生的实践能力。二是尽量避免与相关课程的重复（不过，不能影响教材结构的严谨和系统性）。三是文字表述简洁。四是内容的繁简处理适当，重点突出。为此，本教材在体系结构上，未包括国际金融部分。在某些章节内容处理上，如利率的结构理论，西方经济学者关于货币需求、货币供给的理论等内容或者略去，或者仅进行简略的介绍。另外，在涉及理论内容的阐释上，也较现行教材浅显。遗憾的是，教材在理论上的要求是降低了，但在实务上的要求却未能相应提高，原因是货币银行学毕竟是一门理论色彩较重、实务色彩较弱的课程。如何通过货币银行学的教学，提高学生在金融方面的实践能力，则是一个亟待深入研究的课题。为了弥补这一缺憾，本教材在各章节增加了较多的案例。

本教材由李庚寅主编，戴江任副主编。各章的编者分别是广东外语外贸大学南国商学院李庚寅（第十章）、戴江（第一章、第四章、第九章）、石腊梅（第五章、第七章）；广东技术师范学院天河学院谷雯（第二章、第三章）；广州大学华软软件学院符青林（第六章）、苏志鹏（第八章）。全书最后由李庚寅总纂定稿。

在本教材的写作和出版过程中，我们得到了西南财经大学出版社李特军同志的大力支持和热情帮助，我们表示衷心感谢。在编写过程中，我们参阅和引用了大量国内外论著和相关资料，获益匪浅，在此一并向相关作者和出版社谨致谢意。由于编者多系青年教师，学识和写作水平有限，加之时间较紧张，全书论述不当和错误之处在所难免，敬请各位专家、学者和广大读者不吝赐教，我们不胜感激。

编者

2011 年 7 月 15 日

前言二

本教材经过五年多时间的使用，基本上实现了初衷，其内容的安排较适用于应用型本科院校的学生，获得了用书院校师生的一致好评。

2008 年美国次贷危机爆发之后，相继发生了希腊债务危机、意大利债务危机，以致爆发欧债危机，全球经济至今尚未完全复苏。2015 年 6 月 15 日，上证指数最高触及 5 178.19 点后，随即掉头向下，并引发融资崩盘，到 8 月 26 日达到最低的 2 850 点，下跌了 45%，中小板和创业板分别下跌 44.6% 和 51.8%。股市的暴跌，对我国实体经济也产生了巨大影响。另外，近年来互联网金融的迅速发展，大大影响了传统金融的格局，日益成为我们经济生活不可或缺的组成部分。鉴于此，本教材增补“网络金融”“金融危机”两章。考虑再三，我们最后将这两章内容放在本教材最后，即第十一章和第十二章。显然，《货币银行学》已不适宜作为本教材之名了，故改称《货币金融学》。

本教材仍由李庚寅主编，戴江任副主编，原各章编者不变。新增第十一章、第十二章分别由徐浩、戴江编写，李庚寅审定。原教材中一些错误和不当之处，也由李庚寅、戴江、徐浩予以更正。

本教材的编写得到了西南财经大学出版社和本书编辑的大力支持和热情帮助，我们表示衷心感谢。同样，在编写过程中，我们参阅和引用了大量国内外论著和相关资料，获益匪浅，在此一并向相关作者和出版社谨致谢意。

编者

2016 年 7 月 18 日

目 录

第一章 货币

本章要点

本章要求学生正确理解货币的含义和职能，了解货币的形式及其演变、货币的层次及其划分的意义和依据，熟悉和掌握货币制度的含义、主要内容和演变过程以及货币流通的形式和渠道。本章的重点是货币的职能、货币的层次及其划分、货币制度的演变。其中，货币制度的演变是本章的难点。

布雷顿森林体系的形成及崩溃

1944 年 7 月，在美国新罕布什尔州的布雷顿森林召开有 44 个国家参加的联合国与联盟国家国际货币金融会议，通过了以“怀特计划”为基础的“联合国家货币金融会议的最后决议书”以及“国际货币基金组织协定”和“国际复兴开发银行协定”两个附件，总称为“布雷顿森林协定”，形成“布雷顿森林体系”。

布雷顿森林体系主要体现在两个方面：第一，美元与黄金直接挂钩。第二，其他会员国货币与美元挂钩，即同美元保持固定汇率关系。布雷顿森林体系实际上是一种国际金汇兑本位制，又称美元—黄金本位制。布雷顿森林体系使美元在二战后国际货币体系中处于中心地位，美元成了黄金的等价物，各国货币只有通过美元才能同黄金发生联系。从此，美元就成了国际清算的支付手段和各国的主要储备货币。

以美元为中心的布雷顿森林体系的建立，使国际货币金融关系又有了统一的标准和基础，结束了二战前货币金融领域里的混乱局面，并在相对稳定的情况下扩大了世界贸易。美国通过赠与、信贷、购买外国商品和劳务等形式，向世界散发了大量美元，客观上起到了扩大世界购买力的作用。同时，固定汇率制在很大程度上消除了由于汇率波动而引起的动荡，在一定程度上稳定了主要国家的货币汇率，这有利于国际贸易的发展。据统计，世界出口贸易总额年平均增长率 1948—1960 年为 6.8%，1960—1965 年为 7.9%，1965—1970 年为 11%；世界出口贸易年平均增长率 1948—1976 年为 7.7%，而二战前的 1913—1938 年，平均每年只增长 0.7%。国际货币基金组织要求成员国取消外汇管制，也有利于国际贸易和国际金融的发展，因为这可以使国际贸易和国际金融在实务中减少许多干扰或障碍。

布雷顿森林体系是以美元和黄金为基础的金汇兑本位制。其必须具备两个基本前提：第一，美国国际收支能保持平衡；第二，美国拥有绝对的黄金储备优势。但是进入 20 世纪 60 年代后，随着资本主义体系危机的加深和政治经济发展不平衡的加剧，各国经济实力对比发生了变化，美国的经济实力相对减弱。1950 年以后，美国除个别年度国际收支略有顺差外，其余各年度都是逆差，并且有逐年增加的趋势。至 1971 年，仅上半年，美国的国际收支逆差就高达83亿美元。随着国际收支逆差的逐步增加，美国的黄金储备也日益减少。1949年，美国的黄金储备为246亿美元，占当时整个资本主义世界黄金储备总额的73.4%，这是二战后的最高数字。此后，这一数字逐年减少，至1971年8月，尼克松宣布“新经济政策”时，美国的黄金储备只剩下102亿美元，而短期外债为520亿美元，黄金储备只相当于积欠外债的1/5。美元大量流出美国，导致“美元过剩”。1973年年底，游荡在各国金融市场上的“欧洲美元”就达1 000多亿元。由于布雷顿森林体系前提的消失，暴露了其致命弱点，即“特里芬难题”。体系本身发生了动摇，美元国际信用严重下降，各国争先向美国挤兑黄金，而美国的黄金储备已难于应付，这就导致了从1960年起，美元危机迭起，货币金融领域陷入日益混乱的局面。为此，美国于1971年宣布实行“新经济政策”，停止各国政府用美元向美国兑换黄金，这使西方货币市场更加混乱。1973年美元危机中，美国再次宣布美元贬值，导致各国相继实行浮动汇率制代替固定汇率制。美元停止兑换黄金和固定汇率制的垮台，标志着二战后以美元为中心的货币体系瓦解。

思考：

1. 什么是“特里芬难题”？为什么货币与黄金的联系最终会被切断？
2. 有学者主张重建金本位制，你对此有什么看法？

第一节　货币的职能

经济生活中处处有货币，几乎没有与货币不存在联系的事物和地方。那么，到底什么是货币？这需要简略地了解货币的起源，并在此基础上对货币的本质有所认识。

一、货币的起源

关于货币的起源，历史上有很多不同的说法，如先王制币说（先王为了进行统治而选定某些难得的贵重的物品作为货币）；司马迁的货币起源说（农工商交易之路通，而龟贝钱刀布之币兴焉）；创造发明说（货币是由国家或先哲创造出来）；便于交换说（货币是为解决直接的物物交换的困难产生的）；保存财富说（货币是为保存财富而产生的）。其实，货币是商品经济发展的产物。在原始社会时期，不存在商品，也不存在货币。但是随着社会分工与私有制的出现，情况发生了变化。每个人专门从事自己所擅长的一种或几种劳动，而且劳动者生产出的产品归自己所有，但是单个劳动者所生产出来的产品又不能满足自己全部的需要，这样在生产者之间必须相互交换产品。生产者是按照什么比例来交换不同的产品呢？马克思认为，一切商品都具有一个共同点，即都耗费了人类的一般劳动，因此商品的交换就必须按照劳动价值来进行交换。

在货币出现以前，商品交换主要采用直接的物物交换，但是这种形式并不是很方便，因为它要求参加商品交换的双方在时间、地点、需求上保持一致，即“需求的双重巧合”。因此，随着交换行为的日益频繁，交易者发现了在交易中经常被使用的“第三种商品”。只要先把自己的商品与这种“第三种商品”相交换，便可再用换来的

“第三种商品”交换自己想要的东西。最初，在交换过程中，多种商品都曾充当过这种“第三种商品”，后来随着商品交换的长期发展，作为“第三种商品”的身份固定在某一种商品上，于是货币产生了。这里的“第三种商品”，即马克思所说的“一般等价物”。

二、货币的本质

研究货币的含义就是研究货币的本质，即货币到底是什么的问题。货币是日常生活中经常使用的一个词，有人认为它就是我们平常说的“钱”，也有人认为它就是“财富”，甚至是“收入”。马克思则认为货币是固定充当一般等价物的特殊商品。

首先，货币是商品。从货币的历史演变过程来考察，如果货币不是商品，生产货币不耗费社会劳动时间，它本身就没有价值，就不能与其他有价值的商品相交换。其次，货币是固定充当一般等价物的特殊商品。货币虽然是从商品世界中分离出来的，但它具有一般商品所不具备的特征。货币的特殊性就在于它作为一般等价物，能够与其他任何商品相交换，一切商品都必须与货币相交换才能实现自己的价值，而这是普通商品所没有的特征。最后，由于货币作为一般等价物，可以用来购买一切商品，因而成为财富的象征。

三、货币的职能

货币的职能就是货币所具有的功能，货币的具体职能有价值尺度、流通手段、贮藏手段、支付手段、世界货币。其中，价值尺度、流通手段是货币的基本职能。

（一）价值尺度

货币执行价值尺度职能，是指货币被用来表现和衡量一切商品和劳务的价值，简单地说，就是给商品标价。例如，某件衣服标价 100 元。显然，价格是商品价值的货币表现。给商品标价并不一定要用到现实的货币，仅需要观念上的货币就可以。但由于不同商品的价值不同，表现为货币的数量也不同，因而产生了用货币单位来表现货币的不同数量，如人民币的元、角、分等。

货币执行价值尺度职能，便于不同商品进行比较，如一件衣服 100 元、一袋粮食 80 元、一辆小汽车 15 万元等，从而使交易的成本大大减少。所以说货币执行价值尺度职能是商品交换的前提条件。执行价值尺度职能的货币具有垄断性和独占性。

（二）流通手段

货币在商品交换中起媒介作用时执行流通手段职能，可简单概括为“卖商品—货币—买商品”这样一个过程。

货币在执行价值尺度职能和流通手段职能时的区别在于充当流通手段的货币不能是观念上的货币，而必须是现实的货币。但是货币充当流通手段只是交换的手段而不是目的。因此，可以用权威证明的价值符号来代替，如银行券以及信用货币制度下的纸币。货币用来作为商品交换的媒介，表现出与其他商品交换的能力，即购买力，显然与商品的价格成反比。

既然交易涉及现实的货币，那么在一定的商品交易规模的前提下就产生了货币需求和货币供给的问题。这在后面的章节中会学习到，简单地说就是如果实际流通中的货币量大于流通所需要的货币量就会造成通货膨胀；反之，则会造成通货紧缩。

马克思说："价值尺度和流通手段的统一是货币。"货币执行流通手段职能必须要了解商品的价格，而衡量商品价格的货币便是在执行价值尺度职能；商品要实际转化为与自己价值相等的另一种商品，则需要有一个社会所公认的媒介。所以说价值尺度和流通手段的统一是货币。价值尺度和流通手段是货币的两个最基本的职能。

（三）贮藏手段

由于大多数人不会马上花掉所有的现时收入，而会保留一部分货币留到将来再使用，在这种情况下，货币即执行贮藏手段职能。货币的贮藏手段职能是指货币暂时退出流通处于静止状态，作为财富的代表被储藏起来。但是保留货币不只是储存财富，更重要的是储存购买力。

在金属货币流通的时代，由于金银本身具有价值，所以货币执行贮藏手段职能是价值在货币形态上的实际积累，并作为流通中货币量的蓄水池而发挥作用。当然，货币不是能执行贮藏手段职能的唯一形态，除货币以外人们还用各种非货币资产（商品、银行存款、有价证券等）保存价值，以备将来之用。

需要指出的是，在现代信用货币制度下，纸币本身没有价值。对储存者来说，储存货币同样具有积累和储存价值的意义，但是从全社会来说，被储存起来的货币又通过信用程序继续流通到经济当中去了，并没有真正退出流通。

（四）支付手段

货币作为价值的单方面转移时执行支付手段职能。商品的支付手段职能最初出现在商品的赊购与赊销中。由于商品已经早就从卖方转移到买方，因此货币转移时，已经不是作为商品交易的媒介，而是作为价值的独立形式进行单方面的转移。

货币执行支付手段职能还表现在赋税、地租、借贷、财政的收支、银行吸收存款和发放贷款、工资和各种劳动报酬支付中。货币作为支付手段与充当商品交换的媒介一样，都必须是处于流通中的现实货币。货币作为支付手段，便利了商品交换，一定程度上解决了因流动资金不足而造成的买卖脱节现象，为信用的产生创造了条件。

流通中的货币往往是交替执行流通手段和支付手段的职能。

（五）世界货币

世界货币职能就是货币跨越了国界，在世界范围内执行上述四项职能。

并不是所有国家的货币都能执行世界货币职能。因为货币执行世界货币职能主要表现在以下几个方面：一是作为国际支付手段；二是用于国际上的购买；三是代表社会财富在国与国之间进行转移。而符合这些条件的货币往往属于关键性的货币，即实现了自由兑换并且是被世界各国普遍接受的货币，如美元、英镑、欧元和日元等。

货币的五个职能是密切联系的。首先，"价值尺度和流通手段的统一是货币"，价值尺度职能和流通手段职能是货币的基本职能。另外，货币的支付手段职能是由商品信用交易发生的，但在进行信用交易时，货币要发挥价值尺度职能。其次，货币是通过信用的方式充当商品交换的媒介，因此货币的支付手段职能与价值尺度职能、流通手段职能的关系是密不可分的。并且正是因为货币具有流通手段职能和支付手段职能，人们才愿意保存货币，货币才有贮藏手段职能。此外，货币只有在国内发挥价值尺度、流通手段、贮藏手段和支付手段的作用，才能超越国界在国际市场上实现世界货币职能。

战俘营里的货币①

第二次世界大战期间，在纳粹的战俘集中营中流通着一种特殊的商品货币：香烟。当时的红十字会设法向战俘营提供了各种人道主义物品，如食物、衣服、香烟等。由于数量有限，这些物品只能根据某种平均主义的原则在战俘之间进行分配，而无法顾及每个战俘的特定偏好。但是人与人之间的偏好显然是会有所不同的，有人喜欢巧克力，有人喜欢奶酪，还有人则可能更想得到一包香烟。可这种分配显然是缺乏效率的，虽然战俘们有进行交换的需要。

但是即便在战俘营这样一个狭小的范围内，物物交换也显得非常不方便，因为这要求交易双方恰巧都想要对方的东西，也就是所谓的需求的双重巧合。为了使交换能够更加顺利地进行，需要有一种充当交易媒介的商品，即货币。那么，在战俘营中，究竟哪一种物品适合做交易媒介呢？许多战俘集中营都不约而同地选择香烟来扮演这一角色。战俘们用香烟来进行计价和交易，如一根香肠值10根香烟，一件衬衣值80根香烟，替别人洗一件衣服则可以换得两根香烟。有了这样一种记账单位和交易媒介之后，战俘之间的交换就方便多了。

思考：

1. 为什么香烟会成为战俘营中流行的“货币”？
2. 作为货币的理想材料应具备哪些特性？

第二节　货币的形式及其演变

历史上的许多东西都充当过货币，在几千年的岁月中，货币的形态经历着由低级到高级的不断演变过程。货币形式的演变实际上就是币材的演变。币材的变化与商品经济不断发展密切相关，表面上看，作为货币的材料是由人的主观愿望和法律规定的，但从深层次分析，币材的选择与经济发达程度、流通便利需要以及货币在经济中的地位、作用的变化有关。

---

①　战俘营里的货币［EB/OL］．（2011-05-21）［2016-08-04］．http://202.205.10.58/2005/guojia/huobi-jinrongxue/Course/Index.htm.

一、实物货币

从货币发展史看，最早出现的货币形式是实物货币。作为货币，其价值与其作为普通商品价值相等，是在商品交换的长期发展过程中产生的最初的货币形式，如牲畜、皮革、烟草、珍珠、农具等。在我国，贝壳甚至都曾被当成货币来使用，从货币的“货”字也能看出这一段历史渊源。

实物货币的出现使得商品交易的便利性大大提高，但是由于实物货币不易标准化、不便携带、不易分割、容易磨损等缺陷，而逐渐被淘汰。

二、金属货币

金属货币是指以金属作为货币材料，充当一般等价物的货币。金属货币由于质地均匀、便于分割、坚固耐磨、不易腐蚀，既便于流通，也适合于保存等特点，在流通使用中逐渐取代了实物货币。

随着人们冶炼技术的进步，刚开始出现的金属货币是用铜或者铁这种贱金属来充当的，用金银作为币材是在铜铁以后。由于金银具有同质性、便于分割、体积小、价值大、便于保管等优越的自然属性，成为货币的材料，即马克思所说的“金银天然不是货币，但货币天然是金银”。到19世纪上半期，世界上大多数国家处于金银复本位货币制度时期。

金属货币最初以条块状称量货币流通，每次交易须称其重量估其成色，英镑的“镑”，五铢钱的“铢”都是重量单位，从中可以看出称量货币的踪迹。称量货币在商品交易中有诸多不便，难以适应商品生产和交换发展的需要。为提高交易效率，一些信誉好的商人就在货币金属块上打上印记，标明其重量和成色，进行流通，于是出现了最初的铸币，即私人铸币。随着市场的进一步扩大，铸币的重量和成色要求有更具权威的证明，国家便开始管理货币，并凭借其政治权力铸造货币，于是经国家证明一定重量和成色的，并铸成一定形状的国家铸币开始出现。

三、代用货币

代用货币是指代表金属货币流通，并可以兑换金属货币的货币。

初期流通的铸币是足值的，由于流通过程中的磨损、人为刮削以及伪造铸币等原因，铸币的名义价值与实际价值分离。货币充当交换媒介，只是交换的手段，而不是交换的目的。对于交易者来说，他们所关心的是能否购买相应价值的商品，流通手段本身有无价值或价值量的大小则无关紧要。结果，铸币逐渐向价值符号转化，代用货币产生。

一般来说，代用货币主要是指政府或银行发行的、代替金属货币执行流通手段职能和支付手段职能的纸质货币，银行券是典型的代用货币，我国历史上出现过的银票便属此类。这种纸币之所以能在市场上流通，从形式上发挥交换媒介的作用是因为它有十足的贵金属准备，而且也可以自由地向发行单位兑换金属或金属货币。

代用货币的印刷成本远低于铸造金属货币的成本，并且便于携带和运输，大大节省了流通费用，提高了交易的效率。

四、信用货币

信用货币是指流通领域充当流通手段和支付手段的信用凭证，主要是国家法律规定的，强制流通而不以任何贵金属为基础的独立发挥货币职能的货币。

目前世界各国发行的货币，基本都属于信用货币。信用货币是货币形式进一步发展的产物，是金属货币制度崩溃的直接结果。第一次世界大战和20世纪30年代发生的世界性的经济危机，迫使主要资本主义国家先后脱离金本位和银本位，银行券不能再兑换金属货币，货币开始与贵金属脱钩，信用货币便应运而生。当今世界各国几乎都采用这一货币形态。

信用货币由国家和银行提供信用保证，通常由一国政府或金融管理当局发行，其发行量要求控制在经济发展的需要之内。信用货币具体包括辅币、现钞、银行存款、电子货币等形态。

五、电子货币

随着计算机技术的发展和互联网的普及，货币的形态又发生了巨大的变化。顾客在购物时可以使用“电子货币”来进行支付，银行在各销售场所装设终端机，顾客购物时只需要刷卡，电子计算机便会自动将交易额从买方的账户上扣除。电子货币大致有以下几种形式：

（一）借记卡和贷记卡

借记卡和贷记卡十分相像，消费者可以用其来购买商品和服务，资金则以电子支付的形式从消费者的银行账户转移到商户的账户，在这个过程中，银行要收取一定的费用。例如，维萨（Visa）公司和万事达公司都发行这种借记卡。贷记卡是类似于信用卡的一种账户，是银行承诺向持卡人贷款以便实行购买行为的一种安排。事实上，贷记卡不是货币。

最早的信用卡是美国人于1915年发明的。当时一些汽油公司、旅行社、饭店和百货公司为了招引顾客，在一定范围内发行了信用卡，持卡人可凭卡购买该公司及其附属机构的货物和劳务，无须支付现金。当时，这样的信用卡没有第三者银行参加，只是买卖双方之间的信用工具。后来银行插手其间，使之变为一种银行信贷形式。电子计算机出现及应用，使快速而准确的记账、结算成为可能，并使信用卡在西方国家得到普遍应用，成为一种国际流行的支付方式，有“一卡在身，通行世界”之说。

在我国，信用卡最早出现于1978年。为了促进我国外事活动和旅游事业的发展，方便来华旅游者，增加国家外汇收入，1978年，中国银行广州分行首先同中国香港东亚银行签订了在广州试办东亚签证卡兑付协议书，信用卡从此在我国出现。[①]

① 赵赴越，陆如川. 金融之最［M］. 北京：中国财政经济出版社，1988：33－34.

(二) 储值卡

储值卡是电子货币的更高级的形式。储值卡类似于借记卡，只不过是消费者将预先需要消费的一定金额的货币存入卡中，以便消费时使用。例如，我们生活中的“校园卡”和“公交IC卡”都属于储值卡。

(三) 电子现金

电子现金出现在网络购物时，消费者可以通过在银行开设网银，把自己的账户与网络连接起来，在购买商品时，只需要在商品下点击“购买”选项，消费者便从自己的银行账户转移资金到特殊的支付账户中去，商户就可以向消费者寄发商品，消费者在收到货物时确认收货，之后货币从支付账户自动划拨到商户的银行账户中去。由于电子现金货币十分方便，有人就会怀疑：“我们是否会过渡到无现金社会呢?”

作为价值贮藏手段的黄金①

当价格水平连年成倍提高的时候，货币的单位购买力即会消减一半。因此，通货膨胀是在向货币征收一项“税”，税率是每年的通货膨胀率。货币的实际价值由于每年的通货膨胀开始有值得注意的加速现象时，人们便试图将货币转换成看上去能抵御通货膨胀，而且能可靠保值的资产。历史上，黄金比为这个目的而挑出的任何其他资产都更为合适。历史上，文明社会总是渴望积累黄金，并且相信黄金的价值将经久不衰。

1834年，黄金卖到大约每盎司（1盎司约等于28.35克，下同）20美元。事实上，19世纪一个诱人的美元硬币是20美元的金片，它是由一盎司上等金子做成的。1996年，黄金的价格达到每盎司400美元。在漫长的历史进程中，黄金价格的增长也伴随着通货膨胀的步伐前进，黄金成为抵御通货膨胀的一种良好的保值手段。

然而，在过去的几十年里，黄金只是在出现相当严重的通货膨胀时才成为一种好的投资。20世纪70年代，当第二次进入两位数通货膨胀时期时，黄金价格逐步攀升，并且幅度很大。1972—1980年，黄金价格提高了10倍还要多。1980年中的一个时期，投机热一度把黄金价格抬升到每盎司800美元，而到了20世纪80年代初以后，当通货膨胀出现明显回落时，黄金价格才随之降温，有所回落。1982年以来的这段时期，黄金已经不与通货膨胀同步了，在过去的15年里，甚至像储蓄账户的银行存折这样的保守投资和美国政府债券都对黄金失去了热情。

思考：

1. 如上所述，“黄金具有大自然恩赐的有限蕴藏量、吸引人的外观和工业使用价值”，那么黄金为什么会退出流通呢?

2. 黄金退出流通后，为什么在通货膨胀时期，人们对黄金总是表现出极大的热情?

3. 黄金作为货币与时下流通的信用货币最大的区别是什么?

---

① 迈克尔·G. 哈吉米可拉齐斯，卡马·G. 哈吉米可拉齐斯. 货币银行与金融市场［M］. 聂丹，译. 上海：上海人民出版社，2003：19.

第三节　货币层次及其划分

货币层次的划分，即货币供应量的划分。货币供应量是指一国在某一时点上为社会经济运转服务的，用于交易和投资的货币存量。货币供应量由包括中央银行在内的金融机构供应的存款货币和现金货币两部分构成。

一、货币层次划分的意义和依据

为了避免产生经济的波动和危机，货币的供给必须适应经济发展的需要，这就要求政府客观上对货币的发行以及信用的扩张加以控制。因此，货币层次的划分应运而生。

由于不同流动性的货币对商品的购买力不同，而且不同流动性的货币自我派生能力不同，再加上不同流动性的货币对居民心理预期影响不同，因此对不同流动性的货币，中央银行的控制力度和控制方法不同。

由于以上原因，中央银行在进行货币投放和调控时就必须按流动性对货币量进行更细致的划分，并且找出对经济影响力最大的部分，以便抓住重点、区别对待、有效控制，发挥货币对经济的最优效应。

显然，划分货币层次的主要标准是不同资产的流动性。资产的流动性是指资产转换为现实购买力的能力。除此之外，货币层次的划分还要考虑到与有关经济变化的相关性，一般来说，中央银行是通过观察和预测有关经济情况继而采取相应政策措施。因此，在确定划分货币层次时，应力求能与有关经济变化有较高的相关性。

二、各国货币层次的划分

如上所述，各国一般根据货币的流动性原则，以存款及其信用工具转换为现金所需时间和成本作为标准，划分货币的层次，便于中央银行对宏观经济运行进行监测和货币政策操作，按照不同的统计口径确定不同的货币供应量。由于各国金融制度和金融市场发达程度不同，各国中央银行都有自己的货币统计口径，货币层次的划分不尽相同。但是，无论存在何等差异，各国货币层次的基本框架大致相同，具体如下：

M_1 = 现金 + 活期存款（一般不包括官方机构和外国银行在商业银行的存款）

M_2 = M_1 + 准货币 + 可转让存单（其中，准货币指活期存款以外的一切公私存款）

美、英、日三国及国际货币基金组织具体的货币层次划分如下：

（一）美国联邦储备体系

M_1 = 通货 + 旅行支票 + 活期存款 + 其他支票存款（如 NOW 账户、ATS 账户等）

M_2 = M_1 + 小额定期存款 + 隔夜回购协议 + 储蓄存款与货币市场存款账户 + 货币市场共同基金份额（非机构）

M_3 = M_2 + 大额定期存款 + 货币市场共同基金份额（机构）+ 定期回购协议 + 欧洲

美元

$L = M_3$ + 其他短期性流动资产（如储蓄债券、商业票据、银行承兑票据、短期政府债券等）

（二）英格兰银行

M_1 = 现金 + 私人部门持有的英镑活期存款

M_2 = 现金 + 公共及私人部门持有的英镑存款 + 其他存款（如一个月内通知银行提取的零售性存款）

$M_3 = M_2$ + 英国居民持有的各种外币存款

（三）日本银行

M_1 = 现金 + 活期存款

$M_2 = M_1$ + 企业定期存款

$M_1 + CD = M_1$ + 企业可转让存单

$M_2 + CD = M_1$ + 定期存款 + 可转让存单

$M_3 + CD = M_2 + CD$ + 邮局、农协、渔协、信用组合、劳动金库存款 + 信托存款

其中，CD（Certificate of Deposit），即存款证，是指持有人可收取利息的存款证书。

（四）国际货币基金组织

M_0 = 现金

$M_1 = M_0$ + 活期存款

$M_2 = M_1$ + 储蓄存款 + 定期存款 + 其他存款

$M_3 = M_2$ + 商业票据 + 大额可转让定期存单

三、我国货币层次的划分

目前我国将货币划分为如下几个层次：

M_0 = 流通中的现金

$M_1 = M_0$ + 企业活期存款 + 机关团体部队存款 + 农村存款 + 个人信用卡存款

$M_2 = M_1$ + 居民储蓄存款 + 单位定期存款 + 外币存款 + 信托类存款 + 证券公司客户保证金存款

$M_3 = M_2$ + 金融债券 + 商业票据 + 大额可转让定期存单等

虽然各国货币层次的划分不同，但是各国均认为，M_1 具有完全的独立性，是人们普遍接受的交换媒介，是标准货币。M_1 以外的短期金融资产都只是准货币，不能充当直接的交易媒介，但是潜在的购买力在一定条件下可能转化为现实货币。

无现金社会的猜想①

早在数十年前，有关无现金社会的预测就已经出现，但直至今日，这个预测仍然

① 米什金．货币金融学［M］．7 版．郑艳文，译．北京：中国人民大学出版社，2006：54.

没有变成现实。1975 年，《商业周刊》曾经预言："电子支付方式不久将改变货币的定义，并将在数年后颠覆货币本身。"近年来，通过智能卡培养消费者使用电子货币习惯的实验项目仍然没有成功。1995 年诞生于英国的"Mondex"作为最早的储值卡，虽然经过大力推销，但使用范围仍然局限在为数不多的英国大学校园中。在德国和比利时，虽然数以百万的人民携带着嵌入计算机芯片的银行卡，可以使用电子货币，但只有很少的人用这些东西来支付。为什么我们向无现金社会行进的速度如此之慢呢？

虽然电子货币比纸质货币更为方便和高效，但多种因素阻碍了纸质货币体系的消亡。首先，要使电子货币成为主要的支付形式，需要花费较高的成本购置所需的计算机、读卡器、通信网络等。其次，电子支付方式带来了安全性和私密性的问题。我们经常从媒体的报道中知晓，未经授权的黑客闯入了某个计算机数据库，并更改了其中储存的信息。这种现象并不罕见，不法之徒很可能通过电子支付体系进入银行账户，将其他人的账户资金据为己有。而要防止这种犯罪行为并非易事，需要开发一个全新的对付安全问题的计算机科学领域。利用电子支付方式还有另一个后果，就是会留下有关购买习惯的大量个人信息。人们担心政府、雇主和商会会得到这些数据，从而侵入人们的私人领地。

这些讨论的结论就是，虽然未来电子货币的使用会更加广泛，但正如马克·吐温所言："对现金消亡的判断是夸大其词了。"

思考：

历史证明，币材的选择与经济发达程度，流通的便利需要，货币在经济中的地位、作用的变化有关。那么，根据这一结论，无现金社会是否会成为现实？

第四节 货币制度

一、货币制度概述

（一）货币制度的定义

货币制度又称货币本位制度，是指一个国家或地区以法律形式确定的货币流通结构及其组织形式。

在前资本主义时期，由于铸币权的分散，并未形成统一的货币制度；只是在资本主义社会才形成统一的、定型的货币制度，并大大促进了资本主义经济的发展，也促进了资本主义信用事业的发展。

（二）货币制度的内容

1. 币材的选择

货币是固定地充当一般等价物的特殊商品，能用来交换到其他所有商品，故作为货币的材料必须具有一定的优越性。币材的选择也就是选择本位货币的材料。在金属货币流通下，用何种金属铸造本位币，就称为何种本位制度，如金本位、银本位、金银复本位等。在信用货币流通下，普遍实行纸币本位制。

2. 货币名称和价格标准

货币材料确定之后，就要确定货币单位的名称。最初的货币单位同货币商品的重量单位是一致的。例如，英国的货币单位英镑，原来是重一磅的银的货币单位。我国秦朝时曾铸造过的“半两”铜钱，汉朝铸造过“五铢”铜钱，其面上分别铸有半两、五铢字样，与货币的含铜量是一致的。后来由于种种原因，货币单位名称和重量单位逐渐脱离，如美元、新加坡元等。

规定货币的价格标准即规定货币单位的“值”。在金属货币条件下，货币的值就是每单位货币所包含的货币金属重量和成色。例如，1 美元含金量为 0.888 671 克。在信用货币流通的条件下，货币本身没有价值，因此不再规定含金量，货币单位与价格标准融为一体，货币的价格标准便是货币单位及其划分的等份，通常表现为与其他国家货币的比价。

3. 本位币、辅币及偿付能力

本位币是按照国家法律规定的货币金属和货币单位所铸成的铸币，是一个国家的基本通货，是法定的计价和结算货币。本位货币的单位最小基数是一个货币单位，如 1 美元、1 加拿大元等。从事任何交易或产生债务，只要是用本位币支付，无权要求改用其他形式的货币支付，所以说本位币是最后的支付手段。另外，本位币具有无限法偿能力。所谓无限法偿能力，是指不论每次支付多大的金额，只要是用本位币支付，谁都不能拒绝接受，因为是法律赋予其强制的流通能力的。

辅币是本位币以下的小额货币，是货币单位的等分，主要供日常小额交易和找零之用。例如，美国的辅币为“美分”，1 美元等于 100 美分；英国的辅币是“便士”，1 英镑等于 100 便士；我国的辅币有“角”“分”等。辅币与本币不同，不具有无限法偿能力，是有限法偿，在一次交易中，若超过法律规定的数量，债权人可以拒绝接受。辅币通常用贱金属制造。

4. 发行保证制度

货币发行保证制度是指货币在发行时必须以某种金属或者资产作为发行的后盾。例如，在金属货币流通的条件下，货币发行要以贵金属为准备，但是在现在的信用货币制度条件下，贵金属已经退出了流通，发行准备的内容比较复杂，有的国家以外汇资产作为准备，也有的国家以市场待售商品作为准备。

二、货币制度的演变

货币制度经历了一个不断发展和演变的历史过程。总体来说，货币制度划分为金属货币制度和信用货币制度，具体经历了银本位制、金银复本位制、金本位制、信用货币制度的历史发展过程。

（一）金属货币制度

1. 银本位制

银本位制，即以白银作为本位货币的一种货币制度。实行银本位制的国家一般以白银作为货币金属。银币可以自由铸造，自由熔化，自由地输出与输入；银币的面值与其所含的白银价值相一致，银行券可以按面值兑现等量的银币和白银；银币具有无限法偿能力。

历史上许多国家都采用过这种货币制度。我国从清宣统年间开始宣布实行银本位制，直到1935年才宣布废止。19世纪70年代以后，由于银的开采量大大增加，导致银价迅速下跌，白银价格起伏不定，既不利于国内货币流通，也不利于国际收支，影响一国经济的发展。资本主义国家纷纷废除银本位制，只有少数经济落后的国家仍在使用。

2. 金银复本位制

金银复本位制是指以金、银两种金属为币材，同时铸造金银两种本位币，并在统一市场流通。金银复本位制包括平行本位制、双本位制和跛行本位制。

平行本位制条件下，金币和银币都是一个国家的法定货币，都可以自由铸造和自由输出输入，均具有无限法偿能力。金币和银币可以相互兑换，兑换的比率由市场价格确定，国家不予干预。正是由于金币和银币的兑换比率是由市场价格确定，于是同一种商品必然产生两种价格，并且这两种价格会随着金银市场比价的变动而变动，从而使市场商品交换陷入较困难的境地。

双本位制正是纠正平行本位制的不足而产生的。双本位制条件下，金银币同样是一国的本位货币，二者也具有无限法偿能力，均可以自由铸造和自由输出输入，与平行本位制不同的是，金币和银币之间的交换比率用法律形式规定。但是当金币与银币的法定比价与市场价格不一致时，市场价格偏高的货币称为良币，另一种货币则称为劣币，在价值规律作用下，市场上良币逐渐稀少，劣币充斥。例如，在双本位制下，市场金银比价1∶10，法定金银币比价1∶8。按法定比价，金币价值被低估，银币价值则被高估，金币实际价值高成为良币，银币实际价值低则成为劣币。人们就可以将100金币熔化为金块，在市场上按1∶10换成银块，铸成1 000银币，然后与官方按1∶8兑换125金币，获取25金币的利润，并予以收藏。如此不断循环往复，市场上的金币逐渐减少，银币充斥市场。“劣币驱逐良币”的现象也被称为“格雷欣法则”。

跛行本位制其实是不完全的金银复本位制，是复本位制向金本位制过渡的一个阶段。跛行本位制的特点是金币和银币都是一国的本位货币，都具有无限法偿能力，金币与银币之间的比价是法律规定，但只有金币可以自由铸造，自由熔化，而银币不能自由铸造，自由熔化。实际上银币已经失去本位货币的特征，向金本位制过渡。

3. 金本位制

金本位制是指以黄金作为本位货币的货币制度，包括三种形式：金币本位制、金块本位制和金汇兑本位制。

金币本位制条件下，以黄金作为本位货币材料，金币直接参与流通，金币可以自由铸造和自由熔化，具有无限法偿能力，黄金可以自由输出与输入，银行券可以兑换等量金币和黄金。

在此种条件下，由于本位币的名义价值与实际价值相等，货币流通可以自由调节，从而促进了社会生产、信用和国际贸易的发展，对当时采用金币本位制国家的经济发展起到了较大的促进作用。

但第一次世界大战的爆发，使得某些资本主义国家经济受到严重的创伤，它们急于恢复国内的经济，于是纷纷开始限制黄金的流出，也就意味着对典型的金本位制的放弃。

在金币本位制之后的相对稳定的时期，一些经济实力较强的国家改行金块本位制。金块本位制也称“生金本位制”或者“富人本位制”。之所以叫富人本位制是因为在金块本位制的条件下，金币在名义上仍然是本位币并规定有含金量，但国内市场并不铸造、不流通金币，只流通代表一定数量黄金的银行券，银行券具有无限法偿能力，但银行券只在一定数额上能兑换金块，而这个数额一般只有富人才能够达到。例如，法国当时规定至少必须持有215 000法郎才能兑换金块。

金汇兑本位制也称虚金本位制。在此种本位制条件下，金币是名义上的本位币并规定含金量，本国货币与某一实行金币本位制或金块本位制国家的货币保持一定的固定比价。本国禁止金币的铸造与流通，国内实行银行券流通，但是流通的银行券不能兑换黄金，只能兑换外汇，其外汇可以在挂钩国家兑换黄金。可见，金汇兑本位制实际上是一种附庸性质的货币制度。

金块本位制和金汇兑本位制均没有金币直接流通，都在价值符号与黄金的自由兑换间增加了障碍，是一种残缺不全的金本位制，其实行的时间不长，并在1929—1933年世界性经济危机的冲击下崩溃。至此，大多数国家开始实行信用货币制度。

（二）信用货币制度

1. 信用货币制度的定义

信用货币制度又称管理纸币本位制度，是以中央银行或国家指定机构发行的信用货币作为本位币的货币制度。流通中的信用货币主要由现金和银行存款构成，并通过金融机构的业务投入到流通中去，国家通过种种方式对信用货币进行管理调控。

2. 信用货币制度的特征

信用货币制度的特征如下：

（1）以纸币为本位货币，由国家法律强制流通。

（2）不与任何金属保持等价关系，与黄金的联系逐渐削弱并最后取消。发行权集中于中央银行或发钞银行，成为无限法偿货币和最后支付手段。

（3）纸币的发行可以自由变动，不受一国所拥有的黄金数量的限制。

（4）随着金融发展程度的提高，现金流通的数量和范围越来越小，非现金流通构成货币流通的主要部分。

（5）纸币通过银行信用渠道注入流通，有着自身的特殊规律。

（6）纸币不具有自我调节功能，需要国家通过调控货币供应量来保持货币流通稳定。发行者为了稳定纸币对内对外的价值，要对纸币的发行与流通进行周密的计划和有效地管理。因此，经济学家又把信用货币制度称为管理纸币本位制度。

三、国际货币制度

国际货币制度是支配各国货币关系的规则以及各国进行各种交易支付所依据的一套安排和惯例。国际货币制度的主要内容有国际储备资产的确定、汇率制度的安排、国际收支的调节方式。

（一）布雷顿森林体系

为了消除金本位制崩溃后国际货币的混乱局面，1944 年 7 月，在美国新罕布什尔州的布雷顿森林召开了有 44 个国家参加的联合国与联盟国家国际货币金融会议，通过了以美国“怀特计划”为基础的“联合国家货币金融会议的最后决议书”以及“国际货币基金组织协定”和“国际复兴开发银行协定”两个附件，总称为“布雷顿森林协定”，形成布雷顿森林体系。

布雷顿森林体系主要体现在两个方面：

（1）美元与黄金直接挂钩。

（2）其他会员国货币与美元挂钩，即同美元保持固定汇率关系。成员国货币汇率只能在上下 1% 限度内波动，如超过，各国中央银行有义务进行干预，美国承诺各国中央银行（简称央行）可按黄金官价向美国兑换黄金。

布雷顿森林体系实际上是一种国际金汇兑本位制，又称美元—黄金本位制。它使美元在二战后国际货币体系中处于中心地位，美元成了黄金的“等价物”，各国货币只有通过美元才能同黄金发生联系。从此，美元就成了国际清算的支付手段和各国的主要储备货币。①

以美元为中心的布雷顿森林体系的建立，使国际货币金融关系又有了统一的标准和基础，结束了战前货币金融领域里的混乱局面，并在相对稳定的情况下扩大了世界贸易。美国通过赠与、信贷、购买外国商品和劳务等形式，向世界散发了大量美元，客观上起到扩大世界购买力的作用。同时，固定汇率制在很大程度上消除了由于汇率波动而引起的动荡，在一定程度上稳定了主要国家的货币汇率，这有利于国际贸易的发展。据统计，世界出口贸易总额年平均增长率，1948—1960 年为 6.8%，1960—1965 年为 7.9%，1965—1970 年为 11%；世界出口贸易年平均增长率，1948—1976 年为 7.7%，而二战前的 1913—1938 年，平均每年只增长 0.7%。国际货币基金组织要求成员国取消外汇管制，也有利于国际贸易和国际金融的发展，因为它可以使国际贸易和国际金融在实务中减少许多干扰或障碍。

布雷顿森林体系是以美元和黄金为基础的金汇兑本位制。它必须具备两个基本前提：一是美国国际收支能保持平衡；二是美国拥有绝对的黄金储备优势。

但是进入 20 世纪 60 年代后，随着资本主义体系危机的加深和政治经济发展不平衡的加剧，各国经济实力对比发生了变化，美国经济实力相对减弱。1950 年以后，美国除个别年度国际收支略有顺差外，其余各年度都是逆差，并且有逐年增加的趋势。至 1971 年，仅上半年，美国的国际收支逆差就高达 83 亿美元。随着国际收支逆差的逐步增加，美国的黄金储备也日益减少。1949 年，美国的黄金储备为 246 亿美元，占当时整个资本主义世界黄金储备总额的 73.4%，这是二战后的最高数字。此后，逐年减少，至 1971 年 8 月，尼克松宣布“新经济政策”时，美国的黄金储备只剩下 102 亿美元，而短期外债为 520 亿美元，黄金储备只相当于积欠外债的 1/5。美元大量流出美国，导

① 二战结束时，美国的工业制成品占世界制成品的一半，国民生产总占全球资本主义国家国民生产总值的 60%，对外贸易额占世界贸易总额的三分之一以上，黄金储备约占资本主义世界黄金储备的四分之三，成为资本主义世界最大的债权国。

致“美元过剩”。1973 年年底，游荡在各国金融市场上的“欧洲美元”就达 1 000 多亿元。①

由于布雷顿森林体系前提的消失，暴露了其致命弱点，即“特里芬难题”，货币体系本身发生了动摇，美元国际信用严重下降，各国争先向美国挤兑黄金，抢购黄金，黄金价格失控；而美国的黄金储备已难于应付，这就导致了从 1960 年起，美元危机迭起，货币金融领域陷入日益混乱的局面。

为此，美国尼克松政府于 1971 年被迫宣布实行“新经济政策”，停止各国政府用美元向美国兑换黄金，黄金官价失效，美元与黄金脱钩，实行浮动汇率，这就使西方货币市场更加混乱。

为了恢复固定汇率制，1971 年 12 月，“史密森学会协议”达成，其主要内容如下：1 盎司黄金 =38 美元（即美元贬值 7.8%，其他国家货币相对升值，如日元升值 7.66%，马克升值 4.6%，瑞士法郎升值 4.61%），各国货币对美元汇率的波动幅度从 1% 上升到 2.5%。

但因 20 世纪 70 年代两次石油危机，资本主义国家出现了严重的通货膨胀，1971 年美元大幅度贬值（贬值 10%），在 1973 年美元危机中，美国再次宣布美元贬值，导致各国相继实行浮动汇率制代替固定汇率制。1975 年，美国正式放弃黄金官价。1978 年，国际货币基金组织宣布黄金不再作为各种法定汇价的共同尺度，国际货币体系实行浮动汇率制。美元停止兑换黄金和固定汇率制的垮台，标志着二战后以美元为中心的国际货币体系瓦解。

（二）牙买加体系

布雷顿森林体系的缺陷导致其在 1973 年第一季度彻底崩溃。1976 年 1 月，国际货币基金组织的国际货币制度改革及有关问题的临时委员会在牙买加首都金斯敦达成了一个协议，称为“牙买加协议”，形成牙买加体系。

在牙买加体系下，黄金与货币完全脱离联系，成为一种单纯的商品，同时取消固定汇率制度，各会员国可根据自身经济发展的状况选择不同的汇率制度，扩大特别提款权的作用，增加会员国的份额，增加向发展中国家的资金融通。

牙买加体系使得储备资产多元化，国际货币制度的稳定性有所提高，同时弹性化的汇率安排，能够适应世界经济形势多变的状况。但是布雷顿森林体系的“特里芬难题”依然存在，而且多元化的储备货币体系更容易产生动荡和经济泡沫。

（三）欧洲货币体系

1979 年 3 月，欧洲经济共同体的 8 个成员国成立了欧洲货币体系，在以下几方面达成了共识：第一，创立欧洲货币单位；第二，各成员国同意各自货币之间的汇率保持不变，而且相对于美元实行联合浮动；第三，逐步建立欧洲货币基金。欧洲货币体系创立了一种新的货币单位，称为欧洲货币单位，其价值和一揽子特定数量的欧洲货

① 欧洲美元，即美国境外的美元存款和贷款，因为这种存贷款源于欧洲，故称为欧洲美元。其特点是不在美国境内的金融界经营，既不受美国银行法规的束缚，也不受美国银行利率结构的支配。

币挂钩。2002 年 1 月 1 日，欧元现钞和硬币正式发行，欧元成为正式的“法币”，欧洲货币联盟成员国开始把原来的货币兑换成欧元，兑换期为半年。2002 年 7 月以后，欧元成为欧洲货币联盟范围内唯一法定货币，本国的货币不再流通。

四、我国的货币制度

1948 年 12 月 1 日，中国人民银行成立，发行人民币作为全国统一的货币，人民币的发行标志着社会主义货币制度的开始。

人民币是我国唯一的合法通货，国内一切货币的收付、结算和外汇牌价，均以人民币作为价值尺度和结算单位，其他国家的货币严禁在国内市场流通。人民币的主币单位为“元”，辅币单位为“角”和“分”。从人民币的发行程序和人民币产生的信用关系看，人民币是一种不可兑现的信用货币。人民币具有无限法偿能力，本身没有价值，国家授权由中国人民银行统一发行，强制流通。人民币的发行首先建立了严格的发行准备制度，主要以商品物资作为发行基础；其次是信用保证，如政府债券、商业票据和银行票据等，黄金、外汇储备也构成人民币发行准备。人民币汇率实行以市场供求为基础的、参考一揽子货币的、有管理的浮动汇率制度。人民币实行有管理的货币制度

随着我国恢复对香港和澳门行使主权，我国境内形成了“一国三币”的格局，依照“一国两制”伟大构想，香港和澳门作为中华人民共和国的特别行政区，享有高度的自治权，港币和澳币在内地和人民币在香港、澳门都视同“外币”处理。

教授发行的“货币实验”①

意大利有一个非常富有的教授，名叫艾瑞提，他居住在意大利南部的一个小镇上。2000 年 1 月 1 日，他印刷了一种名叫“Simec”的“货币”。任何到该小镇旅游的游客都可以用 1 里拉（意大利当时的货币，于 2002 年 1 月 1 日之后被欧元替代）从该教授手中换 1“Simec”。到当年 8 月中旬，市场上已有将近 200 万元的“Simec”在流通。

为什么人们愿意接受这种所谓的“货币”呢？原来艾瑞提教授曾经向当地商人做出承诺：允许商人们用 1“Simec”向教授换 2 里拉。也就是说，教授用 1“Simec”从游客手中换 1 里拉这种方式发行“货币”，然后再用 2 里拉从商人们手中换回 1“Simec”的方式回笼“货币”。市场上的“Simec”的大量出现，导致当地价格飞涨，商人们从中赚取利润。

显然，教授的发行“货币”实验是存在严重逻辑问题的。因为这位教授实际是在做赔本买卖！幸运的是这个教授非常富有，实验进行了将近一年。在经过一段短时期的火爆之后，由于商人们开始打折接受“Simec”，流通领域中的“Simec”大量减少。终于，许多人开始拒绝接受这种“货币”，“Simec”不再是价值尺度，也不再充当价值贮藏职能。其根本问题在于“Simec”并不是一种很好的货币，仅仅是依赖于教授个人的承诺而短期存在的一种支付手段。其命运必然以失败而告终。最后只是在当地 2001

① 蒋先玲. 货币银行学［M］. 北京：对外经济贸易大学出版社，2006.

年的新闻报纸上有这样一条消息——“‘Simec 货币’大约持续了一年”。

思考：

1. 上述实验过程中，市场上的“Simec”为什么会大量出现，并导致当地价格飞涨？

2. 在经过一段短时期的火爆之后，流通领域中的“Simec”为什么又会大量减少，最后人们拒绝接受这种“货币”呢？

第五节 货币的流通

货币流通是指货币作为流通手段和支付手段在商品交换过程中所形成的连续不断的运动，这与我们前面所提到的货币层次的划分不同，货币层次的划分是货币供应量的划分。货币供应量是一国经济中用于交易和投资的货币总量。货币供给量与货币流通量的区别在于前者是时点上的概念，是静态的，而后者是一定时期范围内的动态概念；两者之间有一定的关系，一般来说货币流通量等于货币供给量乘以货币参加交易的次数。

虽然货币的流通是由商品的流通所引起的，但是二者又有本质的区别。货币流通是由商品流通引起的，并为商品流通服务，是商品流通的外在表现形式。货币流通有其相对独立性，但会反作用于商品流通。商品流通和货币流通在量上不完全一致，这一点在纸币制度下表现得尤为突出。

一、货币流通的形式

在社会主义市场经济中，统一的货币流通表现为两种形式：一是现金流通，是指现实的人民币的流通，适用于小宗分散性的商品交易、商品零售以及单位和个人之间的货币收支。二是非现金流通，又称转账结算，是指通过银行账户划转款项而进行的存款货币的流通，适用于大宗集中性的商品交易、商品批发以及单位之间的经济往来。

现金流通和非现金流通的联系主要表现在：两者都在发挥流通手段和支付手段的职能，存款与现金可以相互转化。储蓄存款增加，居民手持的现金减少；反之，居民手持现金增加。

货币流通两种形式的区别如下：

第一，服务对象不同。现金流通主要是为与个人收支有关的消费资料的零售服务的，非现金流通主要是为生产资料交换和大宗的消费资料交易服务的。

第二，受国家计划控制程度不同。现金投放以后，作为居民收入的可以自由支配，以非现金形式流通的货币的运动处在银行直接管理和监督之下，其计划性强于现金流通。

第三，国家调节方法不同。对非现金流通，国家除了直接进行计划调节外，还可以实行冻结存款等强制措施，但对现金流通，国家就不能强制控制，只能在个人自愿的基础上进行调节。

二、货币流通的渠道

在我国，由于对货币流通的两种形式进行了较严格的划分，因此现金流通与非现金流通形成了各自不同的流通渠道。

（一）现金流通渠道

我国的现金流通是以银行为中心的，包括投放和回笼两个方面。

现金投放的渠道主要有：发放工资和对个人的其他支出；农副产品收购支出；企业、机关、行政单位管理费支出；财政信贷支出，包括国家财政对农村投资的一大部分、银行以现金形式发放的农业贷款、商业部门收购农产品的预购定金、国家对居民的各类救济以及国家财政和银行对居民支付的有价证券和存款的利息等；国家收购居民保存和发现的黄金以及其他工矿产品、收购废旧物资等投放的现金。

现金回笼的渠道主要有：商品销售收入，即企业用收取现金的方式销售其掌握的商品获取的收入，主要是日常用的消费品和部分农业生产资料的销售，约占现金回笼总额的80%；服务销售收入，即各类企事业单位提供的通信、交通、水电、文教卫生和生产设施及各类服务而获得的收入；财政收入，即国家向居民征收的以现金形式缴纳的税款、费用收入；信用收入，即银行吸收的储蓄存款、用现金形式收回的贷款等。

（二）非现金流通渠道

非现金流通的投放与回笼是连在一起的，如不考虑结算时间，投放与回笼同时发生。就非现金流通的服务对象的经济活动性质来划分，非现金流通的形式主要有：商品交易结算，即客户间因商品买卖而发生的货币支付；劳动、服务结算，即客户间因提供运输、装卸等各项非商品交易引起的货币支付；财政预算收支，即国家法规和政策规定的财政资金的上缴和下拨；银行信贷收支，即银行以非现金形式提供的贷款发放与回收，会引起存款货币的扩张与收缩、现金货币的增加和减少。

三、货币流通的管理

货币流通的管理要注意与商品流通相匹配。商品流通决定货币流通，货币流通为商品流通服务。一定时期内流通中所需货币量与待售商品数量和价格水平成正比，与货币流通速度成反比。在纸币流通条件下，纸币的发行量要以流通中所需金属货币量为限。

在社会主义市场经济条件下，对货币流通进行管理与调节，必须自觉遵循货币流通规律，防范和消除通货膨胀与通货紧缩。通货膨胀和通货紧缩都会对经济发展和社会稳定造成严重危害。严重的通货膨胀会引起社会收入和国民财富的再分配，扰乱价格体系，扭曲资源配置，使整个社会经济生活出现混乱；严重的通货紧缩会使可利用资源闲置浪费，经济萎缩，失业人数增加，人民生活水平下降，引发社会和政治问题。近年来，由于固定资产投资增长过快，货币信贷投放过多，导致主要生产资料消费品价格上涨，物价上涨压力增大。遵循货币流通规律，对货币流通进行有计划的管理与调节，保持币值和物价总水平的大体稳定，是经济健康、平稳发展的重要保证。

我国的货币流通管理的项目如表1.1所示：

表 1.1　　我国的货币流通管理的项目

<table>
<tr><td rowspan="2">综合管理</td><td>组织及人员管理</td><td rowspan="8">《中华人民共和国中国人民银行法》《中华人民共和国人民币管理条例》《中国人民银行假币收缴、鉴定管理办法》《中国人民银行人民币发行库管理办法》</td></tr>
<tr><td>材料报送与检查</td></tr>
<tr><td rowspan="4">人民币流通管理</td><td>人民币收付业务</td></tr>
<tr><td>残损人民币兑换</td></tr>
<tr><td>现金往来差错管理</td></tr>
<tr><td>沉淀硬币回笼</td></tr>
<tr><td rowspan="2">反假货币管理</td><td>反假货币管理</td></tr>
<tr><td>假币收缴与鉴定</td></tr>
<tr><td rowspan="2">残损人民币复点差错管理</td><td>差错通报</td><td rowspan="8">《中国人民银行残缺污损人民币兑换办法》《中国人民银行残损人民币销毁管理办法》</td></tr>
<tr><td>重大差错动态管理</td></tr>
<tr><td rowspan="6">中心业务库评级制度</td><td>制度建设与执行</td></tr>
<tr><td>设施建设</td></tr>
<tr><td>业务操作规范与管理</td></tr>
<tr><td>钱捆质量</td></tr>
<tr><td>现金调剂</td></tr>
<tr><td>券别结构</td></tr>
</table>

“广场协议”

20 世纪 80 年代初期，美国财政赤字剧增，对外贸易逆差大幅增长。美国希望通过美元贬值来增加产品的出口竞争力，以改善美国国际收支不平衡状况。

1985 年 9 月 22 日，美国、日本、联邦德国、法国以及英国的财政部部长和中央银行行长（简称 G5）在纽约广场饭店举行会议，达成五国政府联合干预外汇市场，诱导美元对主要货币的汇率有秩序地贬值，以解决美国巨额贸易赤字问题的协议。因协议在广场饭店签署，故该协议又被称为“广场协议”。

“广场协议”签订后，上述五国开始联合干预外汇市场，在国际外汇市场大量抛售美元，继而形成市场投资者的抛售狂潮，导致美元持续大幅度贬值。1985 年 9 月，美元兑日元在 1 美元兑 250 日元上下波动，协议签订后不到 3 个月的时间里，美元迅速下跌到 1 美元兑 200 日元左右，跌幅 20%。在这之后，以美国财政部部长贝克为代表的美国当局以及以弗日德·伯格斯藤（当时的美国国际经济研究所所长）为代表的金融专家们不断地对美元进行口头干预，表示当时的美元汇率水平仍然偏高，还有下跌空间。在美国政府强硬态度的暗示下，美元对日元继续大幅度下跌，最低曾跌到 1 美元兑 120 日元。在不到 3 年的时间里，美元对日元贬值了 50%，也就是说，日元对美元升值了一倍。

有专家认为，日本经济进入十多年低迷期的罪魁祸首就是“广场协议”。但也有专家认为，日元大幅升值为日本企业走向世界、在海外进行大规模扩张提供了良机，也促进了日本产业结构调整，最终有利于日本经济的健康发展。因此，日本泡沫经济的形成不应该全部归罪于日元升值。

“广场协议”签订后的10年间，日元币值平均每年上升5%以上，这无异于给国际资本投资日本的股市和楼市一个稳赚不赔的保险。“广场协议”签订后近5年时间里，日本股价每年以30%、地价每年以15%的幅度增长，而同期日本名义国内生产总值（GDP）的年增幅只有5%左右。泡沫经济离实体经济越来越远，虽然当时日本人均国民生产总值（GNP）超过美国，但日本国内高昂的房价使得拥有自己的住房变成普通日本国民遥不可及的事情。1989年，日本政府开始施行紧缩的货币政策，虽然戳破了泡沫经济，但股价和地价短期内下跌50%左右，银行形成大量坏账，日本经济进入十几年的衰退期。

1987年，G5再度在法国卢浮宫聚会，检讨“广场协议”以来美元不正常贬值对国际经济环境的影响以及以汇率调整来降低美国贸易赤字的优劣性，在此期间美国出口贸易并没有增长，而美国经济问题的症结在于国内巨大的财政赤字。于是“卢浮宫协议”要美国不再强迫日元与马克升值，改以降低政府预算等国内经济政策来挽救美国经济。也就是说，“广场协议”并没有找到当时美国经济疲软的症结，而日元与马克升值对改善美国经济疲软的状况根本于事无补。

相反的是，“广场协议”对日本经济则产生了难以估量的影响。因为，“广场协议”之后，日元大幅度升值，对日本以出口为主导的产业产生相当大的影响。为了达到经济成长的目的，日本政府便以调降利率等宽松的货币政策来维持国内经济的景气。从1986年起，日本的基准利率大幅下降，这使得日本国内剩余资金大量投入股市及房地产等非生产工具上，从而形成了1990年著名的日本泡沫经济。这个经济泡沫在1991年破灭之后，日本经济便陷入二战后最长时期的不景气状态，一直持续了十几年，日本经济仍然没有复苏之迹象。

思考：

美国斯坦福大学教授麦金农指出，“日元升值”是日本陷入通货紧缩，十几年没有走出泡沫经济阴影的“魔鬼”。然而，亚洲开发银行原行长、现任日本央行行长黑田东彦不同意麦金农的说法。他认为，日本泡沫经济的罪魁祸首不是“日元升值”，而是为缓解日元升值带来的通货紧缩压力所采取的宽松货币政策。对此，你作何评价？

思考与练习

一、名词解释

货币　价值尺度　流通手段　价值贮藏　支付手段　世界货币　代用货币　信用货币　电子货币　货币制度　本位货币　无限法偿　有限法偿　平行本位　双本位　金本位　金块本位　金汇兑本位　格雷欣法则　国际货币制度　布雷顿森林体系　货币流通

二、简答题

1. 货币的职能有哪些？各有什么特点？请说明它们之间的关系。
2. 货币演变经过了哪些形式？各有什么优缺点？
3. 货币层次划分的意义和依据是什么？
4. 货币制度经过了哪些变化？
5. 货币制度的构成要素有哪些？
6. 简述信用货币制度的主要内容和特征。
7. 为什么说金块本位制和金汇兑本位制是一种残缺不全的金本位制？
8. 货币流通的形式和渠道有哪些？

三、论述题

1. 试根据货币形态演变发展过程分析：为什么作为货币币材的变化与商品经济的不断发展密切相关？

2. 试分析若社会公众在资本市场上出售股票，并以储蓄存款的方式存入银行，对 M_1 和 M_2 将产生怎样的影响？

第二章　信用和利息

本章要点

本章主要让学生对信用、利息、利率等基本概念有较清晰的认识，熟悉和掌握信用的主要形式、利息的计算、利率的种类、利率管理体制；重点理解利率的决定因素和作用、如何运用利率调节经济活动、利率市场化的意义和市场化进程。其中，复利的计算及其经济意义、利率市场化是本章的难点。

一个县城的金融风暴①

2004 年 5 月 16 日，随着一个叫李住的“会首”主动到福安市公安机关投案，一场金融风暴迅速席卷有着“电机城”之称的闽东小城福安。李住的“倒会”事件在当地引发了连锁反应，其后“倒会”现象愈演愈烈，最终酿成一场金融风暴。为了追讨“会款”，“打砸抢事件”在当地频频发生，不少“会首”和卷款的会员纷纷外逃，原本宁静的小县城充满了动荡和不安。

“标会”为何物？

流行于南方沿海地区的“标会”，最初是民间的一种互助融资方式，谁若急需钱用，便可以集合亲朋好友、邻里乡亲来“做会”，从中取得资金周转。

“标会”的叫法以时间分，每月一次的“会”叫“月会”，每 15 天举办一次的“会”叫“半月会”，以此类推。“标会”通常由一名“会首”（又称“会头”）聚集十多人或数十人的“会员”来组成一个“会”，约定每月固定付款金额。例如，由 10 个人组成一个“会”，约定每人每次出资 100 元（“百元会”），每月举办一次（“月会”）。每一次“开标”时，会款总额是 10×100＝1 000（元），款收齐后大家出标，这 1 000 元会款将由出利息最多的人使用。比如会员中出利息 10 元、15 元、20 元、30 元不等，30 元为最高，则这些钱就全部归出利息 30 元的人。这个人就等于以自己的 100 元，得到了其他 9 个人共 900 元的会款。但在第二次做“会”时，他就失去竞标资格，而且从此以后每次要出资 130 元。“标会”的规则是每个人都要中标一次，如果一个“会”轮完，则第一个中标的人共要出资 130×9＝1 170（元），减去中标所得的 900 元，他最后实际上支付了 270 元的利息。第二轮出标不能比第一轮高，比如被出标 25 元利息的人中标，如果一个“会”轮完，他共要出资 100＋125×8＝1 100（元）。越往后，利息积累得就越高，中标的人收益就越多。按照这一规则，只有最后中标的人才有钱赚，

① 项开来．一个县城的金融风暴——福建省福安市民间标会“倒会”风波调查［EB/OL］．(2004－07－21)［2016－08－05］．http://news.xinhuanet.com/focus/2004－07/21/content_1608269.htm.

赚取的是其他9人所出利息的钱。“会首”的职责则是收钱和维持“标会”规则。

按照“标会”规则，第一次中标的人是要赔钱的，即赚取了900元，而付出了1 170元。但是，“会首”拿到这些钱后，往往又去参加“千元会”，“千元会”的“会首”拿了钱之后，往往又去参加“万元会”……这样会费越滚越大，众多会员的资金就迅速聚集到“会首”手中。如果“会首”将资金挪作他用或周转不灵，“标会”就会出问题。

10亿元会款是如何聚集起来的？

据统计，福安市这次“倒会”事件涉及金额已超过9亿元，最后的金额可能远远超过这一数字。当地大部分家庭卷入这场金融风暴，不少家庭因此破产。“倒会”事件发生后，多名“会首”和卷款的会员逃往外地，为了追讨会款、催逼债务，福安市一度发生多起“打砸抢事件”，严重影响当地的社会稳定。

2004年5月16日，“会首”李住因资金短缺被迫“倒会”并主动到公安机关投案，以免会员追债不成对其进行人身伤害。初步查证，李住“标会”涉及金额达9 000多万元，会员达1 800多名。李住的“倒会”迅速引发连锁反应，福安市大部分“会”在此后相继“倒会”。公安机关初步掌握的“会首”有160多人，报案登记的受害者逾万人，涉及金额9亿多元，有35名“会首”外逃。参加“标会”的既有普通群众也有机关干部，投入的会款从几万元到几十万元甚至几百万元不等。当地群众估计，这次的“倒会”风暴涉及金额超过10亿元，城关地区80%以上的家庭卷入其中。而福安市2003年的财政收入仅2.3亿元，城关人口大约16万人，如果以10亿元计，平均每人被套资金超过6 000元。像李住这样的大“会首”在当地就有十几个，现年26岁、只有小学文化的陈丽萱就是其中之一。陈丽萱手下的会员数量庞大，她也因会员的支持当选为福安市人大代表。陈丽萱一人同时组织了多场“会”，她套住了多少资金谁都说不准，估计上亿元。在一张会单上记者看到，陈丽萱组织的一个“30人×5万元”的半月会，“标”一次筹集的资金最少是150万元，如果全部“标”完，累计吸收的资金高达5 000万元以上。她在福安市京都花园别墅区内的一套豪华别墅，内部装修极为高档，价值几百万元。由于资金庞大，她甚至不得不雇用专门的财务人员。“倒会”后，她的别墅被追债的会员砸得面目全非，里面的家具则被洗劫一空，她的丈夫和儿子也逃往外地。

“标会”之所以能吸引这么多人，是因为高额的回报率。在福安，“标会”的回报率一般都是10%，这让不少群众把家底子都投到了“标会”中。现年76岁的林寿章是潭头镇千诗亭村人，他把全部积蓄6万元入了“会”，见到“倒会”的风声急忙跑到城关“会首”家要钱，可“会首”已不见踪影，家中更是空无一物，老人于是铺张草席睡在地上等着“会首”回来，身无分文的他一日三餐全靠周围群众接济。下岗工人陈秀英将仅有的7.4万元的“养命钱”入了“会”，家庭妇女何雪凤也将全部家当9.6万元交给了“会首”。“现在丈夫的精神都不正常了，整天说要杀我，今后的日子也不知道咋过。”何雪凤说。“到年关时，到处都是逼债讨债的，以前的亲戚朋友现在都成了仇人，到时候跳楼的、喝药的什么都会发生。”不少群众都向记者表达了相同的担忧。

福安的“标会”最初是互助会，2002年年底，部分“会首”开始恶意炒作，民间

“标会”开始出现质变。最初“标会”的金额并不大，而且都是月会，但后来出现五天会、十天会和天会，会款也从最初的100元发展为几千甚至几万元，每天“标”一次的天会就如同高速运转的吸钱机器。一个“30×1万元”的万元天会，一个月下来仅本金就高达900万元。而记者在采访中发现，万元会在当地十分普遍，甚至有10万元、20万元的“会”。更为糟糕的是，开始出现“会连会”和“会中会”的情况，大会吸收小会的资金，最后资金集中于大“会首”手中，一旦一个环节出现问题，就会产生连锁反应。

福安的民间“标会”的一个特点就是家族会，通过亲友间的合股或者借款的形式，家族的资金都被吸入“会”中，一旦“倒会”，不是一家破产，而是一个家族破产。“现在不仅是自己没钱了，而且借钱的地方也没了，兄弟姐妹全套在里面了。”投入了120多万元会款的陈爱玉告诉记者。

思考：

1. “标会”属于何种信用形式？

2. 案例中“标会”是如何运作的？为什么会“倒会”？

第一节 信用

一、信用的定义

“信用”（Credit）一词，源于拉丁文，意为“信任、相信、声誉”等。在我国的传统文字中，如果讲的是道德规范、行为规范范畴，与之相应的是一个“信”字；如果讲的是经济范畴，与之相应的是“借贷”“债”等。

在实际生活中，人们往往把“债务”与“信用”混为一谈，但二者在理论上是有区别的。严格来说，它们是同一行为的两个方面。在每一次借贷行为中，“债务”是指借款人将来还款的义务，而“信用”则是指贷款人将来收本息的权利，又称债权。因此，人们常把债权债务关系说成是“信用关系”。

综上所述，信用可以定义为以借贷为特征，以还本付息为条件，体现着一定的债权债务关系，是不发生所有权变化的价值单方面的暂时让渡或转移。

信用的基本特征就是以还本付息为条件的价值单方面转移。

二、信用的主要形式

现代信用形式繁多，按信用主体的不同，可分为商业信用、银行信用、国家信用、消费信用等主要形式。其中，商业信用和银行信用是现代市场经济中与企业的经营活动直接联系的最主要的两种形式。

（一）商业信用

1. 商业信用的定义

商业信用是企业之间相互提供的，与商品交易直接联系的一种信用形式，主要采取赊销和预付货款两种基本形式。

商业信用是与商品交易相联系的，它的最初形式是商品的赊销。借助于商业信用的赊销形式，加速了商品价值实现的过程，从而使整个再生产过程连续不断地进行。

2. 商业信用的特点

（1）商业信用是以商品形态提供的信用。由于商业信用是以商品形态提供的信用，因此，它同时包含着两个性质不同的经济行为，即买卖与借贷。以赊销方式为例，一个企业把一批商品以延期付款的形式卖给另一个企业时，商品的买卖行为在一定意义上说是完成了，因为商品的所有权已从卖者手中转入买者手中。但是由于商品的货款并未马上支付，从而买者就成为债务人，卖者则成为债权人，买者与卖者之间就形成了债权债务关系，即借贷。这里借贷行为是在买卖商品的基础上产生的。

（2）商业信用的债权人和债务人都是企业。由于商业信用是以商品形态提供的信用，因此不仅债务人是企业，而且债权人也必然是企业。债权人提供信用给别人，同时也就是以货主的资格出售商品给其他企业。债务人接收商业信用，同时也就是向其他企业购买商品。

（3）商业信用的兴衰和经济周期的变化相一致。在经济繁荣时期，生产规模扩大，生产的商品增多了，这时以信用形式出售的商品就增多，对商业信用的需求也增加了；相反，在经济危机或经济萧条时期，企业的生产缩减，市场上商品充斥，而需求不足，这时企业对商业信用的需求也就随之减少。这是因为企业以信用形式购入商品，主要是用于再生产的继续进行。

3. 商业信用的作用

由于商业信用是与商品交易相联系的，其基本形式是赊销和预付货款，因此能直接为商品生产和流通服务，加速资金周转，保证生产和流通过程的连续顺畅。商业信用是现代信用制度的基础。商业信用具有以下两大优点：

（1）商业信用是直接信用，借贷双方具有直接利害关系，有利于增加企业的责任感，提高经济效益。

（2）商业信用的合理运用有利于推销新产品和推销滞销产品，减少资金积压。

4. 商业信用的局限性

商业信用的特点决定了其具有以下局限性：

（1）商业信用的规模受到限制。由于商业信用是企业之间提供的信用，其信用规模受企业自身资本实力的限制。一个企业所能提供的用于赊销的商品，只能是以现款销售以后剩余的部分。如果该企业用全部商品提供商业信用，那么该企业的资金周转就将发生困难，该企业的再生产将无法维持。

（2）商业信用的方向受到限制。由于商业信用是企业之间彼此提供的信用，因此商业信用所提供的大多是生产资料。企业之间在彼此提供商业信用时，只能由生产生产资料的部门提供给需要生产资料的部门，而不能按相反的方向进行。例如，纺织业和食品业可以从机器制造业得到商业信用，但是它们却不能向机器制造业提供商业信用。

商业信用的上述局限性使商业信用不能满足现代信用经济发展的需要，于是传统的商业信用开始发生变化。随着现代金融市场的发展和金融工具的创新，企业融资出现了证券化趋势。越来越多的企业用发行商业票据、企业融资券或企业债券的方式向社会筹集资金，这样就使商业信用异化为一方（债务人）是企业，另一方（债权人）为社会公众的一种直接信用形式。

（二）银行信用

为弥补商业信用的局限性，银行信用应运而生。

1. 银行信用的定义

银行信用是商业银行或其他金融机构以货币形式向企业提供的信用。银行信用是现代信用的典型形态，是在商业信用发展的基础上产生的。银行信用克服了商业信用的局限性，因此对商品经济的发展起到了巨大的推动作用，并成为现代信用经济的主体。

2. 银行信用的特点

银行信用与商业信用不同，具有如下特点：

（1）银行信用是以货币形态提供的信用。

（2）银行信用的债权人是银行或金融机构，债务人主要是企业。

（3）银行信用的兴衰与经济周期的变化不一致。例如，在经济危机时期，商品过剩，价格下跌，商品难以出售或按低价出售，人们为了清偿债务，不得不大量借入货币，这时人们对银行信用的需求大量增加。在经济趋向繁荣时期，人们对银行信用的需求不会立即增加。因为企业在停工以后重新开业时，一般先利用自有资金，在自有资金用完以后才会增加对银行信用的需求，所以只有到了繁荣的后期，银行信用的增长才与产业资本的增长保持一致。

3. 银行信用的作用

银行信用的特点使其克服了商业信用的局限性，银行信用的作用主要表现在以下两个方面：

（1）信用规模巨大，其规模不受自身自有资本的限制。由于银行信用所动员起来的借贷资金，不仅仅是企业闲置的货币资金，而且还有社会各阶层的货币收入和储蓄，具有较稳定的资金来源。因此，银行信用规模巨大，其规模不受自身自有资本的限制。

（2）银行信用是以货币形式提供的信用，无方向上的限制。银行信用是以货币形态提供的信用，货币作为一般等价物，由银行集中起来的借贷资金可以贷放给国民经济的任何生产部门，并无方向的限制。

由于银行信用克服了商业信用的局限性，因此在现代市场经济条件下，银行信用占主导地位，并成为现代信用制度的主体。这主要表现在商业信用的发展越来越依赖于银行信用，如票据和债券的贴现、承购应收账款业务等银行信用都有效地解决了企业资金周转的问题，从而把商业信用纳入了银行信用的轨道，并通过银行信用来引导和控制商业信用。

虽然银行信用在现代市场经济体系中占主导地位，但商业信用仍是现代信用制度的基础。首先，从历史上看，商业信用是先于银行信用而存在的，银行信用是在商业信用发展到一定阶段的基础上才产生的。其次，商业信用是直接与商品生产和商品流通过程相联系的，从而直接为产业资本循环服务。在商业信用可能解决问题的范围内，企业往往不必借助于银行信用，而是直接通过商业信用来满足它们对资金的需要。最后，随着金融市场的迅速发展，商业票据的流动性日益加强，这使越来越多的企业利用商业信用筹集资金，进而出现商业信用发展的趋势。因此，商业信用和银行信用是现代市场经济体系中两种最基本的信用形式，并相互支持，共同发展。

（三）国家信用

国家信用的主体是政府，主要有筹资信用和投资信用两种，前者政府是债务人，后者政府则是债权人。不过，现在国家信用一般指筹资信用。因此，国家信用可以定义为政府以举债的方式向社会各经济主体筹措资金。在国家信用中，国家或政府是债务人，以债权人身份出现的则是本国公民、企业、银行和金融机构或外国政府、公民、企业和金融机构等。

国家信用最主要的形式是发行债券。债券又可分为公债券和国库券，这是两种典型的国家信用形式。其中，国库券是政府为了解决短期预算支出的不足而发行的期限在 1 年以下的债券。公债券则是政府为了弥补财政赤字而发行的期限在 1 年以上的长期债券。

在现代经济中，国家信用是国家经常采用的一种信用形式，在国家预算执行过程中，当财政收入与财政支出发生暂时脱节（即入不敷出）时，国家信用可以解决这种财政收支的暂时不平衡。另外，许多国家中央银行调控货币供给常用的手段是进行公开市场业务操作，而公开市场业务操作的有效性以一定规模的国债及不同期限的国债合理搭配为前提条件。因此，国家信用成为财政政策和货币政策密切配合，共同发生作用的重要结合部。

（四）消费信用

消费信用就是由企业、银行或其他消费信用机构向消费者个人提供的，用以满足其消费方面货币需求的信用，包括分期付款、消费贷款、信用卡透支等。

企业在出售商品时，会对没有现款或现款不足的消费者采取信用出售的方式，对于某些价值较高的耐用消费品（如汽车、家具和不动产等），更是经常采用分期付款的方法。消费信用不仅可以由企业向消费者提供，而且也可以由银行或金融机构向消费者提供。

银行提供的消费信用通常采用以下两种形式：一种是直接贷款给消费者，用于购买商品和支付各种劳务；另一种是采用按揭形式，先由银行同以信用方式出售商品的企业或商店签订贷款合同，然后银行将贷款资金付给企业，以后由消费者分期付款偿还银行贷款。这种消费一般是中期的。此外，银行和其他金融机构贷款给个人购买或建造住房也是一种消费信用，属长期消费信用。

消费信用是在第二次世界大战以后迅速发展起来的。1945 年年末，美国的消费信用总额为 57 亿美元；到 1948 年，增长了 2 倍，达 170 亿美元；以后每年增加，到 1973 年，消费信用总额已超过 1 600 亿美元。

消费信用对消费者来说，解决了消费者消费欲望与购买力暂时不足的矛盾；对整个社会来说，促进了消费品的销售，扩大了消费需求；促进耐用消费品的生产和发展，带动国民经济的发展；促进新技术的应用、新产品的推销和产品的更新换代。消费信用的不利影响是使未来消费缩小，增加债务负担；容易助长信用膨胀，造成市场虚假繁荣和泡沫经济，加剧生产与消费的矛盾和市场供求的矛盾。

三、信用与股份公司

（一）股份公司的特点

股份公司的典型形式是股份有限责任公司，通常简称为股份有限公司。其特点如下：

（1）公司的资本通过发行股票方式筹集，股票面值相等，每股金额不大，一般公众有可能认购。现在大多数的股票是一个货币单位一股。

（2）股票是股份有限公司的所有权凭证，其持有人称为股东，股东对公司只负有限责任。

（3）股票一般规定不能退股，但可以出售、转让。

（4）股东可根据其所持股票数量而有相应的经营参与权，但对于分散的小量股票的持有者，这种经营参与权实际上没有多大意义，不过是选择一种保存自己财富的形式，真正决策者是少数持有巨额股票的股东。

（5）公司的经营绝大部分是由专门的经理人员负责，他们并不一定是资本的所有者。

股份有限公司主要存在于那些资本规模巨大的经营领域，可以说，没有股份公司这种集聚资本的形式，一些必须投入巨额资本的事业也难以推进。

（二）股份公司与信用

股份公司的存在以信用关系的普遍发展为前提条件。

股份公司的资本是靠发行股票集聚的，而股票能够发行出去，其前提是必须存在巨大的货币资金市场。商品货币关系的拓展，使持有货币的公众极大地增加；与此同时，信用关系的迅速发展使那些只有少量剩余货币的公众改变了只把剩余货币存在箱底的习惯，并寻找有利的投放场所。于是，一个不仅有大额货币资金进入，也有为数众多的小额货币资金进入的信用市场形成了。有了这个市场，以票面金额不大、可以方便转让为特征的股票就成为小额货币持有者的投资对象。当然，这也不妨碍其成为大额货币资金的投资对象。信用关系的发展，还使得短期闲置的货币资金进入信用市场，通过灵活的信用调剂，得到利用。

股票能成为广泛的投资对象还有一个重要的前提，即股票持有者对公司行为只负有限责任，这也主要缘于信用关系的原则移入投资领域。有限责任制克服了大事业必须由分散的小额资金来支持，而如果要小额资金所有者负无限责任其就不可能投资的矛盾。

（三）所有权与经营权的分离

资本有两方面的内容：一是对资本的所有权，即资本属于谁；二是资本的职能，即赚取利润的职能，这个职能只有通过资本的运用才能实现。这两者往往结合在一起，即资本家本人运用自己的资本，实现资本的职能；这两者也可能分离，如资本家委托旁人经营，而实现的资本收益由资本家分一部分给经营者。股份公司的出现使所有权和经营权的关系出现了具有本质意义的发展。

从所有权来说，一个股份公司的资本不是一个人的资本，也不是几个人的资本，而是很多人的资本，因此是一种具有“社会性”的资本。在这种形势下，所有权与经营权是必然要分离的。如果说，一个资本家独资或几个资本家合伙，他们可以选择是自己经营还是请人经营，那么在股份制下，众多的股东一般是不可能自己直接经营公司的。

在股份公司发展的基础上，经理人员形成一个阶层，他们不是资本的所有者，而只是执行资本的职能。在这里，资本的所有权已不再是发挥资本的职能的前提。资本从“私人的”变成“社会的”，资本的所有权必然要与经营权分离，经营权也不再以所有权为前提。

（四）股份公司在中国

鸦片战争之后，随着帝国主义的入侵，一些股份制的外国公司进入中国。1869 年，上海已有从事股票经纪的外国商号以及专门从事外国企业的股票买卖的机构。19 世纪后半叶，清政府的洋务派创办了一些近代军用工业，如江南制造总局、金陵制造局等。随后，清政府又兴办了一些官办、官商合办的民用工业，如轮船招商局、开平煤矿、汉阳铁厂、上海机器织布局等。这是中国最先采取股份公司形式的一批企业。到 20 世纪 30 年代，已有一批民族资本的股份公司从事工商业经营，特别是大的商业银行多采用股份有限公司的形式。

中华人民共和国成立后，随着没收官僚资本和对生产资料所有制的社会主义改造的完成，大中型企业都转化为公有制的国营企业。这些国营企业的“资本”都属于国家，国营企业的新建和扩建，其投资则由国家财政统一筹集，股份公司的形式不再有存在的基础。至于股票市场，在新中国成立之初便已被取缔。

20 世纪 80 年代中期，在改革开放政策摸索推进的背景下，首先从筹集资金的角度提出了推行股份制，或称“股份化”的问题。有的企业在职工中间或更大的范围内发行股票，提出“入股自愿，退股自由，利息从优，年终分红”之类的办法。显然，这是一种很不规范的集资形式，与股份公司制度并无共同之处。

进入 20 世纪 90 年代以来，随着我国企业管理制度，尤其是国有企业管理体制改革的深入，股份公司逐渐成为令人们广泛关注的一种组织形式，并得到了迅速的发展。1997 年召开的党的“十五大”明确了股份制是公有制的一种实现形式。由此，伴随着建立现代企业制度的目标，股份公司这种组织形式得到了不断发展。

第二节 利息与利率

旧中国有名的高利贷

自清光绪初年（1871 年）至 1946 年，我国境内民间的高利贷有“驴打滚”“羊羔息”“坐地抽一”“印子钱”等种类。

“驴打滚”盛行于华北地区一带，多在放高利贷者和农民之间进行。借贷期限一般为 1 个月，月息一般为 3 ~5 分，到期不还，利息翻番，并将利息计入下月本金。依此类推，本金逐月增加，利息逐月成倍增长，像“驴打滚”一样。

“羊羔息”，即借一还二，如年初借 100 元，年末还 200 元。

“坐地抽一”，即借款期限 1 个月，利息 1 分，但借时必须将本金扣除十分之一，到期按原本金计息。例如，借 10 元，实得 9 元，到期按 10 元还本付息。

“印子钱”曾流行于全国各地，在抗日战争前的上海，借“印子钱”10 元，放债人先扣下 1 元，实借出 9 元，分 60 天还清，连本带利每天还两角钱，到期要还 12 元。

思考：

案例中是用什么方法计算利息？试用下面学习的计息方法计算并说明其中一个案例。

一、利息和利率的概念

利息是在信用关系中债务人支付给债权人的（或债权人向债务人索取的）报酬。利息随着信用行为的产生而产生，只要信用关系存在，利息就存在。

利息率简称利率，是指一定时期利息额同本金额的比率，即：

$$r(\text{利息率}) = \frac{\Delta g(\text{利息额})}{g(\text{本金，借贷资本额或所贷资金额})}$$

二、利息的计算

（一）单利和复利

1. 单利

单利是指在计算利息额时，不论期限长短，仅按本金计算利息，对利息不再重复付息。其公式为：

$$I = P \cdot r \cdot n$$

$$S = P(1 + r \cdot n)$$

式中，I 为利息额，P 为本金，r 为利息率，n 为借贷期限，S 为本利和。

[例 2 -1] 某人借款 100 万元，年利率为 5%，借款期限为 3 年，请计算到期本利和及应付利息。

$I = 1\ 000\ 000 \times 5\% \times 3 = 150\ 000$（元）

$S = 1\ 000\ 000(1 + 5\% \times 3) = 1\ 150\ 000$（元）

2. 复利

复利是指在计算利息额时，要按一定期限将所生利息加入本金再计算利息，逐期滚算，直至借贷契约期满。

利息的计算公式为：

$I = S - P = P[(1 + r)^n - 1]$

本利和的计算公式为：

$S = P(1 + r)^n$

［例 2－2］某人借款 100 万元，年利率为 5%，借款期限为 3 年，按复利计算到期本利和及应付利息。

$S = 1\ 000\ 000\ (1 + 5\%)^3 = 1\ 157\ 625$（元）

$I = 1\ 000\ 000[(1 + 5\%)^3 - 1] = 157\ 625$（元）

（二）终值和现值

1. 终值（Future Value）

终值又称将来值或本利和，是指现在一定量的资金在未来某一时点上的价值，通常记作 FV。

$FV = PV(1 + r)^n$

式中，PV 为现值或本金，FV 为终值或本利和，$(1 + r)^n$ 为复利因子。

［例 2－3］在年利率为 5% 时，假定现在有 100 万元，3 年后是多少钱？

$FV = PV(1 + r)^n = 1\ 000\ 000 \times (1 + 5\%)^3 = 1\ 157\ 625$（元）

2. 现值（Present Value）

现值是现在和将来（或过去）的一笔支付或支付流在今天的价值；或称在用价值，即资金折算至基准年的数值；或称折现值，即对未来现金流量以恰当的折现率进行折现后的价值。其用公式表示为：

$PV = FV/(1 + r)^n$

$$PV = \frac{R_1}{1 + i} + \frac{R_2}{(1 + i)^2} + \cdots + \frac{R_k}{(1 + i)^k} + \cdots + \frac{R_n}{(1 + i)^n} = \sum_{k=1}^{n} \frac{R_k}{(1 + k)^k}$$

式中，PV 为现值或本金，FV 为终值或本利和，$(1 + r)^n$ 为复利因子。

［例 2－4］在年利率为 5% 时，假定 3 年后需要 1 157 625 元，现在需要投资多少（即现值是多少）？

$PV = FV/(1 + r)^n = 1\ 157\ 625/(1 + 5\%)^3 = 1\ 000\ 000$（元）

（三）现值—终值的运用——净现值（NPV）法则

净现值（NPV）等于所有的未来流入现金的现值减去现在或未来流出现金现值的差额。

［例 2－5］假设 100 元的 5 年期公债售价为 75 元。若不考虑公债利息，在其他可

供选择的投资方案中，最好的方案是年利率为8%的银行存款。这两个方案哪个好呢？

可用净现值（NPV）法则来评估。

公债未来现金流入的现值计算如下：

$PV=100/(1+8\%)^5=68.06$（元）

银行存款未来流入的资金价值计算如下：

$FV=75\times(1+8\%)^5=75\times1.4693=110.20$（元）

对上述情况进行分析，计算如下：

$68.06-75=-6.94$（元）

$100-110.20=-10.20$（元）

故不宜投资公债。

［例2-6］一台机器，卖方开价一次性支付现款为110万元，如分四年平均支付，则每年支付30万元，共计120万元。在银行存款利率为10%的情况下，对购买者来说选用哪一种支付方法更好？

根据公式计算如下：

$$PV = FV/(1+r)^n$$
$$=30/(1+10\%)+30/(1+10\%)^2+30/(1+10\%)^3+30/(1+10\%)^4$$
$$=95.093\text{（万元）}$$

计算结果表明分期付款较一次性付款更合算。

三、利率体系

利率体系是指一个国家在一定时期内各种利率按一定规则构成的、互相依存和互相制约的系统。在一个经济体系中任何时候都不只存在一种利率，而是存在多种利率，并且这些利率的相互作用对一般利率水平的决定产生影响。为了准确掌握利率的内涵，有必要对利率体系进行简要分析。一般来说，利率体系主要包括以下几个方面的内容：

（一）中央银行再贴现利率和商业银行存贷款利率

中央银行再贴现利率是商业银行将其贴现的未到期票据向中央银行申请再贴现时所使用的利率。再贴现利率是中央银行对商业银行和其他金融机构短期融通资金的利率。再贴现意味着中央银行向商业银行贷款，从而增加了货币投放，直接增加货币供应量。再贴现利率的高低不仅直接决定再贴现额的高低，而且会间接影响商业银行的再贴现需求，从而整体影响再贴现规模。再贴现利率在利率体系中发挥着核心和主导作用，反映和影响全社会的一般利率水平，体现一个国家在一定时期内的经济政策目标和货币政策方向。

商业银行存贷款利率又称市场利率，是商业银行及其他存款机构吸收存款和发放贷款时所使用的利率。商业银行存贷款利率在利率体系中发挥基础性作用，一方面反映货币市场上资金供求状况；另一方面对资金的融通和流向起导向作用。商业银行存贷款利率一般分为存款利率（或负债利率）与贷款利率。为了避免银行和其他存款机构在吸收存款中出现恶性竞争，几乎所有市场经济国家都对银行存款利率做出了明确的规定和限制，而对贷款利率一般限制较少。

（二）拆借利率与国债利率

拆借利率是银行及金融机构之间的短期资金借贷利率，主要用于弥补临时头寸不足，通常是隔夜拆借，期限一般不超过半年。拆借利率是根据拆借市场的资金供求关系来决定的，能比较灵敏地反映资金供求的变化情况，是短期金融市场中具有代表性的利率。其他短期借贷利率通常是比照同业拆借利率加一定的幅度来确定的。

国债利率通常是指一年期以上的政府债券利率，是长期金融市场中具有代表性的利率。国债的安全性和流动性较高，收益性较好，因此国债利率水平通常较低，成为长期金融市场中的基础利率，其他利率则参考国债利率来确定。

（三）一级市场利率与二级市场利率

利率作为借贷资金的价格或成本，可视为金融投资所获得的回报，因此经济学中利率与收益率一般可以通用。

一级市场利率是指债券发行时的收益率或利率，是衡量债券收益的基础，同时也是计算债券发行价格的依据。

二级市场利率是指债券流通转让时的收益率，真实反映了市场中金融资产的损益状况。一般来说，二级市场收益高，会使债券需求增加，从而使发行利率降低；反之，会使发行利率提高。

在利率体系中，有一个处于关键地位，起引导和决定作用的利率，即基准利率。基准利率是金融市场上具有普遍参照作用的利率，其他利率水平或金融资产价格均可根据这一基准利率水平来确定。基准利率是利率市场化的重要前提之一，在利率市场化条件下，融资者衡量融资成本，投资者计算投资收益以及管理层对宏观经济的调控，客观上都要求有一个普遍公认的基准利率水平作为参考。因此，从某种意义上讲，基准利率是利率市场化机制形成的核心。

基准利率一般由中央银行决定。以前大多数国家以中央银行的再贴现率作为基准利率，而当前不少国家以公开市场业务作为主要的货币政策工具，因而采用国债利率作为基准利率。

四、利率的种类

（一）年利率、月利率和日利率

根据计算利息的期限单位，利率可划分为年利率、月利率和日利率。年利率以年为计算单位，以百分之几来表示，按年利率计算的利息为年息；月利率以月为计算单位，以千分之几来表示，按月利率计算的利息为月息；日利率以日为计算单位，以万分之几来表示，按日利率计算的利息为日息，日息按每月 30 天计算。

按照中国传统的习惯，不论是年利率、月利率、日利率都用“厘”作为单位，如年息 5 厘，月息 4 厘，日息 2 厘等。虽然都叫“厘”，但差别极大。年利率的 1 厘是指 1%，如贷出 1 万元，1 年的利息为 100 元。月利率的 1 厘是指 0.1%，如贷出 1 万元，

1月的利息为10元；不计复利，1年为120元。日利率的厘是指0.01%，如贷出1万元，每日利息为1元；不计复利，每月按30天计，利息为30元，全年可收利息360元。过去和现在的民间，也常用“分”作为利率的单位。分是“厘”的10倍，如旧中国习惯用以作为利息率高低分界的“3分息”就是指月息3%。

（二）长期利率和短期利率

根据信用行为期限的长短，利率可分为长期利率和短期利率。1年期以上的融资行为称为长期信用，相应的利率就是长期利率；1年期以下的信用行为称为短期信用，相应的利率就是短期利率。

（三）固定利率和浮动利率

根据借贷期限内利率是否调整，利率可以分为固定利率和浮动利率。固定利率是指在借贷期限内保持不变的利率。这种计息方式的特点是简单易行，但只适用于利率管制的国家或经济稳定时期；若在通货膨胀严重时期采用，会造成债权人的损失，在利率市场化的条件下，则对借贷双方均不利。浮动利率是指在借贷期限内根据市场利率的变化定期调整的利率。实行浮动利率，必须首先在贷款协议中做出明确规定，然后根据市场利率的变化情况，每半年调整一次。这种计息方法比较麻烦，一般适用于中长期贷款。

（四）市场利率、官定利率和公定利率

根据是否按市场供求自由变动，利率可分为市场利率、官定利率和公定利率。市场利率是指随市场供求而自由变动的利率；官定利率是指由政府金融管理部门或者中央银行确定的利率，是国家为了实现宏观调节目标的一种政策手段；公定利率是指由非政府部门的民间金融组织，如银行公会等所确定的利率。

（五）名义利率和实际利率

按照利率与通货膨胀的关系，利率有名义利率和实际利率之分。在通货膨胀时期，名义利率很高，但实际利率却很低，甚至是负利率。名义利率是不剔除通货膨胀的因素，随物价水平的变化而调整的利率；实际利率则是剔除通货膨胀因素，能够精确地反映真实筹资成本的利率。新闻媒体和银行公布的利率都是名义利率，而实际利率则必须通过计算获得。

名义利率与实际利率的关系是名义利率等于实际利率加上通货膨胀率。可用公式表示如下：

$$i = ir + p$$

式中，i为名义利率，ir为实际利率，p为通货膨胀率。

假如在1年里，利率上升至8%，而通货膨胀率却达到10%，那么在这一年内的实际利率是-2%。计算过程如下：

$$ir = 8\% - 10\% = -2\%$$

根据以上计算，即使年终债权人获得了按年利率8%计算的利息，但以不变价格计算，却损失了2%的利息。因此，实际利率越低，借款人借钱的愿望越强烈，而贷款人

则越不愿意贷出资金。

五、利率的决定

（一）马克思主义的利率决定理论

马克思的利率决定理论是以剩余价值在不同资本家之间的分割为出发点的。利息是贷出资本家从借入资本的资本家那里分割来的一部分的剩余价值。剩余价值表现为利润，因此利息只是利润的一部分。利润本身就构成了利息的最高界限，社会平均利润率就构成了利息率的最高界限。因为如果利息率达到平均利润率的水平，借入资本的职能资本家将无利可图，但利息率也不可能低到零，否则借贷资本家不愿意贷出资本。因此，利息率应该在零和平均利润率之间波动。

利息率取决于平均利润率，使得利息率具有以下的特点：

（1）随着技术的发展和社会资本有机构成提高，平均利润率有下降的趋势，因此利息率也有下降的趋势。

（2）平均利润率虽有下降的趋势，但这是一个非常缓慢的过程，在某一特定的阶段，往往是一个稳定的量。

（3）由于利息率的高低是两类资本家分割利润的结果，因此利息率的决定具有很大的偶然性，往往习惯、法律效应、竞争等因素都会直接影响利率的水平。

（二）西方经济学的利率决定理论

1. 古典利率理论

19 世纪 80 年代以前，西方古典经济学家对利率的决定问题进行了大量研究，其中利率由资本供求关系决定的思想已广为接受。但究竟资本的供给和需求是由哪些因素决定的，还未取得较为一致的意见。19 世纪八九十年代，奥地利经济学家庞巴维克、英国经济学家马歇尔、瑞典经济学家威克塞尔和美国经济学家费雪等人对决定资本供给、需求的因素进行了研究，认为资本的供给来源于储蓄，资本的需求来源于投资，从而建立了利率由储蓄、投资共同决定的理论。因为该理论严格秉承古典学派重视实物因素的传统，从而被称为“古典利率理论”。

古典的利率理论认为，利率取决于边际储蓄曲线与边际投资曲线的均衡点。投资是利率的递减函数，投资流量随利率的提高而减少，即利率提高，投资额下降；利率降低，投资额上升。储蓄是利率的递增函数，储蓄流量随利率的提高而增加，即利率越高，储蓄额越大；利率越低，储蓄额越少，储蓄额与利率成正相关关系。古典的利率理论可以用图 2.1 来表示。

在图 2.1 中，I 曲线是投资曲线，向下倾斜，表示投资与利率负相关。S 曲线是储蓄曲线，S 曲线向上倾斜，表示储蓄与利率正相关。I 曲线与 S 曲线的相交点 A 点对应的利率 r_0 表示均衡利率。若边际投资倾向不变，边际储蓄倾向提高，S 曲线向右平移，与 I 曲线形成新的均衡利率 r_1，$r_1 < r_0$，说明在投资不变的前提下，储蓄提高导致利率下降。若边际储蓄倾向不变，边际投资倾向提高，I 曲线向右平移，与 S 曲线形成新的均衡利率 r_2，$r_2 > r_0$，说明在储蓄不变的前提下，投资的增加导致利率上升。

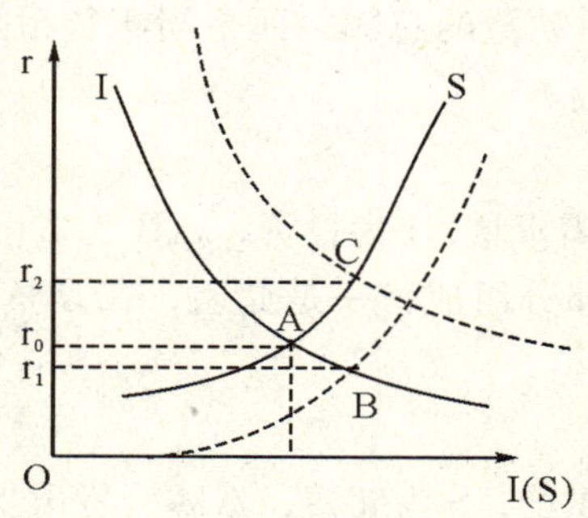

图 2.1 古典利率理论

2. 流动偏好利率理论

流动偏好理论是凯恩斯提出的利率理论。凯恩斯认为，利率取决于货币的供求状况，而货币的供给量取决于货币当局；货币的需求量主要取决于人们对现金的流动偏好。人们可以用其收入购买债券，从而获得利息；人们也可以持有货币，从而满足其交易的需求、谨慎的需求和投机的需求。凯恩斯认为，流动偏好即手持现金是利息的递减函数，而利息则是放弃流动偏好的报酬。

如果人们对流动性的偏好强，愿意持有的货币数量就增加，当货币的需求大于货币的供给时，利率上升；反之，人们的流动性偏好转弱时，对货币的需求下降，利率下降。因此，利率由流动性偏好曲线与货币供给曲线共同决定（如图 2.2 所示）。

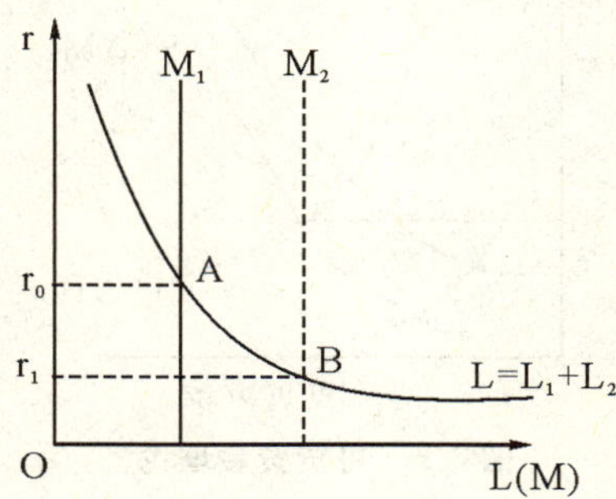

图 2.2 流动偏好利率理论

货币供给曲线 M 由货币当局决定，货币需求曲线 $L = L_1 + L_2$。L_1 表示交易和谨慎货币需求，L_2 表示投机货币需求，L 表示货币总需求。货币需求曲线是一条由上到下、由左到右的曲线，越向右，越与横轴平行。当货币供给曲线与货币需求曲线的平行部分相交时，利率将不再变动。货币供给的增加，将导致储蓄的增加，不会对利率变动产生影响。这就是著名的凯恩斯“流动性陷阱”学说。

3. 可贷资金理论

新古典利率理论也被称为可贷资金学说（the Theory of Loanable Funds），是对古典利率理论的补充，也是为了批判凯恩斯流动偏好理论而提出的。其首倡者是剑桥学派的罗柏森（D. H. Robertson）。该理论认为，市场利率不是由投资与储蓄决定的，而是由可贷资金的供给和需求来决定的。可贷资金的需求包括投资需求和货币贮藏需求。

这里的货币贮藏需求不是货币贮藏的总额，而是当年货币贮藏的增加额。其用公式来表示，即：

$D_L = I + \triangle H$

式中，D_L 为可贷资金的需求量，I 为投资，△H 为货币贮藏的增加额。

可贷资金的供给也由两部分组成：一是储蓄，二是货币当局新增发的货币数量。其用公式来表示，即：

$S_L = S + \triangle M$

式中，S_L 为可贷资金的供给，S 为储蓄，△M 为货币当局的货币增发额。

可贷资金学说认为，△H 和 I 是利率的递减函数，而△M 却是货币当局调节货币流通的工具，是个关于利率的外生变量。储蓄与投资决定自然利率 r_0（当 I = S 时的利率）；而市场利率 r_1 则由可贷资金的供求关系来决定，即 r_1 取决于 DL = SL。其公式表示如下：

$I + \triangle H = S + \triangle M$

可以看出，如果投资与储蓄这一对实际因素的力量对比不发生变化，按照该理论，货币供需力量对比的变化便足以改变利率。因此，利率在一定程度上是货币现象。

可贷资金理论从流量的角度研究借贷资金的供求和利率的决定，可以用于对金融市场的利率进行分析，有一定的实际意义（如图 2.3 所示）。

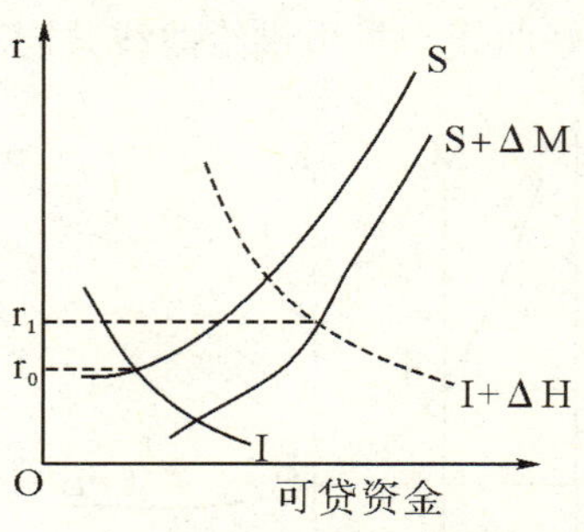

图 2.3　可贷资金理论

（三）决定和影响利率变动的因素

1. 平均利润率

马克思认为，资本主义利息是利润的一部分，是剩余价值的一种转化形态。因此，正常情况下，利率水平应介于零和平均利润率之间，即利率水平随着平均利润率的变动而发生变化。马克思的平均利润率决定理论为我们分析判断和预测实际利率水平的高低、制定利率政策提供了理论基础。

2. 资金供求状况

借贷资金供求状况的变化是影响市场利率变动的直接因素，资金供应增加，需求减少，市场利率下降；相反，资金供应减少，需求增加，市场利率上升。影响借贷资金供求状况的因素是多方面的，有实际经济因素，有纯货币因素，还有心理因素。资金供求状况可以说是各种影响利率水平因素的综合反映。

3. 预期价格变动率

价格变动与名义利率变动有着直接的联系。要保持实际利率不变，在价格总水平上升时，名义利率也应上升；反之，名义利率应下降。因此，在确定利率时，既要考虑物价上涨对借贷资本本金的影响，又要考虑物价上涨对借贷资本利息的影响，并采取提高利率水平或采用附加条件等方式来减少通货膨胀带来的损失。

4. 银行经营成本

银行经营成本基本上包括两部分，即支出和一般营业费用。银行的利润与其经营成本成反比，存款利息与贷款利率成正比。因此，存贷款利差越小，银行利润越少；存贷款利差越大，银行利润越多。

5. 国家产业政策等经济政策

国家产业政策是银行确定优惠利率扶植对象和利率优惠幅度的基本依据。而利率政策是中央银行进行金融宏观调控、实现宏观经济政策目标的一种工具，其确定不仅要考虑利率体系和金融市场的内在要求，还要服务于国家宏观经济调控的需要。当经济处于繁荣时期，投资旺盛，市场资金需求强劲，市场利率较高且呈上升趋势，这时中央银行会采取偏紧的货币政策，提高基准利率以提高投资成本，抑制投资。相反，当经济不景气时，投资疲软，市场资金需求不足，市场利率水平降低，这时中央银行就会采取较为积极的货币政策，降低基准利率以降低投资成本，从而刺激投资。

6. 国际经济环境

国际资金的流动影响一国的利率水平。如果资金流出，会减少一国的资金供给量，如果要制约货币资金的大量流出，就必须提高利率，但利率的提高会导致投资减少，利润降低，当利息在利润中的分割比例不变时，利率水平又会相应降低。一国利率水平还会受国际金融市场利率和汇率、国际商品的竞争、外汇储备量的多少和利用外资政策的影响。

7. 经济周期

在危机阶段，许多工商企业由于商品销售困难而不能按期偿还债务，造成支付关系紧张并引起货币信用危机。资本家都不愿意再以赊销方式出售商品，而要求以现金支付。由于对现金的需求急剧增加，借贷资本的供给不能满足需要，将使利率节节提高。进入萧条阶段，物价已跌到最低点，整个社会生产处于停滞状态。与此相适应，借贷资本的需求减少，市场上游资充斥，利率会不断降低。在复苏阶段，投资增长，物价回升，市场容量逐渐扩大，增加了对借贷资本的需求，但借贷资本供给充足，职能资本家可以以低利率取得货币资本。进入繁荣阶段，生产迅速发展，物价稳定上升，利润急剧增长，新企业不断建立，对借贷资本的需求很大。但由于资本回流迅速，信用周转灵活，利率并不是很高。随着生产的继续扩张，借贷资本需求日益扩大，特别是在危机前夕，利率又会不断上升。

通货膨胀与保值贴补

当通货膨胀率很高时，实际利率将远远低于名义利率。由于人们往往关心的是实际利率，因此若名义利率不能随通货膨胀率进行相应的调整，人们储蓄的积极性就会受到很大的打击。比如在1988年，中国的通货膨胀率高达18.5%，而当时银行存款的利率远远低于物价上涨率，因此在1988年的前三个季度，居民在银行的储蓄不仅没给存款者带来收入，就连本金的实际购买力也在日益下降。老百姓的反应就是到银行排队取款，然后抢购，以保护自己的财产，因此就发生了1988年夏天银行挤兑和抢购之风，银行存款急剧减少。

针对这一现象，中国的银行系统于1988年第四季度推出了保值存款，将名义利率大幅度提高，并对通货膨胀所带来的损失进行补偿。表2.1给出了1988年第四季度到1989年第四季度中国的银行系统三年保值存款的年利率、通货膨胀补贴率和总名义利率，其中总名义利率等于年利率和通货膨胀补贴率之和。保值贴补措施使得存款实际利率重新恢复到正数水平。以1989年第四季度到期的三年定期存款为例，从1988年9月10日（开始实行保值贴补政策的时间）到存款人取款这段时间内的总名义利率为21.50%。而这段时间内的通货膨胀率，如果按照1989年的全国商品零售物价上涨率来计算的话，仅为17.80%，因此实际利率为3.70%。实际利率的上升使存款人的利益得到了保护，人们开始把钱存入银行，使存款下滑的局面很快得到了扭转。

表2.1　1988—1989年中国的银行系统对三年定期存款的保值率（%）

年·季度	年利率	通货膨胀补贴率	总名义利率
1988·4	9.71	7.28	16.99
1989·1	13.14	12.71	25.85
1989·2	13.14	12.59	25.73
1989·3	13.14	13.64	26.78
1989·4	13.14	8.36	21.50

资料来源：《中国金融年鉴（1990）》

思考：

通货膨胀时期，中央银行为什么要对银行定期储蓄存款实行保值贴补率？

第三节　利率的作用

一、利率发挥作用的环境和条件

在发达的市场经济中，利率的作用是相当广泛的。从微观角度说，对个人收入在消费和储蓄之间的分配、对企业的经营管理和投资等方面，利率的影响非常直接；从宏观角度说，对货币的需求和供给、对市场的总供给与总需求、对物价水平的升降、对国民收入分配的格局、对汇率和资本的国际流动、对经济成长和就业等方面，利率都是重要的经济杠杆。

利率发生作用是以资金供求双方均关心自身的经济利益为前提条件的。调节利率就是通过调节资金供求双方的经济利益来调节资金的供给量和资金的需求量，实现货币供求的均衡，达到宏观经济目标。

在发达的市场经济中，利率的作用之所以极大，基本原因在于对于各个可以独立决策的经济人——企业、个人以及其他主体来说，利润最大化、效益最大化是基本的准则，而利率的高低直接关系到它们的收益。在利益约束机制下，利率也就有了广泛而突出的作用。我国过去是中央集中计划体制，由于市场机制受到极强的压制，利率没有什么显著的作用。改革开放之后，市场机制的运行逐渐成熟，利率开始被重视，近些年来利率的作用在逐步增强。

利率发挥作用的条件具体可归纳为：

第一，市场化的利率决定机制。利率主要是通过市场和价值规律机制由市场供求因素决定的。当市场上资金供不应求，利率就会上扬；反之，资金环境相对宽松，利率就会下降。但如果从另一个角度看，利率如果有较高的伸缩自如的弹性，利率的变动，将会调节资金的供求，一方面引导社会资金合理流动，另一方面实现资金供求均衡，促进经济持续稳定增长。

第二，灵活的利率联动机制。利率体系中，各种利率之间相互联系、相互影响。利用利率的联动机制，特别是中央银行通过调整基准利率，来引起市场利率体系随之变动，减少货币政策传导过程中的障碍，实现宏观经济调控目标。

第三，适当的利率水平。利率水平过高，会抑制投资，阻碍经济的发展与增长；利率水平过低，又不利于发挥利率对经济的杠杆调节作用。在市场化利率决定机制形成的过程中，适当的利率水平一方面能真实地反映社会资金供求状况，另一方面使资金借贷双方都有利可图，从而促进利率作用的发挥，推动经济持续、稳定发展。

第四，合理的利率结构。合理的利率结构包括利率的期限结构、利率的行业结构以及利率的地区结构，可以体现经济发展的不同时期、区域、产业及风险差别，弥补利率水平变动作用的局限性。

二、储蓄的利率弹性和投资的利率弹性

由于个人储蓄通常是构成社会总储蓄的主要部分，因此用个人储蓄作为代表加以说明。利率的作用有正反两个方面：储蓄总额相对于利率的提高，可以是增加，也可以是减少；储蓄总额相对于利率的下降，可以是减少，也可以是增加。一般将储蓄随利率提高而增加的现象称为利率对储蓄的替代效应，将储蓄随利率提高而降低的现象称为利率对储蓄的收入效应。替代效应表示人们在利率水平提高的情况下，愿意增加未来消费，即储蓄，来替代当前消费。这一效应反映了人们有较强的增加利息收入从而增加财富积累的偏好。收入效应表示人们在利率水平提高时，希望增加现期消费，从而减少储蓄，这一效应则反映了人们在收入水平由于利率提高而提高时，希望进一步改善生活水准的偏好。一般来说，一个社会中总体上的储蓄利率弹性究竟是大是小，最终取决于上述两种作用相互抵消的结果。由于两种作用相互抵消，尽管利率的收入效应与替代效应分别看都很强，但利率的弹性却有可能很低。至于储蓄的利率弹性的方向是正还是负，则要取决于收入效应与替代效应的对比结果。

利率变化对投资所起的作用是通过厂商对资本边际效益与市场利率的比较形成的。

如果资本边际效益大于市场利率，可以促使厂商增加投资，反之则减少投资。但是，同样幅度的利率变化以及利率与资本边际效益的比对于不同厂商的影响程度则是不同的。例如，在劳动力成本，即工资，不随利率下降而降低的情况下，对劳动密集型的投资，利率弹性就小些；对资本密集型的投资，利率弹性就会大些。另外，期限较长的固定资产投资的利率弹性会大些，存货投资的利率弹性则较复杂。由于存货的增减更主要地取决于产品销售及其他成本，利息成本只是影响因素之一，因此需有较大幅度的利率变化，才能引致存货投资量的明显变化。

三、利率的功能

如上所述，利率作为经济活动中重要的经济变量，直接影响人们的经济利益。其具体内容如下：第一，在宏观经济活动中通过影响储蓄收益可以调节社会资本的供给，如提高利率可以增加居民储蓄；第二，通过对投资成本的影响可以调节社会投资总量和投资结构，如提高利率会减少社会投资总量，而差别利率可以调节社会投资结构，总储蓄和总投资的变动将影响社会总供求；第三，在微观经济活动中，利率可以通过影响企业的生产成本与收益发挥促进企业改善经营管理的作用；第四，通过改变储蓄收益对居民的储蓄倾向和储蓄方式的选择发挥作用，影响个人的经济行为。

如此，利率成为重要经济杠杆，在市场经济中具有“牵一发而动全身”的效应，对经济的发展发挥着至关重要的作用。利率的功能如下：

（一）中介功能

利率的中介功能具体表现在三个方面：首先，利率联系了国家、企业和个人三方面的利益，其变动将导致三方利益的调整。其次，利率沟通金融市场与实物市场，特别是两个市场上不同利率之间的联动性，使金融市场和实物市场之间相互影响，紧密相关。最后，利率连接了宏观经济和微观经济，利率的变动可以把宏观经济的信息传达到微观经济活动中去。

（二）分配功能

利率具有对国民收入进行分配与再分配的功能。一方面，利率从总体上确定了剩余价值的分割比例，使收入在贷者和借者之间进行初次分配。另一方面，利率可以对整个国民收入进行再分配，调整消费和储蓄的比例，从而使盈余部门的资金流向赤字部门。

（三）调节功能

利率的调节功能主要是通过协调国家、企业和个人三者的利益来实现的。利率既可以调节宏观经济活动，又可调节微观经济活动。利率对宏观经济的调节，主要是调节供给和需求的比例，调节消费和投资的比例关系等；利率对微观经济的调节，主要是调节企业和个人的经济活动等，使之符合经济发展的需求和国家的政策意图。

（四）激励功能

实现一定的物质利益是推动社会经济发展的内在动力。利率就是通过全面、持久地影响各经济主体的物质利益，激发他们从事经济活动的动力，从而推动整个社会经济走向繁荣。例如，利息对存款人来说，是一种增加收入的渠道，高的存款利率往往是吸收社会资金的诱惑。当然，利息对于借款人来说，始终是一个减利因素，是一种经济负担。企业借款的金额越大，借款的时间越长，利率水平越高，企业需要支付的利息就越多，征税或业务经营的成本就越高，利润就越少。因此，为减轻利息负担，增加利润，企业就有可能减少借款，通过加速资金周转，提高资金使用效益等途径，按期或提前归还借款。

基金经理表示：加息不影响投资决策①

2007年，在有着历史纪念意义的5月19日，中国人民银行宣布了加息及上调存款准备金率的决定，而且存款基准利率上调幅度高于贷款基准利率上调幅度。多数基金经理认为，此次加息并不意外，市场早有预期，加息对股市影响有限，不会影响他们的投资决策，他们也不会因此调整仓位。

不少基金经理表示，此次加息在5月18日的盘面中已体现出来，因此对市场的冲击应该不会太大。深圳的一位基金经理就表示，加息并不会影响他的投资和决策，讨论加息对市场的正面或负面影响，说到底只是一个选时的问题，因此他们的主要工作是精选个股，不看大市。

大成基金公司投资部副总监兼景宏基金经理刘明认为，此次央行调整政策在预料之中，对股市将产生短期影响，尤其是对地产、银行板块将产生负面影响。但就整个宏观经济来说，仅属于微调。与加息一起出台的政策还有人民币汇率浮动幅度扩大至5‰，这意味着人民币升值会向一个更加广阔的空间发展。他分析，具体到行业，银行和地产都是能留下很多钱的行业，这两个行业都是喜忧参半，好的是人民币升值幅度更大，这两个行业都会变得更有吸引力，不利的是房地产的运营成本会上升。

刘明表示，大成基金不会因为加息而改变投资策略，也不会因此调整仓位。因为就此判断央行已经进入加息通道并不确切，持续加息的信号也不明确。即便加息会使资金局部分流，也不会对整个市场产生大的影响。

信达澳银基金公司投资总监曾昭雄表示，央行此次“三率”同时调整，代表了新的货币市场方向，即在人民币升值的趋势下，市场可以接受更大幅度的汇率波动区间，同时提高了投资的机会成本。短期内，目前亢奋的股票市场受调控的影响可能不会很大，但成熟市场的经验表明，管理层使用市场化的手段调控并不是一步到位的，投资者应该审慎对待持有的股票，重点考察其未来的业绩增长能否降低目前较高的估值。曾昭雄认为，“三率”同时调整，表明管理层力图抑制资产价格可能产生的泡沫，回收流动性势在必行。此次调整对消费服务、银行和地产等行业产生的影响并不会很大，信达澳银基金公司仍然会坚持对公司价值的研究和判断。

富国基金认为，此次加息的主要目的在于抑制经济过热和稳定通货膨胀，对股市

① 基金经理表示：加息不影响投资决策［EB/OL］.（2007－05－22）［2016－08－05］. http://www.chinaacc.com/new/184/186/2007/5/gj93111164822570022717－0.htm.

的发展并不会有直接的方向性影响。此次加息前，一年期存款利率仅为2.79%，低于3%的平均物价涨幅水平，加息后上调至3.06%，基本接近物价水平，有利于稳定通胀预期，保持物价水平的基本稳定。而此次存贷款利率之间的“不对称调整”，一定程度上释放出央行希望借此从股市回笼资金的信号。在股市处于4 000点高位的市场态势下，此次加息将难免使股市面临一定程度的回调压力。

不过，富国基金认为，通过加息，让一些风险承受能力过低的投资者回笼资金到银行储蓄，有利于降低股市中的投机套利气氛，提高市场中的整体风险意识。而中国经济良好的基本面仍具备承受一定程度的加息的能力空间，将利率与物价涨幅水平调整至接近的水平会更有利于经济的长远发展。考虑到这两点因素，此次加息必将有利于股市的长期发展。

不过，也有基金公司持谨慎态度，因为央行收缩流动性的态度坚决，可能在一定程度上影响上市公司的业绩，而且市场正处于一种非常微妙的状态，投资者在操作上应该随机应变。

思考：

为什么央行宣布加息，各基金公司经理均要分析其对股市是否产生影响?

第四节　我国的利率体制及其改革

一、改革开放以前的利率管理体制

与高度集中的计划经济体制的历史背景相适应，长期以来，我国一直实行利率管制，即利率由国务院统一制定，由中国人民银行统一管理。其特点如下：

（一）利率水平偏低

新中国成立以来，特别是1956年以后，我国物价指数与利率水平呈反方向变化趋势。以零售物价总指数来说，1950年为100，1965年为134.6，1978年为135.9，1982年为153.3；而银行贷款利率水平1953年为年息8.3%，以后逐步降低，最高未超过年息7.2%，有时还降为年息5.04%或5.76%。这种低利率政策，从贷款方面看，造成企业对信用资金的过度需求，不利于信贷引导资金流向和资金供求，不利于扭转企业流动资金占用多、周转慢和缓解资金紧张的被动局面；从存款方面看，直接影响货币储备和实物储存之间的选择，会减少银行的存款。

（二）利率结构不合理

利率结构不合理主要表现在：一是利差和利比不协调。所谓利差，是指贷款利息收入与存款利息支出之差。所谓利比，是指各种利率间依照利率制定原理和信用资金特点，保持一定比例关系的相互制约方式。当时出现的情况是企业定期存款利率低于个人定期存款利率、企业长期占用的资金和短期使用流动资金贷款无区别、结算贷款利率低于流动资金贷款利率等，造成存货利率倒挂、利率间制约松散、存贷利差与经济发展逆向运动，没有真正体现货币资金的时间价值。二是档次少，利息的种类也随着利率降低而不断减少。当时我国利率不分行业、存贷款、长短期、企业经营状况，均实行同一利率。这种办法无视投资者对金融资产的不同需求，也不利于银行信贷贯彻“区别对待、择优扶植”的原则。

（三）利率机制不灵活

利率的管理权限高度集中，并且利率标准是“几十年一贯制”，没有因势而变，表现为大额小额存款一个样、不同经济发展水平一个样、不同投资风险一个样、资金充足和短缺一个样。这样做不利于国家产业政策的贯彻和产业结构的调整，不利于提高贷款的经济效益。

二、经济体制转换时期利率体制改革的指导思想

（一）要分析利率和利润率的关系

依据马克思的利息理论，利息来源于利润，是从企业利润中分割出来的。在资本主义市场经济条件下，利率水平是受价值规律支配的，利润水平对利率水平是有决定影响的。随着我国市场经济体制的建立，在确定利率水平时，不仅要考虑利润总水平的情况，还要考虑各部门、各行业间的利润是否合理以及主观和客观因素，如贷款时间长短、物价水平变化、国际市场货币利率等因素来确定不同的利率。

（二）要考虑到资金供求与利率之间的相互作用

在市场经济条件下，一般是银根紧利率就高，银根松利率就低。借贷资本的供需状况决定着当时的市场利息的变化。我国高度集中计划经济年代的资金分配主要是通过计划进行的，要受国家经济政策和货币政策的干预，资金供求情况对利率高低影响较小。随着我国市场经济体制的逐步建立，资金供求关系将成为确定我国利率水平的一个重要因素，通过利率的高低来调节资金供求的作用日趋明显。

（三）要处理好存款利率和贷款利率的关系

如何求得合理的利差，关键要兼顾存款人、贷款人和银行三者的利益。若三者关系处理不好，存款不来，贷款不去，银行业务活动就难以开展。在这种情况下，也就谈不上利率杠杆作用的发挥。

（四）要兼顾物价水平变动的影响

从总体上说，保持一个稳定的、良好的货币环境，既是经济健康运行的保证，也是利率充分发挥作用的前提条件。但是，由于种种原因，物价的变动是常事。一般来说，在通货膨胀情况下，货币的币值下降，物价上涨，就会提高利率；在通货紧缩情况下，货币的币值上升，物价下降，就要降低利率。兼顾利率与物价关系，一是要考虑一般物价水平；二是预期物价上涨率；三是要具体考虑不同利率与物价的关系。实质上利率总水平与物价总水平的关系十分密切。

（五）要设置一套灵活有效的利率管理体系

利率是一个体系，存贷利率之间、单位存款利率与贷款利率之间、各项存款利率之间、各项贷款利率之间、长期性存款利率和贷款利率之间等应协调配合。要建立灵活有效的利率管理体系，总的要求如下：一是既能控制，又能灵活，即中央银行规定基准利率和利率的浮动幅度，在此基础上，商业银行有一定的确定利率的自主权；二是既有差别又能协调，即对不同行业、不同经济成分、不同地区、不同贷款、不同经济效益的利率的期限、种类和数量应有所差别，但差别利率之间必须保持一定的比例和制约关系；三是既要相对稳定又能因势而变，既不像资本主义国家那样，利率随资本供求和借贷市场自发波动而经常波动，也不能“十几年一贯制”，要依据经济发展状况而有所变化。

（六）要改革利息率在企业成本中列支的做法

从理论上说，利息应是利润的分割，我国目前将利息摊入成本的做法人为地割断了利息与企业利润的内在联系，歪曲了利息的实质。从实践上看，利息在企业成本中列支，利息支出转嫁给国家和消费者，这不利于企业加强经营管理，也不利于市场物价的稳定。对此，必须适时地进行改革。

三、我国利率市场化的进程

（一）当前推进利率市场化的有利因素

利率市场化是中央银行货币政策的基础。没有市场化的利率，就没有连接企业、银行和财政的纽带。改革开放以来，我国利率改革取得了重大进展：适时地、多次地调整了利率，使中央银行灵活运用货币政策工具进行间接调控的机制更趋完善；停办新的保值储蓄存款，恢复了存款利率弹性和利率杠杆的灵活性；试行储蓄实名制和征收利息税，有利于调节收入分配；降低准备金存款利率，有利于增加商业银行信贷资金的流动性和促使超额准备趋向正常化；放开同业拆借市场，更多地运用市场手段引导市场利率的波动；扩大对中小企业贷款利率的浮动幅度等。

上述改革措施所取得的成效，加上我国宏观经济稳定和金融市场已具有一定规模，应该说，为推进利率市场化创造了有利因素。

（二）利率形成市场化的国际经验

以利率形成市场化为核心内容的利率改革是许多发达国家曾经面临的重大课题。20世纪80年代以来，西方主要国家境内外自由利率市场的发展，直接冲击了传统的利率管制，并导致了全面的利率自由化。从具体国家看，美国是在高利率背景下以资金大规模地向自由利率的金融商品市场注入为突破口的；日本是从国内和国外两条线索展开利率自由化的，在国内是促进国债市场的发展和市场利率的形成，在国外则是利用了欧洲市场的发展；英国则是以国内伦敦市场自由利率的发展为契机推进利率自由化的。

从国际一般经验来看，利率市场化的一般步骤包括：第一，通过将利率提高到市场均衡状态下来保持经济金融运行的稳定；第二，完善利率浮动制，扩大利率浮动范围，下放利率浮动权；第三，实行基准利率引导下的市场利率体系。从我国利率改革的进展看，目前已经进入上述第三个阶段，即通过推进金融市场的发展、金融资产的多元化，来推进利率形成机制的市场化，并根据市场利率的波动状况，及时调整贷款利率，增大贷款利率的波动幅度，最后实现存款利率的市场化。

（三）我国利率市场化的进程

从我国的实际情况和国际经验看，我国利率市场化应该采取渐进的方式进行。其总体思路是：首先，从发展货币市场着手，形成一个更为可靠的市场利率信号；其次，以这一市场利率为导向，及时调整贷款利率，扩大其浮动范围，并促进银行间利率体系的建立和完善；最后，逐步放开存款利率。具体来说，我国利率市场化主要包括以下几个方面的内容：

1. 推进货币市场的发展和统一，促进市场化的利率信号的形成

市场化的利率信号是在货币市场上形成的。这一信号的质量取决于货币市场的规模、运行的规范程度和效率、对经济运行的影响力和覆盖面等。因此，当前我国的利率改革，应该首先大力推进货币市场的发展和统一，使得货币市场上形成的利率信号能够准确地反映市场资金的供求状况，为整个利率改革的推进形成一个可靠的基准性利率。

我国目前货币市场发展规模小、水平低、货币市场分割严重，降低了货币市场对于经济金融运行的影响力，货币市场上形成的利率信号失真严重。因此，当前应重点推进拆借市场和票据市场的发展。将拆借市场发展作为利率形成市场化的突破口，扩大拆借市场的覆盖面和影响力，并将中央银行的基准利率逐步由目前的再贷款利率转变为拆借市场利率。由于拆借市场主要是短期资金融通的市场，拆借市场的利率代表了金融市场主体取得批发性资金的成本，能够及时体现资金供求状况的变动情况，因而在整个金融市场的利率结构中具有导向性的作用。

在此基础上逐步放开贴现率，推进区域性票据市场的发展。目前的利率管理体制是：一方面，同业拆借利率和国债回购利率已经基本放开；另一方面，作为货币市场重要组成部分的贴现市场则依然实行严格管制，客观上形成了货币市场的人为分割，阻滞了统一的市场化利率的形成。

2. 逐步放松利率管制

跟踪市场利率及时调整贷款利率，进一步扩大贷款利率的浮动范围。在此基础上，中央银行逐步放开对整个贷款利率的严格管制，转而只根据市场利率确定一年期贷款的利率。

随着拆借市场利率形成机制的不断完善，中央银行可以根据货币市场利率调整贷款利率，使贷款利率高于货币市场利率。在具体的政策操作中，要进一步扩大商业银行的贷款利率浮动权，允许商业银行根据不同企业的资信状况和市场状况确定不同的利率水平，保持商业银行对利率变动的敏感性，促使商业银行建立以市场为导向的利率定价机制，将中央银行的利率政策意图及时传递到市场上去，并通过其贷款及时将宏观经济运行状况的变化反映到利率中来。

在此基础上，中央银行根据货币市场利率确定一年期贷款的基准利率，其他期限

的利率水平由商业银行自主套算，同时进一步扩大贷款利率的浮动幅度。在浮动幅度足够大时，贷款利率的管制也就相应放开了。

3. 推进银行间利率体系的建立和完善

根据市场利率的波动状况和资金供求状况，动态调整中央银行再贷款利率，使其成为货币市场的主导利率指标。逐步降低并取消准备金的利率，促使商业银行积极参与货币市场交易和国债交易，推动中央银行再贷款利率、货币市场利率、国债二级市场利率形成一个比较完善的银行间市场利率体系。

4. 推进存款利率的市场化

从大额定期存单等品种开始，逐步扩大存款利率的浮动范围。

日本利率市场化进程①

1977年4月，日本大藏省正式批准各商业银行承购的国债可以在持有一段时间后上市销售。经过17年努力，到1994年10月，日本已放开全部利率管制，实现了利率完全市场化。为了完成这一艰难而必要的金融自由化过程，日本大概经历了如下四个阶段：

1. 放开利率管制的第一步：国债交易利率和发行利率的自由化

日本经济在低利率水平和严格控制货币供应量政策的支持下获得迅速发展。但是，1974年之后，随着日本经济增长速度的放慢，经济结构和资金供需结构也有了很大的改变，二战后初期形成的以“四叠半”（意思为“狭窄”）利率为主要特征的管制体系已不适应这种经济现状了。日本政府为刺激经济增长，财政支出日渐增加，政府成为当时社会资金最主要的需求者。培育和深化非间接金融中介市场的条件已初步具备。1975年，日本政府为了弥补财政赤字再度发行赤字国债（第一次是在1965年）。此后，便一发而不可收，国债发行规模越来越大。1977年4月，日本政府和日本银行允许国债的自由上市流通。第二年开始以招标方式来发行中期国债。这样，国债的发行和交易便首先从中期国债开了利率自由化的先河。

2. 放开利率管制的第二步：丰富短期资金市场交易品种

在1978年4月，日本银行允许银行拆借利率弹性化（在此以前，同业拆借适用于全体交易利率是基于拆出方和拆入方达成一致的统一利率，适用于全体交易参加者，并于交易的前一天予以明确确定）。1978年6月，日本银行又允许银行之间的票据买卖（1个月以后）利率自由化。这样，银行间市场利率的自由化首先实现了。

3. 放开利率管理的第三步：交易品种小额化，将自由利率从大额交易导入小额交易

实现彻底的利率自由化是要最终放开对普通存贷款利率的管制，实现自由化。如何在已完成利率自由化的货币市场与普通存款市场之间实现对接成为解决问题的关键。日本政府采取的办法是通过逐渐降低已实现自由化利率交易品种的交易单位，逐步扩大范围，最后全部取消利率管制。在这一过程中，日本货币当局逐级降低了CD（大额可转让存单）的发行单位和减少了大额定期存款的起始存入额，逐步实现了由管制利

① 日本利率市场化进程［EB/OL］.（2012-10-23）［2016-08-05］. http://bbs.pinggu.org/thread-2118607-1-1.html.

率到自由利率的过渡。

在存款利率逐步自由化的同时，贷款利率自由化也在进行之中。由于城市银行自由利率筹资比重的上升，如果贷款利率不随之调整，银行经营将难以为继。1989 年 1 月，三菱银行引进一种短期优惠贷款利率，改变了先前在官定利率基础上加一个小幅利差决定贷款利率的做法，而改为在筹取资金的基础利率之上加百分之一形成贷款利率的做法。筹资的基础利率是在银行四种资金来源基础上加权平均而得，这四种资金来源是：活期存款、定期存款、可转让存款、银行间市场拆借资金。由于后两种是自由市场利率资金，因此，贷款资金利率已部分实现自由化。随着后两部分资金在总筹资中比重的增加，贷款利率的自由化程度也相应提高。

4. 放开利率管制的第四步

在上述基础上，日本实质上已基本完成了利率市场化的过程，之后需要的只是一个法律形式的确认而已。1991 年 7 月，日本银行停止“窗口指导”的实施。1993 年 6 月，定期存款利率自由化，同年 10 月活期存款利率自由化。1994 年 10 月，利率完全自由化，至此日本利率自由化画上了一个较完满的句号。

日本的利率自由化过程对其他国家的利率自由化提供了一个很好的样板。其基本特点可归纳为如下几个方面：

(1) 先国债，后其他品种；

(2) 先银行同业，后银行与客户；

(3) 先长期利率后短期利率；

(4) 先大额交易后小额交易。

思考：

我国为什么要逐步实现利率市场化？日本的利率市场化进程对我国有何借鉴意义？

思考与练习

一、名词解释

信用　商业信用　银行信用　国家信用　消费信用　基准利率　名义利率　实际利率　固定利率　浮动利率　单利　复利　利率体制

二、简答题

1. 什么是信用？信用的基本特征有哪些？
2. 试比较商业信用和银行信用的特点。
3. 什么是消费信用？商业信用有什么作用？
4. 什么是利率？利率有哪些种类？
5. 简述利率体系的内容。
6. 简述利率发挥作用的环境和条件。
7. 简述利率的功能。

三、论述题

1. 试举例说明净现值（NPV）法则在投资决策中的意义和作用。
2. 试分析投资利率弹性和储蓄利率弹性。
3. 试述决定和影响利率的主要因素。
4. 什么是利率管理体制？试述我国利率管理体制改革的进程。
5. 我国为什么要实行利率市场化改革？
6. 试论述我国利率市场化的进程。

第三章　金融市场

本章要点

本章主要让学生正确理解金融市场的定义及构成要素、金融工具的定义及其特征、货币市场和资本市场的概念；重点掌握金融市场的功能、金融工具收益率的计算、货币市场体系和资本市场体系。其中，收益率的计算、衍生金融市场是本章的难点。

纽约金融市场

纽约是世界最重要的国际金融中心之一。第二次世界大战以后，纽约金融市场在国际金融领域中的地位进一步加强。美国凭借其在战争时期膨胀起来的强大经济和金融实力，建立了以美元为中心的资本主义货币体系，使美元成为世界最主要的储备货币和国际清算货币。西方资本主义国家和发展中国家的外汇储备中大部分是美元资产，存放在美国，由纽约联邦储备银行代为保管。一些外国官方机构持有的部分黄金也存放在纽约联邦储备银行。纽约联邦储备银行作为贯彻执行美国货币政策及外汇政策的主要机构，在金融市场的活动直接影响到市场利率和汇率的变化，对国际市场利率和汇率的变化有着重要影响。世界各地的美元买卖，包括欧洲美元、亚洲美元市场的交易，都必须在美国，特别是在纽约的商业银行账户上办理收付、清算和划拨，因此纽约成为世界美元交易的清算中心。此外，美国外汇管制较松，资金调动比较自由。在纽约，商业银行、储蓄银行、投资银行、证券交易所及保险公司等金融机构云集，许多外国银行也在纽约设有分支机构，1983 年世界最大的 100 家银行在纽约设有分支机构的就有 95 家。这些都为纽约金融市场的进一步发展创造了条件，加强了纽约在国际金融领域中的地位。

纽约金融市场按交易对象划分，主要包括外汇市场、货币市场和资本市场。

纽约外汇市场也是世界上最主要的外汇市场之一。纽约外汇市场并无固定的交易场所，所有的外汇交易都是通过电话、电报和电传等通信设备，在纽约的商业银行与外汇市场经纪人之间进行，这种联络就组成了纽约银行间的外汇市场。此外，各大商业银行都有自己的通信系统，与该行在世界各地的分行外汇部门保持联系，又构成了世界性的外汇市场。由于世界各地的时差关系，各外汇市场开市时间不同，纽约大银行与世界各地外汇市场可以昼夜 24 小时保持联系。因此，纽约在国际的套汇活动几乎可以立即完成。

纽约货币市场，即纽约短期资金的借贷市场，是资本主义世界主要货币市场中交易量最大的一个。除纽约金融机构、工商业和私人在这里进行交易外，每天还有大量短期资金从美国和世界各地涌入与流出。和外汇市场一样，纽约货币市场也没有一个固定的场所，交易都是供求双方直接或通过经纪人进行的。在纽约货币市场的交易，按交易对象可分为联邦基金市场、政府库券市场、银行可转让定期存单市场、银行承兑汇票市场和商业票据市场等。

纽约资本市场是世界最大的经营中期、长期借贷资金的资本市场，可分为债券市场和股票市场。纽约债券市场交易的主要对象是政府债券、公司债券、外国债券。纽约股票市场是纽约资本市场的一个组成部分。在美国，有10多家证券交易所按证券交易法注册，被列为全国性的交易所。其中，纽约证券交易所、纳斯达克（NASDAQ）证券交易所和美国证券交易所最大，它们都设在纽约。

思考：

对比纽约，上海在建立国际金融中心的过程中还有哪些方面的工作需要做？

第一节　金融市场概述

一、直接融资与间接融资

直接融资是指资金供求双方融通资金，其间不存在任何金融中介机构涉入的融资方式。例如，通过证券市场，直接发售股票、债券等方式，使资金从储蓄者流向需要资金的企业或部门。直接融资产生的金融工具为初级证券，即直接证券。在证券市场上，有经纪人和券商参与融资交易活动，仍为直接融资，原因是经纪人和券商的参与，仅是促成交易的发生，收取佣金，并未产生次级证券。

间接融资是指市场参与者通过金融中介实现资金融通的方式。例如，个人和家庭的储蓄资金通过银行等金融机构集中起来，再通过金融机构的贷款渠道，融通给需要资金的企业、单位或个人。间接融资会产生次级证券，即间接证券。

直接融资与间接融资的主要区别在于资金从储蓄部门流向投资部门时，是否有银行或其他金融机构参与并充当信用中介，是否有次级证券的产生。

从理论上讲，间接融资可以提高效率，在缓解融资双方的信息不对称和风险防范上以及降低交易成本、提高交易效率上，间接融资较直接融资具有一定的优势。但在实践中，直接融资的便捷、手续简单的特点，间接融资则无法替代；尤其是金融市场日益发达后，直接融资工具不断涌现，融资优势也不断展现。因此，现实生活中，直接融资和间接融资实质上互有优势，互为补充，共同发展。事实上，两种融资方式并没有太大的优劣之分，两者的边界逐渐模糊。

在市场经济条件下，直接融资和间接融资都有其存在和发展的客观经济条件，各有功用，不可或缺。但在一国或地区，直接融资和间接融资的主辅问题视各国国情或地区情况而定。就我国国情来说，在相当长时期，我国仍将保持以间接融资为主、直接融资为辅的融资格局，但其间直接融资将呈快速发展的趋势。

金融市场运作流程图如图3.1所示：

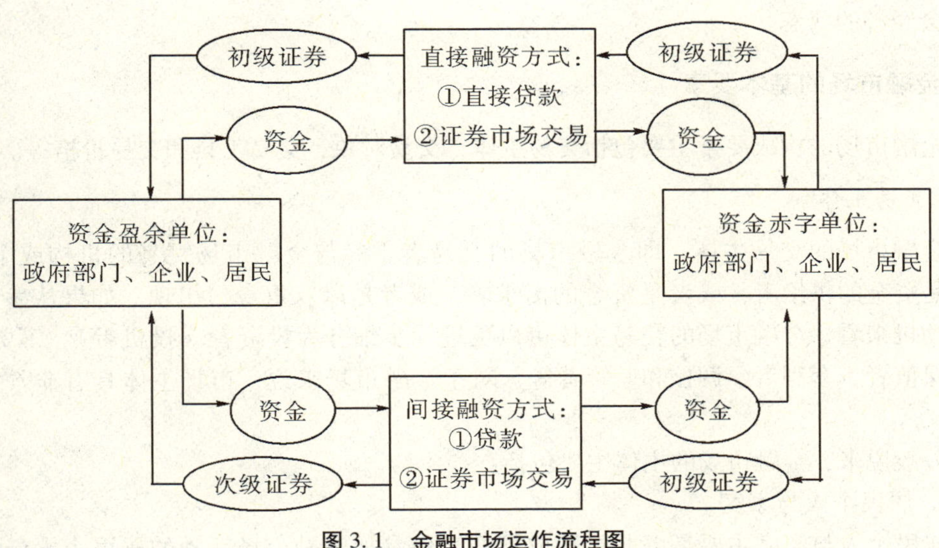

图 3.1　金融市场运作流程图

二、金融市场的概念

金融市场（Financial Market）是指货币和资本的交易活动、交易技术、交易制度、交易产品和交易场所的集合。换言之，金融市场是以金融工具为交易对象而形成的资金供求关系及其机制的总和，金融市场是商品经济发展的产物。

在商品经济条件下，随着商品流通的发展，生产日益扩大和社会化，社会资本迅速转移，多种融资形式和种类繁多的信用工具得以运用和流通，金融市场逐渐形成并不断发展。金融市场是以货币信用关系的充分发展为前提的，是实现资金融通的场所。商品经济借助金融市场“平台”，聚集并实现资金的分配，并通过利率伸缩自如的弹性，调节并努力实现资金供求的均衡。随着现代电子技术在金融领域里的广泛运用和大量无形市场的出现，使得许多人倾向于将金融市场理解为金融商品供求关系或交易活动的总和。

金融市场体系是现代社会最重要的发明之一。其基本功能就是将稀缺的货币和资本从闲置者手中转移到需求者手中，实现经济的不断增长和社会生活福利水平的不断提高和改善。在金融市场，股票、债券和其他各种各样的金融工具得到交易，利率得到确定，金融产品和服务在世界范围内被提供。如果没有金融市场及其资金的提供，现代社会经济生活的每一部分都不可能像现在这样正常运行。

在市场经济条件下，金融市场是统一的市场体系的一个重要组成部分，其与生产资料市场、消费品市场、劳动力市场、技术市场等各类市场相互联系、相互依存，共同构成统一市场的有机体。在整个市场体系中，金融市场是联系其他市场的纽带，商品经济的持续、稳定、协调发展，离不开完备的金融市场体系。因为无论是生产资料还是消费品的买卖以及技术和劳动力的流动，都要通过货币的流通和资金的运用来实现，都离不开金融市场的配合。因此，可以认为金融市场是市场经济的中枢和主导，其在市场体系中起着纽带和中介的作用，引导和协调其他各类市场的活动，透视和反映社会经济的状态。

三、金融市场的基本要素

金融市场的构成要素主要包括交易主体、交易对象、交易工具和交易价格等。

（一）交易主体

金融市场的交易主体，即金融市场的交易者。参与金融市场交易的机构或个人，或者是资金的供给者，或者是资金的需求者，或者是以双重身份出现。如果从参与交易的动机来看，金融市场的交易主体可以更进一步细分为投资者（投机者）、筹资者、套期保值者、套利者、调控和监管者等。对于金融市场来说，市场主体具有非常重要的意义。

一般说来，金融市场的主体主要包括：

1. 居民个人与家庭

居民个人与家庭主要是以非组织成员的身份参加金融市场活动的居民个人。个人在金融市场上，主要是资金供应者，其目的多为调整自身金融资产结构或追求投资收益的最大化。

2. 工商企业

工商企业经常是金融市场上的资金需求者。企业在生产经营活动中，总会因各种原因而产生资金不足的问题，而弥补资金不足除向银行借款外，另一有效办法就是在金融市场上发行有价证券。作为市场上经常的资金需求者，并不影响工商企业成为市场上的资金供应者，当企业在经营活动中存在闲置资金时，可通过购买其他赤字单位发行的有价证券进行投资，以实现资产的多样化。

3. 政府机构

政府作为金融市场的交易主体，充当着双重角色。其一是作为资金的需求者和供应者，其二是作为市场活动的调节者。从世界各国来看，政府部门是金融市场上资金的主要需求者。例如，为了弥补临时性财政收支缺口或是为了筹措某些重点工程建设资金，政府可通过在金融市场上发行政府债券来筹集所需资金。政府部门也会向金融市场提供资金。其途径之一是对原有负债的偿还，偿还债务的资金大部分会被重新投入金融市场。当财政收支出现结余时，政府还可能提前偿还债务。其途径之二是通过银行等金融部门将资金投向市场。另外，许多国家政府部门不仅在国内金融市场上是重要的参与者，而且还积极介入国际金融市场的金融活动，它们或者是国际金融市场的资金提供者，或者是国际金融市场的资金需求者。政府可通过中央银行对金融市场进行干预和调节。

4. 金融机构

金融机构包括存款性金融机构和非存款性金融机构，存款性金融机构是指经营各种存款并提供信用中介服务以获取收益的金融机构。存款性金融机构是金融市场的重要参与者，也是套期保值和套利交易的重要交易主体。金融机构主要包括商业银行、储蓄机构、信用合作社等金融机构。非存款性金融机构在资金来源方面与存款性金融机构的显著不同是，它们不直接吸收公众存款，而是通过发行证券或以契约的形式聚集社会闲散资金。这些机构包括保险公司、退休养老基金、投资银行、投资基金等金融机构。各类金融机构是金融市场的重要参与者，作为资金供应者，它们可以在金融市场上大量购买赤字单位发行的直接证券；作为资金需求者，它们则可以通过向市场发行间接证券来获取资金。

5. 中央银行

作为金融市场的参加者之一，中央银行不同于其他四类交易主体，中央银行在一国金融体系中居于主导地位，是专门从事货币发行、办理对其他银行的业务，负责制定和执行国家的货币信用政策，进行金融管理和监督，控制和调节货币流通与信用活动，对中央政府负责的特殊金融机构。中央银行不是单纯的资金需求者和资金供应者，而是信用调节者。中央银行参与金融市场的活动主要是为了实施货币政策，调节和控制货币供应量以实现稳定货币、稳定经济的目标。

（二）交易对象和交易工具

金融市场上的交易对象无论具体形态如何，都代表着一定量的货币资金，其交易都是实现货币资金的所有权或使用权转移的过程。

货币资金作为金融市场的交易对象，是通过其载体——金融商品或金融工具进行的。金融工具又称融资工具、信用工具或金融产品，是证明债权债务关系并据以进行货币资金交易的合法凭证。这种工具必须具备规范化的书面格式、广泛的社会可接受性和可转让性以及法律效力。

需要指出的是，金融工具对于持有者来说，则是金融资产。金融资产的种类极多，除股票、债券外，还包括保险单、商业票据、存单以及种种存款、贷款和现金等。

（三）交易价格

金融市场的交易价格是指交易过程中金融工具的价格，即金融工具所代表的价值，也就是交易中一定量的货币资金及其所代表的利率或收益率的总和。金融市场的交易价格在金融市场上主要是由供求双方决定的。

四、金融市场的结构和功能

（一）金融市场的结构

与过去将金融市场仅视为证券交易市场不同，现在一般将金融市场定义为包括银行信贷、证券交易、黄金外汇买卖等在内的广义金融市场。因此，根据宏观经济调控、金融监管和分析研究的需要，可以根据不同标准，将金融市场划分为不同类型。

1. 按金融工具的类型或交易的标的划分

按这种方法，金融市场可划分为信贷市场、证券市场、外汇市场、黄金市场等。

2. 按融资期限划分

按这种方法，金融市场可划为货币市场和资本市场。

货币市场是短期资金市场，是指融资期限在一年以下的金融市场。由于该市场所容纳的金融工具主要是政府、银行及工商企业发行的短期信用工具，具有期限短、流动性强和风险小的特点，在货币供应量层次划分上被置于现金货币和存款货币之后，称为“准货币”，因此将该市场称为货币市场。

资本市场是长期资金市场，是指证券融资和经营一年以上的资金借贷和证券交易的场所，也称中长期资金市场。资本市场的职能是为资金的需求者筹措长期资金。资本市场的交易活动方式通常分成两类，一是资本的需求者通过发放和买卖各种证券，包括债券和股票等；二是资本的需求者直接从银行获得长期贷款。

3. 按金融市场功能划分

按这种方法，金融市场可划分为证券发行市场和证券交易市场。

证券发行市场又称为初级市场或一级市场，是指各种新发行的证券第一次售出的活动及场所。证券的发行通过认购和包销方式行销。由于证券的发行者不容易与分散的、众多的货币持有者进行直接的交易，因此包销是证券发行的主要行销方式。

证券交易市场又称为流通市场或二级市场，是进行各种证券转手买卖交易的市场。证券交易市场按组织方式又可分为场内市场和场外市场。场内市场，即证券交易所市场，证券交易所是依据国家有关法律规定，经政府主管部门批准设立的证券集中竞价的有形市场。场外市场又称柜台市场，是指在证券交易所之外进行证券买卖的市场。在发达的市场经济国家还存在第三市场和第四市场。第三市场的交易相对于交易所交易来说，具有限制少、成本低的优点。第四市场是大宗交易者利用电脑网络直接进行交易的市场。机构投资者在证券交易中所占的比例越来越大，它们之间的证券买卖数额大，通常避开经纪人直接交易，以降低成本。

4. 按交割的时间和性质划分

按这种方法，金融市场可划分为现货市场和期货交易市场。

现货市场是指现金交易市场，即买者付出现款，收进证券或票据；卖者交付证券或票据，收进现款。这种交易一般是当天成交当天交割，最多不能超过三天。期货交易是指交易双方达成协议后，不立即交割，而是在一定时间后进行交割。

5. 按交易场所的性质划分

按这种方法，金融市场可划分为有形市场和无形市场。

有形市场是指有固定的交易场所、专门的组织机构和人员以及有专门设备的组织化市场。无形市场则是一种观念上的市场，即无固定的交易场所，其交易是通过电传、电话、电报等手段联系并完成。

6. 按地理位置划分

按这种方法，金融市场可划分为国内金融市场和国际金融市场。

国内金融市场与国际金融市场之间有着一定的联系。历史上，往往是随着商品经济的高度发展，最初形成了各国国内金融市场。当各国国内金融市场的业务活动逐步延展，相互渗透融合后，就促成了以某几国国内金融市场为中心的、各国金融市场联结成网的国际金融市场。或者说，国际金融市场的形成是以国内金融市场发展到一定高度为基础的。同时，国际金融市场的形成又进一步推动了国内金融市场的发展。

（二）金融市场的功能

金融市场上资金的运动具有一定规律性，由于资金余缺调剂的需要，资金总是从多余的地区和部门流向短缺的地区和部门。另外，资金可脱离实际产业部门的需要而单独运行。这样一来，金融市场上资金的运动轨迹就如图 3.2 所示：

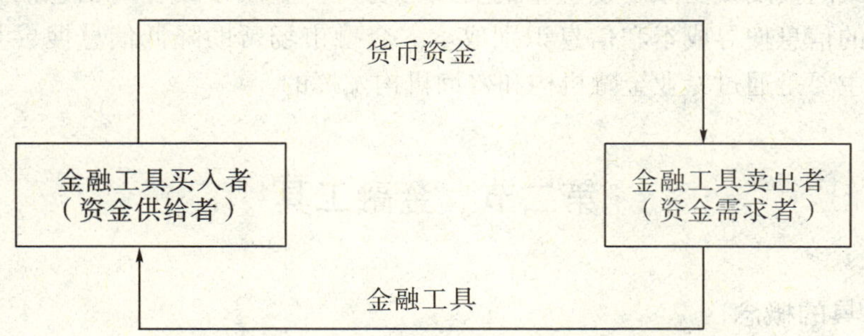

图 3.2 金融市场货币资金运动示意图

金融市场的功能可以从不同的方面进行描述，一般认为金融市场发挥以下功能：

1. 聚集和分配资金的资源配置功能

借助金融市场的交易组织、交易规则和管理制度，金融市场为筹资人和投资人开辟了更广阔的融资途径，扩大了资金供求双方接触的机会。金融市场为金融资产的变现提供了便利，便利的金融资产交易和丰富的金融产品选择，降低了交易成本，提高了资金的效率。金融市场为各种期限、内容不同的金融工具互相转换提供了必需的条件。金融市场价格的波动和变化，反映和调节资金供求关系，能够迅速有效地引导资金合理流动，提高资金配置效率，导致资源的流动和再分配，实现资源的合理配置。

2. 分散与转移风险功能

金融市场为市场参与者提供风险补偿机制有两种实现方式：一是保险机构出售保险单；二是金融市场的发展促使微观经济主体投资多样化、金融资产多样化和金融风险分散化。各经济主体通过金融市场的发展，进行组合投资，并为长期资金提供了流动的机会，为对冲交易、期货交易进行套期保值提供了便利，为经济持续、稳定发展提供了条件。另外，居民通过选择多种金融资产、灵活调整剩余货币的保存形式，增强了投资意识和风险意识。金融市场的发展可以促进金融工具的创新。金融工具是一组预期收益和风险相结合的标准化契约，多样化金融工具通过对经济中的各种投资所固有的风险进行更精细的划分，使得对风险和收益具有不同偏好的投资者能够寻求到最符合其需要的投资。

3. 调节经济功能

金融市场为金融管理部门进行金融间接调控提供了条件。金融调节，既有经济总量的调节，又有经济结构的调节。金融间接调控体系必须依靠发达的金融市场传导中央银行的政策信号，通过金融市场的价格变化引导各微观经济主体的行为，实现货币政策调整意图。发达的金融市场体系内部，各个子市场之间存在高度相关性。随着各类金融资产在金融机构储备头寸和流动性准备比率的提高，金融机构会更加广泛地介入金融市场运行之中，中央银行间接调控的范围和力度将会伴随金融市场的发展而不断得到加强。

4. 信息聚集功能（反映微观、宏观、国际经济信息）

金融市场作为信息的聚集地、国民经济的晴雨表，为资金供求双方提供各种经济信息，直接或间接反映国家货供应量的变动趋势等。金融市场作为信息的聚集地，可以降低交易的信息搜寻成本和信息识别成本。金融市场帮助降低信息搜寻与信息识别成本的功能主要是通过专业金融机构和咨询机构发挥的。

第二节　金融工具

一、金融工具的概念

金融工具又称信用工具，是借贷双方建立信用关系，能够证明金融交易金额、期限、价格的一种书面凭证。在一般情况下，金融工具对于发行者来说是一种债务，对于购入者或持有者来说则是一种债权。

二、金融工具的特征

（一）偿还性

各种信用工具按其不同的性质，都有不同的偿还期。偿还期是指信用工具实际存在的有效期，或者说是债务人在还债日前所剩余的时间。金融工具包括各种票据与证券都规定有明确的偿还期限，这是信用有偿性特征的体现。不过，有两种极端情况：一种是银行活期存款随时可以提取，其偿还期限为零；另一种是股票或永久性债券，永不还本，其偿还期为无限。

（二）流动性

流动性是指信用工具在短时间内可以兑现为现金的能力。某种金融工具流动性的强弱，实际上包括两方面的含义：一是它能不能方便地变现，二是变现过程中价值损失的程度及交易成本的大小。对信用工具的所有者来说，为转移投资方向或避免因市场“价格”波动而蒙受损失，必然会提出将手中的信用工具随时转让出去或变为现金的要求。除此以外，流动性和变现性也是信用工具本身的要求。一切信用活动的根本目的在于融通资金，如果为信用活动服务的工具的本身缺乏应有的流动性和变现性，融资便利的程度就会受到影响，那么信用工具也就失去了存在的前提和必要性。一般来说，流动性与偿还期成反比，即偿还期越长流动性越差；流动性与债务人的信用能力成正比，即债务人的资信等级越高，流动性就越强。流动性还与金融工具在市场上的表现有关，即那些越受欢迎，市场需求越大的金融工具，流动性就越强。

（三）风险性

信用工具常见风险有两种：一种是信用风险或称违约风险，指债务人不履行合同，不能按约定的期限和利率按时还本付息，这类风险与债务人的信誉、经营状况有关。例如，银行储户有时也会受到银行破产清理的损失。信用风险也与金融工具种类有关。例如，股票中的优先股就比普通股风险低，一旦股份公司破产清理，优先股股东比普通股股东有优先要求补偿的权利。信用风险对于任何一个金融投资者都存在，因此认真审查投资对象，充分掌握信息是至关重要的。另一种是市场风险，指因利率变化或证券市场上行情波动造成信用工具价格下跌，以致给投资者带来损失。

一般来说，信用工具的风险性与偿还期成正比，偿还期越长的信用工具风险性越大；与债务人的信誉及经济实力成反比，即债务人的信誉较好和经济实力较强，信用工具的风险较小；与流动性成反比，即具有高度流动性的信用工具，其风险性较小；与收益率成正比，风险性小的信用工具，其收益率往往较低，反之则高。1987 年 10 月股市暴跌风潮席卷美国时，有约 1.8 亿股东在 19 日这一天共损失财产约 5 000 亿美元。因此，在金融投资中，审时度势，采取必要的保值措施非常重要。

（四）收益性

投资者持有一定数量的金融工具，是以放弃一定量货币的流动性作为代价的，理应获得一定的补偿，故信用工具应有适当的收益率，使投资者或资金供应者有一定的回报或利息收入。收益率是指持有信用工具所取得的收益与本金的比率，有下列三种计算方法：

1. 名义收益率

名义收益率又称票面利率，即票面上规定每期应付的利息额与票面金额的比率。

[例 3－1] 某债券面值为 1 000 元，票面利息为每年 50 元，则票面利率计算如下：

票面利率 = 50 ÷ 1 000 = 5%

2. 即期收益率

即期收益率是指票面规定的利息与该信用工具当期市场价格的比率。其公式如下：

即期收益率 = 票面利息/证券市场价格 × 100%

[例 3－2] 某 10 年期债券面值为 1 000 元，当前市价是 950 元，票面年利息为 50 元，则即期收益率计算如下：

即期收益率 = 50 ÷ 950 × 100% = 5.3%

3. 平均收益率（或称到期实际收益率）

平均收益率是指证券在整个有效期内，每年净收益（即票面利息与年平均资本损益之和）同市场价格（对买者来说是本金）的比率。其公式如下：

$$\text{实际收益率} = \text{净收益}/\text{市场价格} \times 100\%$$

$$= (\text{年票面利息} + \text{年均资本损益})/\text{市场价格} \times 100\%$$

$$\text{或}\quad = \frac{(\text{年票面利息} + \text{年资本损益})}{(\text{市场价格} + \text{票面面值})\ \div 2} \times 100\%$$

[例 3－3] 一张票面为 100 元，年利率为 10% 的 5 年期的证券，若分别以 95 元、105 元市价购进，其到期收益率分别计算如下：

$$以95元购进到期收益率=\frac{10+(100-95)\div 5}{(95+100)\div 2}=11.28\%$$

$$以105元购进到期收益率=\frac{10+(100-105)\div 5}{(105+100)\div 2}=8.78\%$$

三、信用工具的种类

信用工具种类很多，近些年来随着金融创新的推进，更多的信用工具及品种涌入经济生活之中。按不同的标准，可以将信用工具划分为不同类型。

（一）按融通资金的方式划分

按这种方法，信用工具可分为直接信用工具和间接信用工具。前者如政府、工商企业和个人所发行的国库券、公债券、商业票据、股票、公司债券、抵押契约等；后者如银行或其他金融机构所发行的银行券、存单、金融债券、银行票据和支票等。

（二）按投资者是否掌握所投资产的所有权划分

按这种方法，信用工具可分为所有权凭证和债权凭证。所有权凭证，如股票，代表着其持有人（股东）对股份公司的所有权，每一股同类型股票所代表的公司所有权是相等的，即“同股同权”；债权凭证，如债券、商业票据、可转让大额定期存单、贷款合同、银行承兑汇票等。债券的本质是债权债务的证明书。债券购买者与发行者之间是一种债权债务关系，债券发行人便是债务人，债券投资者（债券持有人）便是债权人。

（三）按信用关系存续时间的长短划分

按这种方法，信用工具可分为短期信用工具和长期信用工具。短期信用工具也称货币市场金融工具，一般是指提供信用的有效期限在1年或1年以内的信用凭证。长期信用工具也称资本市场金融工具，是指信用期限在1年以上的各种有价证券，包括股票、公司债券、公债。

1. 短期信用工具

（1）商业票据。商业票据是商业信用工具，是企业之间商品交易时产生的一种债权债务关系的书面凭证，其特点是具有无因性、不可争辩性、可以流通转让。商业票据包括交易性商业票据和融资性商业票据。

①交易性商业票据。交易性商业票据是在商品流通过程中，反映债权债务关系的设立、转移和清偿的一种信用工具，包括商业汇票和商业本票。

商业汇票是出票人签发的，委托付款人在指定日期无条件支付确定的金额给收款人或者持票人的票据。商业汇票实质上是债权人向债务人发出的付款命令，但须经债务人（或付款人）签章承兑，商业汇票才能生效。

商业本票是债务人向债权人发出的支付承诺书，承诺在约定期限内支付一定的款项给债权人。

②融资性商业票据。融资性商业票据是由信用级别较高的大企业向市场公开发行

的无抵押担保的短期融资凭证。由于融资性商业票据仅以发行者的信用作为保证，因此不是所有的公司都能够发行商业票据，通常只有那些规模巨大、信誉卓著的大公司才能发行。这种商业票据一般具有面额固定且金额较大（10 万美元以上）、期限较短（一般不超过 270 天）的特点，而且都采用贴现方式发行。

（2）银行票据。银行票据是指由银行签发或由银行承担付款义务的票据。银行票据主要包括银行汇票、银行本票、银行签发的支票等。

银行汇票是指由出票银行签发的，由其在见票时按照实际结算金额无条件付给收款人或者持票人的票据。银行汇票的出票银行为银行汇票的付款人。单位和个人各种款项的结算，均可使用银行汇票。银行汇票可以用于转账，填明“现金”字样的银行汇票也可以用于支取现金。申请人或者收款人为单位的，不得在“银行汇票申请书”上填明“现金”字样。

银行本票结算是申请人将款项缴存银行，由银行签发本票，并据以办理转账结算或支取现金的结算方式。银行本票适用于同城范围内的商品交易、劳务供应及其他款项的结算。银行本票分为定额本票和不定额本票两种。定额本票的面额分别为 1 000 元、5 000元、10 000 元、50 000 元。银行本票的付款期限为 2 个月。银行本票一律记名，也可以背书转让。

（3）支票。支票是出票人签发的，委托办理支票存款业务的银行或者其他金融机构在见票时从其存款账户上无条件支付确定的金额给指定的收款人或者持票人的票据。出票人一般为企业。支票主要有现金支票和转账支票、记名支票和不记名支票、即期支票和定期支票、保付支票和空头支票等。

（4）信用证。信用证（Letter of Credit，L/C）是指开证银行应申请人的要求并按其指示向第三方开立的载有一定金额的，在一定的期限内凭符合规定的单据付款的书面保证文件。信用证是国际贸易中最主要、最常用的支付方式。

在国际贸易活动中，买卖双方可能互不信任，买方担心预付款后，卖方不按合同要求发货；卖方也担心在发货或提交货运单据后买方不付款。因此，需要两家银行作为买卖双方的保证人，代为收款交单，以银行信用代替商业信用。银行在这一活动中所使用的工具就是信用证。信用证是一种银行开立的有条件的承诺付款给受益人的书面保证文件。

可见，信用证是银行有条件保证付款的书面文件，已成为国际贸易活动中常见的结算方式。按照这种结算方式的一般规定，买方先将货款交存银行，由银行开立信用证，通知异地卖方开户银行转告卖方，卖方按合同和信用证规定的条款发货，银行代买方付款。

（5）旅行支票。旅行支票是一种定额本票，其作用是专供旅客购物和支付旅途费用。旅行支票与一般银行汇票、支票的不同之处在于旅行支票没有指定的付款地点和银行，一般也不受日期限制，能在全世界通用，客户可以随时在国外的各大银行、国际酒店、餐厅及其他消费场所兑换现金或直接使用，是国际旅行常用的支付凭证之一。旅行支票是一种全球范围内被普遍接受的票据，在很多国家和地区都有着如同现金一般的流动性，不仅很多商场和酒店都支持旅行支票的付款，旅行支票也可以在旅行地兑换为当地的货币使用。

2. 长期信用工具

（1）股票。股票是股份有限公司公开发行的，用以证明投资者的股东身份和权益，并能据以获得股息和红利的凭证。

股票具有不可偿还性、收益性、流通性、风险性和参与性。

常见的股票类型主要有普通股和优先股。

①普通股。普通股是指在公司的经营管理和盈利及财产的分配上享有普通权利的股份，代表满足所有债权偿付要求及优先股股东的收益权与求偿权要求后对企业盈利和剩余财产的索取权。普通股构成公司资本的基础，是股票的一种基本形式，也是发行量最大、最为重要的股票。目前在上海证券交易所和深圳证券交易所中交易的股票，都是普通股。

普通股股东享有的权利如下：

第一，参与公司经营的表决权。普通股股东一般有出席股东大会的权利，有表决权和选举权、被选举权，可以间接地参与公司的经营。

第二，股息红利的分配权。普通股的股利收益没有上下限，视公司经营状况好坏、利润多少而定，公司税后利润在按一定的比例提取了公积金并支付优先股股息后，再按股份比例分配给普通股股东。

第三，优先认购新股的权利。当公司资产增值，增发新股时，普通股股东有按其原有持股比例认购新股的优先权。

第四，请求召开临时股东大会的权利。

第五，公司破产后依法分配剩余财产的权利。不过这种权利要等债权人和优先股股东权利满足后才轮到普通股股东行使。

②优先股。优先股是相对于普通股而言的，主要是指在利润分红及剩余财产分配的权利方面，优先于普通股。优先股的主要特征有享受固定收益、优先获得公司红利的分配、优先获得公司剩余财产的清偿，但是没有参与公司经营的表决权。

除此之外，我国股市还存在几种具有中国特色的股票类型，如国家股、法人股、转配股等。

（2）债券。债券是政府、金融机构、工商企业等机构直接向社会筹措资金时，向投资者发行，承诺按一定利率支付利息并按约定条件偿还本金的债权债务凭证。

债券具有偿还性、流通性、安全性、收益性。

债券按不同标准，可划分为不同的类型。

①按发行主体不同，债券可划分为国债、地方政府债券、金融债券、企业债券。

国债往往是为了弥补国家财政赤字，或者为了一些耗资巨大的建设项目以及某些特殊经济政策甚至为战争筹措资金。

地方政府债券一般用于交通、通信、住宅、教育、医院和污水处理系统等地方性公共设施的建设。

金融债券是银行、保险公司、证券公司、信托投资公司、资产管理公司等金融机构在资金来源不足的时候发行的债券。金融债券的资信通常高于其他非金融机构债券，违约风险相对较小，具有较高的安全性。因此，金融债券的利率通常低于一般的企业债券，但高于风险更小的国债和银行储蓄存款利率。

企业债券是一些公司为了筹措资金而发行的债券。由于企业主要以本身的经营利润作为还本付息的保证，因此企业债券风险与企业本身的经营状况直接相关。企业债券是一种风险较大的债券。在企业发行债券时，一般要对发债企业进行严格的资格审查或要求发行企业有财产抵押，以保护投资者利益。企业债券由于具有较大风险，其利率通常也高于国债和地方政府债券。

②按付息方式不同，债券可划分为贴现债券（零息债）与附息债券。

贴现债券（零息债）是折价发行的，这种债券无须用利息率去计算它的利息额，因为它的面值与发行价格的差价（即债券的贴息部分）就是债券到期偿还时应该得到的投资收益。

附息债券是平价发行的，分期计息，分期支付利息，债券上附有息票，息票上标有利息额、支付利息的期限和债券号码等内容。

③按利率是否变动，债券可划分为固定利率债券和浮动利率债券。

固定利率债券不考虑市场变化因素，发行成本和投资收益可以事先预计，不确定性较小，但债券发行人和投资者仍然必须承担市场利率波动的风险。

浮动利率债券的票面利率是随市场利率或通货膨胀率的变动而相应变动的。也就是说，浮动利率债券的利率通常根据市场基准利率加上一定的利率差（通货膨胀率）来确定。浮动利率债券往往是中长期债券，它的种类也较多，如规定有利率浮动上限和下限的浮动利率债券、规定利率到达指定水平时可以自动转换成固定利率债券的浮动利率债券、附有选择权的浮动利率债券以及在偿还期的一段时间内实行固定利率而另一段时间内实行浮动利率的混合利率债券等。债券利率的这种浮动性也使发行人的实际成本和投资者的实际收益事前带有很大的不确定性，从而导致较高的风险。

④按偿还期限长短，债券可划分为长期债券、中期债券、短期债券。

一般说来，偿还期限在 10 年以上的为长期债券；偿还期限在 1 年以下的为短期债券；偿还期限在 1 年或 1 年以上、10 年以下（包括 10 年）的为中期债券。我国国债的期限划分与上述标准相同，但我国企业债券的期限划分与上述标准有所不同。我国短期企业债券的偿还期限在 1 年及 1 年以内，偿还期限在 1 年以上 5 年以下的为中期企业债券，偿还期限在 5 年及 5 年以上的为长期企业债券。

⑤按募集方式不同，债券可划分为公募债券、私募债券。

这里的公募和私募，可以简单地理解为公开发行和私下发行。公募债券的发行人一般有较高的信誉，发行时要上市公开发售，并允许在二级市场流通转让。私募债券发行手续简单，一般不到证券管理机关注册，不公开上市交易，不能流通转让，就好比我们私底下相互借款的那种“哥俩好”的交易。

⑥按担保性质不同，债券可划分为无担保债券、有担保债券。

债券的发行者经营状况好、信誉高，以其经营效益作为还款保证，无须用其他形式的财产来作为还款保证，其发行的债券为无担保债券。有担保债券是指均注明了借款人如果经营不善，具体用什么财产抵债的约定。如果是以不动产作为担保的债券，称为抵押债券；如果是以动产或权利作为担保的债券，称为质押债券；如果是由第三人或第三人的财产来担保的债券，则归于保证债券类。

第三节　货币市场

货币市场是指融资期限在1年以内（包括1年）的资金交易市场，又称为短期资金市场。在该市场上流通的金融工具主要是一些短期信用工具，如国库券、商业票据、银行承兑票据、可转让定期存单等。由于交易的期限较短、可变现性强、流动性高，因此短期金融工具又可称为“准货币”，于是将该市场称为货币市场。

货币市场的基本功能在于实现资金的流动性。货币市场上的融资活动主要是为了保持资金的流动性，从而便于各类经济主体可以随时获得或运用现实的货币。货币市场的存在和运转，一方面可以满足支出赤字单位的短期资金需求；另一方面也为支出盈余单位的暂时闲置资金提供了获取盈利机会的出路。

一、票据市场

票据市场（Paper Market）指的是在商品交易和资金往来过程中产生的以汇票、本票和支票的发行、担保、承兑、贴现、转贴现、再贴现来实现短期资金融通的市场。票据市场是以商业票据作为交易对象的市场。票据市场有狭义与广义之分，狭义的票据市场仅指交易性商业票据的交易市场，广义的票据市场则包括融资性商业票据和交易性商业票据。以下从广义角度介绍票据市场的构成。

（一）票据贴现市场

贴现是指商业票据（大多为承兑汇票）持票人为获取流动性资金，将未到期的票据向银行（或其他金融机构）贴付一定利息后，转让给银行（或其他金融机构）的票据行为。具体而言，即持票人在票据未到期而又急需现款时，以经过背书的未到期票据向银行申请融通资金，银行审查同意后，扣除自贴现日起至票据到期日止的利息，将票面余额支付给贴现申请人。由此可见，通过贴现活动，持票人可将未到期的票据提前变现，从而满足融资的需要。银行贴现付款额计算公式如下：

银行贴现付款额＝票据面值（1－年贴现率×未到期天数/360）

［例3－4］一张一年期面值为1 000元的票据要求银行贴现，银行确定该票据的贴现率为5%，银行此时应付出的贴现金额是多少？

银行贴现付款额＝1 000－1 000×5%＝950（元）

从表面上看，票据贴现是一种票据转让行为，但实质上票据贴现构成了贴现银行的授信行为，实际上是将商业信用转化成了银行信用。银行办理票据贴现后，如果遇到头寸不足，可持已贴现的但尚未到期的票据再向其他银行或中央银行办理贴现。贴现银行持票据向其他银行申请贴现，称为“转贴现”。贴现银行持票据向中央银行申请贴现称为“再贴现”。

（二）票据承兑市场

承兑是指商业汇票签发后，经付款人在票面上签字盖章，承诺到期付款的一种票据行为。凡经过承兑的汇票统称为“承兑汇票”。如果是经付款人本人承兑则为“商业承兑汇票”；如果是由银行承兑则为“银行承兑汇票”。由于银行的信誉要比一般付款人的信誉高，因此银行承兑汇票的安全性及流动性都要好于商业承兑汇票，在票据承兑市场上流通的大多为银行承兑汇票。

银行承兑汇票既可在国内贸易中由银行应购货人请求而签发，也可在国际贸易中由出口商出票、经进口商银行承兑而形成。由于汇票经银行承兑后，银行要承担最后付款责任，实际上是银行将其信用出借给了承兑申请人，因此承兑申请人要向银行缴纳一定的手续费。可见，银行通过承兑汇票可以增加经营收入。

（三）商业本票市场

商业本票市场的参与者主要是工商企业和金融机构。发行者一般为一些规模大、信誉高的金融公司和非金融公司，发行目的是要筹措资金，前者主要是为了扩大消费信用，后者主要是解决短期资金需求及季节性开支，如支付工资、缴纳税金等。商业本票的投资者主要是保险公司、投资公司、商业银行、养老基金及地方政府等。尽管该种商业本票没有抵押担保，但是由于发行者的声誉较高，风险还是比较低的，因此上述机构比较乐于投资。商业本票的发行一般采用贴现方式，其发行价格可用公式表示为：

$$\text{发行价格} = \text{面额} - \text{贴现金额}$$

$$\text{贴现金额} = \text{面额} \times \left(1 - \text{年贴现率} \times \frac{\text{未到期天数}}{360}\right)$$

［例 3－5］某公司拟发行票面金额为 100 000 元、年贴现率为 6%、期限为 60 天的商业本票。该票据的发行价格计算如下：

发行价格 $= 100\ 000 \times (1 - 6\% \times 60/360) = 99\ 000$（元）

二、同业拆借市场

同业拆借市场是指银行及非银行金融机构之间进行短期性的、临时性的资金调剂所形成的市场。

同业拆借市场最早出现于美国。我国开放同业拆借市场始于 1984 年。从 1996 年 1 月1 日起，中国人民银行决定在 35 个大中城市的融资中心和具有法人资格、达到一定规模的商业银行间实行联网，建立全国统一的同业拆借市场。目前进入市场的除各家商业银行外，还有城市、农村信用合作社联社、证券公司和基金管理公司等一批非银行金融机构。

相对于其他市场而言，同业拆借市场有以下几个主要特征：

（一）同业拆借主要限于金融机构参加，首推商业银行

西方国家的许多大商业银行都把拆入资金作为一项经常性的资金来源，或者是通

过循环拆借的方式（今日借明日还，明日再借次日再还），使其贷款能力超过存款规模；或者是减少流动性高的资产（如库存现金、各种短期证券等），以增加高盈利资产的规模，而在需要额外清偿能力时就进行拆借。与此同时，许多中小商业银行出于谨慎的原因会经常保存超额准备金，为使这部分准备金能带来收益并减少风险，其往往是通过拆借市场向大银行拆出。于是同业拆借又成为中小商业银行一项经常性的资金运用。

（二）拆借期限短

同业拆借的期限一般都控制在 1 年以内。不过，由于拆借目的的不同，同业拆借在期限上存在着较大的差别，最短的只有 1 天（今日拆入、明日归还），最长的可达 1 年。根据拆借目的的不同，一般将同业拆借市场上的交易分为以下两种：

1. 同业头寸拆借

同业头寸拆借主要是指金融机构为了轧平头寸、补充存款准备金和票据清算资金而在拆借市场上融通短期资金的活动，一般拆借期限为 1 天。

2. 同业短期拆借（或同业借贷）

同业短期拆借（或同业借贷）主要是指金融机构之间为满足临时性的、季节性的资金需要而进行的短期资金拆借，这一类的拆借期限相对较长。

（三）拆借利率市场化

同业拆借利率一般由拆借双方协商决定，而拆借双方又都是经营货币资金的金融机构，因此同业拆借利率最能反映市场资金供求状况，并对货币市场上的其他金融工具的利率变动产生导向作用，这就使得同业拆借利率由此而成为货币市场上的核心利率。正是基于同业拆借利率在利率体系中的这种重要地位，在现代金融活动中，同业拆借利率已被作为观察市场利率走势的风向标。

拆借市场的存在，不仅为银行之间调剂资金提供了方便，更重要的是为社会资金的合理配置提供了有利条件。当外部资金注入银行体系后，通过银行同业拆借市场运行，这些资金能够较均衡地进入经济社会的各个部门和单位。

也正因为如此，大多数国家的中央银行已把同业拆借利率作为货币政策的操作目标，通过货币政策工具的运用，影响同业拆借利率，进而影响长期利率和货币供应量的变化，从而实现既定的货币政策目标。

三、大额可转让定期存单市场

大额可转让定期存单（Negotiable Certificate of Deposit，CD）是一种由商业银行发行的有固定面额、可转让流通的存款凭证。CD 于 1961 年由美国花旗银行首次推出。CD 最初是美国商业银行为逃避金融管理条例中对存款利率的限制、稳定银行存款来源而进行的一项金融业务创新，后由于 CD 的实用性很强，既有益于银行，又有益于投资者，故很快发展为货币市场上颇受欢迎的金融工具。

从形式上看，银行发行的 CD 也是一种存款凭证，是存款人的债权凭证，与普通定期存款单似乎无异，但实际上 CD 有着不同于普通定期存款单的特点。其主要表现在以下方面：

第一，不记名。普通定期存款单都是记名的，而CD不记名。

第二，可转让。普通定期存款单一般都要求由存款人到期提取存款本息，不能进行转让，而CD可以在货币市场上自由转让、流通。

第三，金额大且固定。普通定期存款单的最低存款数额一般不受限制，并且金额不固定，可大可小，有整有零，而CD一般都有较高的金额起点，并且都是固定的整数。

第四，期限短。普通定期存款单的期限可长可短，由存款人自由选择，而CD的期限规定在1年以内，利率较高。CD的利率由发行银行根据市场利率水平和银行本身的信用确定，一般都高于相同期限的普通定期存款利率，而且资信越低的银行发行的CD的利率往往越高。

大额可转让定期存单市场具有以下几个主要特征：

第一，利率趋于浮动化。20世纪60年代初，CD主要以固定利率发行，存单上注明特定的利率，并在指定的到期日支付。进入20世纪70年代后，随着市场利率波动的加剧，发行者开始增加浮动利率CD的发行。

第二，收益与风险紧密相连。CD虽然由银行发行，但是也存在一定的信用风险和市场风险。信用风险主要来自CD到期时而其发行银行无法偿付本息。市场风险主要是在持有者急需资金时却无法在二级市场上将CD立即转让或不能以合理的价格转让。由于CD的风险要高于国库券，甚至要高于同期的普通定期存款，因此其利率通常也要高于同期的国库券和普通定期存款。

在金融市场发达的国家，CD市场已成为货币市场的重要组成部分。对于银行来说，发行CD无疑是一种极好的筹资办法，可以使银行获得稳定的资金来源，同时也为银行提高流动性管理能力提供了一种有效手段。银行可以通过主动发行CD来增加负债，以满足扩大资产业务的需要。对于投资者来说，由于CD都是由银行发行的，信用较高，并且到期前可以转让变现，并有较高的利息收入，因此投资于CD可使投资者获得一种流动性强、收益性高的金融资产。此外，CD市场的存在对于中央银行的信用调节也具有积极意义，中央银行可通过调整基准利率以影响市场利率水平，由此影响CD的利率，并进而影响CD的发行量，从而达到间接调控银行信用创造的目的。

四、国库券市场

国库券又称短期政府债券，是一国政府部门为满足短期资金需求而发行的一种期限在1年以内的债务凭证。

在政府遇有资金困难时，可通过发行政府债券来筹集社会闲散资金，以弥补资金缺口。从广义上看，政府债券不仅包括国家财政部门发行的债券，还包括地方政府及政府代理机构发行的债券。从狭义上说，政府债券仅指国家财政部所发行的债券。西方国家一般将财政部发行的期限在1年以内的短期债券称为国库券。因此，从狭义角度说，短期政府债券市场就是指国库券市场。

短期政府债券市场具有以下几个特征：

第一，贴现发行。国库券的发行一般都采用贴现发行，即以低于国库券面额的价格向社会发行。

第二，违约风险低。国库券是由一国政府发行的债券，有国家信用作担保，故其信用风险很低，通常被誉为“金边债券”。

第三，流动性强。由于国库券的期限短、风险低，易于变现，故其流动性很强。

第四，面额较小。相对于其他的货币市场工具，国库券的面额比较小。目前美国的国库券面额一般为10 000美元，远远低于其他货币市场工具的面额（大多为10万美元）。

国库券市场的存在和发展具有积极的经济意义。首先，就政府来说，不需增加税收就可解决预算资金不足的问题，有利于平衡财政收支，促进社会经济的稳定发展。其次，就商业银行来说，国库券以其极高的流动性为商业银行提供了一种非常理想的二级准备金，有利于商业银行实行流动性管理。再次，就个人投资者来说，投资于国库券不仅安全可靠，而且可以获得稳定的收益，并且操作简便易行。最后，就中央银行来说，国库券市场的存在为中央银行进行宏观调控提供了重要手段，中央银行通过公开市场业务操作，在证券市场上买卖国库券，不仅可以直接左右市场货币供应量，而且还可以借助于对市场利率水平所产生的影响来达到调节市场货币供应量的目的。

五、回购市场

回购市场是指通过回购协议进行短期资金融通的市场。所谓回购协议，是指证券持有人在出售证券的同时，与证券购买商约定在一定期限后再按约定价格购回所售证券的协议。例如，某交易商为筹集隔夜资金，将100万元的国库券以回购协议卖给甲银行，售出价为999 800元，约定第二天再购回，购回价为100万元。在这里，交易商与甲银行进行的就是一笔回购交易。注意，在回购交易中先出售证券、后购回证券称为正回购；先购入证券、后出售证券则为逆回购。该例中交易商所做的即为正回购，而甲银行所做的则为逆回购。回购交易实际上是一种以有价证券（大多为国债）为抵押品的短期融资活动。在回购交易中，证券持有者通过出售证券融入资金，而证券购买者通过买入证券融出资金。

回购市场有以下几个主要特征：

第一，参与者的广泛性。回购市场的参与者比较广泛，包括商业银行、非银行金融机构、中央银行和非金融机构（主要是企业）。一般而言，大银行和证券交易商（特别是政府证券交易商）是回购市场上的主要资金需求者，它们通过出售所持有的证券，可以暂时获得一定的资金来源，以缓解流动性不足的问题。

第二，风险性。尽管在回购交易中使用的是高质量的抵押品，但是仍会存在一定的信用风险。这种信用风险主要来源于当回购到期时，而正回购方无力购回证券，那么逆回购方只有保留证券，若遇到抵押证券价格下跌，则逆回购方会遭受一定的损失。

第三，短期性。回购期限一般不超过1年，通常为隔夜（即今日卖出证券，明日再买回证券）或7天。

第四，利率的市场性。回购利率由交易双方确定，主要受回购证券的质地、回购期限的长短、交割条件、货币市场利率水平等因素的影响。

国外货币市场基金的形成和发展

货币市场基金是指以货币市场工具为投资对象的基金，是投资基金的四个主要品种之一。

根据不同投资目标和收益特性，投资基金可以分为股票型基金、债券型基金、混合型基金和货币市场基金四大类。这四种基金通常由专业基金管理公司通过出售基金单位凭证的形式集中投资者的零散资金并将其统一投资于金融市场，运用投资组合的方式争取收益最大化和风险最小化，对于获得的资产组合收益在扣除一定比例的管理费用后再按照认购的基金份额数支付给基金单位凭证持有人的投资方式。前三类基金的投资对象主要为股票、债券（剩余期限超过397天）等资本市场上的金融工具。而货币市场基金的投资对象为货币市场短期金融工具，投资对象涵盖了短期国债、商业票据、大额可转让存单、回购协议、银行承兑汇票等主要货币市场工具，属于开放式基金的范畴。

货币市场基金最早于1972年出现在美国。当时的美国政府出台了限制银行存款利率的Q条例，存款的收益性受到重大影响，银行存款对投资者的吸引力骤然下降。因此，投资者急于为自己的资金寻找新的能够获得货币市场现行利率水平收益的投资渠道，货币市场基金就在这种情况下应运而生。

目前，在发达的市场经济国家，货币市场基金在全部基金中所占的比例较大。以货币市场基金的发源地美国为例，在短短30多年时间里，美国的货币市场基金发展迅猛，取得了骄人的成绩。从1991—2001年的12年间，流入货币市场基金的现金流虽然每年情况都不同，但年均增长率达到46.55%。由于货币市场基金受到越来越多投资者的偏好，因此不断有基金公司加入到这一产品的发行中，导致货币市场基金的数量稳步增长。经过多年的发展后，美国的货币市场基金已经形成了稳定的客户基础，并深受投资者青睐，货币市场基金成为股票基金之后又一种很好的投资渠道，其资产规模、基金数量都呈现一种稳步增长的态势。到2001年，美国货币市场基金的资产规模达22 853亿美元之巨，货币市场基金数量也达到了创纪录的1 015只，投资者账户4 720万个，是货币市场基金发展史上的巅峰。2001年后，美国货币市场基金由于联邦利率的持续下降而呈下降趋势，2005年比2001年下降了16%，但这之后又进入平稳发展时期。截至2005年年末，美国的货币市场基金资产净值为20 405.4亿美元，占美国投资基金份额的23%。

由于货币市场基金起始于美国，其产生和发展的原因最具代表性，长期以来的实践所积累的管理经验也相对更为成熟，而且在其发展过程中还伴随了20世纪90年代的经济腾飞，因此不论是从基金数量上还是从基金规模上看都在全球基金市场上占据着绝对的领先位置。截至2005年年底，美国基金资产净值规模占世界基金份额的55%。

自美国之后，欧洲经济发达国家以及日本、中国香港地区的货币市场基金也逐渐产生和发展起来，并在证券投资基金中占有重要地位。

同美国比较，欧洲货币市场基金的发展相对滞后。截至2002年年底，四种主要投资基金的资产总值在欧洲地区投资基金资产总规模中的分布大致如下：债券型基金占29.29%，位列第一；股票型基金占29.26%，位列第二；货币市场基金占19.19%，位列第三；平衡型基金及其他基金则占14.85%，位列第四。股票型基金与债券型基金的资产规模基本持平，均大大领先于货币市场基金的发展。

但是从地区经济一体化角度看，欧洲金融市场区域一体化趋势日益增强，为未来欧洲投资基金业以及欧洲货币市场基金的发展拓宽了空间。目前欧元区货币市场已经建立并运作多年，欧洲股票市场和债券市场也得到不同程度的一体化发展，欧洲金融市场区域一体化已经逐步形成。在欧洲的相关法律、监管、行政以及其他区域性条款等政策性条款一体化得以实现后，欧洲投资基金业会获得更大的发展空间。特别是在欧元区货币市场的示范效应下，货币工具种类的丰富多样、投资范围与交易方式的灵活弹性、清算与结算技术的电子化改进、货币市场投资主体的日趋增多等，都会促进欧洲货币市场基金的未来发展。

就全球范围而言，货币市场基金的出现和发展不仅打破了货币市场的传统格局，还引起了投资基金行业的一系列改革。截至2005年年末，全球货币市场基金规模约占投资基金总规模的19%。

货币市场基金在美国和欧洲市场上均得到了长足的发展，而且在这两个市场上的发展历程各具特色，都对中国发展货币市场基金业务有一定的参考和借鉴意义。商业银行应该积极学习国外商业银行的经验，尤其是在经营货币市场基金中的成功经验，积极应对基金业的挑战，不断提高自身经营管理水平，促进金融产品创新，提高中间业务收入水平，以加强自身的竞争力。此外，鉴于近年来世界各个地区之间的经济合作不断加强、世界经济一体化进程不断深入，我国商业银行可以参考欧元区货币市场的发展进程，深化与其他国家和地区金融机构的合作，丰富货币市场工具，为亚太地区经济一体化作好战略性的准备。

思考：

1. 货币市场基金的发展对商业银行将产生什么影响？

2. 现在有人说，货币市场基金有替代商业银行的趋势，对此你有什么看法？为什么？

第四节　资本市场

资本市场（Capital Market）是指以期限在1年以上的金融工具为媒介，进行长期性资金交易活动的市场，又称长期资金市场。其主要参与者有个人、企业、金融机构和政府。近年来，像保险公司、养老基金等金融机构，作为机构投资者也活跃在资本市场上。

资本市场相对于货币市场，其特点是期限长、风险大、收益高；金融工具性能差异很大；金融工具的交易市场往往采用有形与无形相结合的方式，既有大量证券交易所，也有规模巨大的场外无形市场。

一、证券发行市场

（一）证券发行市场的概念

证券发行是证券发行人将某种证券首次出售给投资者的行为，属于第一次交易，故证券发行市场也称为“一级市场”或“初级市场”。证券发行市场具有证券创设功能，任何权利凭证若要进入证券市场并实现流通，必须首先取得合法的证券形式，证券发行则是使证券得以流通和转让的前提。证券发行市场上的发行对象，可以是从未发行过证券的发行人创设的证券，也可以是证券发行人在前次发行后增加发行的新证券，还可以是因证券拆细或合并等行为而发行的证券。我国目前最常见的是企业通过股份制改造并发行新股票或上市公司为了增加股本，以送股或配股等方式发行的新股票。上述情况都具有创设新证券的性质，属于证券发行活动。

一方面，证券发行市场为资金需求者提供了融资的场所，资金需求者可以通过在一级市场上发行股票、债券等筹集资金；另一方面，证券发行市场也为资金供应者提供投资机会，谋求证券投资收益。

证券发行市场与证券流通市场不同，一般没有一个有形的特定场所，有时证券的出售是在发行者和投资者之间直接进行的，但更多的是通过中介机构进行，因此可以说发行市场是由发行者、证券中介和投资者三者构成的。由于证券发行过程是证券初次进入市场，故一级市场又称初级市场。

（二）证券发行市场的特点

证券发行市场是整个证券市场的基础，其内容和发展决定着证券交易市场的内容和发展方向。证券发行市场具有以下特点：

1. 证券发行是直接融资的实现形式

证券发行市场的功能就是联结资金需求者和资金供给者，证券发行人通过销售证券向社会招募资金，而认购人通过购买其发行的证券提供资金，将社会闲散资金转化为生产建设资金，实现直接融资的目标。

2. 证券发行市场是个无形市场

证券发行市场通常不存在具体的市场形式和固定场所，新发行证券的认购和销售主要不是在有组织的固定场所内进行，而是由众多证券承销商分散地进行，因而是个抽象的、观念上的市场。

3. 证券发行市场的证券具有不可逆转性

在证券发行市场上，证券只能由发行人流向认购人，资金只能由认购人流向发行人，而不能相反，这是证券发行市场与证券交易市场的一个重要区别。

（三）证券发行市场的构成

证券发行市场由证券发行人，证券认购人、证券承销商和专业服务机构构成。

1. 证券发行人

证券发行人又称发行主体，是为筹措资金而发行股票或债券的企业单位、政府机构、金融机构或其他团体等，也包括在本国发行证券的外国政府和公司。证券发行人是证券发行市场得以存在与发展的首要因素。

2. 证券认购人

证券认购人就是以取得利息、股息或资本收益为目的而根据发行人的招募要约，将要认购或已经认购证券的个人或机构。证券认购人是构成证券发行市场的另一个基本要素。在证券发行实践中，证券投资者的构成较为复杂，可以是个人，也可以是团体。这里的团体主要包括证券公司、信托投资公司、共同基金等金融机构和企业、事业单位以及社会团体等。在证券发行市场上，投资者人数的多少、购买能力的强弱、资产数量的大小、收益要求的高低以及承担风险能力的大小等，直接影响和制约着证券的发行。当证券进入认购者或投资者手中，证券发行市场的职能也就实现了。

3. 证券承销商

证券承销商主要是媒介证券发行人与证券投资者交易的证券中介机构。证券承销商是联结发行人、认购人的桥梁和纽带，接受发行人的委托，通过一定的发行方式和发行渠道向认购人销售发行人的证券。我国目前从事证券承销业务的机构主要是经批准有承销资格的证券公司、金融资产管理公司和金融公司等。

4. 专业服务机构

专业服务机构包括证券服务性机构和经济鉴证类机构以及其他服务机构。证券服务性机构包括证券登记结算公司和证券信用评级机构等，其主要作用是为发行人和认购人进行股权或债权注册登记和评估发行人信用级别。会计师事务所的主要作用是为发行人进行财务状况审计，为认购人提供客观的财务信息。资产评估机构的作用是运用合理的评估方法确定发行人和某些认购人的资产质量。律师事务所的作用是以合法的手段排除发行过程中的法律障碍，并就发行人申请证券发行时所处的法律状态出具法律意见书。

（四）证券的发行方式

1. 公募发行和私募发行

公募发行又称公开发行，是指发行人通过中介机构，以公开营销等方式向不特定的社会公众广泛地发售证券，募集资金的业务模式。为适应更广大投资者的需求，公募没有合同份数和起点金额的限制。因为涉及众多中小投资人的利益，监管当局对公募资金的使用方向、信息披露内容、风险防范要求都非常高。

私募是面向少量的、特定的投资者发行证券，募集资金的方式。参加人一般应具有一定的经济实力、风险识别能力和风险承担能力。

2. 代销和包销

代销是指证券发行人委托承担承销业务的证券经营机构（又称为承销机构或承销商）代为向投资者销售证券。承销商按照规定的条件，在约定的期限内尽力推销，到销售截止日期，证券如果没有全部售出，那么未售出部分退还给发行人，承销商不承担任何风险。在代销过程中，承销机构与发行人之间是代理委托关系，承销机构不承担发行风险，因此佣金很低。代销比较适合于那些信誉好、知名度高的大中型企业。

它们的证券容易被社会公众所接受，用代销方式可以降低成本。

包销是指证券发行人与承销机构签订合同，由承销机构买下全部或销售后剩余部分的证券，承担全部发行风险。对证券发行人来说，包销不必承担证券发行不出去的风险，而且可以迅速筹集资金，因而适用于那些资金需求量大、社会知名度低而且缺乏证券经验的企业。与代销相比，包销的成本也相对较高。

（五）证券的发行价格

证券的发行价格是以票面金额为基础，主要决定于票面利率以及票面利率与市场收益率的关系，同时还与发行成本、发行者与承销机构的信誉、市场供求状况等有关。

发行价格与票面面额是两个不同的概念，发行价格可以低于或高于债券的票面金额，这样形成几种不同价格的发行方式，如折价发行、溢价发行、平价发行。

当发行价格低于票面金额出售时，称为低价发行或折价发行，在多数情况下，债券是低价发行，低于票面金额部分实际上成为发行成本的组成部分之一；当发行价格高于票面金额出售时，称为溢价发行，溢出部分实际上降低了发行成本。只有当平价发行时，债券发行价格才与票面面额一致。

（六）证券信用评级

证券信用评级是指专门的信用等级评定机构根据证券发行者提供的信息材料，并通过调查、预测等手段，运用科学的分析方法，按照一定的标准，对拟发行或已发行的证券质量、信用、风险等进行公开和客观的评价定级，将债券发行人的信用状况和偿债能力进行分析、评估，并将其结果公布的活动。证券评级的目的是将评定的证券信用等级指标公之于众，以弥补信息不充分或不对称的缺陷，保护投资者的利益。

证券评级机构是专门从事证券投资研究、统计咨询和对有价证券（包括股票和债券）的优劣或证券发行者的还本付息能力进行等级评定的机构。在西方发达国家，证券评级机构是专门从事证券评级的股份公司，都是独立的企业，不受政府控制，也独立于证券发行者、投资者以及证券交易所、证券经营机构等中介人之外。因此，他们评定的结果都比较客观。证券评级机构聚集了大量的证券分析、市场研究、会计、统计、法律等方面的专家，保证了评级的准确性、权威性、可靠性。

证券评级制度最早起源于美国。1909 年，美国人约翰·穆迪（John Mody）在《铁路投资分析》一文中首先运用了证券评级的分析方法。从此以后，证券评级的方法便推广开来，并为许多国家所采用。现在，在国际金融市场上发行有价证券一般都要经过国际知名的信用评级机构的评级。目前，世界上著名的证券评级公司，美国主要有标准·普尔公司、穆迪投资服务公司、费奇投资服务公司等。

证券评级的主要内容是：考察证券发行公司的实力与资信；考察证券发行公司的财务状况；考察证券发行公司的经营管理水平、人员素质以及公司的特许经营权、租赁关系和专利等无形因素；考察投资者承担的风险。

证券评级的主要作用是：作为投资者确定资金投向的关键参考指标；帮助发行人顺利发债，减少成本；在一定程度上有助于解决市场信息不对称的问题，能提高市场效率。

二、证券流通市场

（一）证券流通市场的概念

证券流通市场是指已发行的证券通过买卖交易实现流通转让的场所，又称二级市场、次级市场或证券交易市场。证券流通市场一般由两个子市场构成，一是证券交易所市场，其交易有固定的场所和固定的交易时间，是最重要的集中证券流通市场；二是场外交易市场，即证券经营机构开设的证券交易柜台，不在证券交易所上市的证券可申请在场外交易市场进行交易。

证券流通市场的主要功能在于有效地集中和分配资金。其具体功能如下：

（1）促进短期闲散资金转化为长期建设资金。

（2）调节资金供求，引导资金流向，沟通储蓄与投资的融通渠道。

（3）二级市场的股价变动能反映出整个社会的经济情况，有助于劳动生产率的提高和新兴产业的兴起。

（4）价格合理、交易自由、信息灵通、法规健全、管理缜密的证券流通市场有利于保证买卖双方的权益都受到严密的保护。已发行的证券一经上市，就进入二级市场。投资人根据自己的判断和需要买进和卖出证券，其交易价格由买卖双方来决定，投资人在同一天中买入证券的价格是不同的。

（二）证券流通的组织方式

1. 证券交易所

证券交易所是证券市场发展到一定程度的产物，是依据国家有关法律、经政府主管机关批准设立的证券集中交易的有形市场，也是集中交易制度下，证券市场的组织者和一线监督者。我国有四个证券交易所：上海证券交易所、深圳证券交易所、香港联合证券交易所、台湾证券交易所。

证券交易所的主要功能是提供证券交易场所、形成与公告价格、集中各类社会资金参与投资、引导投资的合理流向、制定交易规则、维护交易秩序、提供交易信息、降低交易成本、促进股票的流动性等。

证券交易所分为公司制和会员制两种。这两种证券交易所均可以是政府或公共团体出资经营的（称为公营制证券交易所），也可以是私人出资经营的（称为民营制证券交易所），还可以是政府与私人共同出资经营的（称为公私合营制证券交易所）。

证券交易所组织有下列特征：

（1）证券交易所是由若干会员组成的一种非营利性法人。构成股票交易的会员都是证券公司，其中有正式会员，也有非正式会员。

（2）证券交易所的决策机构是会员大会（股东大会）及理事会（董事会）。其中，会员大会是最高权力机构，决定证券交易所基本方针；理事会是由理事长及理事若干名组成的协议机构，负责制定为执行会员大会决定的基本方针所必需的具体方法以及制定各种规章制度。

（3）证券交易所的执行机构有理事长及常任理事。理事长总理业务。

（4）证券交易所的会员包括股票经纪人、证券自营商及专业会员。

2. 场外交易市场

场外交易市场也称柜台交易市场或店头交易市场，是证券市场的一种特殊形式，是指证券经纪人或证券商不通过证券交易所，将未上市或已上市的证券直接同顾客进行买卖的市场。

场外交易市场没有固定的交易场所，具有分散性，规模有大有小。买卖的证券大多是未上市证券，无法实行公开竞价，场外交易管制少，较灵活，但风险较大。

场外交易市场主要有柜台交易市场、第三市场、第四市场。

柜台交易市场是通过证券公司、证券经纪人的柜台进行证券交易的市场。该市场在证券产生之时就已存在，在交易所产生并迅速发展后，柜台交易市场之所以能够存在并持续发展，其原因在于：一是交易所的容量有限，并且有严格的上市条件，客观上需要柜台交易市场的存在。二是柜台交易比较简便、灵活，并且节省了中介成本，满足了投资者的需要。三是随着计算机和网络技术的发展，柜台交易也在不断地改进，其效率已大大提高。

第三市场是指已上市证券的场外交易市场。第三市场产生于1960年的美国，原属于柜台交易市场的组成部分，但其发展迅速，市场地位提高，被作为一个独立的市场类型对待。第三市场的交易主体多为实力雄厚的机构投资者。第三市场的产生与美国的证券交易采用固定佣金制密切相关，固定佣金制使机构投资者的交易成本变得非常昂贵，场外市场不受证券交易所的固定佣金制约束，因而导致大量上市证券在场外进行交易，遂形成第三市场。第三市场的出现，成为证券交易所的有力竞争对手，最终促使美国证券交易委员会（SEC）于1975年取消固定佣金制，同时也促使证券交易所改善交易条件，使第三市场的吸引力有所降低。

第四市场是投资者绕过传统经纪服务，彼此之间利用计算机网络直接进行大宗证券交易而形成的市场。第四市场的吸引力在于：买卖双方直接交易，无经纪服务，其佣金比其他市场少得多，交易成本低；无须通过经纪人，有利于匿名进行交易，保持交易的秘密性；大宗交易如在交易所内进行，可能给证券市场的价格造成较大影响，在场外进行则不会冲击证券市场；计算机网络技术的运用可以广泛收集和存储大量信息，通过自动报价系统，信息灵敏，成交迅速。

（三）证券的转让价格和股票价格指数

1. 证券转让价格

证券转让价格公式如下：

证券转让价格＝预期证券收益/市场利率

2. 股票价格指数

股票价格指数是指金融服务机构用统计学中的指数方法，编制的通过对股票二级市场上一些有代表性的公司发行的股票价格进行平均计算得出的数值，是对股市动态的综合反映。世界主要股票价格指数有道·琼斯股价指数、标准·普尔股价指数、伦敦《金融时报》股价指数、日经股价指数、香港恒生股价指数。

股票价格指数的计算方法主要有算术平均法、综合平均法、加权平均法。

股票价格指数计算程序为：选出成分股票，确定计算方法（即计算成分股的平均价格），确定基期和基数，将报告期与基期比较（即计算股价指数）。

[例3-6] 3种股票2015年4月3日价格分别为15元、20元、25元，若以该日为基期，基数为100点，现假定2016年3月5日这3种股票价格分别为20元、30元、40元，请计算其股价指数。

$[(20+30+40)\div 3]\div[(15+20+25)\div 3]\times 100=150$（点）

[例3-7] 下列为10种股票价格及其交易情况，请计算其股价指数。

股票种类	A	B	C	D	E	F	G	H	I	J
价格（元）	1	2	3	4	5	6	7	8	9	10
A日交易量（股）	10	20	30	40	50	60	70	80	90	100
B日交易量（股）	100	90	80	70	60	50	40	30	20	10

$I_A=(1\times 10+2\times 20+\cdots+10\times 100)/(10+20+30+\cdots+100)=7$

$I_B=(1\times 100+2\times 90+\cdots+10\times 10)/(100+90+\cdots+10)=4$

若以A日为基期，基点为100点，则：

$(4/7)\times 100=57$(点)

美国奥兰治县破产①

1994年12月6日，美国加利福尼亚州（简称加州）的奥兰治县根据《联邦破产法》第九章向圣地安那联邦法院申请破产保护。近60年来，美国的县级地方政府破产案将近500件，但与以往不同的是，奥兰治县破产涉及金额较之以前破产的县涉及的金额大得多，亏损额高达16.9亿美元，是美国有史以来金额最大的县级地方政府破产案。

位于加州南部的奥兰治县，是美国最富庶的地区之一，平均每户年收入4.6万美元（全加州平均水平为3.6万美元），著名的迪士尼乐园就位于该县境内。

为增加财政收入、弥补财政资金的不足，奥兰治县以通过发行市政债券筹集的巨额资金、县公共机构和镇政府的行政基金、退休金及公积金等资金创建了县财政投资基金。到1994年，基金规模达到74亿美元，参与单位有187个。

基金管理人罗伯特·西纯出生于1925年，是奥兰治县一位资深的财政员，他通过竞选已经连任该县司库长达24年之久。西纯管理的基金，其投资绩效一直居加州同类基金的前列，投资年收益率高达9%，比加州州政府基金高出50%。仅1988—1994年的7年间，他的投资基金就增长近8倍。

那么，奥兰治县财政基金的巨额亏损是如何造成的？这必须从投资基金资产组合

① 美国奥兰治县破产［EB/OL］.(2011-05-22)[2016-08-6]. http://wenku.baidu.com/link?url=zTJRi8-lA-geIPP0HQhiLTdv8k52uLtnAn1gv1dSOgjCYMPoFnD0aisnU0fOv9UMKc4ZtnjNZLktzHEcdOWrUYiJ8Ftj2gbWBcfIbnlUkXy.

的构成说起。实际上，该投资基金的资产组合包括如下两大组成部分：

第一部分包括美国财政部和其他政府机构的债券，与衍生金融产品投资无关。这些债券的期限大部分在5年或5年以下，购买债券的资金最初来源于市政债券发行收入，但西纯采用了不断地以购入的债券作抵押借入短期贷款，并以之再购入债券的策略。西纯以上述资产作为抵押，向华尔街经纪行借入130亿美元，使投资基金账面金额高达200亿美元，在长期债券利率高于短期贷款利率的情况下，这种高杠杆率的投资策略能够产生巨额盈利。但是，如果利率走向与预期相反，就会使基金的短期借贷成本提高，一旦超过其持有的投资收益率，投资基金就会遭受亏损。例如，1993年10月，西纯利用每6个月滚转一次的短期贷款，购买了面值为12 480万美元的5年期美国财政部债券，实际年收益率为4.61%，由于当初6个月期的短期贷款利率为3.31%，如果持有期间利率的期限结构不变，基金每年可以从这笔投资中获得1.3%的盈利，也就是160万美元。但实际情况却是到了1994年年底时，6个月期的贷款利率猛升至6%左右，原预定的基金账面利润不但消失，反而仅此一项投资就使基金亏损150多万美元。

奥兰治县财政基金投资组合的第二部分由各种所谓的组合证券组成。组合证券为衍生金融产品的一种新形式，通常是由一些与政府有关的机构负责发行，然后由一些大投资银行根据投资者的不同需要进行裁剪后，再出售给这些投资者。组合证券的定价比较复杂。例如，财政基金在1994年2月美国联邦储备理事会首次提高短期利率之后，通过美林证券公司等投资银行购买了由联邦全国抵押贷款协会发行的1亿美元的“分阶段逆向债券”，根据合同，基金最初可以获得7%的利率，直到5月份为止。此后的利率每3个月变动一次，计算方法为用10%减去当时的3个月期伦敦同业拆借利率。从1996年起，计算方法变为按11.25%减去同业拆借利率。这一“分阶段逆向债券”将在1999年到期，届时可将原来的投资本金1亿美元收回。但由于1994年5月起，短期利率不断上升，持有这种证券的收益率便不断下降，5月降为5.1%，8月和11月又分别降至4.9%和3.9%。与此同时，短期融资的利率却不断上升，由此造成投资基金巨额亏损。

除了投资“分阶段逆向债券”外，奥兰治县财政基金还于1993年7月参与了另一笔衍生产品投资。奥兰治县向联邦住宅贷款银行购买了面值为1亿美元的5年期“双重指数债券”。根据合同，这种债券的利率第一年固定为6%，以后每6个月调整一次，计算方法是用当时的10年期财政部国库券利率减去6个月期的伦敦同业拆放利率，再加上3.1%。随着短期利率的提高，到了1994年7月，该债券利率按上述合同规定调整为5.065%。如果按照1995年年初的市场利率计算，1995年1月这种“双重指数债券”的新利率将进一步下调至4.2%，它将因大大低于该基金为购买此类债券而支付的贷款利率而出现亏损。

上述投资组合能够获利的前提是市场利率趋于下降，长期利率高于短期利率，并且长短期利率间的差额不变甚至能够扩大。西纯作出上述投资决策的基本理由是他认为美国经济正在复苏，联邦储备委员会理应放松利率以支持复苏过程。实际上，这也是当时经济界颇为流行的想法。

但是，1994年美国长短期利率的发展趋势正好与西纯的预料相反。从1993年第四季度起，美国经济出乎意料地强劲增长，1993 年第四季度和 1994 年第一季度、第二季度、第三季度国内生产总值增长率分别高达 7%、3.5%、4.1%和 3.9%，大大超出美国联邦储备委员会划定的经济增长安全区，使美国经济的通货膨胀压力增大。为抑制通货膨胀率上升，1994 年美国联邦储备委员会 6 次提高短期利率，将短期贷款利率从年初的 3%推升至年末的 5.5%。经济的强劲增长，也促使了人们对通货膨胀率上升的预期，使投资者不愿在中长期资本市场投资，从而造成了美国中期债券利率的急跌。一方面，美国长短期利率增大这种变化，使奥兰治县财政基金短期借贷的融资成本提高，超过了其持有的投资组合的收益率；另一方面，市场利率的上升也使基金持有的固定利率债券及逆向债券的价格下跌，造成基金出现巨额的账面亏损。

1994 年 12 月 1 日，奥兰治县公布了 74 亿美元的财政基金面临 16.9 亿美元账面亏损的事实。为防止因暂时的不能支付而导致债权人沽售资产和抵押品，以取得缓冲时间筹集资金解决债务的偿还问题，12 月 6 日，奥兰治县及其财政基金向圣地安那联邦法院申请破产保护。

思考：

1. 奥兰治县为什么要创建县财政投资基金？

2. 奥兰治县财政基金投资组合的投资预期是什么？为什么 1994 年美国长短期利率的发展趋势正好与其预期相反？

3. 我们应从美国奥兰治县破产事件中吸取什么教训？

第五节　衍生金融市场

衍生金融市场是以金融衍生工具为交易对象的市场。金融衍生工具也称为衍生证券，是指以一些原生工具的存在为前提，以这些工具为买卖对象，价格也由这些原生工具决定的金融工具。

金融衍生工具的产生和发展是经济发展到一定阶段的必然结果。近年来，金融衍生工具在金融领域中的地位越来越重要。国际金融市场最显著、最重要的特征之一就是金融衍生工具的迅速发展。20 世纪 80 年代，各种金融衍生工具异军突起，获得了长足的发展；进入 20 世纪 90 年代，需求变得更为复杂，供给技术不断创新，金融衍生工具市场由美洲、欧洲向亚太地区乃至全球不断拓展，竞争日趋激烈。当代的金融衍生工具已经对国际金融市场产生了深刻影响。

金融衍生工具主要包括远期合约、期货、期权、互换等。金融衍生工具具有一种“双刃剑”性质，它们在为投资者提供转移风险手段的同时，也为投资者带来了巨大的风险，从而给金融市场乃至整个经济埋下了不稳定的因素。

一、远期交易市场

远期交易是指交易双方约定在未来某一特定日期，按预先签订的协议交易某一特定资产的合约。

远期外汇交易又称期汇交易，是指交易双方在成交后并不立即办理交割，而是事先约定币种、金额、汇率、交割时间等交易条件，到期才进行实际交割的外汇交易。远期外汇买卖的特点是双方签订合同后，无须立即支付外汇或本国货币，而是延至将来某个时间；买卖规模较大；买卖的目的主要是为了保值，避免外汇汇率涨跌的风险。

在远期外汇交易中，外汇报价较为复杂。因为远期汇率不是已经交割或正在交割的实现的汇率，而是人们在即期汇率的基础上对未来汇率变化的预测。因此，外汇市场中的远期交易通常被表达为高于（升水）或低于（贴水）即期汇率的差价。如果要获得实际远期外汇价格，只需将差价与即期汇率相加即可。

当某货币在外汇市场上的远期汇价高于即期汇率时，称为升水。例如，即期外汇交易市场上美元兑欧元的比价为1∶0.90，3个月期的美元兑欧元价是1∶0.88，此时欧元升水。当某货币在外汇市场上的远期汇价低于即期汇率时，称为贴水。例如，即期外汇交易市场上美元兑欧元的比价为1∶0.88，3个月期的美元兑价是1∶0.90，此时欧元贴水。

二、期货交易市场

金融期货交易是指买卖双方事先就某种金融工具的数量、交割日期、交易价格、交割地点等达成协议，而在约定的未来某一时刻进行实际交割的交易。

期货交易市场基本上是由四个部分组成，即期货交易所、期货结算所、期货经纪公司、期货交易者（包括套期保值者和投机者）。

（一）期货交易所

期货交易所是为期货交易提供场所、设施、服务和交易规则的非营利机构。期货交易所一般采用会员制，入会条件非常严格，各期货交易所都有具体规定。首先要向期货交易所提出入会申请，由期货交易所调查申请者的财务的资信状况，通过考核，符合条件的经理事会批准方可入会。期货交易所的会员席位一般可以转让。期货交易所的最高权力机构是会员大会，期货交易所经营运作等方面的重大决策由全体会员共同决定。会员大会下设董事会或理事会，一般由会员大会选举产生，董事会聘任期货交易所总裁，负责期货交易所的日常行政和管理工作。

（二）期货结算所

当今各国期货结算所的组成形式大体有三种：第一种是期货结算所隶属于期货交易所，期货交易所的会员也是期货结算会员；第二种是期货结算所隶属于期货交易所，但期货交易所的会员只有一部分财力雄厚者才成为期货结算会员；第三种是期货结算所独立于期货交易所之外，成为完全独立的期货结算所。

期货结算所的功能和作用主要是负责期货合约买卖的结算；承担期货交易的担保；监督实物交割；公布市场信息。

期货结算所大部分实行会员制。期货结算会员必须缴纳全额保证金存放在期货结算所，以保证期货结算所对期货市场的风险控制。期货结算所的最高权力机构是董事会（理事会），日常工作由总裁负责。

（三）期货经纪公司

期货经纪公司（或称经纪所）是代理客户进行期货交易，并提供有关期货交易服务的企业法人。在代理客户期货交易时，期货经纪公司收取一定的佣金。作为期货交易活动的中介组织，期货经纪公司在期货市场构成中具有十分重要的作用。

一方面，期货经纪公司是期货交易所与众多交易者之间的桥梁，拓宽和完善期货交易所的服务功能；另一方面，期货为交易者从事交易活动向期货交易所提供财力保证。期货经纪公司内部机构设置一般有结算部、按金部、信贷部、落盘部、信息部、现货交收部、研究部等。一个规范化的期货经纪公司应具备完善的风险管理制度、遵守国家法规和政策、服从政府监管部门的监管、恪守职业道德、维护行业整体利益、严格区分自营和代理业务、严格进行客户管理、经纪人员素质高等条件。

（四）期货交易者

根据参与期货交易的目的划分，期货交易者基本上分为两种人，即套期保值者和投机者。套期保值者从事期货交易的目的是利用期货市场进行保值交易，以减少价格波动带来的风险，确保生产和经营的正常利润。进行这种套期保值的人一般是生产经营者、贸易者、用户等。投机者参加期货交易的目的与套期保值者相反，他们愿意承担价格波动的风险，他们的目的是希望以少量的资金来博取较多的利润。期货交易所的投机方式可以说是五花八门，多种多样，其做法远比套期保值复杂得多。在期货市场上，如果没有投机者参与，其回避风险和发现价格两大功能就不能实现。投机者参加交易可增加市场的流动性，起到“润滑剂”的作用。

三、期权交易市场

期权交易是指期权的买方有权在约定的一定时刻或时期内按照约定的价格买进或卖出一定数量的金融资产，也可以根据需要放弃行使这一权利。

显然，期权交易是一种权利的买卖。买主买进的并不是实物，只是买一种权利，这种权利使买主可以在一定时期内的任何时候以事先确定好的价格（一般称为协定价格）向期权的卖方购买或出售一定数量的某种证券，而不管此时证券市场价格的高低。这个“一定时期”“协定价格”和买卖证券的数量及种类都是在期权合同中事先规定的。在期权合同的有效期内，买主可以行使或转卖这种权利。超过规定期限，合同失效，买主的期权也随之作废。

期权分为看涨期权（也称买进期权）和看跌期权（也称卖出期权）两种。看涨期权的买主可以在期权有效期内的任何时候按协定价格向期权的卖主购买事先规定数量的某种证券。相反，看跌期权的买主可以在期权有效期内的任何时候按协定价格向卖主出售事先规定数量的某种证券。期权交易合同有统一标准，对交易金额、期限及协定价格均有统一规定，这为期权市场的发展创造了便利条件。随着金融市场的发展和投资多样化，期权交易的对象从最初的股票，逐渐发展为黄金、国库券、大额可转让存单及其他一些产品。

期权交易的具体做法，以看涨期权为例，甲看准股市行情趋好，于是便通过经纪商与乙签订一笔看涨期权合同，合同约定3个月内甲享有按每股10元的价格（一般为合同签订时的价格）购买1 000股A公司普通股票，或放弃购买的权利。为此甲因购买此项权利向乙支付价款（或称期权费用）250元。3个月后当期权合同到期，如股价上升为每股11元，甲即行使期权，从每股10元的合同价格购入1 000股，然后按市价卖出，赚取1 000元，扣除买入期权费用250元，净盈利750元。如果合同到期时股价下跌至每股9元，甲这时行使期权，就会损失1 250元（含期权费用）。而甲放弃期权则仅损失费用250元。从上面的例子可以看出期权交易类似期货交易，只是期权交易中期权的购买者是否按原合同行权具有选择的权利，从而较之期货交易风险大大降低。

期权交易不同于现货交易，现货交易完成后，所交易的证券的价格就与卖方无关，因价格变动而产生损失或收益都是买方的事情。而期权交易则是在买卖双方之间建立了一种权利和义务关系，即一种权利由买方单独享有，义务由卖方单独承担的关系。期权交易赋予买方单方面的选择权，在期权交易合同有效期内，当证券价格波动出现对买方有利可图的局势时，买方可买入期权或卖出期权，合同为买入期权的内容，卖方必须按合同价格收购证券。期权交易在合同到期前，买方随时可以行使期权，实现交割，而期货交易的交割日期是固定的；期权交易合同的权利和义务划分属于买卖的单方，只对卖方具有强制力，而期货交易合同的买卖双方权利和义务是对等的，合同对于买卖双方都具有强制力，双方必须在期货交易的交割日按合同规定的价格进行交易。

四、互换交易市场

互换交易是将不同货币的债务、不同利率的债务或交割期不同的同种货币的债务，由交易双方按照市场行情签订合约，在约定期限内相互交换，并进行一系列支付的金融交易行为。

这种交易的渊源是背对背贷款。比如说，一家法国公司向一家美国公司贷出一笔为期5年的欧元贷款，利率为10%，而这家美国公司反过来又向这家法国公司贷出一笔等值的同样为期5年的美元贷款，利率为8%。通过这一过程，这两家公司就交换了本金和利息支付，这就等于法国公司按固定汇率以一定量的欧元换取一定量的美元。从本质上来说，这是一种远期外汇交易。这种背对背的贷款在20世纪70年代很盛行。1981年，出现了货币互换，接着又出现了利息率互换及通货利息率相混合的互换。

互换交易主要有以下几种：

（1）利率互换。利率互换是指双方同意在未来的一定期限内根据同种货币的同样的名义本金交换现金流，其中一方的现金根据浮动利率计算出来，而另一方的现金流根据固定利率计算出来。

（2）货币互换。货币互换是指将一种货币的本金和固定利息与另一种货币的等价本金和固定利息进行交换。

（3）商品互换。商品互换是一种特殊类型的金融交易，交易双方为了管理商品价格风险，同意交换与商品价格有关的现金流。商品互换包括固定价格及浮动价格的商品价格互换和商品价格与利率的互换。

（4）其他互换。其他互换具体有股权互换、信用互换、气候互换和互换期权等。

互换交易与其他衍生工具相比有着自身的优势，具体如下：

（1）互换交易集外汇市场、证券市场、货币市场和资本市场业务于一身，既是融资的创新工具，又可运用于金融管理。

（2）互换能满足交易者对非标准化交易的要求，运用面较广。

（3）用互换套期保值可以省却对其他金融衍生工具所需头寸的日常管理，使用简便，并且风险转移较快。

（4）互换交易期限灵活，长短随意，最长可达几十年。

（5）互换交易的产生使银行成为互换的主体，因此互换市场的流动性较强。

但是，互换交易本身也存在许多风险。信用风险是互换交易所面临的主要风险，也是互换方及中介机构因种种原因发生的违约拒付等不能履行合同的风险。另外，由于互换期限通常多达数年之久，对于买卖双方来说，还存在着互换利率的风险。

互换交易风险的承担者如下：

（1）合同当事者双方。在互换交易中，合同当事者双方要负担原有债务或新的债务，并实际进行债务交换。

（2）中介银行。中介银行在合同当事人双方的资金收付中充当中介角色。

（3）交易筹备者。交易筹备者的职责在于安排互换交易的整体规则，决定各当事者满意的互换条件，调解各种纠纷等。交易筹备者本身不是合同当事者，一般由投资银行、商人银行或证券公司担任，收取（一次性）一定的互换安排费用，通常为总额的0.125%～0.375%。

中国航油（新加坡）股份有限公司操作原油期货期权导致巨亏①

在新加坡挂牌上市的中国航油（新加坡）股份有限公司（以下简称中航油）发表声明称该公司由于操作风险较高的原油期货期权等金融衍生工具不当，导致亏损约5.5亿美元，这个数额基本与该公司的市值相当。中航油已向新加坡高等法院申请召开债权大会，以重组债务。这一事件严重打击了市场对于中资股的信心，也打击了中国内地企业海外上市的势头。

中航油在声明中指出，由于石油价格达到了历史新高的每桶55美元，该公司必须面对大量需要缴纳保证金的未平仓和约，然而该公司已经没有足够资金来缴纳巨额保证金，不得不承认在石油衍生工具交易中蒙受了巨大损失。

中航油的母公司与拥有2%中航油股份的淡马锡控股公司正在商讨中航油重组计划，两家公司可能会注资1亿美元，挽救中航油，并在中航油重组后成为主要股东。拥有中航油60%股份的中国航空油料集团是中航油的母公司，此前有消息称，中国航空油料集团已经售出了中航油15%的股份，换取平仓资金。

中航油此次金融投机行为带来的关联影响深远。该公司占据了中国飞机燃料市场的三分之一，在行业内部一直处于垄断地位。受巨额亏损影响，中航油关于投资阿拉

① 刘洋. 国际金融投机巨亏大案回放：都是金融投机惹的祸［EB/OL］.（2004-12-08）［2016-08-06］. http://www.ce.cn/new_hgjj/gjbd/zhqt/200412/08/t20041208_2512942.shtml.

伯联合酋长国国家石油20%股权以及收购英国富地石油在中国华南航空油料公司股权的计划，都已经暂缓或者搁置。

同时，中航油事件的影响不是局部的。据有关专家分析，中航油事件将严重打击未来一个阶段内国际市场对于中资股的信心，中资股信用危机可能由此产生。另外，这一事件将对中国内地企业海外上市造成不良影响，海外机构对中国内地企业挂牌多持观望态度。

实际上，类似的金融衍生工具不当操作事件早已有之，中航油事件并不是其中损失最大、影响最大的一起。但是，对于刚起步的中国海外挂牌上市企业来说，这个打击的力度不亚于过去任何一起国际知名的金融投机事件。

思考：

案例中说，类似中航油投资金融衍生工具不当操作事件早已有之，中航油事件也不是其中损失最大、影响最大的一起，那么明知投资金融衍生工具风险很大，为什么一些中资机构却频频进行这一投资呢？

思考与练习

一、名词解释

金融市场　直接融资　间接融资　金融工具　衍生金融工具　商业票据　商业汇票
股票　银行承兑汇票　货币市场　CD市场　同业拆借市场　国库券市场　回购协议
资本市场　证券发行市场　证券交易市场　证券交易所　远期交易　期货交易
期权交易　互换交易

二、简答题

1. 试比较直接融资、间接融资的优缺点。
2. 如何认识金融市场在经济中的功能？
3. 简述金融工具的概念及其特征。
4. 简述股票和债券的区别。
5. 货币市场都有哪些参与者？他们各有何交易动机？
6. 为什么说CD的出现是金融创新的萌芽？
7. 简述证券发行市场的构成。
8. 简述证券的发行方式。
9. 简述证券交易市场的构成。

三、论述题

1. 运用相关知识论述我国货币市场的发展情况。
2. 什么是股票价格指数？试述其编制的一般原理和作用。
3. 试述衍生金融市场的交易对象及其主要功能。

第四章　金融机构体系

本章要点

本章主要让学生重点掌握金融机构及金融机构体系的概念、银行金融机构和非银行金融机构的构成、中国金融机构体系概况；对中央银行、商业银行、政策性银行、投资银行、保险公司、投资基金等金融机构的基本特征和主要业务有一定程度的了解。本章的难点是正确理解西方金融机构体系的变革及其发展趋势。

美国共同基金

美国现代的共同基金已经经历了70多年的发展历程，1996年年末以35 390亿美元的资产总额雄居全美第二大金融资产，占全世界共同基金资产总额的55%。截至1996年年末，美国有超过6 200个共同基金，代表着广大的、多种类型的投资目标，从保守型到进攻型，投资于包罗万象的证券中。美国投资公司研究会根据基金的基本投资目标将共同基金大概分成以下三大类：

1. 股票基金

(1) 进攻成长型基金寻求最大的资本成长，现实的收入不是重要的因素，而未来的资本所得才是主要目标。这种基金投资于非主流股票、非热门股票，运用投资技术卷入巨大的风险，以期获得巨大的利润。

(2) 成长型基金投资在发展前景非常好的公众公司的股票，但风险性比进攻成长型基金要小。

(3) 成长和收入型基金寻求长期资本成长和现在的收入相结合，这种基金投资于股票的标准是价值增长的和展示出良好的、连续的支付红利的记录。

(4) 贵金属、黄金基金主要投资于与黄金和其他贵金属发生联系的股票。

(5) 国际基金主要投资于美国以外的公司的股票。

(6) 全球性综合基金投资于全世界的股票，包括美国的公司。

(7) 收入股票基金寻求收入的高等级，主要投资于有良好的红利支付记录的公司股票。

2. 债券和收入基金

(1) 灵活组合基金允许基金管理者预先处理或对市场条件的变化做出相应的反应，去决定投资于股票、债券或货币市场。

(2) 余额基金通常在寻求保值投资者的资本，支付现在的红利收入的基础上实现资本的长期增值，其组合由债券、优先股和公众股混合而成。

(3) 收入混合基金寻求收入的高等级，这种基金主要投资于能产生现实收入的证券，包括股票和债券。

(4) 收入债券基金寻求高等级的现实收入，这种基金投资于混合的企业和政府债券。

(5) 美国政府收入债券基金投资于多样的政府债券，包括美国国库券、联邦政府担保抵押证券和其他政府票据。

(6) 全国政府抵押协会基金主要投资于全国政府抵押协会担保的抵押证券。

(7) 全球性债券基金投资于全世界的国家和企业债券，包括美国在内。

(8) 企业债券基金主要投资于企业债券，部分投资于国库券或联邦政府机构发行的债券。

(9) 高回报债券基金寻求非常高的回报，但是相对于企业债券基金会承担很大程度的风险，这种基金主要是投资于低信用等级的企业债券。

(10) 国家、市政债券长期基金寻求收入免缴税金，其投资的债券发行者是州和市政府，为学校、高速公路、医院、桥梁和其他市政建设筹集资金。

(11) 州和市政债券长期基金寻求收入免缴联邦税和州税，但只限于本州的居民，其投资的债券发行者只是单个州。

3. 货币市场基金

(1) 应纳税的货币市场基金寻求持续、坚固的净资产价值，这种基金投资于货币市场中短期的、高等级的证券，如美国国库券、大银行的存款证明书和短期商业债券，这种组合的平均期限是90天或更短。

(2) 免税的国家货币市场基金寻求其收入免缴税金和最小的风险，这种基金投资于短期的市政债券。

(3) 免税的州货币市场基金寻求其收入免缴联邦税和州税，但限于本州居民，这种基金投资于发行者是单一州的短期的市政债券。

此外，美国共同基金还有特定的基金或部门的基金。特定的基金包括生物工程基金、小公司成长基金、指数基金和社会准则基金等。部门的基金主要投资于特定的证券市场的部门，也投资于其他的共同基金。广泛的可供选择的基金适应了不同客户的要求，帮助客户达到多样的财务目标。

思考：

1. 什么是共同基金？它是如何运作的？

2. 你对共同基金在我国的发展状况是否了解？对其运行的绩效是否进行过分析和研究？结论如何？

第一节 金融机构体系概述

一、金融机构和金融机构体系的概念

（一）金融机构

1. 金融机构的概念

金融机构泛指专门从事金融业务、协调金融关系、维护金融体系正常运行的组织。

金融机构的基本功能是提供支付结算服务；融通资金；降低交易成本并提供金融服务便利；改善投融资活动中的信息不对称状况；进行风险的转移、分散与管理。

金融机构是特殊的企业，与一般经济单位之间既有共性，又有特殊性。其特殊性主要体现在：金融机构的经营对象是货币资金，经营内容是货币的收付、借贷及各种与货币资金运动有关或与之相联系的各种金融业务；金融机构与客户之间主要是货币资金的借贷或投资关系，金融机构在经营中必须遵循安全性、流动性和盈利性原则。金融机构风险主要表现为信用风险、挤兑风险、利率风险、汇率风险等，金融机构的危机对整个金融体系的稳健运行构成威胁，甚至引发严重的政治危机或社会危机。

金融服务业与一般产业的区别主要表现在：金融资产与实物资产相比具有其他产业无法比拟的极高比率；所支配运营的资本规模与权益资本的比率相对其他产业高；属高风险产业。

2. 金融机构的特点

（1）在金融机构掌握的全部资产中，金融资产的规模大大高于实物资产的规模。

（2）在金融机构支配的运营资本中，负债比例比较大，而自有资本所占比例极低，一般在10%左右。贷款的资金来源主要是靠负债，自有资本实际上只是起到一个规避风险、弥补损失的作用。自有资本的比例越高，说明银行抗风险能力和经营实力越强。因此，现在的金融监管要求银行要保证充足的资本率。

（3）业务经营的风险极高，风险管理非常重要。

3. 金融机构在社会经济活动中的作用

（1）金融机构可以为资金供求双方提供融资便利，降低融资成本。作为存款人和贷款人的中介，以吸收存款或发行融资证券的方式汇集各种期限和数量的资金，通过信贷等方式投向需要资金的社会各部门，使融资双方的融资交易活动得以顺利进行，促进了资金从盈余者向短缺者的流动。其具体表现为四个方面：一是改善金融资产的期限限制。金融机构可以同时向资金供求双方提供不同到期期限的金融产品，因此在金融机构的参与下，短期的资金供给有可能间接地支持长期的资金需求。二是增加了金融资产的分割性。金融中介机构通过出售金额不等的金融商品，可以达到吸引零散的资金供给来满足巨额资金需求的目的。三是通过规模经营和专业化运作，可以合理控制利率，并节约融资交易的各项费用支出，使交易成本得以降低。四是提高金融资产的流动性。金融中介机构提供的相当一部分金融产品具有高度的市场流动性，因而可以大大降低金融资产的交易成本。

（2）金融机构可以为货币流通提供支付结算业务，节省成本，提高资金的效率。支付结算是实现社会经济活动中的货币给付、资金清算的重要手段。支付结算作为商品交换的媒介，是连接资金和经济活动的纽带。其对减少现金使用、提高资金效益、促进商品流通、保证经济活动的正常进行和健康发展具有重要的作用。支付结算在社会经济活动中的作用在于：有利于加速资金周转，促进商品交易的发展；有利于加强资金管理和增强全社会的票据意识、信用观念；有利于减少现金使用，节约现金流通与管理费用，便于调节货币流通。

（3）金融机构可以转移、分散和管理风险。金融机构的这一作用具体表现为如下两方面：一是金融中介机构可以直接对资金需求方的市场行为、财务状况、经营运作等方面加以监督，减少风险。金融中介机构还可以通过对不同风险资产的组合来降低资金风险。二是信息不对称所引致的巨大的交易成本限制了信用活动的发展，阻碍了金融市场正常功能的发挥。以银行为主的间接融资形式可以比直接融资更好地解决信息不对称问题。这主要表现在金融机构较之其他经济主体具有信息揭示优势、信息监督优势、风险的控制和管理优势。

（4）金融机构可以提供经纪人服务。金融中介机构还可以为筹资者和投资者提供各种类型的交易服务、金融咨询服务、资信评估服务、资金筹集的组织服务、投资项目的推销服务、保险服务和信托服务等。

（二）金融机构体系

1. 金融机构体系的概念

金融机构体系是指各种金融机构构成的相互联系的统一整体。金融市场上的各种金融活动都要借助于一定的金融机构来完成，金融机构是金融市场不可缺少的中介主体。现代金融机构种类繁多，各种金融机构组成相互联系、分工协作的统一体便构成了金融机构体系。一国社会经济条件对该国金融机构体系的构成具有制约作用，各国经济发展状况不同，因此形成了不同的金融机构体系。

世界上主要有以下三种金融机构体系：

（1）以中央银行为核心的金融机构体系。现在绝大多数市场经济国家都实行这种体系。

（2）没有中央银行的金融机构体系。例如，新加坡并未单独设立中央银行，而是将中央银行的职能由多家机构共同完成。

（3）高度集中的金融机构体系。苏联和改革开放前的我国都实行这种模式。

世界各国的金融机构体系一般包括金融业务的经营机构和金融活动的监督与管理机构。其中，除金融业务经营机构外，其他都是政府的职能机构，负责金融政策、制度、法规的制定与执行以及金融业务活动的监督与管理。现阶段世界各国的金融机构体系中，起着举足轻重作用的无一例外的是银行机构体系。

在市场经济条件下，各国金融体系大多数是以中央银行为核心来进行组织管理的，因而形成了以中央银行为核心、商业银行为主体、各类银行和非银行金融机构并存的金融机构体系。在我国，形成了以中央银行（中国人民银行）为领导，国有商业银行为主体，政策性银行以及保险、信托等非银行金融机构和外资金融机构并存与分工协作的金融机构体系。

2. 金融机构体系的构成

（1）从性质和功能上划分：银行金融机构和非银行金融机构。

银行金融机构是对经营货币和信用业务的金融机构的总称。这些金融机构主要从事存贷款业务和支付业务，充当信用中介和支付中介。存款是其重要的资金来源，存贷款利差是传统的收益来源之一。银行金融机构按其职能划分，可以分为中央银行、商业银行、专业银行；按银行业务的地域划分，可以分为全国性银行和地方性银行；

按资本来源划分，可以分为股份制银行、合资银行、独资银行。

非银行金融机构是专门从事某项专门的、特定的金融业务的金融机构，包括保险、证券投资、信托、邮政储蓄（现叫邮政储蓄银行，已归到银行类金融机构）、融资租赁等金融业务。非银行金融机构主要有保险公司、信托投资公司、租赁公司、财务公司和基金公司等。

银行金融机构和非银行金融机构都是基于人们对多种金融产品和业务的多样化需求而产生的，而且都促进了整个经济的发展。但银行金融机构和非银行金融机构是有区别的，银行金融机构和非银行金融机构的区别主要表现在以下两个方面：第一，从起源看，银行金融机构和非银行金融机构有与银行不同的各自独特的产生渊源。例如，保险公司的起源最初是为了解决航海中的运输风险，证券机构的起源是为了提供更多的交易机会，信托投资公司的起源是为了遗产的转移和管理，融资租赁公司则是为了中小企业融资困难而建立的。第二，银行金融机构和非银行金融机构有各自独特的业务范围和业务领域。在原分业银行经营条件下，银行金融机构和非银行金融机构的主要区别就在于能否经营存款业务（主要是活期存款）以及由此而产生的是否具有信用创造的功能；不过在混业经营条件下，这一界限已经模糊。

（2）从资金是否主要来源于存款划分：存款性金融机构和非存款性金融机构。

存款性金融机构是指从个人和机构接受存款并发放贷款的金融中介机构。

非存款性金融机构是指利用自行发行证券的收入或来自于某些社会组织或公众的契约性资金，并以长期投资作为其主要资产业务的金融中介机构。

存款性金融机构和非存款性金融机构的主要区别如表 4.1 所示：

表 4.1　　金融中介机构的主要资产和负债表

金融机构类型	主要负债（资金来源）	主要资产（资金运用）
存款性金融机构		
商业银行	存款	工商信贷和消费者信贷、抵押贷款、政府证券和市政债券
储蓄贷款协会	存款	抵押贷款
储蓄银行	存款	抵押贷款
信用合作社	存款	消费者信贷
非存款性金融机构		
保险公司	保费	公司债券、政府证券、市政债券、抵押贷款、股票
投资公司	股份	债券和股票
养老金	雇员和雇主缴款	公司债券和股票
财务公司	商业票据、股票、债券	消费者信贷和工商信贷

由于当今社会金融创新的不断发展，市场竞争日益激烈，金融机构从而逐渐呈现从专业经营向多元化综合经营发展的趋势。

（3）从经营目标划分：商业性金融机构和政策性金融机构。

商业性金融机构是以利润最大化为唯一经营目标的金融机构。

政策性金融机构一般由政府出资创立或扶植，不单纯以利润最大化为目标，而是为了扶持、推动、倡导和辅助国家产业政策的实施，不与商业性金融机构竞争，只在有限的业务领域针对特定对象提供金融服务。

此外，金融机构体系从股权、资本的构成可划分为国有金融机构、民营金融机构、股份制金融机构、合资金融机构等；从经营范围可划分为国内金融机构、跨国金融机构、国际金融机构等。

二、西方金融机构体系的变革及其趋势

20 世纪 30 年代以前，由于西方各国政府对银行经营活动限制很少，各国的商业银行不仅可以从事各种银行性的业务，还可以从事许多非银行性的业务。但是随后的金融危机，使得许多经济学家把经济的衰退归因于银行的这种混业经营制度。因此，许多国家认定商业银行只适宜经营短期工商信贷业务，并以立法的形式将商业银行类型和投资银行类型的业务范围进行了明确的划分。例如，美国在 1933 年推出了《格拉斯—斯蒂格尔法案》，其中明确规定：商业银行不得从事属于投资银行经营的证券投资业务。类似的国家还有英国和日本，但是也有一些国家继续实行混业经营。在之后相当长的一段时间，经济学家关于分业和混业的争论一直存在。但是 20 世纪 70 年代以后，各种原因导致商业银行重新转向混业经营的模式，这种转变到20 世纪 80 年代的时候达到了一个顶峰。

（一）金融机构业务范围的变化

1. 变化概况

20 世纪 80 年代以来，由于银行定期存款比重的上升和金融债券的发行，使商业银行可以获得大量长期资金来进行更多的业务活动，特别是长期信贷和投资业务。同时，商业银行面对其他金融机构的挑战日益增多，导致商业银行的利润率不断降低，迫使商业银行从事各种更为广泛的业务活动。各主要发达国家的金融机构突破原有的专业化业务分工，走上综合经营各种金融业务的道路，即走上混业经营的道路。这具体表现在如下两个方面：

（1）放宽银行和非银行金融机构业务领域或资产组合的限制，允许银行和非银行金融机构经营更广泛的业务领域，特别是允许商业银行在经营传统的存、贷、汇业务的同时，经营证券、信托甚至保险业务。

从 1986 年开始，英国重新允许商业银行进入投资银行领域。加拿大于 1987 年取消了银行、证券业分离制，1991 年通过了银行、信托公司、保险公司可以通过子公司实现业务交叉的方案，1992 年又允许银行通过子公司经营信托业务和保险业务，并允许设立大型复合金融机构。目前，加拿大全部证券公司都已被大商业银行所持股，独立经营的信托公司也所剩无几，一些大商业银行已经开始设立分支机构经营某些保险业务。日本在20 世纪 80 年代中期开始出现一些银行业和证券业混业经营的情形。日本于

1981 年颁布新《银行法》规定银行可以经营国家债券、地方政府债券、政府保付债券的买卖；1998 年颁布《金融体系改革一揽子法》，允许各金融机构跨业经营各种金融业务。美国的《格拉斯—斯蒂格尔法案》的执行也不顺利，各类型金融机构均采取一系列方法钻该法案的漏洞，再加上金融自由化进程的加快，要求废除该法案的呼声越来越响亮。美国于 1999 年 11 月通过了《金融服务现代法法案》，这一法案的推出实际上是废除了《格拉斯—斯蒂格尔法案》，允许银行、保险公司和证券公司以金融控股公司的方式相互渗透并在彼此的市场上进行竞争。这标志着西方国家分业经营模式的最终结束，混业经营成为国际金融业发展的大趋势。

（2）专业化分工的突破还表现在同类金融机构之间互相侵入对方“领地”。

在日本，按金融机构原来的业务分工，商业银行只能从事短期金融业务，不能筹集长期资金。1981 年 6 月，日本的商业银行开办了“指定日期定期存款”业务，打破了长短期金融机构业务的分工。在英国，商业银行和清算银行的差别也逐渐消失。

2. 变化的原因

世界各国金融机构的这种转变不是偶然的，其发展的原因有如下几个方面：

（1）经济发展走向成熟，使资金的供求状况发生了根本的变化。第二次世界大战之后，西方各国经济逐渐恢复并开始高速增长，各种投资机会迅速增加，资金需求也急剧上升。银行作为资金需求者和资金盈余者之间资金分配的中介，传统的放贷业务随着经济的不断发展，已不适应发展的需要，更多的融资渠道和融资方式出现并供选择，迫使商业银行不断地拓展业务。

（2）金融创新模糊了银行业、证券业、信托业的传统分界。面对激烈的竞争，各金融机构为了扩大资金来源，又要避开法规的限制，不得不设计出新的金融工具。例如，美国投资银行为绕开不得吸收存款的限制，创造出了货币市场互助基金。信托投资公司以信托投资的形式吸收顾客的小额资金，然后集中投资于高利率的大额可转让存单。

（3）国债市场的迅速发展促进了资金分流。第二次世界大战后，凯恩斯主义在各国盛行，为了刺激经济的发展，各国政府推行赤字财政，发行大量国债。国债的大量发行使西方各国的有价证券市场获得迅速发展，而商业银行受到经济周期的影响，利润却不增反减。同时，政府对国债实行鼓励措施，又把大量的银行存款吸收到国债市场上来，更造成了商业银行资金相对下降和投资银行资产增加，银行纷纷要求取消对混业经营的限制。

（4）新技术的弊端限制了银行业务的发展。新技术革命大大提高了个人和企业的金融应变能力，直接导致了新型金融工具的出现，为金融创新奠定了技术基础，也对金融机构的规模经济提出了新的要求。但是，计算机的购置加重了金融机构的负担。由于“分业经营”限制的存在，金融机构付巨资购置的计算机系统，往往因为业务量小、业务种类有限而不能充分利用。中小银行和证券公司自不必言，就是大的银行或证券公司也不能达到最佳的盈利规模。因此，各金融机构想方设法绕过监管限制，增加业务，逐步突破原业务限制的藩篱。

（二）金融机构之间的并购浪潮

随着近年来全球竞争的加剧和金融风险的增加，国际上许多大银行都把扩大规模、扩展业务以提高效益和增强抵御风险能力作为发展新战略，国际金融市场掀起了声势浩大的跨国购并（即兼并和收购）浪潮。金融机构的并购与重组成为金融机构全球化的一个突出特点。全球金融业并购浪潮，造就了众多的巨型跨国银行。银行并购使全球金融机构的数量减少，单个机构的规模相对扩大，银行业的集中度迅速提高。

1. 银行并购概念的界定及特征

银行并购泛指一家银行与其他用户或非银行市场主体之间的并购行为，并购银行通过这种行为来实现资产经营一体化。银行并购包括两种类型的经济行为：银行合并和银行股权收购。银行合并又可以分为吸收合并与新设合并。吸收合并是指银行与银行或其他企业之间的合并，其中一家因吸收了其他银行或企业而成为存续企业。例如，1991 年美国化学银行和汉华银行以换股形式合并后仍沿用化学银行的名称。新设合并是指两家或两家以上的银行通过合并创建一个新的银行，原有的银行不再存在。例如，1996 年排名世界第一位的日本东京三菱银行便是由日本东京银行和三菱银行合并成立的，其合并后的核心资产达到 278 亿美元，总资产达到 7 030 亿美元，国内机构 388 家，海外机构 200 家，成为当时世界排名第一的银行。银行股权收购是指一家银行在股票市场上通过购买股票的方式控制另一家银行的经营决策权的一种行为。例如，1998 年 12 月德意志银行出资 101 亿美元收购美国信早银行全部股权。

2. 银行并购的动因

（1）规模经济。通过并购，扩大经营规模，可以增强公众信心，扩大市场份额；能够以较低的成本获得优越的技术优势；通过业务多样化，获得范围经济。

（2）规避风险。伴随着金融竞争加剧，不确定性因素增多，商业银行面临的风险越来越大。但作为经营货币信用的特殊企业，某家银行一旦爆发危机，很可能会发生多米诺骨牌效应，诱发挤兑风潮，冲击整个金融体系的稳定。因此，通过并购，扩大资产规模，增强实力和竞争力，化解危机有时也成为银行并购的一种动机。

（3）银行业务全球化的客观需要。20 世纪 90 年代中期以来，国际银行业的并购之风达到了前所未有的水平，而且有不断升级的趋势。追求规模扩张和强强联合是这次并购浪潮的最大特点。例如，花旗银行与旅行者公司的合并报价高达 820 亿美元，新成立的花旗集团总资产达 7 000 亿美元，排名美国第二。在这次并购中，还出现了银行并购证券公司或保险公司等其他非银行金融机构的新局面。

（4）银行业务范围全能化的客观要求。随着金融创新的不断发展，传统的银行业务受到了来自证券、保险、基金等非银行金融机构的强烈冲击，尤其是融资证券化趋势使银行传统的信贷业务受到了极大的挤压。为应对新的挑战，银行纷纷拓展业务范围，向“金融百货公司”的方向发展，而各国放松金融管制的金融自由化风潮也为银行全能化消除了制度壁垒。

3. 银行并购的影响

（1）银行并购对自身发展的促进。简略地说，主要有突破进入壁垒，拓展经营边界；获取高新技术，发挥技术垄断优势；实现高效率扩张，扩大市场占有率及规模经济；提高资本充足率，降低成本，分散风险；利用经验曲线效应，提高经营管理水平。

（2）银行并购对社会的有利影响。银行并购对社会的存利影响如下：

①提高资源的配置效率。并购本身是对经济资源的重组，这些经济资源会向着资源最有效配置的条件流动。例如，1995 年 8 月 28 日，美国两家最大的银行——化学银行与花旗·曼哈顿银行合并，从而成为美国最大的银行。新银行采用花旗银行这一名称，其成为向企业发放贷款的领头羊、最大的证券交易商、第三大抵押债权人、第四大信用卡发行人。兼并后由于消除了不必要的重复工作以及减少经营费用，花旗银行每年可以节约成本约 15 亿美元，资源利用率显著提高。

②增加社会金融产品供给。银行并购之后，并购各方的业务整合为一个公司内部的业务，业务种类扩大，能够提供的金融产品会有所增加。

③促进经济发展。银行并购使得银行资本相互融合，资金来源更加广泛、稳定。工商企业能够得到更长期、更充足的资金运用于投资，支撑经济的持续发展。

④减少金融危机的发生，保证经济和社会的稳定。银行并购大多数是强强联合，并购之后，资本实力大大增强，抵御风险的能力也得到显著的提高，在金融危机发生时，能够抑制社会震动，使社会保持稳定。

（3）银行并购的负面效应。银行并购的负面效应如下：

①导致过度垄断，从而降低效率。某些强强联合的银行并购往往最终会导致超级银行的产生，这些超级银行势必会对业务形成垄断，而过度垄断会降低资源配置的效率。

②在一定程度上影响了市场运行效益。一方面，垄断一旦形成，银行可以随意制定贷款的价格，资金需求者的利益受到损失，有可能减少投资规模，经济发展受阻；另一方面，合并后的银行在文化方面肯定存在诸多的摩擦，需要时间去磨合，这样也会影响银行的运行效率。

③增加了风险及失业人数。前面提到的化学银行和花旗银行的并购，使纽约银行业处境困难，从 1988 年起，纽约银行已经减少了 40 000 多个银行职位，相当于所有职位总数的 1/3。

1990—1999 年全球著名并购重组案如表 4. 2 所示：

表 4. 2　　1990—1999 年全球著名并购重组案

时间	发起并购公司	并购对象	并购方式
1991. 7	华友银行	汉华银行	合并
1991. 8	美国商业银行	太平洋银行	合并
1992	美洲银行	安全太平洋公司	合并
1993. 2	香港汇丰银行	密德兰银行	收购
1995. 6	第一联合银行	第一富达银行	收购
1995. 7	芝加哥第一银行	NBD 银行	合并

表4.2(续)

时间	发起并购公司	并购对象	并购方式
1995.7	华友银行	大通银行	合并
1995.8	美国化学银行	花旗·曼哈顿银行	合并
1996.4	富民银行	第一洲际银行	合并
1996	日本三菱银行	东京银行	合并
1997.4	信孚银行	艾利克斯·布朗银行	收购
1997.10	瑞士信贷第一波士顿	巴克莱银行	收购
1997.11	美林集团	水星资产管理公司	收购
1997.12	瑞士联合银行	瑞士银行	合并
1998.1	巴黎银行、西班牙银行	百富勤集团	收购
1998.1	美国国民银行	巴耐特银行	合并
1998.2	京华证券	山一证券	收购
1998.2	摩根士丹利	添惠公司	合并
1998.4	美国国民银行	美洲银行	合并
1998.4	花旗银行	旅行者公司	合并
1998.4	美国第一银行	芝加哥第一银行	合并
1998.12	德意志银行	美国信孚银行	收购
1999.2	法国兴业银行	巴黎巴银行	合并

资料来源：金晓斌．银行并购论［M］．上海：上海财经大学出版社，1999：162－233，251.

欧洲银行业的重组浪潮

之一：意大利四大主要银行为确保在本国金融界的领先地位而进行合并

1999年3月21日，意大利市值最高的银行——意大利联合信贷银行突然提出以其价值164亿美元的股票通过换股的方式与意大利商业银行合并，拟定合并后的银行总资产将达到2 600亿欧元，市值达387亿欧元，将居欧洲第五位。数小时之后，意大利最大的银行集团——圣保罗意米银行董事会即通过了一项97亿美元的换股计划，实现了与罗马银行的合并，组建了一个总资产达2 860亿欧元、总市值达302亿欧元的银行集团。

之二：法国兴业银行与巴黎巴银行形成优势互补型的强强联合

1999年2月1日，全球位居第31位的法国兴业银行与位居第38位的巴黎巴银行宣布合并成为兴巴集团。巴黎巴银行以投资银行业务和实业参股在法国银行业著称，但是该行的零售业务与巴黎国民银行等其他几家法国大银行相比还是有不小的差距。法国兴业银行因网点遍布国内甚至整个欧洲大城市，零售业务是该行强项，在国际结算、储蓄、信贷、外汇等银行传统业务方面均属世界一流的国际银行，而法国兴业银行的投资银行业务却发展有限。两行合并后具有优势互补、规模效应、避免过多裁员等显著效果，合并后拥有资本金210亿欧元，资产总额6 790亿欧元，员工78 000人，成为法国第一大银行、欧洲第三大银行、世界第四大银行，达到超强银行的效果。

之三：德意志银行为增强自身实力而进行的收购活动

早在1993年，德意志银行就收购了英国老牌投资银行——摩根格林费尔银行，组建了德意志摩根格林费尔银行，在国际投资银行中心的伦敦站稳了脚跟。1998年12月，德意志银行为了加强在美国市场的地位，趁世界第51位的美国投资银行——信孚银行遭受亏损之际，集重金出击，以100亿美元的巨资一举收购了信孚银行，成为在美国最大的外资银行。

之四：巴黎国民银行为了改变自身不利地位而强行收购法国兴业银行和巴黎巴银行

1999年3月10日，巴黎国民银行突然提出合并计划，以兴业银行股票溢价14%、巴黎巴银行股票溢价24%的价格在市场上强行收购，以求达到持有两行股票50.01%的多数权而完成合并。合并后，新银行资产总值将达到8 500亿欧元，资本市值达510亿欧元，员工达13.5万人，成为世界上最大的银行。这一换股计划也得到了法国银行监管当局的支持。

之五：瑞士银行为了发挥优势、甩掉包袱而进行的抛售型的重组

1999年3月5日，瑞士银行宣布已与世界排名第29位的英国渣打银行达成协议，将该行投资银行部在世界各地的分支机构负责的瑞士以外的全球贸易融资以3亿法郎的价格卖给渣打银行。1998年，瑞士银行的投资银行部的利润为43.36亿瑞士法郎，比整个银行的税前利润还多。唯有投资银行部出现了税前10.21亿瑞士法郎的亏损。究其原因可归于东南亚金融危机的继续恶化以及俄罗斯金融危机、巴西金融危机的接连爆发，美国长期资本管理公司的破产，欧美股市的大幅波动等。该行在1998年的金融动荡中共损失了14亿瑞士法郎。此外，原瑞士银行和原瑞士联合银行在合并前各自在发展中国家的投资银行业务敞口较大，共约百亿美元。

瑞士银行痛定思痛，断然采取措施，实施战略性调整，出售瑞士以外的全球贸易融资业务，还计划在之后3年内陆续出售部分房地产资产，以改善资产质量。通过这次战略性调整，瑞士银行将放弃在全球除瑞士以外的贸易融资业务，停止或大量减少如国际贸易结算、商业贷款、项目融资、银团贷款等资本投入较大的商业银行业务，集中力量专门经营投资银行业务，以充分发挥自己的优势，与美国的投资银行一争高下，力争成为世界数一数二的投资银行。

思考：

1. 欧洲金融业，特别是银行业的兼并、重组浪潮，是否代表银行业发展的最新趋势？为什么？

2. 欧洲银行业的兼并、重组浪潮，对我国银行业的发展有哪些启示？我国银行业如何应对其竞争？

第二节 银行金融中介

一、中央银行

中央银行（Central Bank）是由政府出面组织或授权赋予旨在集中管理货币储备并统一铸造和发行货币的银行。中央银行是国家最高级别的金融机构和最具有权威性的金融机构。中央银行不以营利为目的，虽然接受存款，但是所有存款都属于存款准备的集中，均不支付利息。中央银行的业务经营对象是政府、银行及其他金融机构。中央银行负有调节金融的职责，其资产具有最大的流动性。中央银行是发行的银行、银行的银行、政府的银行。其具体内容见本书第六章。

二、商业银行

商业银行（Commercial Bank）是依法接受活期存款，并主要为工商企业和其他客户提供贷款以及从事短期投资的金融中介。现代意义上的商业银行起源于文艺复兴时期，其组织制度主要有四种：单元银行制、总分行制、银行控股公司制和连锁银行制。商业银行的主要业务是吸收存款，发放贷款。商业银行的主要功能是引导资金从盈余单位流向赤字单位。商业银行能以派生存款的形式创造货币。其具体内容见本书第五章。

三、专业银行

专业银行是指有专门经营范围和提供专门性金融服务的银行。专业银行一般包括储蓄银行、合作银行和抵押银行、清算银行四类。

（一）储蓄银行（Savings Bank）

储蓄银行是专门经办居民储蓄，以储蓄存款为其主要资金来源的专业银行。世界上第一家地方储蓄银行是于1817 年由慈善团体在荷兰建成的，英、德等国于18 世纪末和19 世纪初也相继设立了储蓄银行。我国目前没有专门的储蓄银行，为个人提供储蓄及其他金融业务是由商业银行办理的。

1. 储蓄银行的种类

从不同的角度，储蓄银行可以划分为不同的类型。

（1）按照制度构成的方式不同，储蓄银行可分为互助制储蓄银行、股份制储蓄银行和国有制银行。

互助制储蓄银行吸收储蓄存款，并用来发放抵押贷款，一般采用“互助性”或“合作性”的公司结构，是存款人的银行。这类机构在西方较为成熟。

股份制储蓄银行是指按股份公司的模式建立，银行属于全体股东，类似于股份公司。

国有制储蓄银行是指储蓄银行成立是由国家出资的，原联邦德国的储蓄银行就是这一种类型。

（2）按照是否设立分支机构，储蓄银行可分为单一制储蓄银行和分支制储蓄银行。

单一制储蓄银行是指银行只由一个独立的银行机构经营，不设立任何分支机构的储蓄银行。大多数早期的储蓄银行均为单一制储蓄银行。单一制储蓄银行由于规模有限，因此业务受到限制，但管理较为方便。

分支制储蓄银行是指储蓄银行除设立总行之外，还在其他地方设立分支机构，其分支机构的业务和内部事务一律遵照总行的规章和指示办理。分支制储蓄银行由于分支机构众多、规模较大，因此可能筹措的货币资金较多。另外，由于银行规模大，有利于现代化设备的采用，便于提供各种方便的金融服务。但是对于储蓄银行的管理层来说，规模大也导致了管理的困难。

除了普通储蓄银行外，一些国家还存在邮政储蓄银行，即辐射邮政系统的储蓄银行，如加拿大和日本。中国邮政储蓄银行有限责任公司于 2007 年 3 月 6 日正式成立，是在改革邮政储蓄管理体制的基础上组建的商业银行。中国邮政储蓄银行承继原国家邮政局、中国邮政集团公司经营的邮政金融业务及因此而形成的资产和负债，继续从事原经营范围和业务许可文件批准、核准的业务。

2. 储蓄银行的职能

储蓄银行具有信用中介、货币—资本转换、引导消费和服务四大职能。

（1）信用中介职能。信用中介职能是指储蓄银行通过自身信用活动充当经济行为主体之间货币借贷的中间人。储蓄银行媒介的对象主要是个人或家庭，它吸收个人或家庭闲置的货币收入，并通过贷款提供给个人或家庭借款人。

（2）货币—资本转换功能。货币—资本转换功能是指储蓄银行能把众多小额的、分散的货币集中起来，通过贷款的形式，投入到生产过程中去，使这一部分资金成为企业的追加资本。

（3）引导消费功能。引导消费功能是指储蓄银行可以通过吸收存款和发放贷款来引导人们提前消费或延迟消费等行为。

（4）服务功能。服务功能是指储蓄银行在办理业务、获得收益的同时，为小储蓄者提供更多样化的储蓄便利，并附加很多的融资服务、咨询服务等。

3. 储蓄银行的业务

储蓄银行的主要业务包括负债业务和资产业务。

（1）负债业务。负债业务即资本来源包括自有资本和吸收存款两部分。自有资本相当于储蓄银行的启动资金，是银行开展业务经营的基础，归银行自身所有，包括三个部分：互助资本、股份资本和国有资本。吸收存款是储蓄银行的主要负债业务，其具体分类类似于商业银行的存款。

（2）资产业务。资产业务即储蓄银行资金的应用项目包括发放贷款和证券投资。储蓄银行的贷款业务包括抵押贷款、消费信贷和工商信贷三种类型。抵押贷款是指借款者以一定的抵押品作为保证向银行取得的贷款。这种贷款是储蓄银行的主要资产业务。消费信贷是金融创新的产物，是指储蓄银行开办的用于自然人（非法人或组织）个人消费目的（非经营目的）的贷款。工商信贷是储蓄银行对工商企业发放的一种周转性非抵押贷款。证券投资业务是指储蓄银行可以在二级市场上购买由政府或公司发行的有价证券。

以上所述只是储蓄银行的一些基本业务，但是近年来，储蓄银行的业务范围不断扩大，甚至向商业银行的经营领域延伸。

（二）合作银行

合作银行（Cooperative Bank）是指由私人和团体组成的互助性合作金融机构。

1. 合作银行及其组织形式

（1）按社员承担的责任不同，合作银行可分为无限责任制合作银行、有限责任制合作银行和保证责任制合作银行。

有限责任制合作银行和无限责任制合作银行最大的区别就在于对外的责任承担上。有限责任制合作银行指合作银行以其全部资产，但股东却仅以其出资额为限对合作银行所负债务承担责任。因此，有限责任制合作银行对股东而言非常有利，股东可以只承担有限的责任，却可以从合作银行获得无限的分红。同时，由于社员只承担以其股份为界限的清偿责任，因此会促进和鼓励小额资金盈余者加入合作银行。

无限责任制合作银行则指银行和股东都要以其全部财产对债务承担责任。无限责任制合作银行能减少委托—代理问题的影响，社员会更加积极地参与银行的经营管理，因为一旦银行出现经营不善的局面，社员损失更多。但这一制度也会阻碍小额资金盈余者对合作银行参股，因为一旦银行出现经营不善的局面，社员之间债务分担是不均衡的。由于社员可以自愿加入或退出银行，一旦银行出现经营不善的局面，社员为避免其承担无限清偿责任，会纷纷选择退出银行，逃避债务，这一行为更加快了银行的破产倒闭。

在保证责任制合作银行的情况下，社员的责任范围不会超过其认股额或保证额的范围。其实，保证责任制合作银行是介于无限责任制合作银行和有限责任制合作银行之间的一种合作银行组织形式，集二者的优点于一身，是一种较为理想的合作银行组织形式。

（2）按组织体制不同，合作银行可分为单一制合作银行和系统持股制合作银行。

单一制合作银行类似于单元制的商业银行，其业务只由一个独立的合作银行机构经营而不设立分支机构。西方国家的早期合作银行多属于这一类型。这种合作银行的优点是：首先，由于银行在各自区域内独立经营，可以增强银行的竞争能力，防止垄断；其次，合作银行由于是根据实际需要成立的，因此吸收资金具有一定的地域性，能够防止地区性的发展不平衡；最后，由于每家合作银行不对外设立分支机构，银行规模较小，组织较严密，银行管理较容易。但是单一制合作银行也有其弊端：首先，规模小使得银行抵御风险的能力减弱，易受到经济波动的冲击；其次，由于银行不设立分支机构，尤其是在当前电子计算机广泛应用的条件下，银行的业务发展和金融创新必然受到限制；最后，由于不设立分支机构，银行数目众多，对合作银行的统一有效管理形成了阻碍。

系统持股制合作银行是指合作银行是一个股权银行集团，但是分成多个层次，自下而上逐级参股的一种银行外部组织体制。

（3）按是否独立，合作银行可分为独立型合作银行和混合型合作银行。

独立型合作银行是指不依附于任何经济组织，也不隶属于某一经济组织的单独运行的一种合作银行。混合型合作银行则完全相反，是指依附或者隶属于某一经济组织的一种合作银行。大多数情况下，混合型合作银行隶属于农业合作组织中，作为农业合作组织的一个子系统。例如，日本和韩国的农村信用合作组织就是这一形式的典型代表。

2. 合作银行的职能

合作银行具有以下三种职能：

（1）信用中介职能。合作银行的信用中介职能是指合作银行能够将社员的分散资金集中起来，通过贷款的形式将得到的资金发放出去，借贷给社员使用，起到了媒介资金融通的作用。但是需要注意的是，合作银行在执行这一职能时并不像商业银行一样以盈利为目的，合作银行信用中介的目的是帮助社员解决生产经营中的资金困难。

（2）补充职能。一般的商业性金融机构类似于企业，是以盈利为目的的，这就导致了并不是所有的资金需求者都能够得到自己想要的资金，如一些农民及小生产者往往无法得到其需要的资金。合作银行的补充职能是指补充商业性金融机构的不足。由农民和小生产者组建的合作银行恰恰可以为他们提供资金的融通，弥补了商业性金融机构的业务空白。

（3）服务职能。合作银行的服务职能是指除为社员提供贷款之外还为社员提供所需要的各种金融服务。

3. 合作银行的业务

合作银行的业务包括负债业务和资产业务。

（1）负债业务。合作银行的自由资本是指银行社员或股东成立合作银行时而投入银行的货币资金和保留在银行中的利润，包括股本、储备金和保证金以及捐赠。股本也叫做社员股金，是由社员认购的社会资本。储备金是从合作银行的盈利当中留成的部分。保证金是合作银行为了应付业务风险而设立的专门经费，相当于呆账准备金，用于应付贷款损失。捐赠包括社会捐赠和国家捐赠。

吸收存款是合作银行对存款户的一种负债，是合作银行的主要资金来源，也是合作银行资产业务的基础，属于被动型的负债，却是获取经常性资金的主要来源，包括活期存款、定期存款和储蓄存款。这几类存款的性质类似于商业银行的存款性质。

发行债券可以为合作银行筹集到资金，属于主动型的负债。合作银行发行的债券以短期债券和长期债券为主。但是由于合作银行一般是由私人或团体组成的一种合作性质的金融机构，其地位和作用远远低于商业银行，因此一般合作银行发行的债券规模小、信誉度不高，使得发行债券这样一种融资渠道在大多数合作银行中所占比重较小。

（2）资产业务（主要是发放贷款）。合作银行发放的贷款按照不同的分类方法有不同的种类。

按照贷款期限长短不同划分，贷款可以分为短期贷款和中长期贷款。合作银行的短期贷款通常是指一些临时性、季节性贷款，主要用于直接贷款、透支和票据的贴现，也可称为流动资金贷款，通常期限不超过两年。中长期贷款是指贷款期限在两年以上的贷款，主要用于购置生产资料和建造住宅等。

按照受益者的身份不同划分，贷款可以分成私人贷款和集体贷款。私人贷款是合作银行对个人会员发放的贷款。集体贷款是合作银行对作为会员的集体组织发放的贷款。

此外，按照贷款用途不同划分，贷款可以分为农业贷款、商业贷款和工业贷款；按照贷款保障程度不同划分，贷款可以分为信用贷款和担保贷款；按照贷款利率高低不同划分，贷款可以分为普通贷款和优惠贷款；按照贷款偿还期限不同划分，贷款可以分为活期贷款和定期贷款；等等。

（三）抵押银行

抵押银行（Mortgage Bank）是以土地、房屋等不动产作抵押办理放款业务的专业银行。抵押银行的资金来源主要是发行不动产抵押证券来募集，也可以通过短期票据贴现和发行债券来筹集资金。抵押银行不接受存款，不经营结算业务，是专业化的抵押贷款中介机构。抵押银行不是真正意义上的贷款人，但的确可以通过它获得住宅抵押贷款。其资金运用有两类：一类是以土地为抵押品的长期贷款，贷款的对象主要是土地所有者或农场主；另一类是以城市不动产为抵押品的贷款，贷款的对象主要是房屋所有者或经营建筑业的资本家。

由于不动产抵押品常因处理时不易出售，易造成资金占压，因而专门的抵押银行不多。因此，商业银行正大量涉足不动产抵押贷款业务，而不少抵押银行也开始经营一般信贷业务。

（四）清算银行

清算银行（Clearing Bank）是指能直接参加票据交换所进行票据清算的银行。票据交换是指在同城范围内银行间相互代收、代付票据进行相互清算。这是一种集中办理转账清算的制度。一般由中央银行管理，通过票据交换所进行。应收大于应付款的差额增加在中央银行的存款；应收小于应付款的差额减少在中央银行的存款。票据清算的结算原则是维护收付双方的正当权益，中央银行不予垫款。其优点是便利资金清算，节省大量现金使用。国际上最早的票据交换组织为英国伦敦的票据交换所，成立于1775 年。

四、政策性银行

政策性银行（Policy - related Bank）是由政府投资设立的、根据政府的决策和意向专门从事政策性金融业务的银行。

（一）政策性银行的基本特征

1. 组织方式上的政府控制性

世界各国的政策性银行大多是由政府出资创立的，如日本的输出入银行、开发银行及各金融公库，美国的进出口银行，韩国的开发银行等都是由政府出全资创立的。其他的许多的政策性银行往往为了减轻政府的财政压力，由政府部分出资。不论出资额的大小，从组织形态方面来考察，世界各国的政策性银行都处于政府的控制之下。

2. 行为目标的非盈利性

政策性银行虽然也是金融机构，但是属于特殊的金融机构，其经营活动主要是围绕国家的整体利益和社会利益、配合国家的经济政策而开展的，不以获利为目的，如果出现亏损，一般有国家财政支持。因此，政策性银行往往被要求从事一些其他金融机构不愿意参与的、具有较高金融风险和商业风险的项目。

3. 融资准则的非商业性

政策性银行的业务主要是配合国家的经济政策，不以获利为目的。一般来说，政策性银行发放的贷款利率低于一般贷款的中长期贷款，只要项目是符合国家产业政策要求的，利率甚至可以低于其筹资成本。另外，政策性银行也可以对其他金融机构所发放的符合国家产业政策的贷款提供偿还担保、再融资及利息补贴等。

4. 业务领域的专业性

政策性银行的业务领域完全不同于一般的商业性金融机构的业务领域，这也是由于政策性银行的行为目标是非盈利性所决定的。社会经济中总是存在着这样一些行业或部门，这些行业或部门要么投资规模大，要么见效比较慢，由于一般的商业性金融机构是以盈利为目的的，它们不会给这些行业或部门提供融资，但是这些行业或部门又对国家经济发展具有重大影响，如农业部门、基础产业部门、出口贸易部门，这就需要政府通过设立专门的金融机构予以特殊的资金支持，以达到社会的整体协调和政府的宏观经济管理的目的。

5. 信用创造的差别性

政策性银行不同于一般的商业性银行的地方还体现在信用创造的差别性上面。政策性银行的资金一般来自于国家财政或者发行金融债券，这些资金一般都是银行体系已经创造出来的货币；政策性银行的资金运用一般都是专款专用，因此政策性银行不具有创造货币的功能；政策性银行不用缴纳存款准备金。

（二）政策性银行的职能

1. 信用中介职能

政策性银行是金融机构的一种，当然具有金融机构最基本的职能——信用中介职能。政策性银行的信用中介职能是指政策性银行将政府财政拨付和发行金融债券筹集来的资金，发放中长期贷款。

2. 经济结构调节职能

前文讲到，商业性金融机构无法完全解决市场中资源的有效配置问题，政策性银行对那些盈利较低甚至无盈利的行业或产品的生产则是从国民经济的整体利益出发予以资金支持，弥补了市场机制的这一缺陷，推动国民经济的均衡发展。

3. 执行政府经济政策职能

政策性银行不以获利为目的，而是以贯彻国家产业政策为主要职能。

（三）政策性银行的分类

一般来说，大多数国家成立的政策性银行主要有如下三种：

1. 开发银行

开发银行是指为经济开发提供投资性贷款的银行。为适应经济发展的需要，各国都普遍开设开发银行。第一家开发银行诞生于比利时，成立于1822年，其主要职能是促进新工业的创立。开发银行的资金来源渠道主要有资本金、发行债券、吸收存款、借入资金。其中，资本金大多依靠政府财政资金；发行债券往往由于有政府担保，吸引力较大；吸收存款并不是开发银行获得资金的主要来源，存款的种类主要是定期存款和大额可转让定期存单等；借入资金包括内资和外资，借入的内资主要是从政府方面得到的官方资助，还可以从中央银行和其他金融机构借入资金，利率一般比较优惠，而借入的外资也是用于引进技术设备，支持经济的发展。开发银行资金运用主要有贷款、投资、债务担保。其中，贷款主要投向符合国家经济政策的一些重点开发建设项目，特点是期限长，有的时候长达20~30年；投资是指开发银行参与某一项目的筹建并购买一定的股权资本；债务担保主要是开发银行为了使得需要贷款的国家建设项目能够得到更广泛的融资，为这些项目的企业提供担保。

2. 农业政策性银行

农业政策性银行主要是为贯彻和配合政府农业政策，为农业提供特别贷款，主要是低利率的中长期优惠性贷款，旨在促进和保护农业生产与经营。农业政策性银行的资金来源多样化，主要包括借入政府资金、发行债券、借入其他金融机构资金、吸收存款和国外借款等。农业政策性银行资金运用主要有贷款、担保和发放补贴。

3. 进出口政策性银行

进出口政策性银行也称为进出口银行或输出入银行、外贸银行。有的国家则称之为出口信贷公司、出口信贷担保公司、出口信贷保险公司等。进出口政策性银行是国家支持和推动进出口尤其是出口，促进国际收支平衡、带动经济增长的金融机构。进出口政策性银行的资金来源主要有政府拨入资金、借入资金、发行债券筹集资金和其他渠道筹集资金等，各国具体又有所不同。进出口政策性银行的资金运用主要有贷款、担保与保险等。进出口政策性银行所承担的保险业务不同于商业性保险机构，商业性保险机构一般只承保商业风险，而政策性金融机构以政府作为强大后盾来承担政治风险。

（四）中国的政策性银行

1. 国家开发银行

国家开发银行成立于1994年3月17日，其经营的目的是贯彻国家宏观经济政策，筹集和引导社会资金，缓解经济社会发展的瓶颈制约，以融资推动市场建设和规划先行，支持国家基础设施、基础产业、支柱产业和高新技术等领域的发展和国家重点项目建设；向城镇化、中小企业、“三农”、教育、医疗卫生和环境保护等社会发展瓶颈领域提供资金支持，促进科学发展和和谐社会的建设；配合国家“走出去”战略，积极拓展国际合作业务。

国家开发银行的资金来源主要靠向金融机构发行政策性金融债券来解决。国家开发银行的资金运用包括两部分：一部分属于“硬贷款”，即国家开发银行将发行政策性金融债券筹集的资金直接贷给投资项目，到期向项目单位收回资金；另一部分属于“软贷款”，即国家开发银行将属于资本金性质的资金以长期优惠贷款的方式，按投资项目配股需要，贷给国家控股公司和中央企业集团，由它们对项目进行参股、控股。

2. 中国进出口银行

中国进出口银行成立于 1994 年 7 月 1 日，其主要职责是贯彻执行国家产业政策、外经贸政策、金融政策和外交政策，为扩大我国机电产品、成套设备和高新技术产品出口，推动有比较优势的企业开展对外承包工程和境外投资，促进对外关系发展和国际经贸合作，提供政策性金融支持。

中国进出口银行的主要业务范围如下：

（1）办理出口信贷（包括出口卖方信贷和出口买方信贷）；

（2）办理对外承包工程和境外投资类贷款；

（3）办理中国政府对外优惠贷款；

（4）提供对外担保；

（5）转贷外国政府和金融机构提供的贷款；

（6）办理本行贷款项下的国际国内结算业务和企业存款业务；

（7）在境内外资本市场、货币市场筹集资金；

（8）办理国际银行间的贷款，组织或参加国际、国内银团贷款；

（9）从事人民币同业拆借和债券回购；

（10）从事自营外汇资金交易和经批准的代客外汇资金交易；

（11）办理与本行业务相关的资信调查、咨询、评估和见证业务；

（12）经批准或受委托的其他业务。

3. 中国农业发展银行

中国农业发展银行是 1994 年 4 月 19 日成立的国有农业政策性银行，直属国务院领导。中国农业发展银行的主要任务是按照国家的法律、法规和方针、政策，以国家信用为基础，筹集农业政策性信贷资金，承担国家规定的农业政策性和经批准开办的涉农商业性金融业务，代理财政性支农资金的拨付，为农业和农村经济发展服务。中国农业发展银行在业务上接受中国人民银行和中国银行业监督管理委员会的指导和监督。

中国农业发展银行目前的主要业务如下：

（1）办理粮食、棉花、油料收购、储备、调销贷款；

（2）办理肉类、食糖、烟叶、羊毛、化肥等专项储备贷款；

（3）办理粮食、棉花、油料加工企业和农、林、牧、副、渔业的产业化龙头企业贷款；

（4）办理粮食、棉花、油料种子贷款；

（5）办理粮食仓储设施及棉花企业技术设备改造贷款；

（6）办理农业小企业贷款和农业科技贷款；

（7）办理农业基础设施建设贷款，支持范围限于农村路网、电网、水网（包括饮水工程）、信息网（邮政、电信）建设，农村能源和环境设施建设；

（8）办理农业综合开发贷款，支持范围限于农田水利基本建设、农业技术服务体系和农村流通体系建设；

（9）办理农业生产资料贷款，支持范围限于农业生产资料的流通和销售环节；

（10）代理财政支农资金的拨付；

（11）办理业务范围内企事业单位的存款及协议存款、同业存款等业务；

（12）办理开户企事业单位结算；

（13）发行金融债券；

（14）资金交易业务；

（15）办理代理保险、代理资金结算、代收代付等中间业务；

（16）办理粮棉油政策性贷款企业进出口贸易项下的国际结算业务以及与国际业务相配套的外汇存款、外汇汇款、同业外汇拆借、代客外汇买卖和结汇、售汇业务；

（17）办理经国务院或中国银行业监督管理委员会批准的其他业务。

中国农业发展银行注册资本为200亿元人民币。其资金的来源如下：

（1）业务范围内开户企事业单位的存款；

（2）发行金融债券；

（3）财政支农资金；

（4）向中国人民银行申请再贷款；

（5）同业存款；

（6）协议存款；

（7）境外筹资。

中国农业发展银行的运营资金来源长期以来主要依靠中国人民银行的再贷款，从2005年开始加大了市场化筹资的力度，目前暂未开展境外筹资业务。截至2006年12月末，中国农业发展银行向中国人民银行再贷款余额为3 870亿元，金融债券余额为3 131亿元。

中国农业发展银行的运营资金目前主要用于粮棉油收购等流动资金贷款。截至2006年12月末，中国农业发展银行各项贷款余额为8 844亿元，其中粮油贷款7 454亿元，棉花贷款1 173亿元。

英国的银行体系

英国是世界上金融业最发达的国家之一。伦敦是英国的金融中心，也是世界上主要的国际金融中心之一。伦敦的金融地位形成于英镑作为主要的国际储备货币的年代，而在第二次世界大战后随着英国经济地位的下降受到了削弱，但从20世纪70年代以来随着美元危机和欧洲货币市场的兴起，伦敦的金融中心地位又重新得到了恢复。

伦敦的优势在于具有相对稳定的金融体系和政治环境，大批拥有丰富的专业知识和技能的银行家及不同层次的各种专业人才，优良的基础设施和通信网络，在语言、时区及地理位置上的优越性等。除上述优势外，英国的银行体系也具有其自身的特点，下面我们分别加以介绍：

一、中央银行——英格兰银行

英格兰银行是英国的中央银行，于1694年根据国王特准法成立。英格兰银行是英国第一家注册的有限公司性质的股份银行。当时的英格兰银行并不是专门的中央银行，它同其他的私人银行一样，也办理一般的存放款业务。直到1833年，英国国会规定只有英格兰银行发行的钞票才具有无限法偿能力，从而奠定了英格兰银行作为英国中央银行的基础。1946年2月，英国政府颁布新的《英格兰银行法》，将英格兰银行的全部股本收归国有。从此，英格兰银行成为国有化的中央银行。英格兰银行受政府财政部控制，为政府机构。英格兰银行在发表自身的观点上有一定的独立性，是金融界中具有权威性的代言人。英格兰银行除了依照银行法执行对银行业的监管之外，还承担了对金融市场的管理职能。英格兰银行在鼓励行业自律，尤其是在保险和证券业务中发挥了重要的作用。此外，英格兰银行还承担了管理英国的债务和外汇储备职能、管理和发行纸币及铸币的职能及政府的银行的职能，同时对政府的经济和货币政策提供顾问服务。

20世纪80年代以来，调整后的英格兰银行的管理机构分为三大部分：第一，金融结构和监管，有银行监督处、金融结构和制度处。第二，政策和市场，有工业金融处、统计处、经济处、金边债券处、货币市场处、外汇处、地区处和国际处。第三，经营和服务，有营业部、注册处、印刷厂和工商服务部。

二、英国的银行机构

英国所有的银行机构必须有英格兰银行的批准才可以吸收存款，一些特定的活动需要特殊的业务执照，但对不同机构的活动没有很明确的限制。英国的银行机构主要可分为以下几种：

（一）零售银行（Retail Banks）

在英国，零售银行是零售银行业务和货币传送活动的主要机构。这些银行属于英国最大的银行之列，同时也是英国最主要的国际性银行。英国的零售银行主要分布于英格兰和威尔士，这些银行主要包括巴克莱银行（Barclays Bank）、国民西敏寺银行（National Westminster Bank）、密德兰银行（Midland Bank）、劳埃德银行（Lloyds Bank）、苏格兰皇家银行集团（Royal Bank of Scotland Group）等。另外，“Giro Bank”是由邮政局建立的提供一般性活期存款及货币运送服务的银行，也属于零售银行。

（二）承兑行（Accepting Houses）

这些机构是属于承兑业协会的具有悠久历史的商人银行。其传统的业务是进行贸易融资，提供较大比例的承兑工具。现阶段承兑行虽然受到了银行业的激烈竞争，但其发行的票据仍可以在英格兰银行进行贴现。现在承兑行的业务已经扩大到企业融资、投资管理、贷款及银团业务领域。

（三）商人银行（Merchant Banks）

商人银行的业务起源于18世纪的欧洲商业活动。最初的业务是为商人的票据进行承兑，而后逐渐从原来的贸易融资服务发展到为政府和企业提供长期的资金以及其他专业性的服务和咨询。在英国，从事这类业务的金融机构称为商人银行，其具有向企业、政府提供专业性的服务和咨询的职能，而很少运用自身资本，类似于美国的投资银行。但是英国的商人银行具有一定的吸收存款的职能，可以归类为存款机构。

商人银行业务的发展与贸易和资本市场的发展有着密切的联系。商人银行的业务大体包括短期和中期资金融通、长期融资、投资管理、经纪服务及其他新兴服务。与传统的商业银行相比，商人银行对市场的依赖性更强。

商人银行发展至今，主要有以下几种存在形式：一是商业银行通过兼并、购买、参股或建立附属公司拥有商人银行，这类方式现在较为普遍；二是独立的商人银行；三是全能性银行直接经营商人银行业务。

（四）贴现行（Discount Houses）

贴现行构成了伦敦贴现市场协会，由一些指定的银行的货币交易部门组成，从事高度专业化的银行业务。贴现行主要业务包括承销英格兰银行每周财政部票据的出售，进行英镑短期金融工具的交易，如政府票据、银行票据、商业票据、英镑存款证以及短期政府债券等；向英格兰银行进行追索（因英格兰银行为弥补短期资金的不足可以从贴现行购买票据或进行直接贷款）。

（五）外国银行

从19世纪开始，大量的欧美国家银行便在伦敦金融城里建立了自己的业务机构，使伦敦成为国际性的金融中心。目前，在伦敦的外国银行大约有540家，包括外国银行和国际性合作银行的分行及其附属机构。

（六）其他金融机构

其他金融机构包括建筑业协会（接收存款、为住房建设和购买提供融资）、融资公司（提供消费信贷）以及国民储蓄银行等。

思考：

试比较中国与英国的银行体系。

第三节 非银行金融中介

一、保险公司

（一）保险及保险公司概述

保险是以契约形式确立双方经济关系，以缴纳保险费建立起来的保险基金，对保险合同规定范围内的灾害事故所造成的损失进行经济补偿或给付的一种经济形式。保险公司是专门经营保险业务的金融机构，保险属于经济关系与法律关系的统一。通常情况下，保险是以大数法则为经营基础，集合众多经济主体所缴纳的保险费用，来分担少数经济主体的经济损失。保险人与被保险人是保险中的两个基本主体，保险人有收取保费的权利，也有承担风险责任的义务；被保险人有得到经济补偿的权利，也有缴纳保费的义务。

保险业的发源地在英国，起源于海上保险业务，但是产生之初并没有形成规模，直到1871年“劳埃德保险社”的成立，才宣告保险公司正式登上历史舞台。

（二）保险公司的基本职能

1. 风险转移职能

人们参加保险的目的就是转移风险。经济生活中，因不确定性人们常常面临许多风险，一旦成为事实，就会造成损失，给经济主体带来的影响可能是巨大的。因此，人们非常希望能将风险转移出去。保险人接受投保人的保险合同其实就是承担了投保人的风险。保险人集中了大量风险之后，可以运用大数法则，预测发生保险损失的概率，可以化偶然为必然，为投保人降低损失。

2. 损失分散职能

购买保险合同其实并不是使得灾害事故真正不发生或者离开被保险人，而是保险公司可以借助众多经济主体的财力，给遭受损失的被保险人以经济补偿，分散他们的损失。保险体现的是一种经济关系，保险公司就是利用这种经济关系来分散少数被保险人的灾害事故的发生。

3. 实施补偿职能

保险实施补偿是指在保险合同规定的范围内的保险事故如果出现并且给被保险人带来损失的情况下，保险人则按契约予以赔偿。

4. 信用中介职能

信用中介职能是各种类型的金融机构的最基本的职能。保险公司把众多经济主体的保险费用积聚起来之后，根据大数法则算出发生灾害事故的概率，预留出一部分赔偿的资金，其余的资金就可以用于投资项目了。这其实就是起到一个媒介资金的作用。

（三）保险公司的特点

保险公司的特点主要如下：

（1）保险业务是在社会经济互助原则下建立起来的一种经济补偿制度，使少数人的损失由多数人来共同分摊。

（2）保险业务的计算基础是概率论。

（3）保险补偿是通过集合多数经济单位共同筹集资金，建立集中的保险基金来实现的。

（4）保险关系一般是通过投保人与保险人在自愿原则下签订保险合同来实行的，保险合同受国家法律保护。

（5）保险公司是经济法人，是实行独立经营的经济实体。

（四）保险公司的组织形式

各国的社会制度和经济体制不同，保险公司的组织形式也可能不同。一般来说，保险公司可以划分成如下几种：

（1）国有保险公司，即由国家或政府投资设立的保险经营组织，由政府或其他公共团体所经营。其目的是：一是以盈利为目的作为增加财政收入的手段；二是以政策的实施为宗旨，并无盈利的动机。其组织形式既可以是举办商业保险的保险组织，也可以是举办社会保险的保险组织。国有保险公司目前是我国保险公司的主要组织形式之一，在我国保险市场上占有重要地位。

(2) 个人保险公司，即以个人名义承保的保险公司，目前在英国比较盛行。

(3) 私营保险公司，即由私人投资经营的保险公司，多数以股份公司的形式出现。

(4) 合作保险公司，即由各个成员共同组成的，专为成员提供其所需要的保险的一种保险公司，如相互保险公司。

(5) 公私合营保险公司，即由政府和私人共同投资经营的保险公司。

(6) 自保保险公司，即专为本系统服务的保险公司，一般由大公司成立，只为本公司内部的保险事务服务。

(五) 保险公司的分类

1. 人寿保险公司

人寿保险公司（Life Insurance Company）是为投保人因意外事故或伤亡造成的经济损失提供经济保障的金融机构。

人寿保险公司的资金主要来源于投保人所缴纳的保费，此外还有一些是其资产业务的收入。由于预测人口死亡率以及某个年龄段的人罹患某种疾病的概率，人寿保险公司可以精确估计未来对投保人给付的金额。于是，人寿保险公司可运用的资金相对稳定，可以持有流动性不高的长期资产，如公司债券、商业抵押贷款。1995 年，美国人寿保险公司所购买的债券加上抵押贷款约占人寿保险公司总资产的50%。

2. 财产意外伤害保险公司

财产意外伤害保险公司（Property and Casualty Insurance Company）是对法人单位和家庭住房提供财产意外损失保险的金融机构。世界上最著名的财产意外伤害险公司是英国的劳埃德保险社。美国最大的财产意外伤害保险公司是美国州立农业保险公司（State Farm）和好事达保险公司（Allstate）。

财产意外伤害保险公司的资金来源同样是投保人所缴纳的保费。财产意外伤害保险公司能给任何类型的事件提供保险，包括火灾、盗窃、过失、医疗事故、地震和交通事故。由于财产损失相对于死亡率和疾病率而言不确定性更大，因此相比人寿保险公司，财产意外伤害保险公司的资金相对不稳定。财产意外伤害保险公司的大部分资产为具有较高流动性和安全性、收益高的政府债券和公司债券，也有一部分投资于公司股票。

3. 再保险公司

再保险公司（Reinsurance Company）是指从事再保险业务的公司。再保险是保险业用以分散从投保人处承担风险的一种机制。再保险将保险风险及保费的一部分分配给另外一家保险公司，这对于小保险公司尤为重要。

(六) 中国的保险公司

中国保险行业的发展历史最早可以追溯到200 多年前，新中国的保险行业发展历史业可以追溯到1949 年第一家国有保险公司的成立，但真正意义上的中国现代商业保险发展历史只能是从1979 年保险业恢复经营算起的30 多年。自恢复保险业经营以来，保险行业发展异常迅猛。截至2010 年年底，中国保险市场上的保险公司数量由初期的

1 家发展到 146 家，年保费收入由初期的 4.6 亿元增加到 1.47 万亿元，保费收入环比增长率达到 20% 以上，全保险行业保险营销员发展到 330 万人，全保险行业总资产规模突破 5 万亿元。其中，有 7 家保险公司资产超过 1 000 亿元、2 家保险公司资产超过 5 000 亿元、1 家保险公司资产超过 10 000 亿元。

目前中国保险市场上的保险机构主要有保险集团或控股公司、保险公司、再保险公司、保险资产管理公司、保险专业中介公司、外资保险公司代理处等。保险公司按照经营类型的不同主要可分为四类公司，分别是原保险公司、再保险公司、保险中介公司和保险资产管理公司。其中，原保险公司是保险市场的主体。原保险公司按照保险业务范围的不同又可分为人身险公司、财产险公司和养老险公司。其中，人身险公司和财产险公司占整个行业保险公司的绝大多数。人身险业务主要包括人寿保险、健康保险、意外伤害保险等保险业务。截至 2010 年年底，人身险业务实现保费规模 10 632.3亿元，人身险保险公司多达 61 家，其中中资公司 34 家，外资公司 27 家。财产险业务主要包括财产损失保险、责任保险、信用保险、保证保险等保险业务。截至 2010 年年底，财产险业务实现保费 3 895.6 亿元，财产险保险公司也多达 55 家，其中中资公司 35 家，外资公司 20 家。养老险公司目前有 5 家，截至 2010 年年底养老险业务实现保费 357.4 亿元。

二、投资银行

投资银行（Investment Bank）是指主要从事证券发行、承销、交易、企业重组、兼并与收购、投资分析、风险投资及项目融资等业务的非银行金融机构，是资本市场上的主要金融中介。由于投资银行业的发展日新月异，对投资银行的界定也显得十分困难。投资银行是美国和欧洲大陆的称谓，英国称之为商人银行，在日本则指证券公司。国际上对投资银行的定义主要有四种：第一种，任何经营华尔街金融业务的金融机构都可以称为投资银行；第二种，只有经营一部分或全部资本市场业务的金融机构才是投资银行；第三种，把从事证券承销和企业并购的金融机构称为投资银行；第四种，仅把在一级市场上承销证券和在二级市场交易证券的金融机构称为投资银行。

（一）投资银行的产生和发展

投资银行的早期活动开始于 15 世纪欧洲的商人银行。其成立之初的主要目的是为海上贸易提供资金融通支持。到了 19 世纪的时候，美国一些工商企业为了满足发展的资金需要，发行了许多票据，于是产生了一些专门经营票据融资的商号来为这些票据提供贴现便利，这就是投资银行的雏形。到了 19 世纪后期，美国的投资银行开始从事政府债券和铁路债券等基础设施债券的承销，进而开创了投资银行的基础业务，为企业及大型项目通过发行证券的方式提供融资服务。20 世纪初，投资银行家已控制了证券的大宗批发业务，并以承包人的身份为企业筹资立下了汗马功劳。

投资银行是高杠杆率的公司，表 4.4 列出了全美十大投资银行 2001 年第一季度和 2000 年第一季度的营业额及市场占有率的情况。

表 4.3　十大投资银行营业额及占有率

投资银行名称	2001 年第一季度市场		2000 年第一季度市场	
	营业额（亿美元）	占有率（%）	营业额（亿美元）	占有率（%）
高盛	11.31	15.1	12.30	14.8
所罗门美邦	11.08	14.8	9.13	11.0
瑞士信贷第一波士顿	10.73	14.3	9.17	11.1
摩根士丹利	9.57	12.8	13.35	16.1
摩根大通	9.41	12.6	11.91	14.4
美林	9.13	12.2	9.96	12.0
雷曼	4.83	6.4	6.02	7.3
加拿大帝国银行	4.29	5.7	4.02	4.8
美国银行	3.25	4.3	3.97	4.8
贝尔斯登	1.38	1.8	3.08	3.7

（二）投资银行的特征

1. 投资银行的业务品种具有广泛性

投资银行的业务涉及整个金融领域，特别是资本市场的相关业务。投资银行区别于其他金融企业的标志是其在资本市场上买卖的商品是“企业”及相关的“股权”或“债权”。现代投资银行除了经营传统的业务，如证券的发行、承销和交易业务等，还开发出了兼并与收购、基金管理、风险投资、投资咨询等业务，其业务范围已经触及了世界各国的经济与金融业的核心。

2. 投资银行的技术具有专业性

投资银行所掌握的技术具有相当程度的专业性，即结合专门的技术和客户的需求来解决实际的问题。投资银行往往需要根据客户的特点，进行针对性的服务。例如，美国的美林证券比较善于组织项目融资和资产重组，第一波士顿公司擅长组织辛迪加包销证券、安排私募债券和策划公司合并等。同时，由于投资银行的主要资产还是来自于人才的能力，因此这也体现了专业性。

3. 投资银行的发展具有创新性

投资银行的发展与金融业务创新和金融衍生工具的创新密切联系。随着金融业竞争的加剧，投资银行为了谋求更大的发展，利用自己所拥有的人才、技术、信息等优势以及良好的银企关系，通过不断创新来满足客户的多元化需求。

（三）投资银行的组织形式

1. 合伙制投资银行

在历史上，初期的投资银行都是家族企业，采用合伙制的组织形式。这种组织形式形成的原因在于投资银行与早期商人企业存在的历史渊源关系。早在中世纪，在意大利及地中海沿岸的商业城市就已出现了家族企业。其产生源于法律上的继承关系。当时，个体商人在经济活动中地位十分重要，这些商人一般均要将其经营的商号及财产遗留给后代，由后代来继承，若继承人为数人，而各继承人均不愿将先辈留下的商号分拆继承，而愿继续共同经营时，原有的商号便由独资性质变为由数个继承人按份额共有的家族企业，这种家族企业本身就是合伙企业的一种形式。由于投资银行就是从早期的商人企业演进而来的，因此初期的投资银行自然采取了这种家族经营团体的合伙制组织形式。例如，罗斯柴尔德、巴林、汉布罗、布朗、摩根、塞格利曼、戈德曼萨奇等英美的投资商号在第一次世界大战前均为家族式合伙制企业，有些直到第一次世界大战后仍保持家族合伙经营的形式。

投资银行采用合伙制的组织形式具有一定的优点，表现如下：

（1）私人银行家比合股银行的管理者能更迅捷地做出经营的反应和决策，同时由于他是合伙所有者之一，因而亦可代其合伙伙伴进行决策。

（2）由于私人银行家在长期的经营过程中积累了特殊的经验和学识，沿袭着企业的传统，因而他往往拥有通常是兼职的股份银行董事们在某种程度上所没有的技巧和专业训练。

（3）兼职的股份银行董事有时亦拥有自己经营的企业，由此他们可能会成为股份银行的潜在竞争者，而合伙银行则不存在类似的问题。

（4）合伙银行因承担无限责任也具有股份银行在某种程度上所不具有的优势。只要合伙人还够富有，除了最大的那些股份银行外，合伙银行对客户一般能提供更大的安全保证。

可能正是由于上述原因，众多的英国商人银行直到第一次世界大战后仍保持着家族经营的合伙制组织形式。

投资银行的合伙制组织形式从根本上说也具有诸多致命的缺陷，主要如下：

（1）在合伙制组织形式下，投资银行的资本实力受到很大限制。投资银行经营的业务都具有很高的风险性，加之竞争的加剧，就要求投资银行必须拥有充足的资本实力和不断增加的新的资本来源，而合伙制组织形式难以满足这一要求。一方面，尽管银行的合伙人均属富庶的家族，但因参与经营的合伙人有限，企业规模不大，因而使合伙银行的资本总量难以与具有巨大筹资能力的股份银行相抗争；另一方面，在合伙形式下，一旦合伙人由于某种原因（如健康原因、意见不合）而退伙，也会使银行的资本受到严重削弱。由于这一原因，不少家族型的合伙制投资商号往往只延续一两代即告失败。

（2）家族式的合伙制组织形式使投资银行难以面向社会招贤纳才，从而妨碍着经营管理水平的提高。在合伙制组织形式下，投资银行往往在本家族的范围内选用经营管理人员，以保持家族对银行的控制。由于人才的使用受到家族门第的限制，因而很难保证优秀经营管理人才的后续补充。一旦本家族内缺乏合格的人才，势必使那些平庸无能之辈登上管理岗位，从而严重影响银行的经营管理水平。

（3）合伙银行缺乏资本积累机制和组织上的稳定性。一方面，许多合伙银行不具有扩充资本的内在动力和要求，经营获利后很少考虑用于资本积累，而是全部用于合伙人间的按比例分配，因而妨碍着银行资本规模的扩大；另一方面，在合伙制下，家族银行众多兄弟合伙人之间也往往会因志趣不同或意见不合而散伙，从而导致企业分崩离析。

（4）合伙制下企业承担的无限责任对各投资银行家族也是一种潜在的威胁。在合伙制的组织形式下，企业对其债务承担无限的清偿责任，这就意味着所有合伙人的私有财产，除少量的以外，在法律上都可用于公司债务的清偿。因此，银行经营的失败往往会导致整个家族的终结。在历史上，众多家族的破产都由此而发生。

由于家族式合伙企业存在上述内在缺陷，因此许多投资银行逐渐摒弃了这种落后的组织形式，随即向现代股份制的组织形式转化。

2. 股份制投资银行

股份制投资银行是指两个或两个以上的利益主体，以集股经营的方式自愿结合的一种投资银行组织形式。股份制投资银行具有如下股份制企业的主要特征：

（1）发行股票，作为股东入股的凭证，股东一方面借以取得股息，另一方面参与投资银行的经营管理。

（2）建立投资银行内部组织结构，股东代表大会是股份制投资银行的最高权力机构，董事会是最高权力机构的常设机构，总经理主持日常的生产经营活动。

（3）具有风险承担责任，股份制投资银行的所有权收益分散化，经营风险也随之由众多的股东共同分担。

（4）具有较强的动力机制，众多的股东都从利益上去关心银行资产的运行状况，从而使银行的重大决策趋于优化，使银行发展能够建立在利益机制的基础上。

3. 合资投资银行

合资投资银行是指由多个投资人共同出资成立的投资银行，投资人一般来自两个或两个以上不同的国家和地区。

4. 国有投资银行

国有投资银行是指由国家出资建立的投资银行。我国改革开放后的投资银行类机构都是国家出资成立的。

（四）投资银行的业务

1. 投资银行的负债业务

投资银行的负债业务主要是发行自己的股票和债券，还会利用回购协议来进行短期借款。此外，有些国家的投资银行还会接受定期存款。

2. 投资银行的资产业务

（1）证券承销业务。证券承销（Securities Underwriting）是指一级市场上股权和债权的承销，这是投资银行最本源、最基础的业务，被称为投资银行的传统核心业务。

证券承销可以分为两种方式，即包销和代销。包销是指投资银行认购发行人所发行的债券，然后在债券市场上分售给一般投资者的承销方式。包销可以分为以下两种方式：

①全额包销，即投资银行与发行人签订协议，由投资银行垫付资金，全额购入发

行人债券，然后再向一般投资者发售。

②余额包销，即投资银行和发行人签订协议，投资银行帮助发行人出售债券，在发行期结束时，如果债券仍有剩余，则由承销商购入余额，伺机卖出。余额包销方式一般是配合认股权发行而采用的，并非公司所有股东都会行使认股权，根据投资银行与发行人协议，投资银行在发行期结束时，有义务购入未使用的认股权所代表的股份。

在包销方式下，发行风险完全转嫁给承销商，承销商的收益率较高，获得发行价格与承销购入价格之间的差价；发行人则能确保发行成功，筹集到所需资金，当然其所付出的筹资成本也是比较高的。

代销是指投资银行仅作为发行人的发行代理机构，帮助发行人尽力推销债券，在发行期结束时，如果尚有债券没有发售完，则由发行人自行收回，投资银行不承担任何责任。在这种承销方式下，承销商不承担任何的发行风险，债券能否发售成功的风险全由发行人承担，因而发行人也仅仅付给承销商一定的手续费。这种方式一般用在债券发行注册制的国家中，因为某些公司历史不长、行业前景不明朗，所以承销商不愿意担负过大的发行风险。

（2）证券经纪业务或自营业务。这类业务是指投资银行在二级市场上代客户买卖证券或以自有资金买卖证券。代客户买卖证券属于经纪业务，自营买卖证券属于投资业务。根据从事的业务范围，经纪业务有狭义和广义之分。狭义的经纪业务是指投资银行不动用自有资金买卖有价证券，而是作为有价证券买卖双方的中介人，按照投资者的委托指令在证券交易场所，包括证券交易所和场外市场的交易柜台，买入或者卖出有价证券的业务。而广义的经纪业务除了代客买卖之外，还包括投资咨询业务、客户资产管理业务、投资计划和创新业务等业务形式。

投资银行在开展自营业务时是充当交易商的角色。交易商是指为自己的账户买卖证券而不是作为经纪人代理买卖股票的证券机构。投资银行从事销售业务所获取的利润都是买卖差价或佣金，是投资银行提供服务所收取的服务费。自营业务的利润则来自其持仓行为，投资银行在这里持有某种股票的头寸并非是做市的需要，而是期望从价格水平的波动中获取利润。在美国，投资银行业内的经纪人、做市人与交易人泾渭分明。经纪人和做市人合称销售人员，而自营业务的操作者称为交易人员。

（3）项目融资业务。项目融资指投资银行作为融资顾问，设计以项目资产为基础的融资方式，并在一定程度上参与融资。项目融资需要进行精心周密的调研分析和有效的组织，全面了解和分析投资项目的建设程序，能够在遇到问题时有足够的经验和能力采取对策。投资银行在长期的经营活动中，与当地的各类股东和公共部门建立了广泛和深入的联系，这些部门可以发挥自身的优势在项目融资中作为中介人，把项目融资中的有关各方联系在一起，组织相关专业人员共同进行项目的可行性研究，最终为项目投资筹措融通所需的资金。因此，投资银行在项目融资中的作用主要是为资金的供应者和需求者提供中介服务，并针对投资者和资金需求者双方的需求和特点创造性地设计出能够平衡双方利益的融资结构和证券产品，为双方架起桥梁。

（4）企业并购业务。开展企业并购业务，投资银行主要是作为并购顾问（M & A Adviser）协助企业进行兼并、收购等股权重组活动。并购顾问业务被称为投资银行的现代核心业务。并购是资本市场走向成熟的表现。企业并购是一项极其复杂的交易过程，涉及诸多的经济、政策和法律问题，如商业交易的基本政策、金融法、会计法、公司法以及税法等，因此企业并购过程往往有投资银行的参与。并购业务是投资银行的核心业务之一。投资银行参与到并购当中，担当并购中买方或者卖方的财务顾问，提供并购咨询服务，包括选择并购对象、利用财务模型进行定价、参与价格谈判、设计融资支付方式、制订并购后的整合方案等，有时甚至提供过桥贷款，从中获得丰厚的收益。

（5）理财和咨询服务。理财业务指投资银行受客户委托管理公司资产，根据协议管理，运用受托资金，并获得相应报酬，具有信托业务性质。咨询服务主要是指投资银行为客户提供财务、融资、项目决策、战略规划等方面的意见和建议，收取咨询费。

（6）基金管理业务。基金管理（Fund Management）是指投资银行参与基金的发起、销售、管理和运作，是基金业务的最重要当事人。各投资银行对基金资产管理的程序各不相同，但大致都包含确定投资政策、实施资产分析、构建资产组合、监视并修正资产组合和评估资产组合。其中，实施资产分析是指分析投资范围内各种资产的风险及收益，并寻找错误定价的证券。评估资产组合是指对基金资产管理水平进行综合评估，包括基金的收益、风险、目标完成情况及在同类基金中的排名等。

（7）风险投资。风险投资（Venture Capital，VC）是指投资银行对无法通过传统渠道融资的风险企业进行中长期股权投资，为风险企业提供资金、管理、技术，然后在适当时候将投资变现退出。投资银行首先会要求其欲注资的企业制订详细的发展计划，之后指定专人到公司进行实地调查，核实公司的实际情况。在考虑到欲投资公司的实际情况，结合当时当地的经济和金融因素，对公司在未来的成活率和收益率进行评估。如果所得到的结果较为满意，投资银行就可以和公司进行有关风险投资的谈判，谈判之后可以签订正式的合同，投资银行就可依据合同对公司进行注资。合同签订后，公司的经营要按照合同的规定来运转，否则投资银行就可以做出撤资的决定。公司经营一旦步入正轨，投资银行会积极促进上市，然后从转让股份中收回本金和获得回报，从而整个风险投资过程宣告结束。但是投资银行参与风险投资也会遇到很多的风险，投资银行必须有针对性地采取措施应对。

（8）资产证券化。资产证券化（Asset Securitization）是把流动性不强的各单笔贷款和债务工具包装成流动性很强的证券并出售的过程。对发起人来说，资产证券化可以增强资产的流动性，获得低成本融资，同时减少风险资产的数量，增加对资产进行管理的便利性；对投资者而言，资产担保类证券提供了比政府担保债券更高的收益。资产证券化的形式多种多样，有住房、汽车、高速公路收费收益权等。要开展证券业务必须建立发达的金融体系和完善的法律制度等。

（五）我国的投资银行

在我国，可以称为投资银行的主要是综合性证券公司，当然也有一些其他机构（如信托公司）从事投资银行业务。我国主要的证券公司有银河证券、海通证券、申银万国、国泰君安、华夏证券、南方证券、大鹏证券、平安证券、招商证券、湘财证券、广发证券、中信证券、长江证券、亚洲证券等。还有几家标准的投资银行，如由中国建设银行和摩根士丹利等公司合资设立的中国国际金融有限公司（中金公司）、中国银行在香港设立的全资子公司——中银国际控股有限公司（中银国际）、中国工商银行在香港的控股子公司——工银东亚金融控股有限公司（工银东亚）等。

我国投资银行的萌芽阶段为1979年至20世纪80年代末期，投资银行的主体是兼营证券业务的信托投资公司，典型的投资银行业务是债券的发行与承销。我国投资银行类机构是在改革开放形势下出现的，这一时期投资银行的主体是信托投资公司。20世纪80年代末期，特别是20世纪90年代以后，我国投资银行进入早期发展阶段，其特点是证券公司出现并成为资本市场和投资银行的主体，证券市场规模特别是股票市场规模不断壮大以及证券交易所正式成立，资本市场上金融工具种类增加，相关法律法规相继颁布等。目前我国的投资银行还是以证券公司为主体。目前我国证券公司资本来源和融资方式还比较单一，早期主要依赖于发起人（主要是商业银行和地方财政）出资；《中华人民共和国证券法》颁布实施以后，证券公司资本来源主要是企业特别是上市公司出资参股，但除中信证券、宏源证券等少数几家外，其他绝大部分证券公司是非上市公司。另外，证券公司发行债券融资也才刚刚起步。我国证券公司主要利润来源仍然集中在传统的三大业务：承销业务、经纪业务和自营业务。这三项业务收入在其主要收入中所占比重超过80%。我国投资银行展开的是无差别竞争，而无差别竞争会直接导致恶性竞争、价格竞争，降价的同时也不能回避风险。如果市场行情好，证券公司会略有盈利；反之，就会出现全行业亏损。从2001年开始，我国证券业已连续4年出现亏损。而据统计，2002年美林、摩根士丹利、高盛的利润额分别达到了37.57亿美元、32.53亿美元和47.20亿美元。除此之外，我国证券业的发展还存在其他很多亟待解决的问题。

三、信用合作社

（一）信用合作社的定义

信用合作社（Credit Cooperative）是由个人集资联合组成、以互助为主要宗旨的合作金融组织。最早的信用合作社创建于1849年的德国农村。目前，信用合作社的融资范围日益扩大，并出现了专业化的信用合作社。在美国，信用合作社主要向个人和家庭提供存款和信贷服务，这一业务大约占美国消费者分期贷款的12.5%，是第三大此类资金供给的供给方。

（二）信用合作社的分类

按照地域的不同，信用合作社可分为农村信用合作社和城市信用合作社。

1. 农村信用合作社

农村信用合作社是农民和农村的其他个人集资联合组成，以互助为主要宗旨的合作金融组织。农村信用合作社的业务经营是在民主选举基础上由社员指定人员管理经营，并对社员负责。农村信用合作社的最高权力机构是社员代表大会，负责具体事务的管理和业务经营的执行机构是理事会。

农村信用合作社的主要资金来源是合作社成员缴纳的股金、留存的公积金和吸收的存款。农村信用合作社的贷款主要用于解决其成员的资金需求。农村信用合作社起初主要发放短期生产生活贷款和消费贷款，之后随着经济发展，渐渐扩宽放款渠道，现在和商业银行贷款没有区别。由于农村信用合作社的业务对象是合作社成员，因此业务手续简便灵活。农村信用合作社的主要任务是依照国家法律和金融政策的规定，组织和调节农村基金，支持农业生产和农村综合发展，支持各种形式的合作经济和社员家庭经济，限制和打击高利贷。

20 世纪 50 年代，中国集中建立了一批农村信用合作社。60 多年来，在不同的历史时期，农村信用合作社为我国的农业和农村经济以及农村社会稳定做出了较大的贡献。1996 年，农村信用合作社进行了改革，农业银行与农村信用合作社脱钩，明确省级政府对农村信用合作社管理的职责，同时恢复了农村信用合作社的合作制的性质。

2. 城市信用合作社

城市信用合作社是为城市集体企业、个体工商户以及城市居民服务的金融企业。20 世纪 70 年代末，随着我国经济体制改革的逐步开展，一些地区出现了少量城市信用合作社。1986 年以前，城市信用合作社的数量约为 1 300 家，总资产约为 30 亿元。1986 年 1 月，国务院下发《中华人民共和国银行管理暂行条例》，明确了城市信用合作社的地位。同年 6 月，中国人民银行下发《城市信用合作社管理暂行规定》，对城市信用合作社的性质、服务范围、设立条件等作了规定。自 20 世纪 80 年代中期开始，城市信用合作社设立的速度加快，当时主要设立在地级以上大中城市，但有一些地方在县（市）也设立了城市信用合作社。目前，我国大多数的城市信用合作社都改名为“城市银行”。

（三）信用合作社的业务

信用合作社的负债业务主要来自于会员缴纳的股金和会员与非会员的存款，资金的运用主要用于解决其成员的资金需要。起初，信用合作社主要发放短期生产贷款和消费贷款。现在，一些资金充裕的信用合作社已开始为解决生产设备更新、改进技术等提供中、长期贷款，并逐步采取了以不动产或有价证券为担保的抵押贷款方式。

四、信托投资公司

（一）信托投资公司的定义

信托投资公司（Trust Company）是指以代人理财为主要经营内容、以委托人身份经营现代信托业务的非银行金融机构。

信托是财产的所有者为了达到一定的目的，通过签订合同，将其财产委托给信托机构全权代为经营、管理和处理的行为。信托业务最初由一些个人和保险公司经营，后来随着经济发展和业务范围的日益扩展，加之个人和团体的债权债务关系日益复杂，因而出现了信托公司这类专门的金融机构。

现代信托公司起源于英国，其后在美国、日本、加拿大等国也得到了长足的发展。其业务大致分成两类：一类是在美、英等国除了一些专营信托公司外，相当一部分的信托业务是由商业银行的信托部门来办理；另一类是在日本及加拿大比较突出，政府允许成立专门的信托公司，实行银行业务与信托业务相分离的政策。

信托是一种代人理财的财产管理制度，它的确立必须以当事人之相互信任为基础。确认信托行为的权利，要以财产为中心，并且信托行为成立要有合法的目的，并可能实现，否则不可能确认信托行为的成立。

（二）信托投资公司的业务

信托投资公司的业务可以分成如下三种：

1. 资金信托

资金信托是指以货币资金为信托财产，各信托关系人以此建立的信托。资金信托的基本特征是以货币形态的信托财产为中心。信托终止时，受益人所得到的是货币形态的资产。拥有货币资金的法人和自然人，为了更好地运用和管理资金，获得较好的经济效益，或为了达到其他经济目的，委托信托公司代为运用、管理和处理受托的货币资金。

根据资金信托的标的物，资金信托可以分为普通资金信托和特定资金信托。前者是指委托人将资金存入信托公司，不指定存款的应用范围和形式，信托公司接受了存款后，根据自己的经验和资源加以运用，并负责还本付息；后者是指委托人将资金交给信托公司代为管理之后，指定资金运用的范围和具体对象，信托公司必须按照委托人的指示来处理资金，而其本身并无决策的权利。

2. 财产信托

财产信托是指以动产或不动产等财产为信托标的物，各信托关系人以此建立的信托。财产信托包括动产信托、不动产信托等。动产信托是指以动产为标的物的信托。其方式一般有三种：管理处理方式、处理方式和管理方式。不动产信托的标的物是指不能移动或移动后会引起性质、形状改变的财产，如土地、房屋及附着在土地、房屋上的不可分离部分。其具体业务包括房屋信托业务、不动产保管信托、发行不动产债券信托、发行不动产分割信托、房地产经租管理信托和土地执业信托。

3. 代理业务

代理业务是指公司接受单位或个人的委托，以代理人身份代委托人办理委托人制定的经济事务，如代理公司债券的发行、登记和代理股票过户登记等。

（三）中国的信托投资公司

伴随《中华人民共和国信托法》《信托投资公司管理办法》和《信托投资公司资金信托业务管理暂行办法》的颁布和实施以及信托机构重新登记工作的完成，我国信托投资公司彻底告别业务范围混乱不清的历史，从以信贷、实业和证券为主营业务和主要收入来源的模式，转向以“受人之托，代人理财”为主营业务，以收取手续费、佣金和分享信托受益为主要收入来源的金融机构。根据《信托投资公司管理办法》的规定，信托公司的业务范围可划分为如下五大类：

（1）信托业务，包括资金信托、动产信托、不动产信托、投资基金业务。

（2）投资基金业务，包括发起、设立投资基金和发起、设立投资基金管理公司。

（3）投资银行业务，包括企业资产重组、购并、项目融资、公司理财、财务顾问等中介业务，发起、管理投资基金的承销业务。

（4）中间业务，包括代保管业务、使用见证、信贷调查及经济咨询业务。

（5）自有资金的投资、贷款、担保等业务。

改革开放以来，随着国民收入分配格局向企业和个人倾斜、国有企业改革的深入以及金融市场特别是证券市场的发展，商务信托市场成为我国信托市场的基础。目前和今后信托机构间的竞争主要集中于此。同时，信托投资公司还分别面临来自于商业银行、证券公司、基金管理公司等机构的挑战和竞争。

五、财务公司

（一）财务公司的定义

财务公司是指经营部分银行业务的非银行金融机构。财务公司通过发行商业票据、股票和债券或者向银行借款来筹集资金，并用这些资金发放特别针对消费者和企业需要的小额贷款。财务公司的融资过程可以用“借大放小”来形容，这一点恰恰与银行性金融机构“借小放大”相反。

财务公司是20世纪初兴起的，有两种类型：一类是美国、加拿大和德国的财务公司，这些财务公司通常依附于制造厂商，是一些大型耐用消费品制造商为了推销其产品而设立的受控子公司；另一类是英国、日本的财务公司，这些财务公司基本上都依附于商业银行，其组建的目的在于规避政府对商业银行的监管。财务公司的宽松监管环境使得其发展迅速，如美国财务公司产业的总资产规模超过8 000亿美元。

（二）财务公司的分类

财务公司主要有如下三种类型：

1. 工商企业财务公司（Business Finance Company）

工商企业财务公司通过发放贷款或者以一定的折扣购买应收账款，为工商企业提供特定形式的信贷。例如，一家制鞋企业拥有20万元的应收账款，债务人是购买其产品的零售商店。如果这家制鞋企业需要资金购买原材料，就可以把这笔应收账款以18万元的价钱销售给财务公司，然后财务公司到期的额外收益就是2万元。

2. 销售金融公司（Sale Finance Company）

销售金融公司是一些零售商或者制造企业为了促进本公司的产品销售，而成立的专门为购买其产品的客户发放贷款的一种财务公司。例如，通用汽车承兑公司就是通用汽车公司下属的专为购买通用汽车的客户融资的一家财务公司。

3. 消费者财务公司（Consumer Finance Company）

消费者财务公司向消费者提供消费信贷用于购买特定商品，如家居和家用电器等。一般情况下，这些公司的客户很难通过其他途径获取信贷，因此需要支付较高的利率。

现在，西方财务公司的业务范围逐步扩大到包销证券、经营外汇、投资咨询和不动产抵押贷款等。

（三）中国的财务公司

在我国，财务公司是指依据《中华人民共和国公司法》和《企业集团财务公司管理办法》设立的，为企业集团成员单位技术改造、新产品开发及产品销售提供金融服务，以中长期金融业务为主的非银行金融机构。

财务公司在我国分为两类：一类是非金融机构类型的财务公司；另一类是金融机构类型的财务公司，正确的称谓是企业集团财务公司，如宝钢集团财务有限责任公司、兵器财务有限责任公司、东航集团财务有限责任公司、航天科工财务有限责任公司、航天科技财务有限责任公司、华电财务有限公司、三江航天集团财务有限责任公司等。

经中国人民银行批准，中国财务公司可从事下列部分或全部业务：

（1）吸收成员单位 3 个月以上定期存款。

（2）发行财务公司债券。

（3）同业拆借。

（4）对成员单位办理贷款及融资租赁。

（5）办理集团成员单位产品的消费信贷、买方信贷及融资租赁。

（6）办理成员单位商业汇票的承兑及贴现。

（7）办理成员单位的委托贷款及委托投资。

（8）有价证券、金融机构股权及成员单位股权投资。

（9）承销成员单位的企业债券。

（10）对成员单位办理财务顾问、信用鉴证及其他咨询代理业务。

（11）对成员单位提供担保。

（12）境外外汇借款。

（13）经中国人民银行批准的其他业务。

六、投资公司

（一）投资公司的定义

投资公司也称投资基金，在美国称为共同基金，在英国称为单位信托基金，在日本称为证券投资信托。投资基金是指通过发行基金股份或基金受益凭证将众多投资者的资金集中起来，直接或委托他人将集中起来的资金投资于各类有价证券或其他金融商品，并将投资收益按原始投资者的基金股份或基金受益凭证的份额进行分配的一种投资金融中介机构。世界上最早的投资基金是英国于 1886 年成立的海外殖民信托基金，到 1990 年年底，英国的投资基金已有 1 400 多家。美国于 1924 年在波士顿成立第一家投资基金，到 1993 年年底，其各类基金总数超过 4 500 家，总资产达 21 000 亿美元。

（二）投资公司的特点

1. 风险分散

投资公司筹集的投资公司资产必须在遵守信托财产运作计划的条件下，投资于各种有价证券和其他金融商品的组合，如股票、债券以及金融期货，甚至是其他不动产等。投资公司的这种投资方式避免了专门投资于一种单一的金融产品，如其所投资的金融产品价格大幅下跌，则会造成不可挽回的损失。这种投资方式便是“不把所有的鸡蛋放在一个篮子里”。

2. 规模经营

投资公司是把众多的小额资金集聚起来，汇聚成大额资金，可以降低单个投资者的交易费用，属于低成本的规模经营。

3. 专家理财、服务专业化

投资公司通常有专门的人才对其资产进行管理，这些专门人才都长期从事研究和分析国内外的经济形势和国际动态，随时能够掌握各种信息，制定切实可行的投资策略组合，较之一般的投资者，更能保证资产的安全性、流动性和盈利性的统一，服务也更加专业化。

（三）投资公司的分类

1. 根据基金单位是否可增加或赎回，分为开放式基金和封闭式基金

开放式基金（Open - end Fund）与封闭式基金相对应，是指基金设立后，不对基金单位的发行和变现进行限制的一种基金。此种基金规模不固定，发行者可根据市场的变化、资本价值的变化、投资要求等因素，随时发行新的基金单位或股份，使基金规模扩大，或以净资产价值向投资者出售而赎回基金单位，使基金规模缩小；基金持有人也可以根据市场变化、投资取向转移等需要，随时向基金经理人购买或出售基金单位或股份，基金就会增大或缩小。

封闭式基金（Close - end Fund）与开放式基金相对应，是指基金规模在发行前已确定，在发行完毕后的规定期限内，基金规模固定不变。当发行期结束尚未达到最低发行额度或发行期内已经达到最高额度，基金就宣告成立，不再追加发行，也不允许投资者赎回基金单位。基金一经封闭，就以固定的基金单位数或股份数投入运作。

开放式基金由于所筹集资金规模不固定，投资者随时可能赎回，因此此种基金的资金不能用于长期投资，比较适合投资于变现能力强的资产；而封闭式基金则恰好相反，所募集的资金具有长期稳定性，因此一般可全部用于长期性投资。

2. 根据组织形态的不同，分为公司型基金和契约型基金

公司型基金是具有共同投资目标的投资者组成以盈利为目的的股份制投资公司。投资者购买公司股票成为公司股东，股东大会选出董事会成员，后者选出公司总经理。股份制投资公司选择某一投资管理公司，委托管理本公司的资产。公司型投资基金涉及四方当事人：投资公司，即公司型基金的主体；管理公司，为投资公司经营资产；保管公司，为投资公司保管资产，一般由银行或信托公司担任；承销公司，负责推销和回购公司股票。

契约型基金也称信托型投资基金，是指基金发起人依据其与基金管理人、基金托管人订立的基金契约，发行基金单位而组建的投资基金。投资基金的运作以及管理人、信托人与受益人三者关系由信托契约规定。

3. 根据投资风险与收益的不同，分为成长型基金、收入型基金和平衡型基金

成长型投资基金是把追求资本的长期成长作为其投资目的。收入型投资基金是以能为投资者带来高水平的当期收入为目的。平衡型投资基金介于上述两者之间，兼以当期收入和资本的长期成长为目的。一般而言，收入型基金易受到较保守的投资者的欢迎，成长型投资基金则广泛受到激进型投资者的青睐。

此外，投资公司还可以根据投资对象的不同，分为股票基金、债券基金、货币市场基金、期货基金、期权基金、指数基金、认股权证基金；根据资本来源和运用地域的不同，分为国际基金、海外基金、国内基金、国家基金和区域基金等；根据投资货币种类的不同，分为美元基金、日元基金和欧元基金等。

（四）中国的投资公司

中国的投资公司产生于20世纪80年代后期。1997年，中国人民银行发布了《证券投资基金管理暂行办法》，意味着中国的基金市场进入了一个崭新的历史阶段。

从1998年开始，不断有新的、规模超过20亿元的证券投资基金推出，截至2000年12月，中国已有投资基金34只。2008年年底，中国已有产品运作的基金管理公司共59家，到2009年5月18日共管理着458只基金。截至2011年4月，中国共有基金管理公司64家，其中中外合资基金管理公司37家；基金代销机构139家，其中商业银行45家，证券公司93家，证券投资咨询机构1家；证券投资基金763只。

世界一流投资银行——美林证券（Merrill Lynch & Co. Inc.）

美林证券是一个领导型的国际金融管理及咨询公司，总体客户资产超过1万亿美元，在为个人与小型企业提供金融咨询与管理服务中处于领导地位。作为一个投资银行，多年以来美林证券已成为国际上最大的股票和债券承销人，也是企业、政府、机关、个人的战略性投资咨询者。美林证券通过资产管理，成为世界上最大的共同基金集团之一。

美林证券的经营原则是："我们作为领导、同事、雇员和居民的行为基础。我们承诺在经营原则的规范下进行我们个人及组织行为。这一承诺帮助我们成为世界上一流的公司。随着美林证券越来越多元化、全球化，经营原则帮助我们更加确定我们是什么样的公司，我们相信什么，我们期待能为自己、客户和股东提供哪些服务。"

美林证券在世界负债市场中占主导地位。在过去的几年中，美林证券在世界负债业务中排名第一。美林证券在国际市场中拥有的权利与所处的姿态主要是对世界区域时事的改革进行研究：通过2 000多个销售与贸易的专业人员的努力，研究能迎合客户口味的产品，提供能满足客户需求的分析研究。美林证券在美国的市政债务市场中有很长的领导历史了，在机构贸易、零售分销、研发、市政衍生品以及债务保险领域中不断取得骄人的成绩。

自1980年以来，美林证券一直是免税证券的首席高级经理。1996年一年的时间，美林证券长期债券的保险额达2 200亿美元。通过美林证券发行证券的客户不但可与市政方面的工业领导保持联系，还可以与跨越债务种类的领导保持联系。1996年，13亿

美元免税保险的突出成绩说明美林证券在一级、二级市场中占重要地位。几十年来美林证券一直将资产投入到二级市场中。在过去的几年中，美林证券的机构贸易处赢得了机构投资者的最高票支持。

美林证券的主要业务如下:

第一，投资银行。美林证券是为企业、机关、政府提供全球咨询与金融服务的市场主导者。强大的关系网管理、创新、产品开发、持久而不可逾越的道德标准已推动美林证券在投资银行产业中首屈一指。美林证券的国内与国际业务容量超过所有竞争对手。

第二，并购。美林证券是并购交易中的领导性咨询公司，是全球并购业务的西方顶尖级顾问公司之一。自1995年以来，美林证券已为1 100桩交易提供咨询服务，交易值超过1.2万亿美元。美林证券为客户提供各种不同类型的战略性服务，其中包括预先反并购策略，销售、收购、剥离财产，使母公司收回子公司全部股本以及合资企业的服务。美林证券的并购专家可根据客户的战略性需要提供不同的专家建议。他们与美林证券的其他行业专家密切合作以满足客户的需求。

第三，金融期货与选择权。美林证券金融期货与选择权通过运用利率、股票和金融衍生品帮助机关客户进行风险管理与投资决策。美林证券不断完善其在世界范围内的资本市场资源以便为其客户提供综合策略。

第四，企业销售。美林证券通过850多种行业组成的国际化销售力量，提供给机构投资者广泛的产品与服务。机构客户部门负责美林证券与机构投资者的业务关系，其中包括最大的企业、养老基金、金融机构、政府机关以及在国际上持有主要投资资产的商人。

思考:

请查阅相关资料，试分析我国投资银行在业务上与美林证券的差距有哪些?为什么会有这些差距?

第四节 中国金融机构体系

一、计划经济时期“大一统”的金融机构体系（1949—1978）

我国金融机构体系的建立，是在各解放区银行的基础上，组建中国人民银行，没收官僚资本银行，改造民族资本银行，发展农村信用合作社，从而形成了以中国人民银行为中心的“大一统”的金融机构体系。

从1953年我国开始大规模有计划地发展国民经济以后，便按照苏联模式实行高度集中的计划管理体制及相应的管理方法。与此相适应，金融机构也按照当时苏联的银行模式进行了改造，建立起高度集中的“大一统”的金融机构体系，并一直延续到20世纪70年代末。

实际上，当时中国人民银行是唯一的一家银行，其分支机构按行政区划逐级设立于全国各地，各级分支机构按总行统一的指令和计划办事。中国人民银行既是金融行政管理机关，又是具体经营银行业务的经济实体，作为政权机构和金融企业的混合体而存在。中国人民银行设计信贷、结算、现金出纳等制度的出发点都是为了严格监督和保证中央高度集中的计划任务的执行和实现。

但是，高度集中的计划经济模式与社会生产力发展不相适应，不能使社会主义制度的优越性得到应有的发挥。突出的一点就是管理得过多过死，忽视商品生产、价值规律和市场调节作用。只靠行政手段而不用经济手段，会使整个金融系统缺乏活力，尤其是缺乏自主权的基层金融机构，更无法发挥主动性、积极性。因此，克服这种缺点的金融体制改革就有了其现实性和迫切性。

二、金融机构体系的改革

党的十一届三中全会以来，随着经济体制改革的全面展开以及向纵深的不断推进，在金融领域进行一系列改革。我国对金融机构体系的改革大致可分为如下两个阶段：

（一）多元化的金融机构体系的建立（1979—1993）

1. 专业银行相继设立

1979 年 2 月，为适应首先开始于农村的经济体制改革，振兴农村金融事业，中国农业银行得以恢复，管理所有的农村金融业务。1979 年 3 月，为适应对外开放和改革的需要，专营外汇业务的中国银行也从中国人民银行分离出来，完全独立经营。同年，中国人民建设银行也从财政部分设出来。1983 年，进一步明确建设银行是经济实体，是全国性的金融组织，除仍执行拨款任务外，同时开展一般银行业务。中国工商银行是最后从人民银行分离出来的一个专业银行。

2. 投资信托类金融机构兴起

1979 年 10 月，在经济体制改革迅速推进的情况下，中国国际信托投资公司成立。1981 年，中国投资银行成立。自 1981 年开始，银行大办信托，各省市相继成立地方性的投资信托公司和国际信托投资公司。此外还相继出现了各种类型的信托投资金融机构。随着经济体制的改革，企业扩大了自主权，有了自己可以支配的资金；财政实行分灶吃饭，地方机动财力增强；机关单位实行经费包干，也有了节余留用款项。同时，各种形式的经济联合组织、中外合资企业大量涌现。在这种形势下，资金分配不平衡，希望得到调剂资金的要求相当迫切，但由于当时银行还受计划经济体制的束缚，因此 20 世纪 80 年代前期，银行、各部委和地方纷纷开办信托类机构。

3. 信用合作社和外国金融机构设立的驻华办事处迅速发展

农村信用合作社和城市信用社相继成立，第一家城市信用社在河南驻马店成立。1980 年，我国开始允许外国金融机构设立驻华办事处；特区外资、侨资、合资银行从 1981 年起开设；20 世纪 90 年代初，从浦东开发区开始，我国准许外国银行设立分支机构。

1983 年 9 月，国务院决定：中国人民银行专门行使中央银行职能，另设中国工商银行办理中国人民银行原来所办理的全部工商信贷业务和城镇储蓄业务。1984 年 1 月，中国工商银行正式成立。随后，在改革开放前实际只是作为中国人民银行国外保险业务处理中心的中国人民保险公司也从中国人民银行独立出来。

（二）现代金融体系的建立（1994 年至今）

为适应社会主义市场经济发展的需要，我国对金融机构体系进行了深化改革：一是强化了中央银行的宏观调控功能，加强了货币政策的独立性。二是建立政策性银行，使政策性金融与商业性金融相分离，保证了国家专业银行实现完全的商业化经营。三是进一步发展了以保险业为代表的非银行金融机构。

经过不断改革，我国建立了以中央银行为领导、国有独资商业银行为主体、多种金融机构并存、适应市场经济发展需要的现代金融体系。

三、我国现行的金融机构体系

（一）中央银行及监管机构

1. 中国人民银行

中国人民银行是我国的中央银行，于 1983 年 9 月剥离工商信贷业务，专门行使中央银行职能。我国现行的《中华人民共和国中国人民银行法》，就中国人民银行的设立、职能等以立法的形式作出了界定。1997 年以前，中央银行按照中央、省（市）、地（市）、县（市）四级分别设置总分支行，省（市）及以下的分支行的管理实行条块结合。1997 年下半年，中央银行体制进行重大改革，撤销省级分行、设置大区分行，实行总行、大区分行、中心支行和县（市）支行四级管理体制。

2. 中国银行业监督管理委员会

中国银行业监督管理委员会（以下简称银监会），是根据中共十六大精神，经第十届全国人民代表大会第一次会议批准设立的国务院银行业监督管理机构。2003 年 4 月 26 日，十届全国人大常委会第二次会议通过决议，授权银监会履行原由中国人民银行履行的监督管理职责。

银监会的成立，有助于人民银行更加独立地行使宏观金融调控职能，更加专注于货币政策制定与实施，保持宏观经济环境的长期稳定。同时，银监会与中国证券监督管理委员会、中国保险监督管理委员会一起，构成了一个严密的监管体系，全方位地覆盖银行、证券、保险三大市场，特别是中国加入世贸组织后，在金融业务国际化、综合化、全能化的趋势下，能够实施更加有效的监管。银监会的主要职责是制定有关银行业金融机构监管的规章制度和办法；审批银行业金融机构及分支机构的设立、变更、终止及其业务范围；对银行业金融机构实行现场和非现场监管，依法对违法违规行为进行查处；审查银行业金融机构高级管理人员任职资格；负责统一编制全国银行数据、报表，并按照国家有关规定予以公布；会同有关部门提出存款类金融机构紧急风险处置意见和建议；负责国有重点银行业金融机构监事会的日常管理工作。

3. 中国证券监督管理委员会与中国保险监督管理委员会

中国证券监督管理委员会（以下简称证监会）成立于 1992 年 10 月，基本职能是建立统一的证券期货监管体系，按规定对证券期货监管机构实行垂直管理；加强对证券期货业的监管，强化对证券期货交易所、上市公司、证券期货经营机构、证券投资基金管理公司、证券期货投资咨询机构和从事证券期货中介业务的其他机构的监管，提高信息披露质量；加强对证券期货市场金融风险的防范和化解工作；负责组织拟订有关证券市场的法律、法规草案，研究制定有关证券市场的方针、政策和规章；制定证券市场发展规划和年度计划；指导、协调、监督和检查各地区、各有关部门与证券市场有关的事项；对期货市场试点工作进行指导、规划和协调；统一监管证券业。

中国保险监督管理委员会（以下简称保监会）于1998年11月18日成立，是全国商业保险的主管部门，为国务院直属事业单位，根据国务院授权履行行政管理职能，依照法律、法规统一监督管理全国保险市场。

（二）商业银行

我国商业银行有全国性国有独资、股份制与地区性商业银行三大类，此外还有众多的外资银行也是我国商业银行体系的一个组成部分。在我国众多的商业银行中，“工、中、建、农”四大国有商业银行是主体，占全国银行总资产的70%以上，它们吸收的存款和发放的贷款，也均占全国金融机构吸收存款和发放贷款总额的75%以上。

《中华人民共和国商业银行法》就商业银行的性质、职能等通过立法形式作了界定。根据这一法律规定，商业银行在境内“不得从事信托投资和股票业务”“不得投资于非自用不动产”“不得向非银行金融机构和企业投资”。这说明我国商业银行业务与信托、证券等投资银行业务必须实行分业经营，不能交叉。

1. 国有独资商业银行

（1）中国工商银行于1984年1月1日成立，是以城市工商企业、机关团体和居民为主要服务对象的国有商业银行。

（2）中国农业银行于1979年3月恢复，是我国办理农村金融业务的国家银行。

（3）中国银行是我国的国家外汇、外贸专业银行。

（4）中国建设银行于1954年10月1日成立，是我国管理固定资产投资、经营投资信贷业务的国家银行。建设银行具有财政和银行双重职能。

2. 中国交通银行

中国交通银行是以全民所有制为主的股份制的全国性金融企业。其主要任务是按照国家的方针、政策，在中国人民银行的领导下，筹集和融通国内外资金，经营人民币和外币金融业务，为经济建设服务。其特点是综合性的银行，内部自求资产负债的平衡，按照经济的需要设立分支机构，恢复了股份制银行的传统。

3. 其他商业银行

（1）中信实业银行于1987年4月在北京成立，是中国国际信托投资公司直属的一家综合性银行。中信实业银行以批发业务为主，兼营部分零售业务；以外汇业务为主，兼营部分人民币业务。

（2）深圳发展银行于1987年12月28日成立，是以深圳特区内6家农村信用社为基础组建的区域性股份制商业银行，是我国第一家上市银行，并且是我国首家拥有个人股份的银行。

（3）广东发展银行于1988年6月成立，其资本来源于广东省各家国有商业银行、香港奥海企业（集团）有限公司、香港中银集团和资金雄厚的大型企业。

（4）中国光大银行于1992年8月18日成立，是中国光大（集团）总公司全资附属的全国性商业银行。

（5）招商银行于1987年4月8日在深圳蛇口成立，是由中国香港招商局集团投资经办的综合性商业银行，是我国第一家完全由法人持股的股份制商业银行。

此外，还有福建兴业银行、中国民生银行、浦东发展银行、华夏银行等。

（三）政策性银行

1994年，本着政策性金融和商业性金融相分离的原则，我国设立了三家政策性银行。

1. 国家开发银行

国家开发银行的主要任务是筹集、引导境内外资金，向国家基础设施、基础产业和支柱产业的大中型基本建设和技术改造等政策性项目及其配套工程发放贷款。

2. 中国农业发展银行

中国农业发展银行的主要任务是以国家信用为基础，筹集农业政策性信贷资金，承担国家规定的农业政策性信贷资金，承担国家规定的农业政策性金融业务，代理财政支农资金的拨付，为农业和农村经济发展服务。

3. 中国进出口银行

中国进出口银行的主要任务是执行国家产业政策和外贸政策，为扩大机电产品和成套设备的出口提供政策性金融支持。

（四）非银行金融机构

1. 保险公司

1980年以后，中国人民保险公司逐步恢复停办多年的国内保险业务。目前，我国全国性大型保险公司主要有中国财产保险有限公司、中国人寿保险有限公司、中国再保险有限公司。此外，全国性保险公司还有中国太平洋保险公司、中国平安保险公司等。

保险公司在承保风险过程中，具有独特的社会功能和重要的经济功能。

从其特有的社会功能看，保险公司一是提供有形的经济补偿；二是提供无形的、精神上的“安全保障”；三是强化了投保人的风险意识，积极防范风险。

从其重要的经济功能看，保险公司在为投保人提供风险管理服务的同时，对保险资金进行运用，促进了储蓄资金向生产性资金的有效转化。

2. 证券公司

证券公司是专门从事证券买卖的金融机构。证券公司受托办理股票、债券的发行业务，受托代理单位及个人的证券买卖，也可自己从事有价证券的买卖活动。目前，全国有专营证券业机构多家，兼营（主要是信托投资公司和保险公司）证券业机构300多家，证券营业部2 300多家。按照《中华人民共和国证券法》（以下简称《证券法》）之规定，国家对证券公司实行分类管理，分为综合类证券公司和经纪类证券公司，并由国务院的证券监督管理机构按其分类颁发业务许可证。综合类券商可以经营下列证券业务：证券经纪业务；证券自营业务；证券承销和经国务院证券监督管理机构核定的其他证券业务。根据《证券法》第六条的规定，证券业和银行业、信托业、保险业分业经营，分业管理。证券公司与银行信托、保险业机构分别设立。

3. 信托投资公司

信托投资公司是经营信托投资业务的金融机构。目前我国信托投资公司的业务主要有以下四类：

（1）信托投资业务。这类业务按资金来源分，可分为信托投资和委托投资。信托投资是指信托投资公司运用自有资金和组织的信托存款以及发行公司股票债券筹集的资金，直接向企业或项目进行投资。委托投资则是信托投资公司接受委托单位的资金，对投资项目的资金使用负责监督管理以及办理投资项目的收益处理等。

（2）代理业务，即代理保管、代理委托、代理有价证券的发行和买卖、信用担保等。

（3）租赁业务，主要是融资性租赁。

（4）咨询业务，即资信咨询、项目可行性咨询、投资咨询和金融咨询等。

4. 财务公司

我国的财务公司一般是由企业集团内部集资组建的，为企业集团内部提供融资服务，其主要业务有存款、贷款、结算、票据贴现等。这是金融业与工商企业相互结合的产物，1716 年首先产生于法国，其后英、美各国相继效仿成立。当代西方的财务公司一般以消费信贷、企业融资和财务与投资咨询等业务为主。我国的财务公司产生于 1984 年。财务公司的宗旨和任务是为本企业集团内部各成员单位提供融资服务，一般不得在企业集团外部吸收存款。

5. 农村信用社

农村信用社是我国历史最长、规模最大、覆盖面最广的合作金融机构。截至 2000 年年底，我国拥有独立法人资格的农村信用社 48 133 个、联合社 2 380 个，还有非独立法人的信用分社 43 998 个，储蓄所 16 992 个，信用站 223 562 个；全国每个乡镇平均拥有农村信用社经营机构 8 个，形成了服务全国乡村与城镇的合作金融机构网络。2000 年，农村信用社总资产达 10 122 亿元，各项贷款余额 7 273 亿元，占全部金融机构各项贷款余额的 9.4%。农村信用社的经营业务与普通商业银行的业务基本相同。

6. 投资基金公司

我国于 1991 年开始设立投资基金公司，当年设立 3 家，1992 年设立 56 家，1993 年设立 10 家，1994 年设立 6 家。投资基金公司的主要作用有提供高效的投资途径；能够更有效地分散投资风险；有利于资源的优化配置；有利于监督上市公司的运作。

7. 在华外资金融机构

随着改革开放的深入，外资金融机构已经逐步进入我国，在华外资金融机构的数量及业务规模不断扩大，已经成为我国金融机构体系的重要组成部分。我国对外资金融机构的引进主要采取三种形式：一是允许其在我国设立代表机构，二是允许其设立业务分支机构，三是允许其与我国金融机构设立中外合资金融机构。截至 2000 年年底，在华外资金融代表处共有500多家，外资营业性金融机构191家，其中外国银行分行154家，财务公司7家，法人外资银行13家，外资保险机构12家；总资产360多亿美元，占我国内地全部金融资产的2.58%，外汇资产占我国金融机构全部外汇资产的16.4%，其中贷款余额270多亿美元，约占我国国内全部外汇贷款余额的23%，存款余额48亿多美元，约占我国国内全部外汇存款余额5%。我国已对上海、深圳等地25家外资银行开放了人民币业务。从1999年2月起，外资银行可在全国所有中心城市设立营业性机构。随着我国金融市场准入范围的扩大，外资金融机构与我国国内金融机构之间竞争会逐步加剧。

此外，我国还存在其他一些非银行金融机构，如金融租赁公司、邮政储蓄机构、金融资产管理公司等。

银监会鼓励商业银行尝试混业经营

——访中国银监会银行监管一部副主任邓智毅、三部副主任段继宁①

2006年12月11日，中国银行业全面开放的大幕正式拉开。外资银行在华进展情况如何？中资和外资银行关系会如何发展？如何提高中国银行业公司治理水平？中资银行如何应对金融业全面开放带来的冲击与挑战？银监会分业监管格局是否会有变化？针对上述问题，中国银监会银行监管一部副主任邓智毅和银行监管三部副主任段继宁日前接受了《中国经济时报》等四家媒体记者的联合采访。

中资和外资银行合作大于竞争

记者：外资银行目前在华发展情况如何？

邓智毅：目前，外资银行总体发展比较平稳，客户也比较有限，基本都是外国企业。外资银行成立之初出现了一些不良贷款，但现在已基本消化。目前外资银行不良贷款率非常低，总体不到1%。2006年11月底，外资银行总体不良资产率才0.77%。外资银行在风险控制上也非常稳健，盈利增长也比较快。

记者：中国银行业市场随着外资银行的进入竞争加剧，外资银行还频频并购、参股中资银行。如何看待中资和外资银行这种竞争和合作的关系？

邓智毅：外资银行进入中国后和中资银行有竞争也有合作。鼓励中资银行引入合格的境外投资者，是我国金融改革中的一个重要措施。这有利于完善中资银行公司治理，提高风险管理能力。这一举措对中资和外资银行来说是双赢的。而且银监会对参股机构持审慎性考虑，以防出现市场垄断。在竞争之外，有着“百年老店”之称的外资银行也和中资银行在资本、业务、管理方面展开了很多合作。这对刚刚在市场经济下起步的中资银行会产生很好的“学习效应”和“示范效应”。外资银行需要中资银行的网络和人民币资源，而中资银行需要外资银行的国际网络和外汇资源。资源的互补性使得合作多于竞争。

记者：外资银行的进入到底给中国银行业带来了什么？

---

① 赵红梅. 银监会鼓励商业银行尝试混业经营——访中国银监会银行监管一部副主任邓智毅、三部副主任段继宁［N］. 中国经济时报，2006－12－11.

邓智毅：中资银行和外资银行的合作有很完整的框架，从公司治理水平、内部风险管理技术、业务流程改造、激励约束机制到经营技巧考核，合作是全方位的。我们相信这种合作能给中国银行业带来全面的、系统的变化，会促进改制后的国有银行持续不断地发展。近期召开的中央经济工作会议对银行业改革给予了充分的肯定，认为这是解决我们当前经济金融领域深层次矛盾的重要举措。

段继宁：外资银行进入中国市场后，带来了很多先进的因素。在经营服务的理念和方式上，与中资银行相比有很大差异。在零售业务方面也具有很强的优势。外资银行在中小企业服务方面做得也很好，其会选择和企业一起成长。而我国国有银行虽然有网点优势，但零售业务的经验并不丰富，在服务理念和方式上与外资行差距很大，但中资银行学习能力很强。

中资和外资银行将展开全方位竞争

记者：银行业全面对外开放后，中资和外资银行竞争的主战场将会集中在哪些领域？

段继宁：整体来讲，不管是法人银行，还是分行，我们认为竞争会在几个方面展开，即第一，地域竞争，以前外资银行只能在25个城市开展业务，现在可以在更多的地域和中资银行竞争；第二，高端客户的竞争尤为明显；第三，外资银行产品很丰富，在产品上会有一定竞争，但最后还是会集中在如何提高服务上；第四，人才竞争，在争夺人才资源方面竞争会更激烈。

邓智毅：中资和外资银行对优势客户和中间业务的争夺会越来越激烈，特别是金融客户云集的东部沿海城市，市场份额肯定会发生一定的变化。同时，外资银行的客户对象会从高端向中低端延伸，这样会引起连锁反应。总体来说，中资和外资银行会呈现全方位竞争的格局。

银监会正在做一份金融服务竞争地图

记者：外资银行是否会向农村、中西部地区进行投资、布局？

邓智毅：银监会目前正在做一份全国的金融服务竞争地图。中、东、西不同地区金融服务情况不一，我们可以根据地图知道哪些地方金融服务过度饱和、哪些地方金融服务相对欠缺。下一步准入和监管的政策就会根据这个指标进行一些调整。银监会鼓励、支持外资银行到中西部、东北老工业基地及广大农村、城市金融欠发达地区设立机构，开展业务，鼓励和支持外资金融机构参与这些地区的中小金融机构重组改造。银监会在准入门槛上会有些优惠的政策，引导外资银行向欠发达地区延伸。

记者：外资银行目前有这方面的意向吗？

段继宁：从2004年起，银监会对外资银行在欠发达地区设立机构和开办业务的申请就实行了优惠政策。现在看，这一政策导向还是比较有效的。这两年，外资银行在中西部设立机构的速度明显加快。我们在审批时总会发现外资银行在武汉、成都、重庆、沈阳、西安等地设立机构的申请。

邓智毅：东部地区经济发达，但在密集竞争的情况下，资源也是有限的，机构设置成本也高。中西部虽然是欠发达地区，但由于成本较低，地方给予优惠政策，加上国家政策引导，今后外资银行还是会很理性地将业务重点从东部沿海向中西部推进。

银监会鼓励商业银行尝试混业经营

记者：混业经营是金融业发展的趋势，分业监管模式容易出现监管重叠和监管空白。银监会以分业经营、分业监管的体制如何直面混业经营的挑战？

邓智毅：我国目前实行的分业经营、分业监管体制和我国的金融状况是密切相连的，是符合我国目前实际的。但从经营的角度看，混业经营是金融业发展的一大趋势，银监会鼓励金融机构混业经营。为了解决分业监管带来的监管盲区和空白，银监会、证监会、保监会和人民银行有监管的协作机制，还有更高的协调机关——国务院。从这个角度来说，分业监管还是会维持一段时期。

记者：大多外资银行的母行是混业经营的，这相比分业经营的银行具有先天优势。中资银行如何面对这一挑战？

邓智毅：这个问题要分两方面看。外资银行在我国经营都必须遵照我国的法律法规，严格按照我们的经营管理体制运行，但不排除其运用母行混业经营的各种资源优势。目前，银监会在混业经营方面也有尝试，正逐步由简单向复杂过渡。目前，银监会鼓励商业银行在混业经营方面做些尝试。中资银行在这方面与外资银行的差距会慢慢缩小。

记者：是否会在现行“一行三会”监管体系基础上建立更高层次的监管机制？

邓智毅：银监会没有直接参与这方面最核心的工作，具体会不会成立新的机构，我们不便多介绍。但我个人感觉，分业监管体制是比较符合当前金融形势的。对于混业经营，我们是从初级到高级、从简单到复杂逐步尝试，鼓励金融机构朝混业经营方向发展。

段继宁：综合经营是金融发展越来越明显的趋势。目前最重要的是监管机构的协调和沟通，如何把协调工作做好，这个是最关键的。

记者：发达国家目前多采取业务监管，我国现在是机构监管，如何评价我国的监管方式？

段继宁：我个人认为，目前，机构监管的方式还是有利于我国实际情况的。完全按照业务监管，条件并不特别成熟。如果马上转到业务监管，不见得监管效率更高。

邓智毅：现在不同机构板块存在不同特征，我们的原则是将同质同类的归集到一个监管机构，这样更有利于提高监管的有效性。我们在市场风险、风险分类、功能性监管方面都迈出了实质性步伐。

思考：

1. 中资银行如何应对金融业全面开放带来的冲击与挑战？
2. 银监会为什么要鼓励商业银行尝试混业经营？

思考与练习

一、名词解释

金融机构　银行金融机构　非银行金融机构　中央银行　商业银行　专业银行

储蓄银行　合作银行　抵押银行　政策性银行　保险公司　人寿保险公司
财产和意外伤害险公司　投资银行　信用合作社　投资公司　信托公司　开放型基金
封闭型基金

二、简答题

1. 简述金融机构及其体系构成。
2. 简述专业银行及其分类。
3. 简述政策性银行的基本特征和业务特点。
4. 简述中国三大政策性银行及其主要业务。
5. 什么是保险公司？其特点、组织形式和分类如何？
6. 投资银行有哪些特征，主要业务是什么？
7. 试述投资基金的分类，并说明各类基金的特点。

三、论述题

1. 试述近十年来西方发达国家金融机构业务范围发生了什么变化？发生这些变化的原因是什么？
2. 谈谈你对银行业并购浪潮的看法。
3. 你认为中国银行业是否应该从分业经营过渡到混业经营？为什么？

第五章　商业银行

本章要点

本章主要让学生对商业银行的性质、职能和组织制度有较深刻的认识；重点掌握商业银行的三大业务及各类业务的主要内容、商业银行的经营原则和商业银行管理理论的基本内容；商业银行管理理论的演进以及如何进行存款创造则是本章的难点。

唐双宁：光大集团将成为金融混业经营“试验田”①

光大集团董事长唐双宁2007年9月7日在出席“世界经济论坛首届新领军者年会”时表示，目前光大银行改组、引入战略投资者等工作正紧锣密鼓地展开。同时，光大集团也在为成为名副其实的金融混业经营“试验田”而积极努力。

据了解，光大金融控股集团的初步战略将以光大银行为主干，以子公司制的模式为基础，同时充分借鉴全能银行事业部制模式的长处，形成一个子公司制与事业部制相结合的“混合型组织架构”，旨在既能够充分发挥金融控股公司模式的防火墙效应和股权杠杆效应，又能够发挥事业部制内部协调顺畅、信息充分共享等优势。

唐双宁表示，首先把光大银行做大做强，打造集团发展和客户服务的基础；同时要以整个金融集团未来发展目标为出发点，制定证券、保险等各个子公司的发展战略，并确立未来整合的方式和规模；具备条件时要积极向外发展，负责收购、兼并、转让事宜，负责子公司的股权结构变动，有效配置资源。光大集团要建立有效的防火墙制度，形成既集中统一又分层次的风险管控体系，加强风险管理和审计稽核的垂直管理。光大集团要通过改革重组完善公司治理机制，改善公司的经营管理，建立分级管理与垂直管理相结合的矩阵式管理模式。

唐双宁说，目前作为金融控股的“试验田”，光大集团将注意资本控制与组织架构的相互适应，既要防止控股公司过度干涉子公司的经营管理权，使子公司等同于控股公司的分支机构，无法发挥其独立法人的积极性；又要防止子公司权力过度膨胀，使控股公司对子公司的资本控制与约束形同虚设，金融控股集团的整体利益受到破坏。唐双宁认为，中国现阶段事实上将形成三类金融控股集团，第一类是有名有实的金融控股集团，如光大金融控股集团公司；第二类是准金融控股集团，如中信集团、平安集团等；第三类是次准金融控股集团，如商业银行在境内外以合资或独资形式设立投资银行、保险公司、基金公司、信托公司等非银行金融机构。而光大集团要成为名副

① 商文，薛黎. 唐双宁：光大集团将成为金融混业经营“试验田”［EB/OL］.（2007－09－07）［2016－08－11］. http://news. hexun. com/2007－09－07/100626113. html.

其实的金融混业经营"试验田"。

日前国务院正式批复中国光大集团改革重组方案，主要内容包括改革重组中国光大金融控股集团公司（简称中国光大集团），持有光大金融类资产；改革重组中国光大实业集团公司，持有光大非金融类资产；改革重组光大银行，完善公司治理机制，适时引入战略投资者，择机公开发行上市。

思考：

1. 中国光大集团作为一家金融控股公司，其金融混业经营的试验，将对我国商业银行经营产生怎样的影响？

2. 子公司制与事业部制相结合的"混合型组织架构"，是否如唐双宁所说，能充分发挥两者的优势？

第一节　商业银行概述

一、银行的产生

汉语"银行"是指专门从事货币信用业务的机构。鸦片战争以后，西方金融机构开始进入我国，"银行"一词就成为英语"Bank"的中文译名。这是因为早在11世纪，"银行"一词在我国已问世，当时人们习惯把各类从事商业或生产小商品的机构称作"行"，即行业之意，"银行"，即从事银器铸造或交易的行业。据说，当时金陵（今南京）就有"银行街"，即银铺集中的地方。当西方金融机构进入我国后，人们根据我国长期使用白银作为货币材料这一情况，将当时专门从事货币信用业务的西方金融机构"Bank"叫做"银行"。

对于银行的起源有各种说法，人们公认的早期的银行起源于意大利专门从事货币兑换和存款业务的商人。12世纪到14世纪期间，在商业繁荣的意大利，一些商人支起桌子（Tavola）和凳子（Banco）开展上述业务，这些商人逐渐被称为"摊桌兑换商"（Tavolieri）或"板凳兑换商"（Bancherii）。其中，后一种说法流传更广，"破产"（Bankruptcy）一词在某种程度上由此派生而来，指的是如果货币兑换商无法对债权人进行支付，他们的长凳就会被砸烂（Banco Rotto）。[①] 约13世纪，意大利商人发明了汇票（Draft；Bill of Exchange；Money Order），即由发票人或受票人向持票人支付规定数额款项的书面指令书。汇票可以用一个方向所欠的债务来冲销任何另一方向所欠的债务，减少易货贸易、当面清账以及用大量硬币、金银器皿或金银块支付的必要。[②]

比较具有近代意义的银行是16世纪末期建立的威尼斯银行。中世纪的威尼斯凭借其优越的地理位置而成为世界著名的贸易中心，各国商人云集于此，为了顺利地进行商品交换，商人们需要把各自携带的大量的各种货币兑换成威尼斯地方货币，于是就

① 里瓦尔. 银行史［M］. 陈淑仁，译. 北京：商务印书馆，1997：15.

② 金德尔伯格. 西欧金融史［M］. 2版. 徐子健，等，译. 北京：中国金融出版社，1991：15.

有了专门的货币兑换商的出现，从事货币兑换业务。随着商品经济的发展，货币收付的规模也日益扩大，各地商人为了避免长途携带大量货币产生的不便和危险，便将用不完的货币委托给货币兑换商保管，后来又发展到委托货币兑换商办理支付和汇兑，货币兑换商则借此集中了大量货币资金。当货币兑换商发现这些长期大量积存的货币余额相当稳定，可以用来发放高利贷而获得高额利息收入时，货币兑换商便从原来被动接受客户委托保管货币转而变为积极主动揽取货币保管业务，并通过降低保管费和不收保管费来竞争货币保管业务。到后来，当货币兑换商给委托保管货币的客户一定的好处时，保管货币业务便演变成存款业务了。同时，货币兑换商还根据经验将以前的采用全额准备以应付客户兑换提款的做法，改为实行部分准备金制度，而其余所吸收的货币则用于放贷取息。此时，货币兑换商也就演变成了集存贷款和汇兑支付、结算业务于一身的早期银行。

17 世纪，意大利的银行家们将业务扩展到欧洲各地，包括在伦敦和巴黎等大城市开设银行。银行这一新型的金融机构由意大利传播至欧洲其他国家。

与此同时，英国出现了由金匠、公证人等演变为银行家的过程。金匠原是为顾客代管金银，向在他那里保存金银的客户开出保管凭证。后来，金匠注意到自己发出的保管凭证作为支付工具不断转手的现象，逐渐在无人存放金银时也发放“票据”，银行随之出现。金匠的业务范围也远不止如此，还包括经营金币和银币、贴现本票和汇票、发放贷款、买卖符木（一种政府发行的债务凭证）等。1653 年，英国建立了资本主义制度，英国的工业和商业都有了较大的发展。工商业的发展不仅使资金需求增加，并且对可以提供大额资金融通的专业机构的需求也大大提高。1694 年，英国政府为了同高利贷斗争，以维护新生的资产阶级发展工业和商业的需要，决定成立股份制银行——英格兰银行，并规定英格兰银行向工商企业发放低利率贷款（利率为 5% ~6%）。英格兰银行是历史上第一家股份制银行，它的成立标志着现代商业银行的诞生。到 18 世纪末 19 世纪初，各主要的资本主义国家都纷纷建立了规模巨大的股份制商业银行。

二、商业银行的性质和职能

（一）商业银行的性质

我国于 2015 年修改的《中华人民共和国商业银行法》第二条规定：“本法所称的商业银行是指依照本法和《中华人民共和国公司法》设立的吸收公众存款、发放贷款、办理结算等业务的企业法人。”从商业银行的起源和发展历史来看，商业银行是以追求利润最大化为经营目标，以多种金融资产和金融负债为经营对象，为客户提供多功能、综合性服务的金融企业。其特征可以归纳为以下几个方面：

1. 商业银行具有现代企业的基本特征

同一般工商企业一样，商业银行的建立和运行也要严格遵从《中华人民共和国公司法》（以下简称《公司法》）的基本规定，必须拥有从事业务经营所需要的自有资本，并根据所在行业的特点，依法自主经营，自负盈亏，照章纳税，具有独立的企业法人资格，拥有独立的财产、名称、组织机构和场所。其经营目标是追求利润最大化，获取最大利润即是商业银行经营与发展的基本前提，也是其发展的内在动力。

2. 商业银行是一种特殊的企业

与一般的工商企业相比，商业银行的特殊性表现如下：

（1）商业银行的经营对象和内容具有特殊性。一般的工商企业经营的是物质产品和劳务，从事一般商品的生产和流通。而商业银行专以货币或货币资金这种特殊的商品为经营对象，通过金融负债筹集资金，以金融资产运作资金，并提供各种与货币有关的或与之联系的金融服务。

（2）商业银行与一般的工商企业的关系特殊。一般工商企业需要银行办理存、贷款和日常结算业务，以保证企业正常周转以及扩大经营规模。而一般工商企业存放在银行的闲置资金也可以作为商业银行的资金来源，并以一般工商企业作为主要贷款对象，获得收益。

（3）商业银行对整个社会经济的影响特殊。商业银行由于经营对象的特殊性，对整个社会经济的影响远远大于任何一个工商企业，其经营的好坏，不光影响到该银行的股东和相关当事人，还很可能影响到整个社会的稳定。也鉴于此，多数国家对商业银行的管理要比对一般工商企业的管理严格得多，管理范围也比较广泛。在世界上绝大多数国家，金融业特别是商业银行是受管理最为严格的行业之一。

3. 商业银行是特殊的金融企业

商业银行既不同于一般的工商企业，与其他金融企业相比，也存在很大的差异。

（1）与中央银行相比，商业银行面向的是工商企业、个人、社会团体和政府机构以及其他金融机构，商业银行所从事的金融业务是以盈利为目标的。而中央银行是国家的金融管理当局和金融体系的核心，是只向政府和金融机构提供服务的具有银行特征的政府机关，具有创造基本货币的功能，但不从事金融零售业务，所从事的金融业务也不以盈利为目的。

（2）与专业银行和非银行金融机构相比，首先，商业银行提供的金融服务更全面、更广泛，从“零售”到“批发”、从传统银行业务到不断拓展的中间业务，其金融服务已经延伸到社会经济生活的方方面面，成为“金融百货公司”和“万能银行”。而在西方，专业银行是指定专门经营范围和提供专门性金融服务的银行，如美国的储蓄银行；其他金融机构，如投资银行、信托投资公司、保险公司、证券公司等，其业务范围相对狭窄，只能提供一个方面或几个方面的金融服务。其次，商业银行的营业网点更普遍。随着一些国家金融管制的放松，专业银行和其他金融机构的业务范围也在逐渐扩大，但与商业银行相比，其差距仍然很大。

（二）商业银行的职能

商业银行的性质决定了其在经济体中承担的角色，即商业银行的职能。商业银行的职能主要有信用中介、支付中介、信用创造、金融服务等职能。

1. 信用中介

信用中介是指商业银行通过负债业务，把社会上的各种闲散货币集中起来，再通过资产业务，将其投向需要资金的部门，充当资金闲置者和资金短缺者的中介人，实现资金的融通。商业银行一方面通过支付利息吸收存款，借入资金；另一方面又通过贷放货币资金或购买有价证券等投资活动获取利息及投资收益，这种收入与支出之间的差额便形成了商业银行利润。

信用中介是商业银行最基本、最能反映其经营活动特征的职能。这一职能发挥以下作用：

（1）使闲散及闲置资金转化为资本。商业银行通过存款等业务，把再生产过程中闲散及闲置货币集中起来并转化为生产资本、商品资本或货币资本，从而在不增加货币发行总量的情况下，扩大了社会资本的规模，提高了资金的使用效率，促进了经济的发展。

（2）续短为长，满足社会对不同期限资金的需要。商业银行通过资产管理，在资产与负债按一定比例相匹配的基础上，通过资产的运作，可以使众多短期的资金来源变成数额巨大的长期稳定余额，用于满足社会对不同期限资金的需求。

2. 支付中介

支付中介主要是指商业银行利用活期存款账户，为客户办理各种货币结算、货币收付、货币兑换和转移存款等业务活动。在这些业务活动中，商业银行作为工商企业、政府和个人的货币保管者、出纳者和支付代理人，成为社会经济活动的出纳中心和支付中心，并成为整个社会信用链的枢纽。

商业银行在发挥支付中介职能过程中，主要发挥以下作用：

（1）使商业银行持续拥有比较稳定的廉价的资金来源。客户要在银行获得转账结算等服务便利，必须在银行开立活期存款账户，并存入一定金额。

（2）可节约社会流通费用，增加生产资本投入。商业银行广泛利用非现金转账结算和支票收付服务，即可加速资金周转，又可大大减少现金的使用量和流通量，进而使现金的保管费、铸造印刷费、运转费等社会流通费用大大减少，从而可以将更多的资金投入生产，以提供更多更好的产品。

3. 信用创造

商业银行的信用创造职能是在信用中介职能和支付中介职能的基础上产生的。信用创造是指商业银行利用其各种有利条件吸收存款，在缴纳存款准备金后将剩余资金通过贷款等资产业务发放给客户，客户收到贷款后，将这些钱用于支付投资款项或者用作其他支出，但最终转变为其他人的货币收入，而又存入到银行，银行扣除存款准备金后再把剩余款项贷放给客户。如此循环下去，最初的一笔存款衍生出数倍的存款，从而扩大社会货币供应量。在整个银行体系中，除了开始吸收的存款作为原始存款外，其余都是商业银行贷款创造出来的派生存款。

商业银行的信用创造有两层含义：一是指信用工具的创造，如存款货币、银行券；二是指信用量的创造，通过商业银行的参与，整个社会货币供应量增加了。信用工具的创造是信用量创造的前提，信用量的创造是信用工具创造的基础。商业银行通过创造流通工具和支付手段，可节约现金使用，节约流通费用，同时又满足了社会经济发展对流通和支付手段的需要。

4. 金融服务

金融服务是商业银行利用其在国民经济活动中的特殊地位，及其在提供信用中介和支付中介过程中所获得的大量信息，运用电子计算机等先进技术手段和工具，为客户提供的其他服务。这些服务主要有获取现金（通过柜台或自助取款机）、金融顾问（财务咨询）、资金融通（提供贷款和融资服务）、资产安全性管理（如保险箱）、代理企业发放工资、个人理财等。通过提供各种金融服务，商业银行一方面扩大了其社会联系面和影响力，另一方面也为银行取得不少的服务性收入。借助于日新月异的信息技术，商业银行的金融服务功能发挥着越来越大的作用，并使整个商业银行业也发生了革命性变化，推动了“电子银行”“网上银行”的发展。

三、商业银行的组织制度

商业银行的组织制度是指一个国家商业银行的组织形式、结构体系及组成这一体系的银行的特征。目前商业银行的组织制度有以下几种：

（一）单一银行制度

单一银行制度是指那些不设立或者法规规定不能设立分支结构的商业银行。单一银行制度下的每家银行都是一个独立的经营体，该银行既不受其他商业银行控制，本身也不控制其他商业银行。该组织制度下的银行，通过一个营业部门提供其全部服务，其中有少量业务（如吸收存款和支票兑现）通过专门性服务设施来提供，如便利窗口、自动取款机（ATM）以及银行的网站。这种银行主要集中在美国，是由美国特殊的历史背景和政治制度所决定的。美国是实行联邦制度的国家，各州的独立性较大，早期的东部和中西部经济发展差距较大，为了均衡发展经济，保护本地信贷资金资源，保护本地的中、小银行，一些经济比较落后的州政府颁布州银行法，禁止或者限制其他地区的银行到本州设立分行，以达到阻止金融渗透、反对金融权力集中、反对银行吞并的目的，直到20世纪80年代，美国有1/3的州实行严格的单一银行制度。1994年9月美国国会通过《瑞格—尼尔跨州银行与分支机构有效性法案》，并经总统批准，允许商业银行跨州建立分支机构，宣告单一银行制在美国被废除，但美国现在仍有大约5 500家全国性商业银行采用这种单一制银行的经营方式。

单一银行制度的优点在于：

（1）可以防止垄断，有利于自由竞争，也可缓和竞争的剧烈程度。

（2）有利于银行与地方政府协调，能适合本地经济发展需要，集中全力为本地服务。

（3）银行具有独立性和自主性，其业务经营的灵活性较大。

（4）银行管理层次少，管理成本较低，有利于管理层旨意的贯彻执行，便于管理目标的实现。

实行单一银行制度的缺点也是明显的，主要有：

（1）单一银行制度下的银行规模小，其资金、管理人员及工作人员数量都极为有限，抵抗风险的能力相对较差。

（2）业务集中于某一个地区或行业，经营风险集中，容易受到本地经济景气变动的影响，特别是经济疲软时，更有倒闭危险。

（3）不利于银行的发展，在计算机技术普及应用的条件下，单一银行制度下的银行采用最新技术的单位成本较高，限制其业务发展和金融创新。

（4）单一银行制度本身与经济的对外开放型发展存在矛盾，会人为地造成资本的迂回流动，削弱银行的竞争力。

（二）总分行制度

总分行制度是指商业银行除了设立总行之外，法律上允许其在总行所在地或者外地设立若干可从事银行业务的分支机构的一种制度。商业银行的总部一般设在大都市，下属所有分支行由总行领导指挥。总分行制银行按管理方式不同，可进一步划分为总行制和总管理处制。总行制指总行除管理、控制各分支行以外，本身也对外营业，办理业务；而在总管理处制度下，总管理处只负责管理、控制各分支行，本身不对外营业，在总管理处所在地另设分支行对外营业。

我国四大商业银行（中国工商银行、中国农业银行、中国银行和中国建设银行）虽也实行总分行制，但这种总分行制和国际上通行的总分行制又有所不同。首先，西方商业银行主要是实行总行制，总行直接经营各项银行业务，部分总行的业务量占全行业务量的一半以上，大额贷款和大额投资基本上集中于总行，而我国四大商业银行除了中国银行以外，其他三家银行长期实行总管理处制度。其次，在分支机构的设置上，西方商业银行一般在总行下只设一级分支机构，而我国四大商业银行分层次设立分支机构，总行下设省、市、自治区分行，再下设地、市两级分行，直到县级设立县支行，其中中国农业银行在县以下的乡还设立营业所。

与单一银行制度相比，实行总分行制度有如下优点：

（1）分支机构分布广泛，便于商业银行吸收存款，扩大经营规模，增强银行实力。

（2）由于资产在地区和行业上分散，有助于银行分散风险，提高资产的安全性。

（3）银行规模大，采用现代化设备的平均成本相对低，能提供更多便利的金融服务等。

其缺点在于容易形成垄断，不利于自由竞争，增加了银行内部控制的难度等。

（三）持股公司制

持股公司制是指由一个集团成立股权公司，再由该公司收购或控制一家或多家独立的银行，而该集团或者公司被称为银行持股公司。持股公司有两种类型，即非银行性持股公司和银行性持股公司。前者是通过大企业取得某一银行的控股权组织起来的；后者则是由大银行直接组建一个持股公司，有若干较小的银行从属于这一大银行。例如，花旗公司就是银行性持股公司，它已控制了数百家银行。在美国，如果一个集团或公司对至少一家银行所购股份占该行股份的25%或更多，或者有权选择一家银行董事会的至少两名董事，即认为存在控股。在20世纪末，当政府禁止或严格限制开设分支行时，持股公司制银行在美国和其他一些国家迅速发展。早在1971年，银行持股公司控制着美国大约一半的银行存款。到2004年，在美国营业的将近6 000家银行持股公司控制着美国银行业资产总额的90%以上。在2004年年末，美国有超过6 300家商业银行附属于银行持股公司。

持股公司制的优点如下：

（1）通过关联交易获得税收上的好处，利用少量资本可支配大量资金，增强集团实力，扩大市场份额，提高抵御风险的能力和国际竞争力。

（2）银行的资金使用、新技术采用及信息资源利用都由母公司统一管理，可降低成本，促进资源的有效配置。

实行持股公司制的缺点如下：

（1）容易形成集中和垄断，不利于银行之间开展竞争，并在一定程度上限制了银行经营的自主性，不利于银行开展创新活动。

（2）持股公司与各银行、各银行之间协调困难，连带风险大。

第二节　商业银行业务

根据《中华人民共和国商业法》的规定，我国商业银行可以经营下列业务：吸收公众存款，发放贷款；办理国内外结算、票据贴现，发行金融债券；代理发行、兑付、承销政府债券，买卖政府债券；从事同业拆借；买卖、代理买卖外汇；提供信用证服务及担保；代理收付款及代理保险业务等。按照规定，商业银行不得从事政府债券以外的证券业务和非银行金融业务。尽管各国商业银行的组织制度、名称、经营内容和重点各异，但就其经营的主要业务来说，一般均分为负债业务、资产业务以及表外业务。

一、负债业务

负债业务是形成商业银行的资金来源业务，是商业银行资产业务的前提和条件。归纳起来，商业银行广义的负债业务主要包括自有资本和外来资金两大部分，其中外来资金包括各类存款和借入资金。

（一）商业银行自有资本

商业银行的自有资本是其开展各项业务活动的初始资金，主要包括成立时发行股票所筹集的股份资本、公积金以及未分配的利润。自有资本一般只占商业银行全部负债的一小部分，但商业银行自有资本的大小体现商业银行的实力和信誉，也是商业银行吸收外来资金的基础，因此自有资本的多少体现商业银行资本实力对债权人的保障程度。

国家投资——我国商业银行资本金特殊的补充方式①

我国商业银行的改革离不开国家财政的支持，尤其是在一些特殊时期，更需要国

① 李春，曾东白. 商业银行经营管理实务［M］. 大连：东北财经大学出版社，2009.

家财政的先期扶助。每当商业银行的改革道路处于关键点的时候，作为最大债权者的国家和地方政府，总会给予商业银行资金的支持，以改善资本结构和增加资本金数量，国家向商业银行注资或其他支持措施也是商业银行迅速摆脱困难的有力措施。1988 年，我国财政部发行了 2 700 亿元的特别国债，用以补充四家国有银行的资本金；1999 年，国家成立四家资产管理公司剥离四家国有银行 13 900 亿元的不良贷款；2004 年 1 月，国家通过中央汇金公司对中国银行和中国建设银行用外汇储备注资 450 亿美元；2004 年 6 月，中国银行、中国建设银行第二次剥离可疑类不良资产 2 787 亿元，被信达资产公司用市场价格收购；2004 年上半年，交通银行在财务重组中，财政部增资 50 亿元，中央汇金公司注资 30 亿元，为交通银行的重组上市起到了重要作用；2005 年 4 月，中央汇金公司向中国工商银行注资 150 亿美元，与财政部各占 50% 的股份。经过多次注资和不良资产的剥离，解决了国有商业银行资本金不足的问题，使国有商业银行的资本金得到了大大提高。但这种注资都是不固定的，国家不可以经常采用，否则会加重财政的压力。

思考：

1. 资本金对于银行来说意味着什么？

2. 国有商业银行上市后，国家是否还应该向其注资以弥补其资本金？

（二）各类存款

按照是否约定存期，存款分为活期存款、定期存款和储蓄存款。

1. 活期存款

活期存款是存款人在开户或存入时不约定存期，可自由存取和转让。活期存款1 元起存，多存不限，具有灵活方便、存取频繁、适应性强等特点。由于以上的特点，商业银行经营这种业务的成本也比较高，因此活期存款的利息很低，有些国家甚至不付利息。活期存款虽然存取频繁，但总有一些余额沉淀在银行，其中相对稳定的部分可以用于发放贷款和投资。商业银行通过与客户频繁的活期存款的存取业务建立比较密切的业务往来，从而争取更多的客户，为开展其他业务奠定基础。

2. 定期存款

定期存款是指储户在存款时约定存款期限，一次或按期分次存入本金，整笔或分期、分次支取本息。利率根据期限的长短不同而存在差异，但都要高于活期存款。定期存款一般采取利随本清的计息方式，其中人民币定期存款起存金额为人民币 1 万元，期限一般分为 3 个月、6 个月、1 年、3 年、5 年等，可以提前支取，但提前支取部分按银行当日挂牌活期利率计付利息。

3. 储蓄存款

储蓄存款是指城乡居民将暂时不用或结余的货币收入存入银行或其他金融机构的一种存款活动。储蓄存款是信用机构的一项重要资金来源。发展储蓄业务，在一定程度上可以促进国民经济比例和结构的调整，可以聚集经济建设资金，稳定市场物价，调节货币流通，引导消费，帮助群众安排生活。与中国不同，西方经济学通行的储蓄的概念是储蓄是货币收入中没有被用于消费的部分。

储蓄存款具体有活期储蓄、定期储蓄、整存整取、零存整取、定活两便、通知存款等。通知存款是指存款人在存入款项时约定通知期限（1天或7天），支取时提前通知金融机构，约定取款日期和金额方能支取的存款形式。定活两便储蓄是以存单为取款凭证，存款时不约定存期，随时可以提取，利率随存期长短而变动的一种介于活期和定期之间的储蓄业务品种。定活两便储蓄50元起存，多存不限，存单分为记名和不记名两种，记名式存单可挂失，不记名式存单不能挂失。定活两便储蓄存款存期不满3个月的，按天数计付活期利息；存期3个月以上（含3个月），不满半年的，整个存期按支取日定期整存整取3个月存款利率打6折计息；存期半年以上（含半年），不满1年的，整个存期按支取日定期整存整取半年期存款利率打6折计息；存期在1年以上（含1年），无论存期多长，整个存期一律按支取日定期整存整取1年期存款利率打6折计息。

（三）借入资金

商业银行对外借款根据时间不同，可分为短期借款和长期借款。

1. 短期借款

短期借款是指期限在1年以内的债务，包括同业拆借、向中央银行借款和其他渠道的短期借款。

（1）同业拆借。同业拆借是指金融机构之间的短期资金融通，主要用于支持日常性的资金周转。同业拆借是商业银行为解决临时性资金周转，通过调剂法定准备金头寸而融通资金的重要渠道。由于同业拆借一般是通过中央银行的存款账户进行的，实际上是超额准备金的调剂。在同业拆借市场上，主要的拆借方式有隔夜拆借和定期拆借两种。前者是指拆借资金必须在次日偿还，一般不需要抵押；后者是指拆借时间较长，可能是几日、几星期或者几个月，一般有书面协议。我国对银行间同业拆借的资金用途有着严格的规定，对于拆入的资金只能用于解决调度头寸过程中的临时资金困难，而不能把拆借资金用于弥补借贷缺口，长期进行占用，更不能把拆借资金用于固定资产投资。

（2）向中央银行借款。中央银行作为贷款人向商业银行发放贷款或办理贴现业务，以解决商业银行融通资金的需要。中央银行向商业银行提供的信用主要有两种形式：一是再贴现，二是再贷款。

（3）其他渠道的短期借款。其他渠道的短期借款有转贴现、回购协议、大额定期存单和欧洲货币市场借款等。

2. 长期借款

长期借款是指偿还期限在1年以上的借款。商业银行的长期借款主要采取发行金融债券的形式。发行金融债券是指商业银行经批准，通过向社会公众发售债务凭证而筹集资金。金融债券可分为资本性债券、一般性金融债券和国际金融债券。银行发行中长期金融债券所承担的利息成本较其他融资方式要高，资金成本的提高又易促使商业银行不得不经营风险较高的资产业务，这从总体上增加了商业银行的经营风险。一般来说，西方国家鼓励商业银行发行长期债券，尤其是资本性债券，因为按照《巴塞尔协议》的规定，资本债券可计入附属资本。我国对此有非常严格的限制，商业银行通过发行中期长金融债券获得的融资比例很低。

二、资产业务

商业银行的资产业务是其资金运用业务，也是商业银行收入的主要来源。为了应付客户的提取，商业银行通常要保留一定比例的现金和其他准备金。除此之外，商业银行的资金运用主要包括放款业务和投资业务两大类。

（一）现金资产

广义的商业银行的现金资产是商业银行应付客户提现的资产准备，包括商业银行的库存现金、存放在中央银行的准备金、存放同业的存款以及托收账款。前两者都是中央银行对商业银行的负债，后两者则是银行间清算的准备金。现金资产是商业银行维持其流动性而必须持有的资产，是银行信誉的基本保证。现金资产是满足商业银行流动性需要的第一道防线，但由于现金资产是非盈利资产，持有现金资产而失去的利息收入构成持有现金资产的机会成本，商业银行一般都尽可能地将其降到法律规定的最低标准。

（二）贷款业务

贷款是商业银行作为贷款人按照一定的贷款原则和政策，以还本付息为条件，将一定数量的货币资金提供给借款人使用的一种借贷行为。贷款业务是商业银行最大的资产业务。

贷款业务按照不同的分类标准，有以下几种分类方法：一是按照贷款的期限划分，贷款可分为短期贷款、中期贷款和长期贷款；二是按照贷款的保障条件划分，贷款可分为信用放款、担保放款和票据贴现；三是按照发放贷款时银行是否承担贷款本息收回责任及责任大小划分，贷款可分为自营贷款、委托贷款和特定贷款；四是按照贷款的偿还方式划分，贷款可分为一次性偿还和分期偿还贷款；五是按照贷款的质量划分，贷款可分为正常贷款、关注贷款、次级贷款、可疑贷款和损失贷款五类，其中次级贷款、可疑贷款和损失贷款三类合称为不良贷款。

对于任何一笔贷款，都必须遵循以下基本程序：贷款的申请、贷款的调查、对借款人的信用评估、贷款的审批、借款合同的签订和担保、贷款发放、贷款检查、贷款收回。

（三）贴现业务

贴现业务是指资金的需求者将自己手中未到期的商业票据、银行承兑票据或短期债券向银行或贴现公司申请贴现，银行或贴现公司（融资公司）按票面金额扣除贴现日至到期日的利息后付给现款，收进该票据或短期债券，待票据到期时直接向出票人或承兑人收取款项。

贴现既是一种票据的转让行为，又是银行的一种授信方式。目前我国商业银行基本上只对银行承兑汇票办理贴现，只要辨明票据的真伪，贴现业务的风险几乎趋于零。

风险的固定性和可控性是贴现业务与传统信贷业务的显著区别之一。此外，商业银行还可以利用贴现票据办理再贴现、转贴现，通过占用央行资金和其他银行资金扩大信贷规模。

贴现业务与其他业务相比较，有许多特殊的优点。对银行来说，贴现银行可获得如下利益：利息收益较多、资金收回较快、资金收回较安全等。对于贴现企业，通过贴现可取得短期融通资金。

银行在贴现票据时，贴现付款额的计算公式如下：

银行贴现付款额 = 票面金额 - 贴现利息

= 票据面额 ×（1 - 年贴现率 × 贴现后至到期天数/360）

［例 5 - 1］一张票据面额为 2 000 元，60 天后到期，年贴现率为 10%。请问：银行向持票人的贴现付款额是多少？

贴现付款额 = 2 000 ×（1 - 10% ×60/360）= 1 966.67（元）

（四）证券投资业务

商业银行的证券投资业务是商业银行将资金用于购买有价证券的业务活动。商业银行办理证券投资业务有分散风险、保持流动性、合理避税和提高收益等意义。商业银行证券投资业务的主要对象是各种证券，主要是国库券、中长期国债、政府机构债券、市政债券或地方政府债券以及公司债券等。

我国对商业银行从事证券投资业务有严格的限制。根据《中华人民共和国商业银行法》的规定，商业银行在中华人民共和国境内不得从事信托投资和股票业务，不得投资于非自用不动产。商业银行在中华人民共和国境内不得向非银行金融机构和企业投资。

2007 年我国商业银行证券投资类资产状况[①]

2007 年，中国建设银行研究部总经理郭世坤接受记者专访时表示，由于受多种因素影响，2006 年国内商业银行证券投资类资产增速明显趋缓，在总资产中的占比下降。但与国外银行相比，国内商业银行证券投资类资产占比已达到较高水平，预计未来这一占比会在 30% 左右。

证券投资作为仅次于贷款的一项主要业务，是商业银行增加收益、分散风险、提高资产流动性的重要保证。2007 年，受多种因素影响，商业银行证券投资类资产增速明显趋缓。14 家上市银行证券投资类资产总额达 8.58 万亿元，增速为 9.29%，低于同期商业银行资产扩张速度 11.17 个百分点，低于同期贷款增速 20.5 个百分点，中国银行、兴业银行和华夏银行三家银行的证券投资类资产与 2006 年相比出现了负增长。

14 家上市银行证券投资类资产在总资产中的占比为 28.82%，比 2006 年下降了 2.94 个百分点。其中，国有控股商业银行的这一比例为 32.13%，比 2006 年下降 2.92

① 商业银行证券投资类资产占比下降［EB/OL］.（2008 - 08 - 26）［2016 - 08 - 11］. http://money.163.com/08/0826/23/4KADGARV00251OGL.html.

个百分点；全国性中小股份制商业银行的这一比例为15.6%，比2006年下降0.86个百分点；城市商业银行的这一比例为32.16%，比2006年下降3.27个百分点。但截至2007年年底，交通银行、中信银行、民生银行、上海浦东发展银行的证券投资类资产占比仍在上升。

思考：

1. 为什么各国金融监管法规均对商业银行从事证券投资业务予以较严格的限制？
2. 尽管有较严格的监管，商业银行为什么还要拓展证券投资业务？

三、表外业务

表外业务是指商业银行所从事的不列入资产负债表、不影响其资产负债总额，但能影响商业银行即期损益的业务。表外业务有狭义和广义之分。狭义的表外业务是指未列入资产负债表，但同表内资产业务和负债业务联系密切，并在一定条件下会转化为表内业务的经营活动。广义的表外业务是指商业银行从事的所有不在资产负债表内反映的业务。按照《巴塞尔协议》提出的要求，广义的表外业务可分为两大类：一是或有债权、债务，即狭义的表外业务，包括贷款承诺、担保、金融衍生工具和投资银行业务；二是金融服务类业务，即传统意义上的中间业务，包括支付与结算服务、信托与咨询服务、代理业务等。

需要指出的是，现实生活中，表外业务和中间业务的概念没有严格的区分，常常混用。20世纪80年代以来，在金融自由化浪潮的推动下，国际商业银行为了转移分散风险、规避资本管制、满足客户对银行服务多样化的需求等，纷纷利用自身有利条件加速发展中间业务，以获取更多的非利息收入。随着表外业务的大量增加，商业银行的非利息收入迅速增加。1984—1990年，美国所有商业银行的非利息收入年均增长率为12.97%。其中，资产在50亿美元以上的银行非利息收入年均增长率达到21.93%。表外业务已成为西方商业银行主要的盈利来源。

中国人民银行在《关于落实〈商业银行中间业务暂行规定〉有关问题的通知》（2002）中，将国内商业银行中间业务分为如下九类：

（1）支付结算类中间业务这是指由商业银行为客户办理因债权债务关系引起的与货币支付、资金划拨有关的收费业务，如支票结算、出纳汇兑、进口押汇、承兑汇票等。

（2）银行卡业务这是指由经授权的金融机构向社会发行的具有消费信用、转账结算、存取现金等全部或部分功能的信用支付工具。

（3）代理类中间业务这是指商业银行接受客户委托、代为办理客户指定的经济事务、提供金融服务并收取一定费用的业务，包括代理政策性银行业务、代收代付款业务、代理证券业务、代理保险业务、代理银行卡收单业务等。

（4）担保类中间业务这是指商业银行为客户债务清偿能力提供担保，承担客户违约风险的业务，包括银行承兑汇票、备用信用证、各类保函等。

（5）承诺类中间业务这是指商业银行在未来某一日期按照事前约定的条件向客户提供约定信用的业务，包括贷款承诺、透支额度等可撤销承诺和备用信用额度、回购协议、票据发行便利等不可撤销承诺两种。

(6) 交易类中间业务这是指商业银行为满足客户保值或自身风险管理的需要，利用各种金融工具进行的资金交易活动，包括期货、期权等各类金融衍生业务。

(7) 基金托管业务这是指有托管资格的商业银行接受基金管理公司委托，安全保管所托管的基金的全部资产，为所托管的基金办理基金资金清算款项划拨、会计核算、基金估值、监督管理人投资运作。

(8) 咨询顾问类业务这是商业银行依靠自身在信息和人才等方面的优势，收集和整理有关信息，结合银行和客户资金运动的特点，形成系统的方案提供给客户，以满足其经营管理需要的服务活动，主要包括财务顾问和现金管理业务等。

(9) 其他类中间业务。这包括保管箱业务以及其他不能归入以上八类的业务。

2010 年前三季度北京中资商业银行实现中间业务收入 141.1 亿元①

从中国人民银行北京营业管理部2010 年10 月对辖区内商业银行的调查显示：辖区内银行中间业务整体保持较快增长，国际结算、代理类、财务顾问业务快速增长；综合性中间业务服务发展迅速，成为推动中间业务增长的新亮点。

首先，中资商业银行中间业务整体保持较快增长。2010 年前三季度，北京市中资商业银行中间业务保持较快增长，累计实现中间业务收入 141.1 亿元，同比增长 29.8%，占营业收入比重为 10.3%。16 家银行中，共有 12 家增速超过20%，其中兴业银行北京分行成为增长最快的银行，同比增长106.5%。

从收入占比来看，工行、农行、中行、建行、交行五家银行占全部中间业务收入的70%以上，五大行中间业务增长变化基本决定了辖区内商业银行中间业务的变化。

从各类业务来看，各类中间业务收入增长有所差别，其中其他中间业务、代理类业务和融资顾问业务收入增长较快，同比分别增长 73.2%、51.3%和 30.5%；支付结算业务、银行卡业务、交易类业务、托管业务收入增长平缓，同比分别增长 12.0%、17.3%、14.9%和 17.2%。担保及承诺业务由于需求量较小，发展较慢，同比仅增长 1.5%。从收入占比来看，支付结算业务、银行卡业务、代理业务、融资顾问业务和其他中间业务收入占据了中间业务的近90%。

其次，受国际经济形势、宏观政策和市场需求影响，辖区内商业银行部分中间业务格局呈现新变化。

一是国际结算业务大幅增长。2010 年以来，随着全球经济回暖，进出口贸易结算、贸易融资、国际信用证以及国际资金交易等国际业务开始迅速增长。2010 年前三季度各家银行共实现国际结算收入 7.5 亿元，同比增长 37.3%。其中，中国银行北京分行国际结算业务同比增长 87.5%；工商银行北京分行2010 年前三季度国际结算业务收入增幅高达 105.8%；中小银行方面，广发银行北京分行 2010 年前三季度国际业务结算量累计 70.5 亿元，同比增长 84.4%，国际结算收入同比增长 57%。

---

① 前三季度北京中资商业银行实现中间业务收入 141.1 亿元 [EB/OL].(2010-11-23)[2016-08-11]. http://stock.jrj.com.cn/2010/11/2306068621887.shtml.

二是代理保险、代理债券、委托贷款等推动代理类业务收入快速增长。辖区内商业银行代理保险业务呈现快速发展势头。截至2010年9月末，共实现代理保险业务收入9.5亿元，同比增长51.9%，占全部代理类业务收入的32.1%。2010年前三季度，辖区内商业银行共实现代理债券收入6.7亿元，同比增长24.1%，占全部代理类业务收入的22.7%。2010年前三季度，辖区内商业银行通过委托贷款获得中间业务收入2.9亿元，同比增长83.4%，占代理类业务收入的9.7%。

三是信贷资产转化的理财业务、贷款财务顾问等推动了财务顾问业务的快速增长。2010年前三季度，财务顾问业务快速增长，实现中间业务收入12.6亿元，同比增长62.3%。

四是以综合服务为代表，中间业务发展迅速，成为推动中间业务增长的新亮点。今年以来，辖区内各商业银行针对市场需求，积极拓展综合性中间业务服务，成为推动中间业务增长的新亮点。例如，在公司理财方面，招商银行北京分行加大创新，推出“企业财富管理综合金融服务”，将公司理财、现金管理、投资银行、资产托管等多项业务整合在一起，协助企业提升财务管理水平；在融资顾问方面，民生银行北京管理部将客户咨询及顾问业务与新兴市场融资业务有机结合，初步构建以债务融资工具发行、结构性融资、资产管理为核心的新兴市场融资产品体系，扩展中间业务渠道。

思考：

由于中间业务的迅速发展，商业银行是否应从“存款立行”向“服务立行”过渡？

第三节 商业银行的经营原则与管理

一、商业银行的经营原则

商业银行作为特殊的金融企业，具有一般企业的基本特征，即追求利润的最大化。商业银行合理的盈利水平，不仅是其自身发展的内在动力，也是其在竞争中立于不败之地的激励机制。通常认为，商业银行的经营原则就是保证资金的安全，在保持资产的流动性的前提下，争取最大的盈利，即安全性、流动性、盈利性三者的统一。

（一）安全性

商业银行的安全性经营原则就是商业银行在经营活动中，要保证资金安全、尽可能地避免和减少风险。安全性原则可从资产和负债两方面考察：从负债角度来看，包括资本金的安全、存款的安全、各种借入款的安全等；从资产角度来看，包括现金资产的安全、贷款资产的安全、证券资产的安全等。由于资产和负债是相互联系、相互制约的，是一个问题的两个方面，资产处于无损状态且能增值、回流，负债自然安全。因此，资产和负债的安全主要取决于资产的质量和结构，决定于其资产的风险度及现金储备的多少。商业银行必须做到：一是合理运用资产，注重和保证资产质量；二是要提高自有资本的比重，保障债权人的利益；三是遵纪守法，合法经营。

（二）流动性

商业银行的流动性指的是商业银行能够随时应付客户提现和满足客户借贷的能力。商业银行的流动性体现在资产和负债两个方面。资产的流动性指的是银行持有的资产能随时得以偿付或者在不贬值的情况下变现；负债的流动性是指银行能够以较低的成本获得所需要的资金。在银行经营实践中，通常以贷款、存款，流动性资产、全部负债、超额准备金等比率来粗略衡量银行的流动性。

（三）盈利性

盈利性是指商业银行作为经营金融业务的企业，尽可能地追求利润最大化。盈利性既是评价商业银行经营水平的核心指标，也是商业银行最终效益的体现。商业银行只有保持理想的盈利水平，才能充实资本和扩大经营规模，增强银行的实力，提高银行的竞争能力，增强银行的信誉，使银行进入良性发展的轨道。

商业银行的盈利主要是贷款利息收入、投资收入（股息、红利、债息以及卖出有价证券的价差）、劳务收入（各种手续费、佣金等）扣除付给存款人的利息、借入资金所支付的利息、银行自身运营成本和费用等的差额。

（四）“三性”的对立统一

流动性和安全性通常是统一的，一般情况下，安全性高的资产，因被普遍接受，流动性强；而流动性强的资产，由于随时可变现，从而具有较高的安全性。

盈利性与流动性、安全性之间是对立统一的。“三性”的对立体现在：盈利性是对利润的追求，这种要求越高，往往风险越大，安全性和流动性就越低；反之，安全性和流动性越高，盈利性越低。例如，贷款期限越长，利率越高，而银行能否按时收回本息及市场风险等不确定因素越多，贷款的安全性和流动性越低。“三性”的统一体现在：一是在某个范围内，如在保本和资产可能损失较小的区间内，“三性”可达到都令人满意的程度；二是在一定情况下，盈利性和安全性、流动性可同向变化。例如，得到政府担保或者可靠保险的项目，可实现高盈利性和高安全性。

商业银行在经营管理过程中必须保持“三性”的一致。商业银行只有保持必要的流动性和安全性，才能从根本上保证盈利性的实现，流动性和安全性是盈利性的基础和必要条件。因此，在经营策略上，银行首先不是追求盈利，而是先保证资金的流动和安全。在此前提下，进而追求尽可能多的盈利。

二、商业银行管理理论

（一）资产管理理论

在20世纪60年代以前，商业银行是金融机构的主要代表，资金供给相对充裕，间接融资是经济生活中最主要的融资方式。商业银行强调单纯的资产管理，商业银行资金配置中的资产管理（Asset Management）理论认为，资金来源的水平和结构是银行不可控制的外生变量，它取决于客户存款的意愿和能力；银行不能主动地扩大资金来源，而资金业务的规模与结构则是其自身能够控制的变量，银行应主要通过资产方面项目的调整和组合来实现“三性”原则和经营目标。随着社会的发展，依次出现了以下几种资产管理理论。

1. 商业性贷款理论

商业性贷款理论（The Commerical Loan Theory）是最早的资产管理理论，由18世纪英国经济学家亚当·斯密在其《国富论》一书中提出，这是18世纪英国商业银行所遵循的确定商业银行资金分配方向的重要理论。该理论认为，商业银行在分配资金时应着重考虑保持高度的流动性，这是因为银行主要的资金来源是流动性很高的活期存款。由于存款决定是外在的，因此银行资金的运用只能是短期的工商企业周转性贷款。这种贷款期限很短，并且以真实的商业票据作为贷款的抵押，这些票据到期后会形成资金自动偿还，因此该理论又被称为自偿性贷款理论（Self - Liquidation Thery）和真实票据理论（Real - Bill Theory）。商业性贷款理论认为商业银行不宜发放不动产抵押贷款和消费贷款，即使发放这些贷款，也应将其限定在银行自有资本和现有存储存款水平范围内。

该理论的缺点在于：一是没有认识到活期存款的余额具有相对稳定性，从而使银行资产过多地集中在盈利性较低的短期流动资金贷款上；二是由于将银行的资金运用限定在商业流动资金贷款上，而不拓展其他贷款和资产运用业务，使商业银行的业务局限在十分狭窄的范围内，不利于商业银行的发展和分散风险。然而商业性贷款理论奠定了现代商业银行经营理论的一些重要原则，第一次明确了商业银行资金配置的重要原则，即资金的运用要考虑资金来源的性质和结构以及商业银行相对于一般工商企业应保持更高的流动性以确保商业银行的稳健经营。

2. 资产可转换性理论

第一次世界大战以后，由于西方强国迅速恢复经济，之后又加上经济危机爆发和加深，这些国家开始大量发行国债，政府借款需求急剧增加。商业银行也逐步把资金部分转移到购买政府证券中去，资产可转换性理论（The Shiftablity Theory）应运而生。该理论被认为是由美国的莫尔顿于1918年在《政治经济学》杂志上发表的《商业银行及资本形成》一文中提出来的。该理论仍强调商业银行应考虑资金来源的性质而保持高度的流动性，但可放宽资产运用的范围。银行流动性强弱取决于其资产的迅速变现能力，因此保持资产流动性的最好方法是持有可转换资产。这类资产应具有信誉高、期限短、容易转让的特点，使银行在需要流动性时可随即转让获取所需现金。最典型的可转换资产是政府发行的短期债券。在资产可转换性理论的鼓励下以及当时社会条件变化的情况下，商业银行资产组合中的票据贴现和短期国债比重迅速增加。

资产可转换性理论沿袭了商业性贷款理论银行应保持高度流动性的主张，但突破了商业性贷款理论对商业银行资产运用的狭窄局限，使银行在注重流动性的同时扩大了资产运用的范围。资产可转换性理论虽然增加了银行的盈利水平，但是也增加了风险，因为证券资产的质量、金融市场成熟的程度、金融市场和经济的稳定与否，都含有较大的不确定性。

3. 预期收入理论

预期收入理论（The Anticipated Income Theory）是美国金融学家于1949年在《定

期贷款与银行流动性理论》一书中提出的。该理论认为，商业银行的流动性状态从根本上来讲取决于贷款的按期还本付息，这与借款人未来的预期收入和银行对贷款的合理安排密切相关。借款人的预期收入有保障，期限较长的贷款可以安全收回，借款人的预期收入不稳定，即使期限短的贷款也会丧失安全性和流动性。贷款期限并非一个绝对的控制因素，只要贷款的偿还是有保障的，银行按照贷款各种期限合理组合，使资金回流呈现出可控制的规律性，同样可以保障银行的流动性。

预期收入理论为银行拓展盈利性的新业务提供了理论依据，依据借款人的预期收入来判断资金投向，突破了传统的资产管理理论依据资产的期限和可转换性来决定资金运用的做法，丰富了银行的经营管理思想。预期收入理论的不足之处在于对借款人未来收入的预测是银行主观判断的经济参数，随着客观经济条件及经营状况的变化，借款人实际未来收入与银行的预测量之间会产生偏差，从而使银行的经营面临更大的风险。

（二）负债管理理论

负债管理理论兴起于20世纪五六十年代，该理论一改传统流动性管理中严格期限对称的原则和追求盈利性时强调存款制约的原则，不再主要依赖维持较高水平现金资产和出售短期证券来满足流动性需要，主张银行可以积极主动地通过借入资金的方式来维持资产的流动性，支持资产规模的扩张，获取更高的盈利水平。

负债管理理论的兴起是与20世纪五六十年代的经济、金融环境的变化相适应的。第一，20世纪30年代的大危机之后，各国都加强了金融监管，对利率实施严格管制，尤其是存款利率的上限规定，使得银行不能以利率手段来吸取更多的资金来源。20世纪60年代以后，西方各国普遍出现通货膨胀，货币市场利率不断攀升吸引了大量投资者，出现“脱媒”状况，商业银行面临资金来源的巨大压力。在这种情况下，银行不得不调整资金配置策略，拓展融资渠道来筹措资金。第二，金融市场快速发展，金融工具创新为商业银行扩大资金来源提供了可能性。1961年，花旗银行率先发行了大额可转让定期存单，随后又出现了诸如回购协议等多种创新型的融资工具。这些流动性强的新型融资工具极大地丰富了银行的资金来源渠道，为银行主动负债创造了条件。第三，西方各国存款保险制度的建立和发展，也激发了银行的冒险精神和进取意识。在这种背景和经济条件下，20世纪六七十年代负债管理理论盛行一时，先后经历了存款理论、购买理论和销售理论。

1. 存款理论

存款理论认为，存款是商业银行最重要的资金来源，是商业银行开展资产业务的基础。存款是存款者放弃货币流动性的一种选择，作为一种报酬，商业银行应向存款者支付一定的利息；存款者是否将钱存入银行的意向是决定存款能否形成的主动因素，商业银行只能被动地接受这种意向；存款的安全性是存款者和商业银行共同关注的焦点问题，存款者最担心存款能否如期兑现以及兑现时是否贬值，银行最担心是否会发生挤兑，导致银行信誉受损甚至倒闭；银行的资金运用，尤其是长期贷款和投资，必须限制在存款的稳定性沉淀余额内，以免造成流动性危机；存款可分为原始存款和派生存款。受存款理论影响，一系列有助于促进存款稳定的银行管理制度诞生了，如存款保险制度、最后贷款人制度、存款利率限制制度等。

2. 购买理论

购买理论是在20世纪六七十年代西方主要国家面临着“滞胀”的巨大压力下兴起的，标志着银行负债经营战略思想的重大转移。该理论认为，银行对于负债并非消极被动和无能为力。银行完全可以主动地负债，主动地购买外界资金，变被动的存款观念为主动的借款观念，变消极地支付负债为积极地购买负债。购买理论对于促进商业银行更加积极主动地吸收资金、推进信用扩展与经济增长以及增强商业银行的竞争力都有积极的意义。但商业银行在资金购买过程中面临着利率风险和资金可得性风险，同时购买理论也容易助长商业银行过度负债、盲目竞争、加重负债危机和通货膨胀，不利于中央银行货币政策的制定和执行。

3. 销售理论

销售理论是在20世纪80年代金融改革和金融创新风起云涌以及金融竞争和金融危机日益加深的条件下兴起的一种负债管理理论。该理论不再单纯地着眼于资金，而是立足于服务，即将市场营销学应用于商业银行的经营管理中，认为商业银行是制造金融产品的企业，应根据不同客户的不同需求，设计开发新的金融产品，并努力将这些产品推销出去，在其力所能及的限度内为各方面客户提供满足其特殊需要的金融服务的同时，获得所需资金和应有的报酬。销售理论的销售观念不只限于商业银行的负债，也涉及商业银行的资产，银行在设计一种金融产品时，需要将两个方面联系起来进行，即适当地利用贷款或投资手段的配合来实现资金的吸收。

（三）资产负债管理理论

20世纪70年代后期，由于市场利率大幅度上扬，靠负债保持流动性的成本上升，风险加大，加之西方国家某些金融管理法规的调整，使负债管理的必要性下降。例如，1980年美国国会通过《放松对存款机构的管制及货币控制的法令》，承诺在1986年以前废除利率上限，1981年已允许全国范围内的银行对活期存款支付利息等。存款利率管制的放松，使银行存款利率上升、银行资金成本提高，负债管理理论的局限性日益显露。商业银行要合理安排资产的结构，保证高额盈利，一种将资产管理理论和负债管理理论在更高层次上进行综合，并从整体上考虑商业银行经营管理的理论，即资产负债综合管理理论，简称资产负债管理理论，应运而生。

资产负债管理理论既吸收了资产管理理论和负债管理理论的精华，又克服了二者的缺点，从资产和负债两方面综合考虑，对照分析，根据银行经营环境的变化，协调各种不同资产和负债在利率、期限、风险和流动性等方面的搭配，做出最优化的资产负债组合，以满足盈利性、安全性和流动性的要求。目前，各国商业银行普遍采用的是资金缺口管理方法和资产负债比例管理方法。

资金缺口管理方法介绍如下：

（1）正缺口：利率敏感性资产 > 利率敏感性负债，预期未来利率上升。正缺口管理图如图5.1所示：

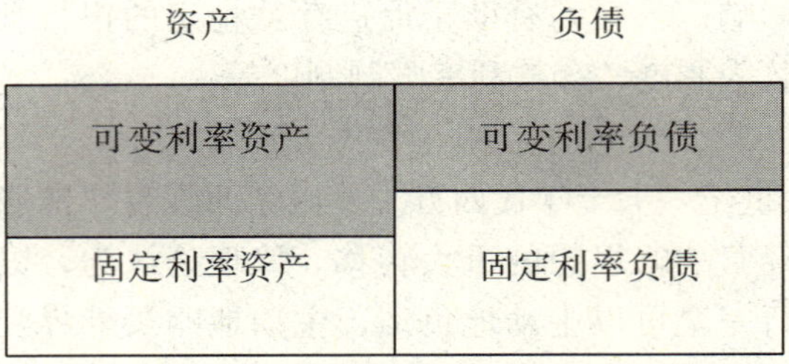

资产	负债
可变利率资产	可变利率负债
固定利率资产	固定利率负债

图 5.1　正缺口管理图

（2）负缺口：利率敏感性资产 < 利率敏感性负债，预期未来利率下降。负缺口管理图如图 5.2 所示：

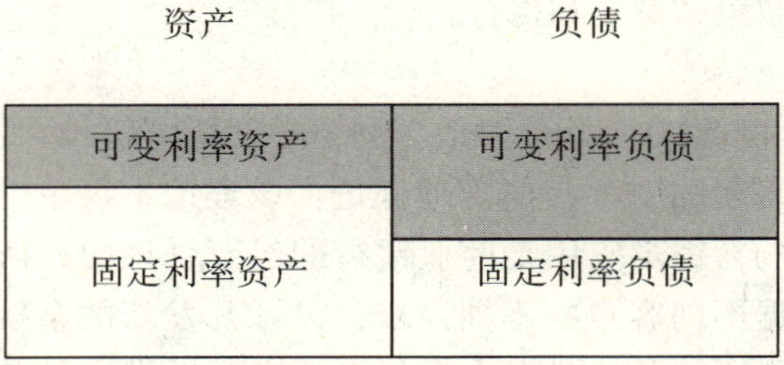

资产	负债
可变利率资产	可变利率负债
固定利率资产	固定利率负债

图 5.2　负缺口管理图

花旗银行的营销策略①

花旗银行是一家美国金融公司，建立于1812年，1865年获得了联邦特许，1913年在阿根廷布宜诺斯艾里斯设立了第一家国外分支行，到1930年时其分支机构已经超过了100家。花旗银行收益的65%来自零售业务。

花旗银行在零售业务方面具有巨大的优势和竞争力，这种优势的建立在很大程度上归功于其零售业务的营销策略。早在20世纪70年代，花旗银行就开始实现了营销理念的重大突破，即以市场为导向，以满足客户需要为条件，以商品消费的思路去分析客户的心态，并据此采取了相应的对策。为了推销产品、扩大市场，花旗银行采取的措施主要如下：

1. 建立顾客关系至上的营销理念

花旗银行的服务宗旨不仅仅是立足于产品销售，还要给顾客愉快的感受，使顾客对银行产生依赖关系。据此，花旗银行致力于建立顾客对银行的依赖和信任关系，并依此目标改善其产品的服务功能。花旗银行也努力在全球推广标准化的服务，确保服务质量的统一性。

2. 塑造花旗银行的品牌形象

花旗银行除了在全球推行统一品牌外，还将其零售产品设计成一种身份的象征，

① 郭福春．商业银行经营管理与案例分析［M］．杭州：浙江大学出版社，2005.

并依靠精心设计的广告突出这一特征，使许多人将拥有花旗银行的产品视为一种荣耀。例如，花旗银行对信用卡的营销除了突出服务功能外，还特别突出塑造成功的形象，对年轻的顾客产生了巨大的吸引力。

3. 对市场进行细分，明确市场定位

花旗银行对客户市场进行细分，对客户进行分类，即根据客户的年龄、性别、地域、偏好、职业、受教育程度、收入、资产等标准进行细分。在此基础上，花旗银行实施有效的市场定位，针对不同层次的客户提供适合他们需求的金融产品和服务，使银行服务由统一化、大众化向层次化、个性化转变。对其市场定位中的重点客户，花旗银行采取不同的服务措施，如对持有金卡的一些顾客实施免收年费的优惠措施。花旗银行的口号是："代替统一服务的是那种能够满足每一个单独顾客需要的服务"。花旗银行在美国本土及全球集中服务于中产阶层和高收入高消费层次。在亚洲，花旗银行把目标瞄准了新兴的中产阶层，认为随着他们财富的增加，他们对个人金融服务的需求也在增加。花旗银行重点服务的对象是占人口总数20%的高收入阶层，花旗银行为其提供信用卡和抵押贷款等一系列的产品服务。

4. 运用灵活的营销手段，为客户提供全面的服务

花旗银行对个人客户能提供全面的商业银行各类服务，包括资产管理、保险、个人理财、咨询顾问、甚至旅游服务等。此外，花旗银行还采取客户服务差别化战略，依据客户收入、消费习惯的不同，提供各种不同的服务组合，还积极发展多品种交易客户，不仅为其提供存贷款、信用卡、消费贷款服务，还提供投资信托、年金以及保险类金融商品的综合服务。为了争取更多的客户，花旗银行的营销手段层出不穷，除了积极利用广告媒体和各种宣传资料外，还注重市场调查和信息的搜集工作。例如，在印度，花旗银行的工作人员通过查阅电话号码簿把信用卡发放给那些安装固定电话的人，因为在当地除了个别例外，只有富裕人士才能安装得起固定电话。而在印度尼西亚，花旗银行的目标则是那些拥有卫星电视接收器的家庭。成功的营销策略使花旗银行的零售业务在亚太地区赢得了广泛的客户群。

有效创新的营销策略支撑了零售业务成为花旗银行最具优势的业务之一，近几年，花旗银行零售业务收入年增长率达到20%以上。

思考：

商业银行主动开展营销，是否意味着商业银行的经营风格发生了根本性变化？我国商业银行应如何适应这一变化？

第四节　商业银行的存款货币创造

在现代金融体系中，商业银行最重要的特征是可以以派生存款的形式创造和收缩货币，从而影响整个社会的货币供应量。

一、商业银行存款货币的相关概念

（一）存款货币

存款货币也称支票存款，是指存在商业银行，使用支票可以随时提取的活期存款。

（二）原始存款

所谓原始存款，狭义的原始存款是指客户以现金形式存入银行的款项；广义的原始存款也包括能同时增加准备金存款的银行吸收的最初存款，如财政拨款、外汇占款等形成的存款及中央银行付款的支票。原始存款是商业银行进行信用扩张和创造派生存款的基础。

（三）派生存款

派生存款是指商业银行体系以原始存款为基础，通过贷款、贴现、投资等业务转化而来的存款，也称衍生存款。

（四）法定准备金

法定准备金是指商业银行按照法定准备金率的要求提留的不能用于放款盈利的那部分存款。

（五）超额准备金

超额准备金是指商业银行准备金中超过法定准备金以上的那部分准备金。

二、商业银行创造存款货币的条件

商业银行创造存款货币要具备以下条件：

第一，实行完全的信用货币流通。

第二，实行比例存款准备金制度，即银行将所吸收的存款按一定比例留作存款支付准备金的制度。在这一条件下，银行才可以在保留部分现金准备的条件下，将客户存款的其余部分用于自身的资产业务，如用于发放贷款。

第三，广泛采用非现金货币结算方式。银行机构众多，转账制度发达，存款可在不同银行多次流转。非现金结算制度是银行制度的重要组成部分，使得支票存款具有了货币的交易媒介职能和支付手段的功能。于是人们在取得贷款后，有可能不再提现，从而确保准备金保留在银行体系内部不断循环，存款货币创造过程才得以继续。

三、商业银行存款货币的创造过程——简化的存款货币创造模型

当客户将 1 元钱存入某家银行后，并不一定就会发生存款的创造。如果银行只是接受委托，保管这笔钱，直到客户来取钱为止，那么就不会有任何额外的存款被创造出来。但是银行作为金融中介存在，决定了其不会简单地充当一个现金的保管者，而会将这笔钱贷放给需要资金的借款者，存款货币创造从此开始。

为了说明商业银行创造存款货币的过程，考虑最简单的情形，首先进行如下假设：

第一，银行只保留法定准备金，其余资金全部贷放出去，超额准备金为零。

第二，客户的资金全部通过转账进行结算，没有提取现金行为。

第三，法定存款准备金率 r_d 为20%。

现假设A银行收到10 000元支票存款后，留下2 000元作为法定准备金后将其余的8 000元贷出。得到8 000元贷款的客户将贷款使用，购买各种生产要素，转账支付给商家，该商家将这8 000元收入存入开户行B银行。B银行在得到8 000元存款中留下1 600元作为法定准备金，剩余的全部贷出……从而C银行得到6 400元存款……以此类推，一直持续到最初增加的10 000元存款完全转化为银行体系的法定准备金为止（见表5.1）。这时，银行体系的存款总额为50 000元。

表5.1　简单的存款创造模型　　单位：元

银行 (1)	存款的变化 (2)	贷款的变化 (3) = (2) ×80%	准备金的变化 (4) = (2) ×20%
A	10 000（原始存款）	8 000	2 000
B	8 000（派生存款）	6 400	1 600
C	6 400（派生存款）	5 120	1 280
D	5 120（派生存款）	4 096	1 024
E	4 096（派生存款）	3 276.8	819.2
F	……	……	……
G	……	……	……
……	……	……	……
总计	50 000	40 000	10 000

观察以上过程，可以发现在表5.1中，根据：

$1 + r + r^2 + r^3 + \cdots = 1/(1 - r)$

$$
\begin{aligned}
\text{存款总额} &= 10\,000 + 8\,000 + 6\,400 + 5\,120 + 4\,096 + \cdots \\
&= 10\,000 \times [1 + 4/5 + (4/5)^2 + (4/5)^3 + \cdots] \\
&= 10\,000 \times 1/20\% \\
&= 50\,000\text{（元）}
\end{aligned}
$$

商业银行存款货币创造的公式如下：

存款总额 = 原始存款 ×1/法定准备金率

　　　　 = 原始存款 ×K

派生存款 = 存款总额 − 原始存款

式中，K为货币乘数，表示单位原始存款的变动可能引起的存款总额的最大扩张倍数。

$$K = \frac{1}{r_d}$$

从上式可看出，商业银行存款货币扩张数额的大小，取决于两个因素：一是原始存款量的大小，即原始存款量越大，创造的存款货币的数量越多；反之，则越少。二是法定准备率的高低。法定存款准备金率越低，货币乘数就越高，商业银行存款创造的能力就越强；法定存款准备金率越高，货币乘数就越低，商业银行存款扩张的能力也就越弱。

四、货币乘数的修正

现实生活中，商业银行具有创造派生存款的能力，但派生存款的扩张又不是无限度的，派生存款的扩张究竟能达到多少倍，即货币乘数是多少，还得受整个国民经济情况、所处的经济发展阶段、法定存款准备金率、超额准备金率、现金漏损率等诸多因素的制约。因此，必须对货币乘数公式进行进一步的修正。

（一）现金漏损率

现实生活中，客户常会从活期存款账户中提取现金，从而使现金从存款账户中流出。如果商业银行没有超额准备金，银行系统的法定存款准备金数量减少，为补足法定准备金，商业银行必然收缩贷款，货币乘数缩小，商业银行创造存款货币的能力下降。现金从活期存款中提取，现金（C）与存款总额（D）之间的比例关系表现为现金漏损率（c）。

$$c = C/D$$

这样，货币乘数可修正为：

$$K_1 = \frac{1}{r_d + c}$$

（二）超额准备金率

商业银行日常经营中，通常为了应付不时之需或等待有利投资机会，商业银行总会保留一定数量的超额准备金（E），超额准备金与存款总额之间的比例关系表现为超额准备金率（r_e）：

$$r_e = E/D$$

因为超额准备金的存在，必然使银行创造存款的能力削弱，此时货币乘数变动为：

$$K_2 = \frac{1}{r_d + c + r_e}$$

由上可知，商业银行吸收一笔原始存款能够创造多少存款货币，受到法定准备金率、现金漏损率、超额准备金率等许多因素的影响，商业银行创造存款货币的能力必然有所下降。分母的数值越大，则存款乘数的数值越小。

贷款五级分类[1]

借款人：摩托股份有限公司

一、公司基本情况

摩托股份有限公司成立于2000年3月，注册资本50万元，地址×××，公司主营业务为摩托车配件等，法定代表人为刘某（50余岁），股东3人，设立股东会、法定代表人和执行董事，基本账户开户行为工商银行。

二、公司经营情况

摩托股份有限公司发起人原为某国有摩托生产企业员工刘某，因工厂倒闭破产，刘某联合两名同事成立了该公司，主要为A公司生产摩托配件。经过一年发展，该公司现已拥有3 000平方米的生产车间及其他用房，建立了比较规范的制度管理，各科室部门比较健全。该公司拥有员工50余人，其中营销人员1人，拥有生产设备40余台，是于1995年购置的。按A公司统一管理需要，该公司在其租赁仓库用于存放产成品，并派驻员工看管，由A公司根据生产需要随时调用其产品，后支付货款。若A公司资金暂时紧张，则以工商银行开具的银行承兑汇票支付。目前，该公司拥有A公司开户行于2005年12月1日开具的15万元的银行承兑汇票一张，期限半年。由于摩托股份有限公司存在自身研发能力弱的情况，因此在近几年的发展中，摩托股份有限公司主要依靠B公司的研发能力生产其研发的产品，即代加工产品。由于摩托股份有限公司和B公司建立了良好的商业伙伴关系，因此B公司也给予了其极大的帮助，该公司应付账款中的80%均为欠B公司的款项。

三、公司借款情况

（1）2003年9月5日至2006年9月5日，中长期固定资产投资贷款30万元，摩托股份有限公司5亩（1亩约等于666.67平方米）的国有土地是有权抵押的（出让、工业用地性质），抵押率为50%。

（2）2006年2月3日至2006年6月3日，短期流动资金贷款，信用方式10万元。摩托股份有限公司股东出具银行承兑汇票到期优先归还贷款承诺函。

四、财务报表情况

（略）

五、风险认定分析

1. 基本分析

摩托股份有限公司在2003年生产、销售发展平稳，势头良好时，加大了对固定资产的投入，由于当时资金流动性强，为不占用正常生产流动性资金，该公司在某信用社办理了3年期的生产用房建设贷款，金额30万元，贷款用途主要用于更新生产用房，新建钢结构生产用房，用其拥有的5亩国有土地使用权做抵押，土地性质为一级工业用地，出让性质，2003年8月经专业评估击机构评估为60万元，抵押率为50%。2006年2月，由于该公司应收货款未能及时回笼，企业的流动资金出现暂时困难，向信用

① 刘毅．商业银行经营管理学［M］．北京：机械工业出版社，2006.

社申请办理了4个月的短期信用贷款10万元，用于企业流动资金。从信用社开展的贷后检查情况看，该公司未挪用借款资金，同时能够按季足额支付贷款利息，无拖欠情况发生。

2. 财务分析

摩托股份有限公司2003—2005年财务分析如表5.2所示：

表5.2　　摩托股份有限公司2003—2005年财务分析

财务比率＼年份	2005年	2004年	2003年	标准值
资产负债率（%）	94.0	94.3	67.4	60~70
流动比率	0.51	0.49	0.7	2
速动比率	0.1	0.12	0.25	1
销售利润率（%）	0.8	6.5	9.8	—
资产利润率（%）	0.1	0.2	—	—
应收账款周转次数（次）	6.2	5.2	3	—
存货周转次数（次）	1.3	1.9	3	—

从摩托股份有限公司这三年的财务报表来看，各项数据趋向不良，资产负债率连续两年高达94%。而公司的流动比率、速动比率、销售利润率、资产利润率和存货比率均逐年下降，并且远低于标准值和同行业平均数。

（1）从该公司的流动资产来看，其中存货的比重高达78%，流动比率为0.51，远低于标准值，说明公司短期偿债能力很弱，流动资金缺乏，资产负债情况差。

（2）该公司2003—2005年的销售收入，呈逐年下降态势，并且下降的幅度近50%，与此同时，该公司的存货量却在逐年上升，说明该公司近三年的生产规模，市场需求量，销售量均呈现萎缩态势。发展的潜力不足，企业步入衰退期。

（3）从该公司的生产情况看，其生产产品品种单一，销售渠道单一，未能有效地开展营销工作，产品市场占有率逐年下降。同时，该公司的生产完全依靠A公司的需求而定，被动性强，即使该公司满负荷生产也只能增加存货而已，不能迅速形成收益、回笼资金，市场抗风险能力弱。

（4）从该公司的销售利润率看，2005年呈下降态势，主要原因是主要产品销售量减半，同时自主研发能力差，逐渐演变为代加工企业，而代加工产品的附加值低、利润少。同时，该公司也意识到现状，加大了对应收账款的催收，保证流动资金的使用。

3. 现金流量分析

按照简易法计算，该公司2005年现金净流量为4 051元，无投资活动产生的现金流量，筹资活动产生的现金流量净额为84 040元，经营活动产生的现金流量净额为－79 989元，说明企业经营活动产生的现金流出量远大于现金流入量，该公司只能通过员工和股东筹集流动资金弥补经营活动产生的现金负值。

4. 担保分析

(1) 30 万元抵押贷款由摩托股份有限公司的国有土地使用权抵押，属出让性质，为一级工业用地，经专业评估机构评估足值，抵押率50%，借款合同、抵押合同均办理了公正手续，赋予强制执行效力，使用权在国土部门办理了有效的抵押登记手续，并取得有效的抵押权证，由信用社入库保管。

(2) 10 万元贷款虽为信用方式，但贷款到期前两日，摩托股份有限公司有一笔15 万元的银行承兑汇票到期，并且该公司股东会承诺该汇票到期优先偿还该笔贷款。信用社加强汇票到期兑付的监督，防止该公司挪用，督促归还，因此认为该笔借款风险较小。

5. 非财产分析（简述）

摩托股份有限公司发展潜力不足、营销人员少、产品品种单一、销售渠道单一、被动性强等。

思考：

该企业的两笔贷款质量如何，可以认定为哪类贷款？依据是什么？

思考与练习

一、名词解释

商业银行　单一银行制度　总分支行制度　持股公司制　负债业务　自有资本
支票存款通知存款　资产业务　抵押贷款　担保贷款　信用贷款　贴现贷款
表外业务　汇兑业务　承兑业务　担保业务　存款创造　原始存款　派生存款
货币乘数　法定准备金率　现金漏损率　超额准备率

二、简答题

1. 现代商业银行是怎么产生的？
2. 如何理解现代商业银行的性质？
3. 商业银行的职能有哪些？
4. 为什么持股公司制在美国最为流行，并在近几年获得了极大的发展？
5. 商业银行的资产负债业务都有哪些？
6. 简述自有资本在商业银行经营中的地位和作用。
7. 商业银行的经营原则是什么？简述安全性、流动性和盈利性之间的关系。
8. 什么是资产负债管理理论？其管理的一般方法是什么？如何具体运用？

三、论述题

1. 商业银行的表外业务目前在其经营中处于什么地位？商业银行为什么要大力发展表外业务？

2. 试述商业银行经营管理理论的发展过程。

3. 什么是存款货币？试述商业银行存款货币的创造过程。

第六章　中央银行

本章要点

本章主要让学生了解中央银行制度产生与发展的历史；熟悉和掌握中央银行的性质、职能与制度类型以及中央银行与政府的关系、中央银行的主要业务、金融风险和金融管理。本章的重点是中央银行产生的客观原因、中央银行的性质和职能、金融风险和金融管理；难点是正确理解中央银行的独立性。

金融海啸与央行货币政策

次贷危机时，在美国大规模金融救援方案通过之后，金融海啸不仅没有停止，全球股市下跌的势头反而一浪高过一浪。全球金融市场进一步恶化，不仅给金融市场本身增加了更大的风险与危机，也给各国经济带来巨大的威胁和不确定性。

面对这些危机，先是澳大利亚率先下调基准利率1%，中国香港金融当局2008年10月8日宣布，将从10月9日起实际减息1%。之后，世界各主要国家和地区央行同时协调降息。美联储、欧洲央行及英国、加拿大、瑞典央行都宣布降息0.5%，它们的利率分别降至1.5%、3.5%、4.5%、2.5%、4.25%。中国人民银行同日决定，下调存款类金融机构人民币存款准备金率0.5%，下调各期限档次存贷款基准利率0.27%。与此同时，国务院决定对储蓄存款利息所得暂免征收个人所得税。

可以说，这次世界几大央行协调一致，统一降息，是史无前例的事件。这包含了以下几个方面的意义：一是在全球金融市场恶化、风险不断增加的情况下，各国央行达成了基本共识。协调降息将对稳定全球金融起到一定的作用，这也是全球金融市场新秩序建立的开始。二是尽管这次降息的幅度不大，但由于各国央行在统一时间内行动，说明了各国央行不仅有稳定全球金融的决心，也有稳定全球金融市场的工具与能力。当前全球金融市场的恶化局面会在短期内有所改善。三是这次中国也参与全球各国央行的统一行动，也是中国金融体系真正面向世界的一个标志性事件。在这场重大的金融危机面前，以西方为代表的世界各主要经济体已经把中国视作其不可或缺的成员之一。中国央行能够在欧美金融市场面临巨大困难之际，与世界各国央行统一行动，将有利于未来我们与各国金融监管当局的进一步交往与协作，也是中国迈向金融大国的真正体现。

思考：在当今世界，面临全球性金融危机时，各国央行能发挥多大作用？

提示：央行首先应该担负责任，及时反应，在全球化的今天，一国难以独善其身，必须联手干预，发挥央行作为金融管理职能的对外代表作用，代表政府来谈判、参与全球合作。央行发挥作用的大小取决与其独立性和信誉以及反应的能力和政策的合理性。

第一节 中央银行概述

中央银行是国家赋予其制定和执行货币政策，监管金融体系，进行宏观金融调控的特殊的金融机构。

一、中央银行产生的经济背景、原因及其发展

（一）中央银行产生的经济背景

中央银行产生于17世纪后半期，形成于19世纪初期，中央银行产生的经济背景如下：

1. 商品经济迅速发展

18世纪初，西方国家开始了工业革命，社会生产力的快速发展和商品经济的迅速扩大，促使货币经营业越来越普遍，而且日益有利可图，资产阶级政府由此产生了对货币财富进行控制的欲望。

2. 资本主义经济危机频繁出现

资本主义经济自身的固有矛盾必然导致发生连续不断的经济危机。面对危机，资产阶级政府开始从货币制度上寻找原因，企图通过对银行券发行的控制，避免和消除经济危机。

3. 银行信用的普遍化和集中化

资本主义产业革命促使生产力空前提高，生产力的提高又促使资本主义银行信用业蓬勃发展。其主要表现为：一是银行经营机构不断增加；二是银行业逐步走向联合、集中和垄断。

（二）中央银行产生的客观原因

资本主义商品经济的迅速发展、经济危机的频繁发生、银行信用的普遍化和集中化，既为中央银行的产生奠定了经济基础，又为中央银行的产生提供了客观条件。

1. 政府对货币财富和银行的控制

资本主义商品经济的迅速发展，客观上要求建立相应的货币制度和信用制度。资产阶级政府为了开辟更广泛的市场，也需要有巨大的货币财富作为后盾，从而促使政府建立实现自身利益的大银行。

2. 统一货币发行

在银行业发展初期，几乎每家银行都有发行银行券的权力，但随着经济的发展、市场的扩大和银行机构的增多，银行券分散发行的弊病就越来越明显，客观上要求有一个资力雄厚并在全国范围内享有权威的银行来统一发行银行券。

3. 集中商业银行存款准备金，充当银行最后贷款人

商业银行在日常经营过程中，由于追求利润最大化，可能会发生营运资金不足、头寸调度不灵等问题，客观上要求有一个金融机构，利用存款准备金制度，集中众多

银行的部分资金，当某些商业银行出现资金周转困难时，提供必要的资金支持，充当银行的最后贷款人。

4. 建立票据清算中心

随着银行业的不断发展，银行每天收受票据的数量增多，各家银行之间的债权债务关系日趋复杂，各家银行自行轧差进行当日清算已越发困难。无论是同城清算，还是异地清算，都迫切需要建立一个全国统一的、有权威的、公正的清算中心。

5. 统一金融管理

随着银行业和金融市场的发展，竞争也日趋激烈，需要政府出面进行必要的管理，创建公平竞争的市场环境，保证银行业和金融市场的稳定。这要求产生隶属政府的中央银行这一专门机构来实施政府对银行业和金融市场的管理。

（三）中央银行的产生与发展

1. 中央银行的产生

纵观世界各国中央银行产生与发展的历史，中央银行的产生主要有以下两条途径：一条路径是由信誉好、实力强大的商业银行经过逐步演变，最终发展而成，如英国的英格兰银行和瑞典的瑞典银行；另一条路径则是由政府出面直接组建中央银行，如美国的联邦储备体系（美联储）。

（1）瑞典银行。历史上最早的国有银行是瑞典银行，其成立于1656年，1668年改组为国家银行。1897年，瑞典政府通过立法，将货币发行权集中于瑞典银行。不过，尽管瑞典银行成立的时间最早，但它获得货币集中发行权的时间却大大晚于英格兰银行。

（2）英格兰银行。英国的英格兰银行是最早获得货币发行权、具有无限法偿资格的中央银行，也是最早全面行使中央银行职能的银行。英格兰银行成立于1694年，是历史上第一家股份制银行。150年后，即1844年，英国银行法案《比尔条例》的颁布，使英格兰银行基本垄断了货币发行权，迈出了成为中央银行的决定性的一步。1854年，英格兰银行成为英国银行业的票据交换中心。1872年，英格兰银行开始对其他银行负起“最后贷款者”的责任。

（3）美国联邦储备体系。美国联邦储备体系建立于1913年。其主要特点有：全国共分为12个区域性的储备区，每个储备区设立一家联邦储备银行；联邦储备银行既是联邦储备体系的业务机构，同时又是区域性的中央银行，具有一定的独立性；联邦储备银行负责货币发行、代理国库、主持清算、会员银行准备金保管、对会员银行提供贷款和再贴现、公开市场操作等业务。

2. 中央银行制度的发展

1913年，美国联邦储备体系的建立标志着中央银行制度在世界范围的基本确立。其后，中央银行制度进入快速发展阶段。中央银行制度的发展进程可分为两个阶段：中央银行制度的推广阶段（1914—1945年）和中央银行制度的强化阶段（1946年至今）。

（1）中央银行制度的推广阶段。1920年，在比利时首都布鲁塞尔举行了第一次国际金融会议。会议提出：为稳定币值、消除通货膨胀，各国中央银行应摆脱政府政治上的控制，实行稳健的金融政策；尚未成立中央银行的国家应尽快成立中央银行，以稳定第一次世界大战后币制、汇率和金融混乱的局面。在这一期间新建或改建的中央银行，大多数是借助政府的力量直接设立而成的。据统计，1921—1942 年，全球通过改组或新建设立的中央银行共计 43 家。

（2）中央银行制度的强化阶段。第二次世界大战后，各国为发展经济，普遍信奉凯恩斯主义的宏观经济理论，同时加强了中央银行制度的建设。中央银行制度的强化主要体现在中央银行的国有化、国家对中央银行的控制加强、强化了中央银行货币政策的宏观调控功能、中央银行国际合作的加强、跨国中央银行出现等几个方面。

（四）中国中央银行的产生与发展

1. 中国早期中央银行的产生与发展

1904 年，清政府成立户部银行，1908 年改为大清银行，之后大清银行改组为中国银行。1924 年 8 月，孙中山在广州成立中央银行；1926 年北伐军攻克武汉，同年又成立中央银行；1927 年，蒋介石成立南京国民政府，同年 10 月颁布《中央银行条例》，1928 年 11 月 1 日新成立中央银行，总行设在上海。

2. 中国人民银行的建立与发展

1931 年 11 月，中国共产党在江西瑞金成立中华苏维埃国家银行，次年 2 月该行开业。1948 年 12 月 1 日，中国人民银行在原华北银行的基础上，通过合并西北农民银行、北海银行，在石家庄正式成立，1949 年 2 月总行迁入北京。

此时期的中国人民银行实行的是一种“大一统”的、“一身二任”的、“复合式”的中央银行体制，即中国人民银行既是中央银行，同时又经营专业银行业务，是全国的现金中心、信贷中心、结算中心。

1983 年 9 月，国务院决定中国人民银行专门行使国家中央银行职能。1995 年 3 月 18 日，第八届全国人民代表大会第三次会议通过了《中华人民共和国中国人民银行法》。至此，中国人民银行作为中央银行以法律形式被确定下来。

二、中央银行的性质和职能

（一）中央银行的性质

中央银行作为国家金融管理机构，代表国家制定货币金融制度，执行金融政策，负责宏观经济调控，对各金融机构进行监督管理。中央银行具体有如下特征：

1. 中央银行是一国金融体系的核心

中央银行作为国家金融管理机构，代表国家制定货币金融制度和货币政策，执行货币金融政策，负责宏观经济调控，对各金融机构进行监督和管理，是一国货币金融的最高权力机构，是一国信用体系的枢纽和金融管理的最高当局。其核心地位主要表现如下：

一是由于金融机构是经营货币及其衍生品的企业，而货币由中央银行垄断发行并调节市场货币量，市场货币的多寡直接关系金融机构的经营。

二是商业银行和其他金融机构都需要利用中央银行的清算体系进行相互之间债务债权关系的清算。

三是货币数量的多寡以及中央银行清算体系的效率决定金融体系的正常运转。

2. 中央银行不以营利为目的

与一般金融机构不同，中央银行不以营利为目的，因为盈利目的与中央银行作为金融市场的管理者和调节者以及承担的其他职能相冲突。例如，如果将盈利作为目标，中央银行就可以利用垄断货币发行权的优势滥发货币，轻而易举地实现盈利目标，其他金融机构根本无法与中央银行竞争，很可能形成中央银行独霸金融市场的局面。又如，当市场上资金过于宽裕、出现通货膨胀征兆时，应该减少货币的供应，但这将减少中央银行的盈利。如果中央银行以盈利为目的，可能会拖延实施紧缩政策。因此，金融体系是否稳健和货币政策是否得当是中央银行的目的，也是考核中央银行的指标。

3. 中央银行以政府和金融机构为业务对象

由于中央银行不以营利为目的，如果也将一般工商企业和个人列为业务对象的话，就可能降低资金的使用效率和发生与民间金融机构争夺客户的现象。同时，还会降低货币的流通速度，不利于货币政策的执行。中央银行以政府为业务对象主要表现在中央银行为政府代理国库，充当政府经济金融顾问等；中央银行以金融机构为业务对象主要表现为中央银行接受金融机构存款、向金融机构提供贷款和资金清算服务等。

4. 中央银行对存款不支付利息

因为中央银行吸收的金融机构准备金存款属于保管性质而非营利性质。如果支付利息，中央银行很可能通过提高向金融机构的贷款利率，转移这部分成本，结果对市场实际利率和金融机构的实际成本产生影响。财政存款虽然不是保管性质，但中央银行以提供无息短期贷款、无偿代理发行债券和代理国库服务作为补偿。

5. 中央银行的资产具有最大的清偿性

无论中央银行采取哪种货币政策手段，最终必然是通过中央银行的资产变动引起全社会货币流通量的变化，实现政策目的的。因此，要求中央银行的资产具有完全的变现和清偿能力，否则资产的变动不能适应操作要求，就不能使政策工具及时、顺利地发挥作用，达不到预期政策目的。

例如，中央银行实行紧缩性的货币政策，需要在公开市场出售证券来回笼货币。但是，如果该证券的流动性较差，不能立刻售出，那么就不能顺利回笼货币，紧缩货币政策当然也就无法实施。因此，很多国家在中央银行的法律中都规定了中央银行持有资产的范围，限制中央银行持有流动性差的资产。

（二）中央银行的职能

中央银行的职能有两种划分方法：一种是按照中央银行在社会经济中的地位划分；另一种是按照中央银行的性质划分。

1. 按照中央银行在社会经济中的地位划分

中央银行的职能主要有发行的银行、银行的银行和政府的银行。

（1）中央银行是发行的银行。所谓发行的银行，是指中央银行拥有发行银行券的特权，负责全国本位币的发行，并通过调控货币流通，稳定币值。

中央银行发行银行券最初有一些限制，即必须有十足的准备金，早期是以黄金和商业票据作为发行准备金，后来外汇、公债券、国库券也可以作为发行准备金。现在，大多数国家已经取消黄金作为发行准备，而普遍以政府公债充当，这种情况就可能为赤字财政和通货膨胀打开了方便之门。

（2）中央银行是银行的银行。所谓银行的银行，是指中央银行与商业银行发生业务关系，如集中商业银行的准备金并对它们提供信用，而且还为它们提供清算服务。中央银行同商业银行的业务往来主要有以下几方面：

①集中商业银行的存款准备金。商业银行吸收的存款不能全部贷出，必须保留一部分作为准备金，以备存款人提取。可见，存款准备金最初是为了保证商业银行的流动性。但随着经济的发展，为了调节市场货币供应量，法律规定商业银行必须按照规定的比率向中央银行缴存法定存款准备金。这样就使商业银行的准备金大部分集中于中央银行，中央银行往往通过各种手段影响商业银行的准备金数量，以达到控制全国货币供应量的目的。

②办理商业银行间的清算。由于各商业银行都有存款准备金存在中央银行，并在中央银行设有活期存款账户，这样就可以通过存款账户划拨款项，办理相互之间的债权债务结算。

③对商业银行发放贷款。商业银行资金短缺时，可从中央银行取得贷款。其方式是把工商企业贴现的票据向中央银行申请再贴现，或以票据、有价证券作为抵押向中央银行申请贷款。中央银行对商业银行的贷款主要来源于国库存款和商业银行缴存的准备金，中央银行在资金不足时，可以发行央行票据。

（3）中央银行是政府的银行。所谓政府的银行，是指中央银行代为管理财政收支，代表国家制定和贯彻执行货币金融政策。

①代理国库。中央银行经办政府的财政收支，执行国库的出纳职能，如接受国库的存款、兑付国库签发的支票、代理收解税款、替政府发行债券、还本付息等。

②对国家提供信贷。中央银行根据国家财政需要，在国家财政出现收支不平衡时，以有价证券为抵押或以国库券贴现方式对国家财政发放短期贷款，这种贷款不致引起货币流通混乱。但是当国家财政赤字长期延续时，政府如果利用中央银行的信用弥补赤字，这时中央银行为支持财政而增发货币，超出商品流通对货币的实际需要，会导致通货膨胀。

③在国际关系中，中央银行代表国家与国际金融机构建立业务联系，处理各种国际金融事务。

中央银行是政府的银行，不论它的所有制形式是国有的、私人的、股份制的或国家与私人合营的，其管理权都掌握在政府手中，处于国家监督之下，成为国家机构的一个组成部分。

2. 按照中央银行的性质划分

依据中央银行是干预经济、管理金融的特殊金融机构的性质来划分，中央银行的职能主要有调节职能、管理职能和服务职能等。

（1）调节职能。中央银行通过制定和执行货币政策，运用各种金融手段，调节全社会的货币总量和信用总量，即调节全社会的总需求和总供给，对全国货币、信用活动进行有目的的调控，影响和干预国家宏观经济，从而实现社会总供求的平衡。

（2）管理职能。中央银行为维护全国金融体系的稳定和各项金融活动的正常运行以及防止金融危机，对金融机构和金融市场的设置、业务活动和经营情况进行检查、指导、管理和控制。其主要内容包括：

①制定金融政策、法规。

②管理金融机构，包括审查、批准金融机构的设置、撤并、迁移以及金融机构的注册、登记和办理营业执照等。

③管理金融业务，包括确定业务活动范围、检查信贷活动情况、制定存放款利率、管理金融市场以及监督稽核资产负债结构、法定存款准备金交存状况、清偿能力等。

（3）服务职能。中央银行向政府、各金融机构提供资金融通、划拨清算、代理业务等方面的金融服务。

①为政府服务，包括代理国库；代理政府发行债券；代办有关金融业务，如买卖金银、外汇等；代表政府参加国际金融活动；充当政府的经济顾问；等等。

②为金融机构服务，包括吸收金融机构存款（包括法定准备金和超额准备金存款）；提供贷款和其他形式的融资服务；主持金融机构之间的债权债务清算；等等。

三、中央银行的制度类型

（一）单一中央银行制

单一中央银行制是指在一个国家内单独设立中央银行，由中央银行作为发行的银行、银行的银行、政府的银行，全权发挥作用。单一中央银行制又分为：一元式中央银行制，即一国只设立独家中央银行和众多的分支机构执行其职能，它主要是由总分行组成的高度集中的中央银行制；二元式中央银行制，即在中央和地方设立两级中央银行机构，中央级机构是最高权力或管理机构，地方级机构也具有一定的独立性。

（二）复合中央银行制

复合中央银行制是指在一个国家内，没有单独设立中央银行，而是把中央银行的业务和职能与商业银行的业务和职能集中于一家银行来执行。此种类型的中央银行制度又可分为两种形式：一是一体式中央银行制，即几乎集中了中央银行和商业银行的全部业务和职能于一身；二是混合式中央银行制，即既设中央银行，又设专业银行，中央银行兼办一部分专业银行业务，另一部分业务由专业银行办理。

（三）跨国中央银行制

跨国中央银行制与一定的货币联盟相联系，是参加货币联盟的所有国家共同组建的中央银行，而不是某一个国家的中央银行。

（四）类似中央银行的机构

类似中央银行的机构是指一个国家或地区不设立通常意义上的中央银行，或者是设一个通货局，通货局的资产负债表上一般只有一种主要负债——流通中货币和一种主要资产——外汇储备。通货局不制定和执行货币政策，也不要求商业银行上缴存款准备金。或者是另外成立一个相应的、介于通货局与现代中央银行之间的金融机构，履行部分中央银行的职能，如新加坡设立的金融管理局，履行除发行货币以外的中央银行职能。

美联储

20 世纪以前美国政治的一个主要特征是对中央集权的恐惧。这不仅仅体现在宪法的制约与平衡上，也体现在对各州权利的保护上。对中央集权的恐惧，是造成美国人对建立中央银行抱有敌意态度的原因之一。除此之外，传统的美国人对于金融业一向持怀疑态度，而中央银行又正好是金融业的最突出代表，美国公众对中央银行的公开敌视，使得早先旨在建立一个中央银行以管辖银行体系的尝试，先后两次归于失败：1811 年，美国第一银行被解散；1832 年，美国第二银行延长经营许可证期限的要求遭到否决，随后因许可证期满其在 1836 年停业。

1836 年美国第二银行停业后，由于不存在能够向银行体系提供准备金并使之避免银行业恐慌的最后贷款人，这便给美国金融市场带来了麻烦。19 世纪和 20 世纪早期，全国性的银行恐慌已成为有规律的事情。1837 年、1857 年、1873 年、1884 年、1893 年和 1907 年，都曾爆发过银行恐慌。1907 年，银行恐慌造成的广泛的银行倒闭和存款人的大量损失，终于使美国公众相信需要有一个中央银行来防止将来再度发生银行恐慌了。

不过，美国公众基于对银行和中央银行的敌视态度，对建立类似英格兰银行的单一制中央银行还是大力反对的。他们一方面担心华尔街的金融业（包括最大的公司和银行）可能操纵这样一个机构从而对整个经济加以控制；另一方面也担心联邦政府利用中央银行过多干预私人银行的事务。因此，在中央银行应该是一家私人银行还是一个政府机构的问题上，存在着严重的分歧。由于争论激烈，美国政府只能妥协。依据美国传统，国会便把一整套精心设计的带有制约和平衡特点的制度，写入了 1913 年的联邦储备法，从而创立了拥有 12 家地区联邦储备银行的联邦储备体系。

当初建立联邦储备系统，首先是为了防止银行恐慌并促进商业繁荣，其次才是充当政府的银行。但是第一次世界大战结束后，美国取代英国成为金融世界的中心，联邦储备系统已成为一个能够影响世界货币结构的独立的巨大力量。20 世纪 20 年代是联邦储备系统取得重大成绩的时代。当经济出现摇摆的迹象时，联邦储备系统就提高货币的增长率；当经济开始以较快的速度扩张时，联邦储备系统就降低货币的增长率。联邦储备系统并没有使经济免于波动，但的确缓和了波动。不仅如此，联邦储备系统是不偏不倚的，因而避免了通货膨胀。货币增长率和经济形势的稳定，使经济获得了迅速发展。

思考：美联储产生的过程说明了什么？

提示：一是说明了中央银行的特殊性，维护金融稳定的职能不可能由商业银行担任；二是说明了美国对美联储设计的精巧；三是说明了美联储的目标是币值稳定。

第二节　中央银行与政府的关系

研究中央银行与政府的关系，实质上就是研究中央银行的独立性问题，核心是既要相互协调，又要保持独立，寻找两者结合的均衡点。

一、中央银行独立性的实质

中央银行作为一个国家最重要的宏观经济调控机构，在与政府的关系上，必须保持一定的独立性。

中央银行既要为政府服务，又要作为政府宏观经济政策的有力工具。中央银行业务技术之精细、活动之微妙，已不能单靠法律来规定，而必须与政府相互信任，密切合作，因此不能视中央银行为一般政府机构；中央银行也不能完全独立于政府之外，不受政府约束。中央银行应在政府的监督和国家总体经济政策的指导下，独立地制定、执行货币政策，而不受政府的干预、影响和控制。显然，中央银行的独立性是一种相对独立性。

中央银行独立性要遵循的原则：经济发展目标是中央银行活动的基本点，不仅要考虑自身所担负的任务和承担的责任，还要重视国家的利益。中央银行货币政策要符合经济和金融活动的规律性，防止为特定政治需要而不顾必要性和可能性，牺牲货币政策的稳定性。

二、中央银行与政府关系的不同模式

（一）中央银行与政府关系的一般分析

（1）中央银行资本所有权有完全归政府所有的趋势，即使是私人股份的中央银行，股东也无权干预和影响中央银行的货币政策和业务经营。由于对中央银行的管理监督权属于国家，资本所有权已无关紧要。

（2）中央银行总裁的任命多由政府部门或议会提名，国家元首任命，任期与政府任期接近。中央银行理事任期稍长于总裁，多数国家允许连任，与政府的任期错开。

（3）多数国家赋予中央银行法定职责，明确其制定或执行货币政策的相对独立性，在承担稳定货币金融的同时，作为政府在金融领域的代理人，接受政府的控制与监督。

（4）中央银行在一定的限度内有支持财政的义务，为财政直接提供贷款融通资金，为财政筹集资金创造有利条件。许多国家对融资的方式、额度与期限都从法律上加以严格限制，禁止财政部向中央银行透支。

（5）对中央银行理事会中的政府代表，各国在实践中和认识上尚存分歧。反对者认为，中央银行的职能与政府不同，没有代表可以避免政府的直接干预，应保障中央银行不受政府压力和政府偏见的影响。赞同者认为，有政府代表有利于沟通和纠正双方观点与认识上的偏差，理事会中既然可以有各经济部门的代表，就不能排斥政府的代表。

(二) 独立性较大的模式

这种模式下，中央银行直接对国会负责，可以独立制定货币政策及采取相应的措施，政府不得直接对它发布命令、指示，不得干涉货币政策。如果中央银行与政府发生矛盾，双方通过协商解决，美国和德国都属于这一模式。

(三) 独立性稍次的模式

这种模式下，中央银行名义上隶属于政府，而实际上保持着较大的独立性。有些国家法律规定财政部直辖中央银行，可以发布指令，事实上并不使用这种权力。中央银行可以独立地制定、执行货币政策，英国、日本属于这一模式。

(四) 独立性较小的模式

这种模式下，中央银行接受政府的指令，货币政策的制定及采取的措施要经政府批准，政府有权停止、推迟中央银行决议的执行。意大利是这一模式的典型国家。

三、中国人民银行与政府的关系

对于中国人民银行应隶属于国务院还是隶属于全国人民代表大会以及如何从立法上保证中国人民银行的独立性问题，主要有以下三种观点：

第一种观点认为，中国实行的市场经济还带有一定的计划性，国家具有组织、领导、管理经济的职能，国家经济发展的战略与总体目标由中央决定，全国经济工作的实施则是由国务院统一组织和领导的。在政府长远的总体经济目标与近期经济发展意图上，国务院和全国人民代表大会不会也不可能存在重大分歧，规定中国人民银行作为中央银行是国务院的组成部分，同财政部是平行的，直接受国务院领导，在中国特色社会主义制度下，不存在中央银行受不同党派和集团的利益所左右的问题。

第二种观点认为，中国人民银行应对政府机构保持独立性，直接隶属于全国人民代表大会，接受其管理和监督，在其指导下独立地制定和贯彻执行金融政策。这样会在某种程度上增强中国人民银行的相对独立性，可以使中国人民银行不受政府短期经济政策的局限和影响，减弱来自于外界对中央银行执行货币政策、控制信贷规模和货币供应量的干扰。

第三种观点认为，从中国国情出发，在政治体制未进行相应改革的情况下，加强中国人民银行的独立性不在于中国人民银行是直接隶属于全国人民代表大会还是直接隶属于国务院，二者没有实质性的区别，关键在于是否通过立法保证中央银行的独立性，任何人不能超越法律程序对中央银行进行干预。

中国人民银行是国务院具有一定独立性的直属机构，这要表现在三个方面：第一，中国人民银行行长由全国人大决定，全国人大闭会期间，由全国人大常委会决定，由国家主席任免。第二，中国人民银行实行行长负责制，行长领导中国人民银行的工作。第三，在法定权限内，中国人民银行依法独立执行货币政策和履行其他职责。

中国人民银行向全国人大或者全国人大常委会报告工作，并接受监督。作为全国最高权力机关的全国人大及其常委会有权力、有责任了解中国人民银行的工作情况，并进行监督。作为我国最重要的宏观控制调节机构之一，中国人民银行可以在不违背中央的战略目标和大政方针的前提下，独立地制定和执行货币政策，不受其他部门的干扰。

各工业化国家中央银行的独立与通货膨胀①

图6.1显示了1955—1988年一些工业化国家中央银行的独立程度与平均通货膨胀率的关系。图6.1反映了中央银行较独立的国家（德国、瑞士和美国）比中央银行不那么独立的国家（新西兰、西班牙、意大利、英国和法国）通货膨胀率要低一些。特别需要指出的是，当过度的扩张财政政策推动利率提高，使国家通货升值时，货币当局在选民和财政政策制度者的压力下通过增加货币供给以“满足”日益增加的货币需求来抵消这种效应。如果货币当局没能抵制这些压力（即如果中央银行不够独立），结果就是通货膨胀。在美国，美联储（作为美国的中央银行）是半自治的，管理支出和税务（财政政策）的业务分支机构在很大程度上是独立的。因此，美国比中央银行缺乏独立性的英国和法国在控制通货膨胀方面有较好的表现。在经济萧条时，选举产生的官员和选民以降低中央银行独立性为威胁，要求中央银行实行更宽松的或扩张的货币政策就是一个实例。美联储在2001年经济萧条时连续6次降低利率，利率从6.5%下降至1.75%。

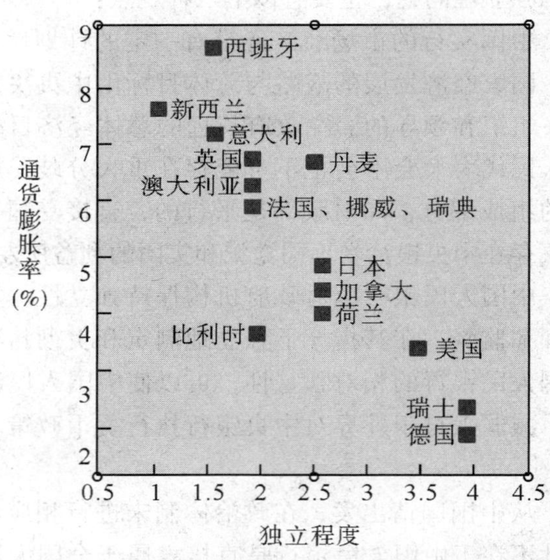

图6.1　中央银行的独立程度与平均通货膨胀率的关系

德国、瑞士和美国等中央银行独立性较强的国家的通货膨胀率要低于新西兰、西班牙、意大利、英国和法国等中央银行独立性较差的国家。

---

① A Alesina，L H Summers. Central Bank Independence and Macroeconomic Performance：Some Comparative Evidence［J］. Journal of Money Credit and Banking，1993（3）：155.

多米尼克·萨尔瓦多．国际经济学［M］．4版．王巾英，崔新健，译．北京：清华大学出版社，2004：571－572.

思考：

为什么中央银行的独立性可能会影响一国货币的稳定？

第三节　中央银行的主要业务

中央银行资产负债表

资产负债表是中央银行在履行职能时，开展业务活动所形成的债权债务存量表。中央银行资产负债业务的种类、规模和结构都综合地反映在资产负债表上。中央银行资产负债表是中央银行全部业务活动的综合会计记录。中央银行正是通过自身的业务操作来调节商业银行的资产负债和社会货币总量。简化的中央银行资产负债表一般由资产项目和负债项目两部分组成（见表6.1）。

表6.1　　简化的中央银行资产负债表　　货币单位：亿元

资产项目	负债和资本项目
贴现及放款	流通中的货币
各种证券	各项存款
财政借款	政府和公共机构存款
	商业银行等金融机构存款
黄金和外汇储备	其他负债
其他资产	资本账户
资产项目合计	负债和资本项目合计

一、中央银行的负债项目

1. 流通中的货币

作为发行货币的银行，发行货币是中央银行的基本职能，也是中央银行的主要资金来源。中央银行发行的货币通过再贴现、再贷款、购买有价证券和收购黄金及外汇投入市场，成为流通中的货币，成为中央银行对公众的负债。

2. 各项存款

各项存款包括政府和公共机构存款、商业银行等金融机构存款。中央银行作为国家的银行，政府通常会赋予中央银行代理国库的职责，政府和公共机构存款由中央银行办理。作为银行的银行，中央银行的金融机构存款包括了商业银行缴存准备金和用于票据清算的活期存款。

3. 其他负债

其他负债包括对国际金融机构的负债或中央银行发行债券。

二、中央银行的资产项目

1. 贴现及放款

中央银行作为最后贷款者对商业银行提供资金融通，主要的方式包括再贴现和再贷款，还有财政部门的借款和在国外金融机构的资产。

2. 各种证券

各种证券主要指中央银行的证券买卖。中央银行持有的证券一般都是信用等级比较高的政府证券。中央银行持有证券和从事公开市场业务的目的不是为了盈利，而是通过证券买卖对货币供应量进行调节。

3. 黄金和外汇储备

黄金和外汇储备是稳定币值的重要手段，也是国际支付的重要储备。中央银行承担为国家管理黄金和外汇储备的责任，这也是中央银行的重要资金运用。

4. 其他资产

其他资产主要包括待收款项和固定资产。

由于中央银行的资产和负债是其在一定时点上所拥有的债权和债务，那么按照复式记账的会计原理编制的资产负债表中，中央银行资产负债各项目之间存在这样的恒等关系：

资产 = 负债 + 资本项目

负债 = 资产 − 资本项目

资本项目 = 资产 − 负债

中央银行可以通过调整自身的资产负债结构来进行宏观金融调控。

思考：

请根据中央银行资产负债表，试述中央银行的负债业务和资产业务。

中央银行的职能要通过具体业务活动来实现。传统意义上，根据银行资产负债表所反映的资金运动关系，银行业务可以分为负债业务、资产业务和中间业务。中央银行虽然是一个特殊的银行，但其资金运动仍然是这种关系，故中央银行的业务也包括这三大业务。只不过中央银行的业务活动有其特定的领域、特定的对象，而且其业务活动的原则也不同于商业银行和其他金融机构。

一、负债业务

中央银行的负债业务主要包括货币发行业务、存款业务、其他负债以及资本业务。

（一）货币发行业务

统一货币发行是中央银行制度形成的最基本动因，也是“发行的银行”职能的直接体现。中央银行通过再贴现、贷款、购买证券、收购金银及外汇等业务活动将货币投入市场，从而形成流通中的货币。同时，流通中的货币也会通过相反的渠道流回发行银行。因此，从动态上讲，货币发行可以定义为货币从中央银行通过商业银行流通到社会的过程；从静态上看，货币发行是指货币从中央银行流出的数量大于从流通中回笼的数量。货币是一种债务凭证，是货币发行人即中央银行对社会公众的负债，在现代不兑现的信用货币制度下，同时也是发行者的一项长期占有的稳定收益。因此，货币发行是中央银行最重要的负债业务。

各国为保持本国货币流通的基本稳定，防止中央银行滥用发行权，造成过多货币流通量，分别采用了不同方法对银行券发行数量加以限制。例如，比例发行准备制度、最高发行额限制制度、外汇准备制度、有价证券保证制度等。

我国人民币的发行并无发行保证的规定，其实际上的保证是国家信用和中央银行信用。我国人民币的发行与回笼是通过中国人民银行的发行基金保管库（简称发行库）和各商业银行业务库进行的。所谓发行基金，是中国人民银行保管的已印好而尚未进入流通的人民币票券。发行库在中国人民银行总行设总库，下设分库、支库。各商业银行对外营业的基层行处设立业务库。业务库保存的人民币是作为商业银行办理日常收付业务的备用金。为避免业务库过多存放现金，通常由上级银行和同级中国人民银行为其业务库核定库存限额。

当商业银行基层行处现金不足以支付时，可到当地中国人民银行的存款账户内提取现金。于是，人民币从发行库转移到商业银行基层行处的业务库，这意味着这部分人民币进入流通领域。当商业银行基层行处收入的现金超过其业务库库存限额时，超过的部分应自动送交中国人民银行。该部分人民币进入发行库，意味着退出了流通领域。这一过程如图 6.2 所示：

图 6.2　我国人民币的发行与回笼过程

（二）存款业务

中央银行的存款业务完全不同于商业银行和其他金融机构的存款业务。中央银行的存款主要来自两个方面：一是来自政府和公共部门，二是来自金融机构。政府和公共部门在中央银行的存款也包括两部分，即财政金库存款、政府和公共部门经费存款。金融机构在中央银行的存款包括法定准备金存款、超额准备金存款。中央银行具体是通过代理国库和集中商业银行及其他金融机构的存款准备金来实现的。

1. 代理国库

代理国库是指中央银行经办政府的财政收支，执行国库的出纳职能。例如，中央银行接受国库的存款、兑付国库签发的支票、代理收解税款、替政府发行债券、还本付息等。此外，国家财政拨给行政经费的行政事业单位的存款，也都由中央银行办理。由于中央银行代理国家金库和财政收支，因此国库的资金以及财政资金在收支过程中形成的存款也属于中央银行存款。财政金库的财政性存款是中央银行的重要资金来源，构成中央银行的负债业务。中央银行代理国库业务，可以沟通财政与金融之间的联系，使国家的财源与金融机构的资金来源相连接，充分发挥货币资金的作用，并为政府资金的融通提供一个有力的调节机制。

2. 集中存款准备金

在现代存款准备金制度下，根据法律的规定，商业银行和其他金融机构应按规定的比例向中央银行上缴存款准备金，即法定存款准备金，并构成中央银行重要的资金来源。此外，商业银行和其他金融机构通过中央银行办理它们之间的债务清算，因此为清算需要也必须把一定数量的存款存在中央银行，这部分存款称为超额准备金存款。现金准备集中存放于中央银行，中央银行便可运用这些准备金支持银行的资金需要。除了增强整个银行系统的后备力量，防止商业银行倒闭外，更主要的是中央银行通过存款准备金制度可以调控商业银行的贷款量，进而调节市场货币量。若中央银行降低法定存款准备金率，即可扩大商业银行的贷款和投资；提高法定存款准备金率，即可减少商业银行的贷款和投资。在一般情况下，存款准备金未达到规定比例时，中央银行就会提高再贴现率。日本银行规定法定存款准备金的最高限额是20%，如果普通银行没有按规定比例缴足法定存款准备金，就要再加3.75%的贴现率向日本银行付息。

（三）其他负债业务

1. 发行中央银行债券

发行中央银行债券是中央银行的主动负债业务，具有可控制性、抗干扰性和预防性。与一般金融机构发行债券的目的是为了获得资金来源不同，中央银行发行债券更多考虑的是调节流通中的货币。中央银行一般在以下两种情况下发行中央银行债券：一是当金融机构的超额准备金过多，而中央银行又不便采用其他货币政策工具进行调节时，可以通过向金融机构发行中央银行债券回笼资金，减少流通中的货币。二是在公开市场规模有限、难以大量吞吐货币的国家，作为公开市场操作的工具。

2. 对外负债

中央银行对外负债的主要目的有三个：平衡国际收支、维持汇率稳定和应付危机。

中央银行对外负债可以采取的形式主要有向外国银行借款、对外国中央银行负债、向国际金融机构借款、向外国发行中央银行债券。随着经济金融的国际化和一体化，各国中央银行之间的货币合作成为越来越重要的政策手段。例如，东盟各国与中国、韩国和日本三国之间签订的货币互换协议就是货币合作的一个典型例子。

（四）资本业务

中央银行的资本业务实际上就是筹集、维持和补充自有资本的业务。中央银行与其他银行一样，为了保证正常的业务活动必须拥有一定数量的自有资本。由于各国法律对中央银行的资本来源和构成都有规定，因此中央银行在资本业务方面并没有多大的作为，仅仅在需要补充自有资本时按照有关规定进行。例如，如果是全部股份由国家所有的中央银行通常通过中央财政支出补充自有资本；由各种股份构成自有资本的中央银行则按原有股份比例追加资本，增资以后的股权结构和比例保持不变。

中央银行自有资本的形成主要有三个途径：政府出资、地方政府或国有机构出资、私人银行或部门出资。

二、资产业务

（一）贴现和贷款

1. 再贴现和再贷款业务

商业银行缴存于中央银行的存款准备金，构成中央银行存款的主要部分。当商业银行资金短缺时，可从中央银行取得借款。其方式是把工商企业贴现的票据向中央银行办理再贴现，或以票据和有价证券作为抵押向中央银行申请借款。

中央银行对商业银行办理再贴现和再贷款业务，应注意这种资产业务的流动性和安全性，注意期限的长短，以保证资金的灵活周转。中央银行再贴现是解决商业银行短期资金不足的重要手段，同时也是中央银行实施货币政策的重要工具之一。再贴现率对市场利率影响很大。

2. 为政府提供短期贷款

在特殊情况下，中央银行也对财政进行贷款或透支以解决财政收支困难。不过如果这种贷款数量过多、时间过长易引起信用扩张、通货膨胀。因此，正常情况下，各国对此均加以限制。美国联邦储备银行对政府需要的专项贷款规定了最高限额，而且要以财政部的特别国库券作为担保。英格兰银行除少量的政府隔日需要可以融通外，一般不对政府垫款，政府需要的资金通过发行国库券的方式解决。

根据《中华人民共和国中国人民银行法》的规定，中国人民银行不得对政府财政透支，不得直接认购、包销国债和其他政府债券，不得向地方政府、各级政府部门提供贷款。

（二）证券买卖业务

各国中央银行一般都经营证券业务，但这并不是出于投资获利的目的，而是其公开市场业务操作的结果。中央银行在公开市场上主要是买卖政府发行的短期债券，以实现调节货币和信用的目的。一般说来，在金融市场不太发达的国家，中央政府债券在市场上流通量小，中央银行买卖证券的范围就要扩及各种票据和债券，如汇票、地方政府债券等。

各国中央银行买卖证券业务的做法基本上是一致的。在德国，法律规定德意志联邦银行为了调节货币，可以进入公开市场买卖汇票。我国中央银行从 1996 年 4 月 1 日开始进行公开市场操作，目前主要是买卖政府债券、政策性金融债券和中央银行票据等。

（三）金银、外汇储备业务

目前各国政府都赋予中央银行掌管全国国际储备的职责。所谓国际储备，是指具有国际性购买能力的货币，主要有黄金（包括金币和金块）、白银（包括银币和银块）、外汇（包括外国货币、存放外国的存款余额和以外币计算的票据及其他流动资产）。此外，还有特别提款权和在国际货币基金组织的头寸等。中央银行执行这一职责的意义如下：

1. 有利于稳定币值

不少国家的中央银行对其货币发行额和存款额都保持一定比例的国际储备，以保证币值的稳定。当国内物资不足、物价波动时，可以使用国际储备进口商品或抛售黄金，回笼货币，平抑物价，维持货币对内价值的稳定。

2. 有利于稳定汇价

在浮动汇率制度下，各国中央银行在市场汇率波动剧烈时，可运用国际储备进行干预，以维持货币对外价值的稳定。

3. 有利于保证国际收支的平衡

当外汇收支发生逆差时，中央银行可以使用国际储备抵补进口外汇的不足。当国际储备充足时，中央银行可以减少对外借款，用国际储备清偿债务或扩大资本输出。由此可见，金银、外汇不仅是稳定货币的重要储备，也是用于国际支付的国际储备，因而金银外汇储备业务成为中央银行的一项重要资产业务。当代世界各国国内市场上并不流通和使用金银币，纸币也不兑换金银，而且多数国家实行不同程度的外汇管制，纸币一般也不与外汇自由兑换，在国际支付中发生逆差时一般也不直接支付黄金，而是采取出售黄金换取外汇来支付。这样，各国的金银、外汇自然要集中到中央银行储存。需要金银和外汇者，一般向中央银行申请购买，买卖金银、外汇是中央银行的一项业务。目前世界各国的黄金储备分布很不均衡，美国最多，约为 8 000 吨，德国有 3 000吨，我国 2002 年年底的黄金储备仅为600 吨。

三、中间业务

中央银行的中间业务是指中央银行为商业银行和其他金融机构办理资金划拨清算和资金转移的业务。由于中央银行集中了商业银行的存款准备金，因而商业银行彼此之间由于交换各种支付凭证所产生的应收应付款项就可以通过中央银行的存款账户划拨来清算，从而使中央银行成为全国清算中心。各国中央银行都设立专门的票据清算机构，处理各商业银行的票据并结清其差额。参加中央银行票据交换的银行均须遵守票据交换的有关章程，并在中央银行开立往来账户，缴纳清算保证金并支付清算费用，只有清算银行可以参加中央银行的票据交换，非清算银行要办理票据清算只能委托清算银行办理。

中央银行的清算业务大体可分为以下三项：

（一）主办票据交换所，集中票据交换

票据交换业务是通过票据交换所进行的。票据交换所是同一城市内银行间清算各自应收应付票据款项的场所。票据交换所一般每天交换两次或一次，根据实际需要而定。所有银行间的应收应付款项，都可相互轧抵后而收付其差额。各银行交换后的应收应付差额，即可通过其在中央银行开设的往来存款账户进行转账收付，不必收付现金。

（二）办理交换差额的集中清算，通过各行在中央银行开设的账户划拨

如上所述，各清算银行均在中央银行开立有往来存款账户（独立于法定存款准备

金账户），票据交换后的最后差额即由该账户上资金增减来结清。票据交换所总清算员将应收行和应付行的明细表提交给中央银行会计后，会计人员便开始账户处理。当某家清算银行为应付行时，则借记其往来存款账户（资金减少），而对于应收行，则贷记其往来存款账户（资金增加）。该账户上的金额可以视为商业银行的“超额存款准备金”，我国称“备付金”，并有一定的比率控制。中央银行要求商业银行（专业银行）存在该账户上的资金应该与其存款总额保持适当的比例（我国1990—1991年为3%，1992年上调到5%）。当应付而账户上的资金又不足时，中央银行便作退票处理，同时，按有关规章予以处罚。

（三）办理异地资金转移，提供全国性的资金清算职能

各城市、各地区间的资金往来，通过银行汇票传递，汇进汇出，最后形成异地间的资金划拨问题。这种异地间的资金划拨，必须通过中央银行统一办理。办理异地资金转移，各国的清算办法有很大不同，一般有两种类型：一是先由各金融机构内部自成联行系统，最后各金融机构的总管理处通过中央银行总行办理转账结算；二是将异地票据统一集中传送到中央银行总行办理轧差转账。清算中心的运行目前各国的做法也不尽相同，英国以伦敦为全国清算中心；美国各联邦储备银行代收外埠支票，并以华盛顿为全国最后清算中心；德国、法国则利用遍布全国的中央银行机构，建立转账账户，为银行界提供服务。

第四节　金融风险与金融监管

巴林银行集团的破产与金融衍生产品

巴林银行集团是英国伦敦城内历史最悠久、名声最显赫的商人银行集团之一，素以发展稳健、信誉良好而驰名，其客户也多为显贵阶层，包括英国女王伊丽莎白二世。该行成立于1762年，当初仅是一个小小的家族银行，逐步发展成为一个业务全面的银行集团。巴林银行集团的业务专长是企业融资和投资管理，业务网络点主要在亚洲及拉美新兴国家和地区，在中国上海也设有办事处。到1993年年底，巴林银行集团的全部资产总额为59亿英镑，1994年税前利润高达1.5亿美元。1995年2月26日，巴林银行集团因遭受巨额损失，无力继续经营而宣布破产。从此，这个有着233年经营史和良好业绩的老牌商业银行在伦敦城乃至全球金融界消失。目前该行已由荷兰国际银行保险集团接管。

巴林银行集团破产的直接原因是新加坡巴林公司期货经理尼克·里森错误地判断了日本股市的走向。1995年1月份，尼克·里森看好日本股市，分别在东京和大阪等地买了大量期货合同，指望在日经指数上升时赚取大额利润。谁知天有不测风云，日本阪神地震打击了日本股市的回升势头，股价持续下跌。巴林银行集团最后损失金额高达14亿美元之巨，而其自有资产只有几亿美元，亏损巨额难以抵补，这座曾经辉煌

的金融大厦就这样倒塌了。

那么，由尼克·里森操纵的这笔金融衍生产品交易为何在短期内便摧毁了整个巴林银行集团呢？从理论上讲，金融衍生产品并不会增加市场风险，若能恰当地运用，比如利用它套期保值，可为投资者提供一个有效地降低风险的对冲方法。但在其具有积极作用的同时，也有其致命的危险，即在特定的交易过程中，投资者纯粹以买卖图利为目的，垫付少量的保证金炒买炒卖大额合约来获得丰厚的利润，而往往无视交易潜在的风险，如果控制不当，那么这种投机行为就会招致不可估量的损失。新加坡巴林公司的尼克·里森，正是对衍生产品操作无度才毁灭了巴林银行集团。尼克·里森在整个交易过程中一味盼望赚钱，在已遭受重大亏损时仍孤注一掷，增加购买量，对于交易中潜在的风险熟视无睹，结果使巴林银行集团成为衍生金融产品的牺牲品。

思考：

1. 透过巴林银行集团倒闭事件，我们应如何正确认识金融衍生工具？

2. 如何合理运用金融衍生工具，建立风险防范措施？

3. 巴林银行集团倒闭事件提醒人们加强银行内部管理和控制体系的重要性和必要性，我国银行业应如何做？

一、金融风险

金融风险是指金融机构在其经营活动中，因经济活动中的不确定性，可能导致的收益损失。由于角度不同，金融风险类型的划分有一定差别。金融风险一般主要分为信用风险、利率风险、流动性风险、操作风险、汇率风险和政策风险。

（一）信用风险

1. 信用风险的概念

信用风险是指由于借款人到期不能偿还其债务而遭受损失的可能性。信用风险可以分为以下三类：

（1）银行信用风险，即商业银行不能及时满足存款客户提存需求，或不能及时偿还本息的可能性。银行信用风险主要是由于银行资产负债安排不当所致，由此造成消极影响，使客户对银行产生不信任感，严重时会出现挤兑风潮。

（2）贷款信用风险，即借款人不能按时归还本息使商业银行遭受损失的可能性。这种风险可能使银行贷款成为坏账，造成资金损失。贷款信用风险既有企业自身的因素，也有社会经济环境的原因。

（3）投资信用风险，即银行进行证券投资时，如购买债券，由于证券发行人到期不能还本付息而遭受损失的可能性。这种风险主要受证券发行人的经营能力、市场竞争力和事业稳定性等因素影响。

2. 信用风险产生的原因

（1）商业银行资产负债结构不合理。商业银行作为经营货币业务的中介机构，其经营具有特殊性，存款和贷款的频繁变化要求必须有一定的支付准备，这是金融企业的共同特点。商业银行资产负债的结构配置应遵循期限对称原则，长期资产与长期负债相平衡，中期资产与中期负债相平衡，短期资产与短期负债相平衡。如果将大量的短期存款用于长期贷款，就会出现因资产期限过长而导致支付危机。资产负债结构安排应正确处理短存长贷问题，根据存款稳定余额相应安排贷款。

（2）商业银行资产管理不完善。资产管理直接关系到商业银行的经营效益，资产管理不完善主要表现：

①贷前调查不深入、不准确，在贷款调查方法上缺乏科学的分析方法，缺乏对贷款企业和贷款项目的全面科学论证。

②贷时审查不科学、不严格，在发放贷款时，对审批制度执行不严，违反规定和操作程序。

③贷后管理流于形式，未能及时掌握企业贷款运转情况，缺少企业财务状况最新资料，使贷款有可能逾期；对逾期贷款缺乏有效办法，发展成为呆账，影响资金安全。

（3）借款企业还款能力不强。企业方面的原因是市场竞争力弱，技术力量落后，缺乏创新能力，内部管理不到位；经济方面的原因主要是市场波动、需求变化、政府经济政策和国际贸易关系调整等；自然方面的原因主要是水灾、火灾、暴风雨、冰雹、地震、崩塌、台风等。

（二）利率风险

1. 利率风险的概念

利率风险是指市场利率变动而产生的风险。银行在市场利率发生变化时所承担风险的大小可用利率风险率反映，其测算公式为：

利率风险率 = 可变利率资产/可变利率负债

2. 利率风险产生的原因

利率风险的成因应该归结为银行所持有的可变利率资产和可变利率负债之间的比率大小。

如果银行拥有可变利率资产和可变利率负债一致，并且又能相互匹配，那么两者比率就等于1，即当市场利率变动时，由负债增加或减少的利息支出可以由资产利息收入的相应增加或减少来抵补，银行的收益就不会因为市场利率的变化而受到任何影响，风险也就等于零。如果比率大于1，说明可变利率资产大于可变利率负债，当市场利率下降时，由于利息收入的减少大于利息支出的减少，银行收益就会相应降低，从而使银行风险增加；反之，当市场利率上升时，银行的收益将增加。如果比率小于1，说明银行可变利率资产小于可变利率负债，当市场利率上升时，由于利息收入的增加小于利息支出的增加，银行的收益将会减少，就面临着风险；反之，当市场利率下降时，银行的收益则将会增加。

（三）流动性风险

1. 流动性风险的概念

流动性风险是指金融机构不能如期满足客户提款取现，或不能如期偿还流动负债而导致的风险。

2. 流动性风险产生的原因

（1）流动性极度不足。流动性极度不足会导致银行破产，因此流动性风险是一种致命性的风险。但这种极端情况往往是其他风险导致的结果。例如，某大客户的违约给银行造成的重大损失，可能会引发流动性问题；人们对某银行前途的疑虑，可能触发大规模的资金抽离，或导致其他金融机构和企业为预防该银行可能出现违约，而对其信用额度实行封冻。两种情况均可引发银行严重的流动性危机，甚至破产。

（2）短期资产价值不足以应付短期负债的支付或未预料到的资金外流。

（3）筹资困难。从筹资角度看，流动性指的是以合理的代价筹集资金的能力。流动性的代价会因市场上流动性短缺而上升，而市场上流动性对所有市场参与者的资金成本均产生影响。市场流动性指标包括交易量、利率水平及波动性、寻找交易对手的难易程度等。筹集资金的难易程度还取决于银行的内部特征，即在一定时期内的资金需求及其稳定性、债务发行的安排、自身财务状况、偿付能力、市场对该银行的看法、信用评级等。在这些内部因素中，有的与银行信用等级有关，有的则与其筹资政策有关。若市场对其信用情况的看法恶化，筹资活动将会更为昂贵。若银行的筹资力度突然加大，或次数突然增多，或出现意想不到的变化，那么市场看法就可能转变为负面。因此，银行筹资的能力实际上是市场流动性和银行流动性两方面因素共同作用的结果。

（四）操作风险

1. 操作风险的概念

操作风险是因人为错误、交易系统或清算系统故障而造成损失的风险。

2. 操作风险产生的原因

（1）公司治理结构不健全。一是所有者虚位，导致对代理人监督不够。二是内部制衡机制不完善。三是存在“内部人”控制现象。由于国有商业银行所有者虚位，很容易导致银行高管人员利用政府产权上的弱控制而形成事实上的“内部人”控制，进行违法违纪活动。四是内部控制能力逐级衰减。国有商业银行的“五级”直线式管理架构，由于内部管理链条过长，信息交流不对称，按照“变压器”原理，总行对分支机构的控制力层层衰减，管理漏洞比较多。

（2）内控制度建设尚不完备。一是没有形成系统的内部控制制度，控制不足与控制分散并存，业务开拓与内控制度建设缺乏同步性，特别是新业务的开展缺乏必要的制度保障，风险较大。二是内控制度的整体性不够。对所属分支机构控制不力，对决策管理层缺乏有效的监督。对业务人员监督得多，而对各级管理人员监督得较少、制约力不强。三是内控制度的权威性不强。审计资源配置效率低下，稽核审计职能和权威性没有充分发挥，内部审计部门没有完全起到查错防漏、控制操作风险的作用。

（3）风险管理方法落后，信息技术的运用严重滞后。

（4）员工队伍管理不到位。银行管理人员在日常工作中重业务开拓，轻队伍建设；重员工使用，轻员工管理；对员工思想动态掌握不够，加之举报机制不健全，使本来可以超前防范的操作风险不能被及时发现和制止。

（5）与风险控制有冲突的考核激励政策容易诱导操作风险。

（五）汇率风险

1. 汇率风险的概念

汇率风险是指因汇率变动而使持币方遭受损失的危险性。汇率风险一般有交易风险、换算风险和经济风险三种类型。

（1）交易风险（Transaction Risk）。交易风险是指汇率变动对将来现金流量影响而引起外汇损失的可能性。经济实体在以外币计价的国际交易中，由于签约日和履约日之间汇率的变动，引起应收资产或应付债务价值变动的风险，又称兑换风险。

（2）换算风险（Translation Risk）。换算风险是指国外子公司将其外币表示的财务报表，用母公司的货币进行折算和合并时，由于汇率变动而产生的账面损失（计算上的风险）。换算风险与实行交割时的实际损益不同，但却影响向社会公布的财务报表，可能招致利润下降和股价下跌，从而带来筹资能力方面的障碍。

（3）经济风险（Economic Risk）。经济风险是指由于汇率变动而引起的现金流量净现值发生变动，使企业经营活动所受的影响。由于汇率变动会引起企业未来收益变化，企业经营活动是由产生的现金以及围绕这种现金流量的不确定性所决定的，因此这种潜在的风险会直接关系到企业在海外的经营成果。

2. 汇率风险产生的原因

汇率风险产生于汇率变动，汇率变动受外汇供求变化支配，因此影响外汇供求变化的因素就成为汇率风险产生的内在因素。

（1）经济发展状况。一国经济发展稳定，国民收入增长，财政收支平衡，货币供应适度时，其货币对内价值就稳定，对外价值——汇率也趋于稳定；反之，对内价值与对外价值都难以稳定。

（2）国际收支变化。一般来讲，国际收支逆差意味着外汇需求增加，会导致外币汇率上升；国际收支顺差意味着外汇供给增加，会导致本币汇率的上升。当国家对汇率较少进行管制时，这种变化影响十分明显。

（3）物价水平变化。根据购买力平价理论（Purchasing Power Parity，PPP），一国货币购买力的变化，是引起汇率变化的主要原因。购买力平价是指两个或两个以上国家货币在购买力相等时的比率，将一国国内所有商品购买力平价进行加权平均，将得到综合购买力价值（总的购买力平价）。若美元兑人民币总的购买力平价是1∶6.38，则美元兑人民币的汇率应为1∶6.38。外汇市场的汇率围绕着购买力平价（有效汇率）上下波动。当一国货币对内贬值、物价居高不下时，其出口商品必然在价格上失去竞争力，国内商品在价格上也相对于进口商品处于竞争劣势，从而导致出口减少，进口增加，最终导致国际贸易逆差。同时，由于货币购买力下降，会导致短期资本外逃，造成资本项目逆差。综合上述两方面的作用，物价变化最终会导致国际收支状况变化，促使货币对外价值——汇率相应升跌。

（4）市场利率变化。由于经济发展不平衡，各国利率水平不一致。较高的利率会加大信贷与投资的成本，致使贷款与投资规模缩减，导致经济发展速度变缓，货币供应量减少，物价下跌，虽有利于出口，但会引起大批套利资金涌入。相反，较低的利率会缩小信贷与投资成本，使贷款与投资规模扩大，货币供应量增加，物价上涨，既不利于出口，又会导致短期资金的外逃。从长期动态看，利率变动会导致物价变动，物价变动会影响进出口和国际资本流动，最终引起汇率变动。

（5）货币政策变化。政府为了避免汇率变动对本国经济造成不良影响，往往对汇率进行干预。中央银行一般运用外汇平准基金，或联合其他国家中央银行进行联合干预，使汇率变动达到预定目标。一国中央银行单独干预汇率往往力不从心，在开放经济环境下多采取联合干预手段。

（6）经济政策变化。汇率作为经济状况的一面镜子，能反映出宏观经济政策对经济增长率、物价上涨率、利息率和对外收支状况的影响。1975 年夏季，美元汇率下跌，西德马克汇率上涨，主要是由西德的货币和财政“双紧政策”造成；1980 年以后，美元汇率的持续上升，则又与美国财政政策与货币政策的一“松”一“紧”有关。

影响汇率变动的因素还有很多，如心理预期、政府更迭、外汇投机、自然灾害等，这些影响因素或直接或间接，影响时期或长或短，影响作用或大或小，应综合考虑。

（六）政策风险

政策风险是指国家宏观经济政策不当或政策的变动造成的金融风险。宏观经济政策经常变动、决策失误或执行不当会造成金融业经营发展的不稳定性。

二、金融监管

（一）金融监管的定义

金融监管是金融监督与金融管理的复合称谓，金融监管有狭义和广义之分。

狭义的金融监管是指根据经济金融体系稳定的客观需要以及经济主体的共同利益要求，通过一定的金融主管机关，依据法律准则和法规程序，对金融体系中各经济主体的金融活动和金融市场进行的检查、稽核、组织和协调的过程，确保各经济主体公平竞争，促进金融业有秩序、有效的运行和健康的发展。

广义的金融监管，既包括国家专门机关对金融机构实施的监管（法定监管），也包括金融机构的内部控制与稽核、同业自律性组织的监管、社会中介组织的监管等。在现代经济的运行中，凡是实行市场经济体制的国家，无不客观地存在着政府对金融体系的监督与管理。

最初的金融监管是政府的职责，后来中央银行逐渐从商业银行中分离出来，并不断接受政府的授权，逐步演变成一个特殊的金融机构，此时金融监管才逐渐成为中央银行的重要职能。由于市场经济体系中固有的市场缺陷和“市场失灵”，加上金融体系内在的不稳定性，为了维持一种市场正常营运的“秩序”，客观上需要政府对市场进行管制，尤其需要对高风险的金融业进行必要的监督与管理。

金融监管的目的和意义具体表现如下：

第一，通过执行国家的金融法规和实施管制，最大限度地清除信息不对称问题，维护金融体系的安全与稳定，保持良好的金融环境。

第二，为央行制定和执行货币金融政策创造条件，增强宏观调控的效果，促进经济和金融的协调发展。

第三，保护存款人和公众的利益。

第四，保证金融机构之间竞争的有效与公平，提高金融效率，从而促进经济与社会的稳定发展。

（二）金融监管体制

1. 金融监管体制的定义

金融监管体制是一系列监管法律、法规和监管组织机构组成的体系，是金融监管的制度基础，是金融监管职责、权力分配的方式及组织制度，是“监管集权和分权的制度安排”。

2. 金融监管体制的类型

（1）混业监管体制（集中单一监管）。混业监管体制或称集权型金融监管体制，是指单一型金融监督管理设置模式，即由一家金融管理机构对国内所有金融机构进行监管，如英国、埃及等国。这种模式又分为两种情况，即由中央银行行使监管职能或由专门监管机构行使监管职能。一般情况下，由中央银行行使集中监管职能的比较多见。世界上多数国家采用集权型金融监管体制，特别是绝大多数发展中国家选择集权型金融监管体制。

（2）分业监管体制（多元监管）。分业监管体制是指设立不同的金融监管部门对国内金融机构进行分类监管的模式。根据中央与地方权利划分，分业监管体制可分为两种类型：

①单线多头式监管体制。单线多头式监管体制是指全国金融监管的立法、执法等权力集中于中央政府，在中央政府设立两个或两个以上的金融监管部门，分别负责国内不同金融机构监督管理的金融监管体制，如中国、德国、日本等国。

②双线多头式监管体制。双线多头式监管体制是指中央政府与地方政府对金融都享有监管权力，中央政府与地方政府分别有多个金融监督管理机构。通常这些机构是分别划分在中央政府或地方政府机构之下，金融监管机构之间互不干涉，如美国、加拿大等国。

各国的不同国情造就了不同的金融监管体制或模式，但在世界政治经济发生巨大变化和金融活动日益国际化的背景之下，改革和重构金融监管体制已成为各国金融改革的重要内容之一。我们可以发现一个值得注意的动向，发展中国家大多选择单一监管模式，并且大多由中央银行来实施监管；而发达国家在金融监管多元化的态势下，中央银行监管则有加强的趋势。

中央银行是强有力的金融监管机构，因为在所有金融监管机构中，中央银行拥有最广泛的金融信息、最多的金融调控手段、最广泛的分支机构网络和金融服务系统以及最独立的经费来源，因此中央银行对金融机构具有最强烈的影响力。

1995 年 3 月 18 日颁布的《中华人民共和国中国人民银行法》确立了中国人民银行作为中国的法定中央银行的地位，并且赋予中央银行对金融业实施监督管理的广泛职权。从监管对象来看，中国人民银行不仅能对银行业进行监管，而且能对非银行金融机构进行监管；从监管范围来看，中国人民银行有权依法对金融机构及其业务实施全面的监督管理，有权要求金融机构按照规定报送资产负债表、损益表及其他财务会计报表和资料。虽然1992年和1998年分别成立的中国证券监督管理委员会和中国保险业监督管理委员会以及2003年成立的中国银行业监督管理委员，分别与中国人民银行重新划分了监督管理的职责范围，但是中国人民银行在中国金融业监管中的地位与重要性仍然是毋庸置疑的。

（三）金融监管的内容

对经济中的金融体系，尤其是银行体系加以高度监督，乃是世界各国金融监管的共同特征。从时间上划分，金融监管的内容具体包括以下几个方面：

1. 预防性措施，即事前监管

预防性措施主要包括开业登记、资本充足性、清偿能力、业务活动、贷款集中程度、管理层、稽核检查等方面的监管。预防性措施一般以明文发布的法律制度为依据，因而是一种制度化的监管手段。

2. 援救性措施，即事中监管

目前许多国家的金融监管当局（主要是中央银行）担当最后贷款人的职责，对遇到临时清偿困难的商业银行提供紧急资金援助，帮助它们渡过暂时的流动性困难，避免倒闭事件的发生。为了防止商业银行过度依赖最后贷款人而不负责任地扩大资产业务，最后贷款人的确切职能范围一般不予公布。

3. 事后补救措施，即事后监管

事后补救措施的主要形式是存款保险制度，它是保护存款人利益、稳定金融体系的最后一道防线，西方多数国家已建立起了这种制度。

上述三个方面的内容一般统称为金融监管的“三道防线”，构成金融监管的基本制度。就我国目前来看，金融监管当局主要侧重于两方面的监管：一是金融机构的监管，包括市场准入、市场退出的监管等；二是金融业务的监管，包括经营业务范围的监管、经营行为的监管等。

（四）金融监管的法律基础

金融监管是国家通过法律授权赋予监管当局的行政管理权力，监管能否有效地发挥作用首先取决于这种监管是否具有充分的法律基础。一国的金融法规体系是现代各国进行各项金融监管的基本标准和依据。事实上，中央银行和其他金融监督管理当局的建立和职权的行使，首先必须依赖于某些特殊性金融法律，如中央银行法、金融监督管理法等。其他所有类别的金融机构的建立与运营也要分别依据商业银行法、普通银行法、投资银行法、储蓄银行法、保险法等。此外，金融监督管理当局进行广泛的监督管理活动要依据更为众多的各种专业性金融法规，如证券法、证券交易法、货币法、信贷法、银行券法、票据法等。可以说，离开了金融法规，各种金融行为就失去了法律的规范、约束、调整和保障，金融监督管理当局也失去了监督管理的标准、权威、手段和基本前提。

金融监管对法律基础的基本要求是金融监管必须具有明确的法律授权，通过立法赋予监管当局必要的监管权力，并为其提供有效行使这些权力的可靠法律保证；对监管对象，即各类金融机构的各种经营行为必须有明确的法律规范，在总体法律规范之下，监管当局应当并能够制定具体的监管规章制度或监管指导原则；金融监管必须在法律的原则授权下，控制具体的监管制度和程序，并严格按照这些制度和程序实施，坚决杜绝监管过程中的随意性，以保证金融监管的客观性和公正性。我国金融监管的法律法规的构成主要有《中华人民共和国中国人民银行法》《中华人民共和国商业银行法》《中华人民共和国证券法》《中华人民共和国保险法》《中华人民共和国外汇管理条例》《中华人民共和国外资金融机构管理条例》《贷款通则》等。

（五）金融监管的发展趋势

20 世纪末，金融创新产品层出不穷。在日新月异的金融环境中，金融监管的范围以及方式都发生了较大的变化。

1. 金融监管的国际化发展——巴塞尔委员会

巴塞尔委员会是 1974 年由十国集团中央银行行长倡议建立的，其成员包括十国集团中央银行和银行监管部门的代表。自成立以来，巴塞尔委员会制定了一系列重要的银行监管规定，如 1983 年的银行国外机构的监管原则（又称巴塞尔协定，Basel Concordat）和 1988 年的巴塞尔资本协议（Basel Accord）。这些规定不具法律约束力，但十国集团监管部门一致同意在规定时间内在十国集团实施。经过一段时间的检验，鉴于其合理性、科学性和可操作性，许多非十国集团监管部门也自愿地遵守了巴塞尔协定和巴塞尔资本协议，特别是那些国际金融参与度高的国家。1997 年，有效银行监管的核心原则的问世是巴塞尔委员会历史上又一项重大事件。核心原则是由巴塞尔委员会与一些非十国集团国家联合起草，得到世界各国监管机构的普遍赞同，并已构成国际社会普遍认可的银行监管国际标准。至此，虽然巴塞尔委员会不是严格意义上的银行监管国际组织，但事实上已成为银行监管国际标准的制定者。

2002 年 10 月 1 日，巴塞尔委员会发布了修改资本协议建议的最新版，同时开始新一轮调查（第三次定量影响测算，QIS3），评估该建议对全世界银行最低资本要求的可能影响。从 1975 年 9 月第一个巴塞尔协议到 1999 年 6 月新巴塞尔资本协议（或称新巴塞尔协议）第一个征求意见稿的出台，再到 2006 年新协议的正式实施，时间跨度长达 30 年。几十年来，巴塞尔协议的内容不断丰富，所体现的监管思想也不断深化。

2. 传统业务和创新业务监管并重

从 20 世纪 80 年代后期开始，国际监管组织和各国监管当局对金融创新产品和电子银行都给予了高度关注。1986 年，巴塞尔委员会发表了《银行表外风险管理的监管透视》，对表外业务的风险种类、风险评估以及管理控制等提出了初步的意见；随着金融衍生交易产品的发展，又发布了《衍生产品风险管理准则》《关于银行和证券公司衍生产品业务的监管信息框架》；针对金融衍生产品风险对资本的潜在威胁，他们还发表了《巴塞尔资本协议市场风险补充规定》以及《关于市场风险资本要求的内部模型法》等。

3. 合规性监管和风险监管并重

合规性监管是指监管当局对商业银行执行有关部门政策、法律、法规情况所实施的监管。这种方法市场敏感度较低，不能及时全面反映银行风险，相应的监管措施也滞后于市场发展。风险性监管是指监管当局对商业银行的资本充足程度、资产质量、流动性、盈利性和管理水平所实施的监管。风险性监管更注重银行本身的风险控制程序和管理水平，能够及时反映银行经营状况，预测潜在风险。随着银行业的创新和变革，合规性监管的缺点不断暴露，已受到监管部门的关注。例如，巴塞尔银行监管委员会相继发布了《大额信用风险的衡量和管理》《银行国际信贷和管理》《银行外汇头寸的监管》《利率风险管理原则》《计量与管理流动性的框架》等监管法规。

同时，各国的监管模式也逐渐从分业监管向统一监管转变。例如，美国在 1999 年通过了《金融服务现代化法案》，正式进入了混业经营时代。许多国家为了有效监管商业银行的境外业务和离岸业务，各国监管当局逐步实施了跨境监管。

英国金融监管概况

英格兰银行（Bank of England）为历史最悠久的中央银行。根据英格兰银行法的规定，其经营目标为维护金融体系健全发展，提升金融服务有效性，维持币值稳定。就首要目标而言，最终为强化保障存款户与投资者权益，这与金融机构业务经营良莠密切相关。依据英国 1987 年银行法的规定，金融监管业务是由英格兰银行辖下之银行监管局掌管。随着金融市场进步与发展，银行与金融中介机构的传统分界线日趋模糊。因此，时任英国首相布莱尔于 1997 年 5 月 20 日宣布，英国金融监管体系改制，将资金供需与支付清算系统中居枢纽地位的银行体系及隶属于证券投资委员会的各类金融机构业务进行整合，成立单一监管机构，即金融服务总署（Financial Services Authority，FSA）。

FSA 有下列九个业务监管机构：建筑融资互助社委员会、互助社委员会、贸易与工业部保险业委员会、投资管理监管组织、个人投资局（主管零售投资业务）、互助社设立登记局（主管信用机构监管）、证券期货管理局（主管证券及衍生性信用商品业务）、证券投资委员会（主管投资业务，包括票据清算与交换）及英格兰银行监管局（主管银行监管，包括批发货币市场）等。法律赋予 FSA 的权力如下：第一，对银行、建筑互助社、投资公司、保险公司与互助社的授权与审慎监管；第二，对金融市场与清算支付系统的监管；第三，解决对影响企业、市场及清算支付系统的问题，在某些特殊状况下，如英格兰银行未能贯彻其利率政策，并且影响危及经济体系稳定性时，FSA 将与英格兰银行协商合作。

FSA 掌管所有金融组织，目的在于提升监管效率，保障消费者权益，并改善受监管单位之金融服务。受 FSA 监管的金融产业，对英国经济重要性如下：金融服务占国内生产总值的 70%，约占富时 100 指数（FTSE 100）总值的 30%；近 100 万人服务于金融产业，相当于 5% 的英国劳动人口。大部分成年人均为金融产业的消费者，约 80% 的单位拥有银行或建筑互助社的账户，超过 1/4 成年人投资股票或单位信托。

思考：

请查阅相关资料，试比较中、英、美三国金融监管体系的异同。

思考与练习

一、名词解释

单一中央银行制度　复合中央银行制度　金融风险　信用风险　利率风险　汇率风险　操作风险　政策风险　金融监管

二、简答题

1. 中央银行产生的经济背景是什么？
2. 中央银行与商业银行有何区别？为什么说中央银行是一国金融体系的核心？
3. 怎么理解中央银行是“发行的银行”“银行的银行”和“政府的银行”？
4. 如何理解中央银行与政府的关系的不同模式？
5. 如何正确理解中央银行的独立性？
6. 中央银行在金融监管中的作用是什么？

三、论述题

1. 试述中央银行产生的客观原因。
2. 针对当前金融监管的国际趋势，谈谈中国的金融监管模式及未来的发展趋势。

第七章　货币供求与均衡

本章要点

本章主要让学生了解货币需求和货币供给的含义；重点掌握决定货币需求和货币供给的主要因素、货币供给模型、货币供给的内生性和外生性、货币均衡与社会总供求均衡的关系。其中，货币供给的内生性和外生性、货币均衡与社会总供求均衡的关系是本章的难点。

中国货币供给的内生性

我国的货币供给有很强的内生性，会随着经济的热度而相应发生变化，外汇储备增加带动货币供给增长就是一例。在这种情况下，不管央行货币政策的意图如何，货币供给的增加都难以避免。

1. 基础货币变化情况

由于目前我国央行再贴现业务萎缩，商业银行再贷款意愿不高，再贷款主要用于支农以及扶持中小金融机构，因而外汇占款和央行的公开市场操作成为调控基础货币的主要手段。

一方面，由于银行间外汇市场外汇大量增加，央行不得不在市场上以本币购入外汇，为不断增长的外汇储备投放人民币占款。近年来，我国外汇占款不断增加，截至2006年5月底，外汇占款余额达到78 816.27亿元人民币。外汇占款的增加引致我国货币供应量增加，2006年5月，广义货币供应量同比增长高达19.5%。这样，不但会促使某些商品价格上涨，而且对信贷增长过快、投资过热有所影响。

另一方面，为了应付金融机构过多的流动性，央行不得不采取发行央行票据、提高准备金率等手段回笼资金。这些连锁反应削弱了货币政策的调控空间，也增加了宏观调控的难度。需要说明的是，最近外汇占款的快速增长，除与我国出口和吸引外资保持良好发展势头有关外，还与国际上存在人民币升值预期，从而诱使一部分外汇源源流入我国有关。在现行的结售汇制度下，面临大量涌入的“外资”，为维持人民币汇率的稳定，央行必须大量购入外汇，从而被动形成外汇占款形式的基础货币投放。由于央行公开市场操作的大部分精力都用来对冲外汇占款投放的基础货币，央行也难以实现对货币供给的主动调控。外汇持续流入所造成的被迫的基础货币投放，使货币供给的内生性更加明显。

2. 货币乘数变化情况

在基础货币同比增速逐渐放缓的情况下，M_2同比增速仍拾阶而上。这主要应归因于货币乘数的快速增长。也就是说，货币投放的快速增长主要是由于货币乘数的快速增长造成的。

尽管央行可以通过调整法定存款准备金率来改变货币乘数，但由于该措施效果猛烈，央行很少采用。因此，货币乘数的变化主要应归因于商业银行及社会公众的行为变化。而从短期来看，社会公众现金持有倾向是稳定的。因此，货币供应量 M_2 的快速增长应主要归因于商业银行贷款意愿增强、积极放贷，商业银行超额储备率不断下降，而导致的货币乘数快速增长。例如，2006 年 6 月金融机构的超额准备金率约在 2.5% 水平，已远远低于 2005 年和 2004 年的水平。

思考：

1. 2005 年来超常的货币信贷形势是否由中央银行完全控制？
2. 我国的货币供给有很强的内生性的观点你是否赞成？为什么？

第一节 货币需求

一、货币需求与货币需求量

(一) 货币需求

货币需求是指社会各部门在既定的收入或财富范围内，为满足正常的生产、经营和各种经济活动需要，能够而且愿意持有的一定数量货币的动机和行为。

经济学中的需求都是一种有支付能力的需求，不是一种纯粹主观的欲望，而是一种能力与愿望的统一体。货币需求也是如此，其包括两个基本要素：一是持有货币的愿望；二是持有货币的能力。二者缺一不可，有能力而不愿意持有货币不会形成对货币的需求，有意愿却无能力获得货币也只是一种幻想。货币需求的实质是以货币形态存在的、潜在的或正在实现的购买力。产生货币需求的根本原因在于货币所具有的支付功能、流通手段、价值贮藏等职能，现实中的货币需求不仅包括对现金的需求，而且包括对存款货币的需求。

货币需求是一个存量概念，而非流量概念，考察的是在某个时点和空间内，社会各部门在其拥有的全部资产中愿意以货币形式持有的数量或份额，而不是某一段时间内，各部门所持有的货币数额的变化量。

(二) 货币需求量

货币需求量又称货币必要量，是指在一定时期，一国社会各部门在既定的经济发展水平和技术条件下形成的对执行流通手段与价值贮藏手段职能需要的货币数量的总和。一国经济发展水平是决定货币需求量的主要因素，通常以经由货币媒介的最终产品和劳务的总价值，即国民生产总值（GNP）来表示，也有学者以国民财富总值作为决定货币需要量的主要因素。

二、微观货币需求和宏观货币需求

就货币需求主体而言，货币需求可分为微观货币需求和宏观货币需求。

微观货币需求是指从社会经济个体出发，各个经济部门（个人、家庭或企业）在既定的收入水平、利率水平和其他经济条件下，基于自己的利益、持有货币的机会成本等因素考虑所需要持有的货币量。

宏观货币需求是指随着市场供求、收入及财富等指标的变化，一个国家作为社会总体满足一定时期内经济发展的要求对货币产生的需求量。

这一定义主要强调货币作为交易工具的职能，可利用马克思的货币必要量公式、费雪的交易方程式和剑桥方程式、我国20世纪90年代以来提出的 $M' = Y' + P'$ 等宏观模型来估算宏观货币需求量。

三、名义货币需求和实际货币需求

按是否剔除物价变动的影响，货币需求可分为名义货币需求和实际货币需求。

名义货币需求是指没有剔除物价水平变动影响的货币需求，即直接以名义货币来表示的货币需求。实际货币需求则是指剔除了物价变动因素后的货币需求，即用货币能够买到的实际商品和劳务的数量来衡量的货币需求。

现假设在社会生产水平、实际财富水平不变的情况下物价上涨一倍，即全社会的商品、劳务的名义价格上涨了一倍。在货币流通速度不变的情况下，为确保经济正常运行，货币存量同时也增加一倍，但这只是适应物价上涨幅度所作的相应增加。由于商品劳务、各种债权债务、一切支付义务都增加了一倍，原50元可以购买的商品现需要用100元。显然，这是名义货币需求量增加了一倍，但实际货币需求并没有任何变化。

四、决定和影响货币需求的主要因素

由于不同国家经济发展水平、文化和社会背景以及金融发展水平的不同，决定和影响人们持有货币的动机也有所不同。现阶段，决定和影响我国货币需求的主要因素如下：

（一）收入水平

一般来说，收入与货币需求呈同方向变动关系，收入越高，支出也会相应扩大，需要更多的货币来满足商品交易。近年来，随着人们收入水平的不断上升，消费和投资水平也不断提高，使得我国的货币需求不断增加。

（二）物价水平

在商品和劳务量既定的条件下，价格越高，用于商品和劳务交易的货币需求也必然增多。因此，价格和货币需求，尤其是交易性货币需求之间，是同方向变动关系。在现实生活中，商品价格上涨、房价上涨等对货币需求的影响是不可忽视的。

（三）持有货币的机会成本

持有货币的机会成本与货币需求量的变动是反方向的。在不考虑其他投资渠道的情况下，持有货币的机会成本是银行利率，利率的高低决定了人们持币机会成本的大小。利率越高，持币成本越大，人们就不愿意持有货币而更愿意将钱存入银行以获得高额利息收益，因而人们的货币需求会减少；利率越低，持币成本越小，人们则愿意手持货币，增加货币需求。

（四）资产存在形式

资产的存在形式主要是实物资产、金融资产和货币，在个人财富既定的情况下，三者之间具有替代性，实物资产和金融资产的增加，将减少对货币的需求。因此，实物资产的数量和价格、金融资产多样化以及金融资产的收益率、安全性、流动性，对货币需求量的增减都有较大的影响。

（五）其他因素

其他因素包括个体的风险偏好、货币流通速度、经济发展水平、信用发展状况、金融服务技术与水平、医疗保障水平等，都可能影响我国货币需求。

“七动机说”①

货币需求依赖于人们持有货币的动机，凡是影响或决定人们货币持有动机的因素，就是影响和决定货币需求的因素。以琼·罗宾逊（Joan Robinson）、温特劳布（S. Weintraub）和卡尔多（Nicholas Kaldor）等人为首的新剑桥学派认为，凯恩斯所分析的“三动机”（交易动机、预防动机、投机动机）不能全部说明现实情况，应予以补充。于是，他们结合西方国家的实际情况，提出了货币需求的“七动机说”：

（1）产出流量动机。当企业决定增加产量或者扩大经营规模时，需要更多的货币。

（2）货币—工资动机。由货币—工资增长所连带造成的货币需求的增加，如通货膨胀，是一种经常性现象，因此货币量增加后，往往会带动工资增长，企业货币需求加大。

（3）金融流动动机。金融流动动机是指人们为购买高档耐用消费品而储存货币的动机。

（4）预防和投机动机。个人手中保留超出交易需要的货币，一方面可备不测之需，另一方面可等待有利时机进行投资。

（5）还款和资本化融资动机。债务人维护自己的信誉和保证生产活动顺利进行，必须按规定的条件还本付息，这就需要保持一定数量的货币。

（6）弥补通货膨胀损失动机。在通货膨胀中，因货币贬值，个人要维持原有的生活水平，企业要维持再生产，都需要持有更多的货币。

（7）政府需求扩张动机。当政府有意识地采取赤字财政政策时，政府需求货币动机十分明显。

上述“七动机”后来被归纳为三类：一是商业动机，包括产出流动动机、货币—工资动机和金融流动动机，这类动机与人们的收入紧密相关；二是投机性动机，包括预防和投机动机、还款和资本化融资动机、弥补通货膨胀损失动机，这类动机与人们

① 高彩霞．货币金融概论［M］．上海：上海财经大学出版社，2008.

对未来的经济金融预期相关；三是公共权利动机，即由政府的赤字财政政策和膨胀性货币政策所产生的扩张性货币需求动机，这类动机产生的后果或冲击物价，或冲击实际利率。

思考：

新剑桥学派关于货币需求的“七动机说”较凯恩斯的“三动机说”究竟有哪些发展？

第二节　货币供给

一、货币供给与货币供给量

（一）货币供给

货币供给是指货币供给主体在一定时期内通过银行体系向社会公众投入、创造、扩张（或收缩）货币的行为。在现代经济社会中，能够向社会公众提供信用货币（现金货币和存款货币）的主体有中央银行、商业银行以及特定的存款性金融机构。

（二）货币供给量

货币供给量是指在一定的时点上，一国为社会经济运转服务的货币存量。货币供给量由中央银行在内的金融机构供应的现金和存款货币两部分构成。根据是否考虑物价水平的变动，货币供给量有名义货币供给量和实际货币供给量之分。名义货币供给量是指在现行价格水平下一定时点上的货币存量；实际货币供给量是指剔除了物价影响之后一定时点上的货币存量。人们通常所使用的货币供给量，一般指的是名义货币供给量。

现假设一个国家流通中现有货币供给量是2 000亿元，在考察期间内，商品、服务增长率与货币增长率为0，但商品价格水平却提高了100%。显然，原有的2 000亿元，即名义货币供给量只能实现流通中商品、服务的50%。此时，面对实际不变的商品、服务供给，名义货币供给量仍保持不变，实际的货币供给量却由2 000亿元减到1 000亿元［2 000 /(1 +100%)］。

为了有效地管理和调控市场货币供应量，各国以流动性作为主要标准，将货币划分为不同层次。不同层次的货币，对经济的影响也不同。不同层次的货币供给形成机制不同，特征不同，调控方式也不同。

二、银行体系与货币供给

货币供给量由流通中的现金与金融中介机构的活期存款构成，两者的增减变动都影响货币供给量的变动。货币供给的实现机制，具体是由中央银行向以商业银行为主体的金融体系注入基础货币，商业银行在此基础上进行信用创造或存款创造，然后向整个社会提供最终货币。

商业银行在货币供给中的作用是通过存款货币的创造（即创造派生存款）来实现的（已在第五章商业银行中讲述）。

中央银行在货币供给中的作用如下：

一是主要通过调整、控制商业银行创造存款货币能力及行为实现其在货币供给过程中的作用。其具体表现在两个方面：一方面，控制商业银行创造货币的源头，即商业银行的原始存款（商业银行从客户处获得的存款，或向央行申请的贷款）。因此，中央银行的信用规模直接决定着商业银行准备金的增减，从而决定商业银行创造存款货币的能量（如三大政策工具和货币发行）。另一方面，控制商业银行的货币创造乘数。

二是中央银行主要是通过控制基础货币，即通过各种方式扩张和收缩基础货币来控制商业银行货币创造，调节和控制市场货币供应量。

基础货币又称高能货币或强力货币，由商业银行的准备金（R）和流通中通货（C）构成。基础货币是中央银行的负债，是商业银行创造存款货币的源泉，中央银行供应基础货币也即是货币供应过程的最初环节。

三、货币供给模型

根据现代货币供给理论，货币存量是基础货币与货币乘数之积。若 K 为货币乘数，M 为货币总额，B 为基础货币，则：

$$M = B \cdot K \qquad \text{（公式 7.1）}$$

$$K = M / B \qquad \text{（公式 7.2）}$$

从上式我们可以看出，基础货币是决定货币供给的一个重要因素，但不是唯一因素。在基础货币一定时，货币乘数的变动将引起货币供给的变动。一般来说，经济学家们认为中央银行在很大程度上能够控制基础货币量，但对于货币乘数是否能由中央银行控制观点不一。因此，在现代货币供给理论中，人们往往较多地致力于货币乘数及决定因素的研究，所得出的各种货币供给模型，常见的是货币学派的货币乘数模型。

1969 年，美国经济学家乔顿对卡甘模型和弗里德曼—施瓦茨模型进行了改进和补充，导出了一个比较简洁明了的货币乘数模型。乔顿模型自提出以后，得到了大多数经济学家的认可和接受，因此乔顿模型被看做货币供给决定机制的一般模型。

若将上面公式 7.2 中的 M 定义为 M_1，K 相应定义为 K_1，则得：

$$K_1 = \frac{M_1}{B} = \frac{C + D}{C + R} = \frac{C + D}{C + r_d \cdot D + E + r_t \cdot Dt} \qquad \text{（公式 7.3）}$$

式中，r_d 为活期存款的法定存款准备金率；r_t 为定期存款的法定存款准备金率；R 为商业银行的存款准备金；D 为商业银行的活期存款；C 为流通中的现金；Dt 为商业银行定期存款；E 为商业银行的超额准备金。

将公式 7.3 分子和分母同除以 D，设 c = C/D，t = Dt/D，e = E/D，则：

$$K_1 = \frac{1 + c}{r_d + r_t \cdot t + e + c} \qquad \text{（公式 7.4）}$$

$$M_1 = \frac{1 + c}{r_d + r_t \cdot t + e + c} \cdot B \qquad \text{（公式 7.5）}$$

上述模型表明：

第一，货币供给的两大类决定因素，即基础货币和货币乘数，两者之积等于货币供给量。

第二，在货币供给量中除了银行起主要作用外，非银行部门的行为对货币供给也有很大作用，主要在货币乘数中反映出来。

第三，货币供应并非货币当局和银行的主观行为，而受货币需求的制约，与社会一定的商品量相适应，即必须遵循货币流通规律，根据国民经济周转的客观需要来提供。

四、决定和影响货币供给的主要因素

根据以上的货币供给模型，可以得知，货币供给的决定因素主要有两个：一个是基础货币（B）；另一个是货币乘数（K）。

（一）基础货币

基础货币又称强力货币、高能货币，通常指商业银行在中央银行的存款准备金与流通于银行体系之外的通货两者之和。存款准备金包括商业银行持有的库存现金、在中央银行的法定存款准备金以及超额准备金，用 B 表示基础货币，则 B = 存款准备金 + 通货 = R + C。基础货币的增减变化，通常取决于以下四个因素：

（1）中央银行对商业银行等金融机构债权的变动。这是影响基础货币的最主要因素。一般来说，中央银行对商业银行再贴现或再贷款资产增加，这必然引起商业银行超额准备金增加，意味着中央银行通过商业银行注入流通中的基础货币增加；相反，如果中央银行对金融机构的债权减少，就会使基础货币收缩。通常认为，在市场经济条件下，中央银行对这部分债权有较强的控制力。

（2）国外净资产数额。国外净资产由外汇、黄金占款和中央银行在国际金融机构的净资产构成。其中，中央银行购买外汇和黄金，意味着中央银行直接发行货币，增加基础货币。一般情况下，若中央银行不把稳定汇率作为政策目标的话，则对通过该项资产业务投放的基础货币有较大的主动权；否则，在国际贸易持续顺差、外汇储备不断增长的情况下，中央银行为维持汇率的稳定而被动投放大量的基础货币。

（3）对政府债权净额。中央银行对政府债权净额增加通常由两条渠道形成：一是直接认购政府债券；二是为弥补财政赤字给财政发放贷款。无论哪条渠道都意味着中央银行通过财政部门把基础货币注入了流通领域。

（4）其他项目（净额）。这主要是指固定资产的增减变化以及中央银行在资金清算过程中应收应付的增减变化，它们都会对基础货币量产生影响。

（二）货币乘数

货币乘数是指货币供给扩张的倍数。在实际经济生活中，银行提供的货币和贷款会通过数次存款、贷款等活动产生出数倍于它的存款，即通常所说的派生存款。货币乘数的大小决定了货币供给扩张能力的大小。货币乘数的大小由以下因素决定：

（1）法定存款准备率（r_d）。各家商业银行均需按一定比率将其存款的一部分转存于中央银行，一般在其他条件不变的情况下，存款准备率越高，派生存款的扩张倍数越小；反之，派生存款的扩张倍数就越大，二者之间呈现一种减函数关系。

（2）现金漏损率（c）。在现实中，客户会以通货形式持有一定比例的货币，从而使一部分现金流出银行系统，出现所谓的“现金漏损”（Loss of Cashes）。现金漏损与活期存款总额之比称为现金漏损率。由于现金外流，银行存款用于放贷部分的资金减少，由此也就削弱了商业银行活期存款的派生能力，现金漏损率越高，派生存款就越少。

（3）超额准备率（e）。商业银行除按照规定保留法定存款准备金外，为审慎经营起见，为了应付存款的变现和放款的需要，银行实际持有的存款准备金总是高于法定准备金，这种款额称为超额准备金。显然，超额准备金和法定准备金一样，也相应减弱了银行创造派生存款的能力。超额准备金与存款总额之比，称为超额准备率。

（4）定期存款准备金。企业等经济行为主体既会持有活期存款，也会持有定期存款。银行对定期存款也要按一定的准备率计提准备金，定期存款的法定准备率为 r_t，定期存款中按 r_t 所提取的准备金是不能用于创造派生存款的。

影响我国货币乘数的因素除了上述四个因素之外，还有财政性存款、信贷计划管理两个特殊因素。

五、货币供给的外生性和内生性

货币供给的外生性和内生性问题是货币理论研究的一个颇有争议的问题。货币供给的外生性是指货币供给这个变量并不是由经济因素，如收入、储蓄、投资、消费等所决定，而是由货币当局的货币政策决定的；货币供给的内生性是指货币供给的变动，货币当局决定不了，起决定作用的是经济体系内部实际变量以及微观经济主体的经济行为等因素。如果认为货币供给是外生变量，则无异于说，货币当局能够有效地通过对货币供给的调节，实现宏观经济调控的目标。但如果认定货币供给是内生变量，那就等于说，货币供给总是要被动地决定于客观经济过程，而货币当局并不能有效地实时控制。自然，货币政策的调节作用，特别是以货币供给变动为操作指标的调节作用，有很大的局限性。

（一）外生性货币供给论

一些主流的货币供给理论，如凯恩斯学派理论、货币主义的理论、理性预期学派的理论等都认为货币供给是外生变量。

凯恩斯认为货币供给是中央银行控制的外生变量，它的变化影响着社会经济活动，但它自身并不受经济因素的制约。凯恩斯的这一观点同他关于货币特性的认识有关。他认为，现代货币具有三个特性：第一，货币的生产弹性等于零。第二，货币的替代弹性几乎等于零。货币的替代弹性是指当货币的交换价值上升时人们抛弃货币而用其他因素来代替货币的比率。货币作为一般购买力的代表，可以换回任何其他商品，其效用来自于交换价值。第三，货币具有周转灵活性且储藏费用低的特征。由于货币具有这些特征，现代社会只有依靠国家才能发行和强制流通。无论货币需求多大，或经济中其他变量的刺激多么强烈，货币供给不会受它们的影响而自行变化。货币供给的控制权由政府通过中央银行来掌握，中央银行根据政府的决策和金融政策，按照经济形势变化的需要可以自行调节货币供给量。凯恩斯认为，公开市场业务是变动货币供给量的主要渠道。货币当局通过公开市场业务买卖各种债务票据调节货币供给量。货币当局买进证券，意味着增加货币供给量；相反，货币当局卖出证券，则意味着减少货币供给量。

货币主义的主要代表人物弗里德曼也是一个典型的外生性货币供给论者。他在与施瓦茨合著的《1867—1960 年的美国货币史》中，阐明了货币供给外生性的观点。前面我们已经介绍过，根据弗里德曼和施瓦茨的观点，决定货币供给的三个变量（高能货币、存款与准备金的比率和存款与通货的比率）分别取决于货币当局、商业银行和社会公众的行为，但中央银行能直接决定高能货币，而高能货币的变动对银行的存款准备金比率和存款—通货比率有决定性影响。因此，中央银行能够通过改变高能货币改变货币供应量。

（二）内生性货币供给论

新古典综合派和后凯恩斯主义都是内生性货币供给论者。托宾认为弗里德曼的货币供给方程将货币供给归结于高能货币、存款与通货的比率和存款与准备金的比率的固定函数过于简单，实际上这三个变量及其决定因素之间是存在交叉影响的，因而货币供给并非是由货币当局控制的外生变量。新古典综合派认为，货币供给量作为内生变量主要是由商业银行和企业行为所决定的，而银行和企业的行为取决于经济体系的许多变量，中央银行不可能有效地控制银行和企业的行为。托宾关于货币供给的资产选择模型认为，货币作为一种资产形式其供给和需求与其他资产的供求一样，都是在经济运行中内生地决定的。后凯恩斯主义者则认为，货币存量内生地对信用需求的变化作出反应，并把货币工资率看成主要的外生变量，价格和货币存量都对它作出调整。

综合各学者的理论以及考虑到现实经济状况可以发现，货币供给并不是一个完全决定于货币当局的主观意志、不受经济运行内在规律影响的外生变量，其在一定程度上也是一个受经济体系内部诸多因素影响而自行变化的内生变量，或者说，是一个外生性和内生性相结合的变量。因此，中央银行对货币供给量的控制就不可能是绝对的，而是相对的。

鉴于中国特殊的国情，目前我国中央银行对货币供给仍具有较大的控制力。因此，对于宏观经济的稳健运行，中央银行应承担不可推卸的调控责任。但随着改革开放的不断推进和市场化程度的提高，货币供给的内生性将会逐渐增强。中央银行对货币供给的调控需要适时调整，并不断提高调控的艺术。

图 7.1 和图 7.2 显示了 1995—2002 年 M_0、M_1 计划指标与实际结果比较情况。

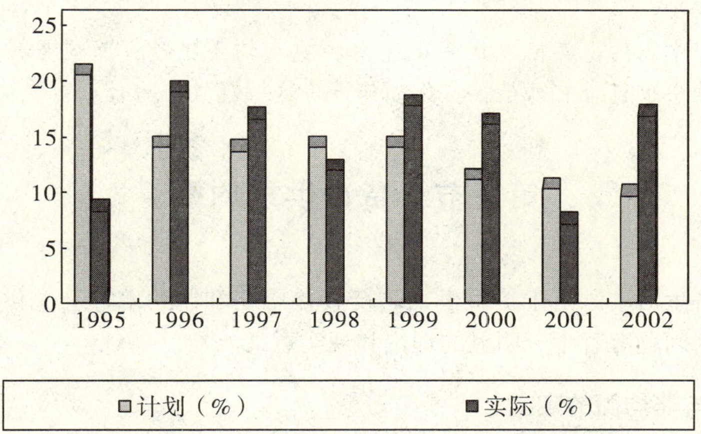

图 7.1　1995—2002 年 M_0 计划指标与实际结果比较

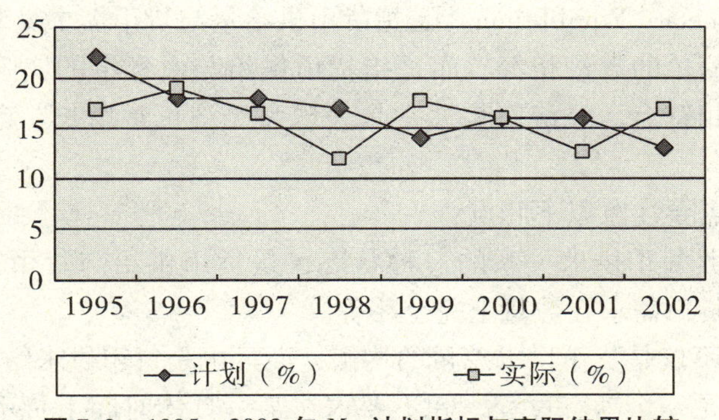

图 7.2　1995—2002 年 M_1 计划指标与实际结果比较

中国理论界对货币供给是外生还是内生的争议

有些学者认为货币供给可由中央银行有效控制，其依据是：第一，经济体系中的全部货币都是从银行流出的，从本质上说，都是由中央银行资产负债业务决定的，只要控制在每年新增贷款的数量，货币供应的总闸门就可以把牢；第二，中国的中央银行不是没有控制货币供给增长的有效手段，而是没有利用好这个手段，如果能够不管来自各方的压力有多强大，中央银行都始终不渝地按照稳定通货、稳定物价的政策严格掌握信贷计划，那么货币供给就不会增长过快。

有些学者认为货币供给不能由中央银行决定的观点也很普遍。“倒逼机制”的论点可视为内生变量论。这个观点认为，在中国现行的体制下，货币供给往往是被动地适应货币需求，中央银行很难实施各项既定的货币调节方案。企业、地方政府和个人对各自利益的追求形成了一种压力——偏好经济增长和收入增长的合力，该合力直接影响货币供给的增长速度。而对于这种合力，中央银行本身是难以左右的，很明显，这种机制说明，货币供给的变动事实上是内生的。

思考：

有人认为，中国的现实情况说明上述两种观点均不正确，而应是外生性中包含有内生性，内生性中也包含有外生性。你如何评价这一观点？为什么？

第三节 货币供求均衡

在现代经济生活中，由于货币供求均衡直接影响和制约着社会总供求的均衡，因此研究货币均衡问题有着十分明显的理论和现实意义。

一、货币均衡与非均衡的定义

（一）货币均衡

货币均衡（Monetary Equilibrium）是指货币供给量与货币需求量基本相等，不是货币供给和货币需求简单的数量相等，而是指货币供给与由经济的实际变量或客观因素所决定的货币需求相符合。经济态势通常是表现为经济正常增长、市场情况良好、物价基本稳定。

理解货币均衡需要注意以下几点：

（1）货币均衡是货币供求关系的一种状态，是货币供给与货币需求的大体一致，而不是货币供给与货币需求在数量上完全相等。

（2）货币均衡不仅是货币供求总量的均衡，而且也是货币供求结构的均衡。

（3）货币均衡是一个动态过程，并不要求在某一具体时间上货币供给与货币需求完全相等，允许短期内货币供求之间不一致，但在长期内是大体一致的。在短期内，货币供给量偏离货币需求量具有其必然性，也具有理论上的可接受性。其必然性在于货币需求的相对稳定性与货币供给量的易变性，货币供给的确定性与货币需求量的相对模糊性，这两对相互作用的结果往往造成货币供给量在短期或更长的时间内一定程度上偏离货币需求量。理论上可接受主要在于最优货币需求量与其说是一个确定无误的值，不如说是一个区间，货币供给量多一点或少一点均不会影响物价的稳定和持续稳定的经济发展。

（4）货币均衡是以利率的调节为契机的，即在市场经济条件下，从动态看，在利率伸缩自如的作用下，有一种自动恢复均衡的趋势。条件是健全的利率调节机制和发达的金融市场。

（5）货币均衡在一定程度上反映了国民经济的总体平衡状况。在商品经济条件下，一国的经济运行可以概括为两方面：一方面是商品、劳务的生产和交换，产生社会总供求；另一方面是货币和货币经济的运行，由此产生货币总供求。而这两个方面是紧密联系在一起的。货币均衡时，币值稳定，货币流通正常，市场物价稳定，这也在一定程度上能反映社会总供求基本平衡。

（二）货币非均衡

货币非均衡是一种与货币均衡相对应的概念，包括总量上的货币非均衡和结构上的货币非均衡。其中，总量上的货币非均衡指的是货币供给量小于货币需求量或者货币供给量大于货币需求量。结构上的货币非均衡指的是在货币供给与需求总量大体一致的总量均衡条件下，货币的供给结构与货币需求结构不相适应的状况。各类货币非均衡的原因分析如下：

1. 货币非均衡类型一：货币供给量小于货币需求量

从货币均衡的观点出发，货币供给量小于相应的货币需求量的原因可能有：

（1）随着经济增长，商品生产和交换规模扩大，货币供给量并没有及时增加，从而导致经济运行中货币供给小于货币需求。

（2）中央银行实施紧缩性的货币政策，减少货币供给量，从而导致流通中的货币减少，出现货币供给不能满足货币需求，从而呈现货币供给小于货币需求的非均衡状态。

（3）经济危机出现，经济运行中的信用链条突然断裂，正常的信用关系遭到破坏，社会经济主体对货币的需求急剧增加，中央银行的货币供给量却相对地滞后于货币需求的增加，从而导致了货币供求的失衡。

2. 货币非均衡类型二：货币供给量大于货币需求量

在纸币流通的条件下，经济运行中的货币供给量大于相应的货币需求量是一种经常出现的现象，造成这种现象的原因可以归结为：

（1）中央银行向财政发放贷款以弥补政府财政赤字。

（2）在经济发展中，高速经济增长迫切地需要货币资本来支撑，银行贷款规模的过度扩张，也是导致货币供给大于货币需求的原因之一。

（3）从阶段分析的观点看，假设前期货币供应量相对不足，产品积压和再生产过程受阻，为促进经济正常运行，中央银行实施扩张性的货币政策，但如果力度把握不适当，导致银根过度放松，货币供给的增长速度超过经济发展的客观需要，也会形成过多的货币供给，诱发高通货膨胀。

3. 货币非均衡类型三：货币供求的结构性失衡

造成这种货币失衡的原因在于经济结构的不合理以及由此导致的结构刚性。结构性货币失衡往往表现为短缺与过剩并存，经济运行中的部分产品和生产要素供过于求，而另一部分商品和生产要素又供不应求。

货币均衡是中央银行执行货币政策促使货币供给与货币需求基本相适应的目标，但货币均衡是理想的目标，货币供求的非均衡在现实中却是常见的现象。现实经济运行中往往是货币总量失衡与结构失衡相互交织、相互联系，以至于难以分辨。因此，中央银行在货币政策操作中，为实现货币供求均衡应以总量均衡与结构合理相结合。

二、货币均衡与利率

在完全市场经济条件下，货币均衡的实现是通过利率机制完成的。在市场经济条件下，利率不仅是货币供求是否均衡的重要信号，而且对货币供求具有明显的调节功能。

就货币供给而言，当市场利率升高时，一方面，社会公众因持有货币的机会成本增加而减少现金的持有量，进而减少现金漏损，货币乘数变大，从而使得在货币发行量不变的情况下货币供给增加；另一方面，贷款利率上升，银行为贷款收益进一步增加而减少超额准备来扩大贷款规模，使超额准备金率下降，货币乘数变大，从而促使货币供给增加。因此，利率与货币供给量之间存在同方向的变动关系。

就货币需求而言，当市场利率升高时，人们的持币机会成本增加，必然导致人们对金融资产需求的增加和对货币需求的减少。因此，利率与货币需求存在反方向变动关系。

如果货币供给大于货币需求，人们手中持有的货币量超过用于交易性需求、预防性需求和投机性需求的货币量，由于货币本身无收益，人们将购买金融资产，使得债券等金融资产的需求大于供给，债券等生息资产的价格上升，利率下降，而利率的下降使得人们的货币需求增加。货币的供给方——商业银行，由于公众购买债券等金融资产引起银行存款的减少，导致商业银行的准备金减少，即基础货币减少。同时，商业银行也因为利率下降减少了贷款的意愿，由货币供给理论可知，货币的供给量将减少。最终利率下降使得货币的需求和货币的供给趋于一致。反之，货币供给小于货币需求，利率上升，将减少货币需求，增加货币供给，最终使得货币供求达到均衡。市场利率与货币供求均衡关系如图 7.3 所示：

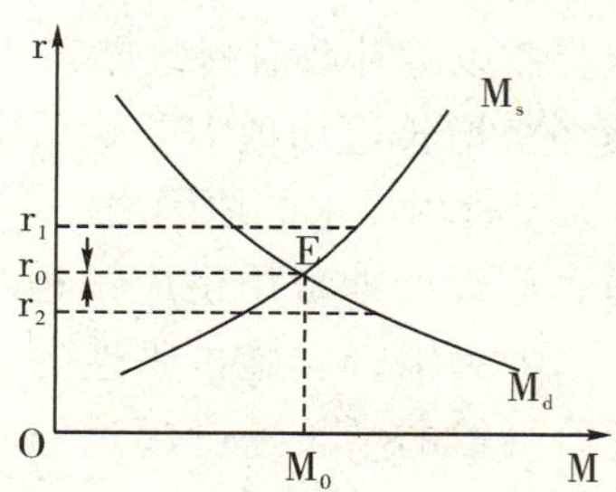

图 7.3　市场利率与货币供求均衡

三、货币供求与社会总供求介绍

（一）货币供给与社会总需求

1. 社会总需求的定义

社会总需求是指在一定支付能力条件下社会上对生产出来供最终消费和使用的物质产品与劳务的需求的总和，也就是社会的消费需求和投资需求的总和。

2. 货币供给决定并制约社会总需求

货币供给增加，社会总需求增大；货币供给减少，社会总需求减少。货币供给决定并制约社会总需求（见图 7.4）。

$$\overrightarrow{Ms = AD}$$

［货币供给（Ms）决定社会总需求（AD），因为（AD）为有支付能力的需求］

图 7.4　货币供给决定并制约社会总需求

（二）货币需求与社会总供给

1. 社会总供给的定义

社会总供给是指一国一定时期内全社会物质生产部门提供的全部供最终消费和使用的物质产品与非物质生产部门提供的全部劳务的总和。

2. 社会总供给决定并制约货币需求

经济生活中需要多少货币，取决于有多少实际资源需要货币实现其流转并完成生产、交换、分配和消费相互联系的再生产过程。社会总供给决定并制约货币需求（见图 7.5）。

$$\overleftarrow{Md = AS}$$

［因为社会总供给（AS）以获取货币为目的，即通过与货币的交换，实现其价值，并使社会再生产顺利实现］

图 7.5　社会总供给决定并制约货币需求

（三）货币供求与社会总供求

如果从市场的角度来研究货币供求与社会总供求之间的关系，可以用图 7.6 来表示。

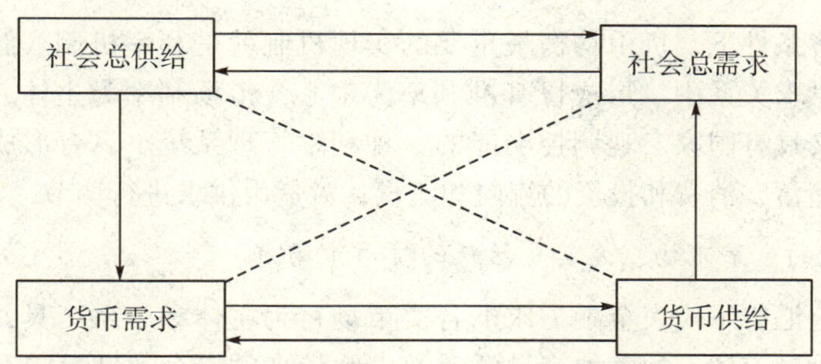

图 7.6　货币均衡与社会总供求均衡

1. 货币供给促使社会总需求的形成

因为任何需求都是有货币支付能力的需求，只有通过货币的供给，需求才得以实现，所以在一定时期内，社会的货币收支流量构成了当期的社会总需求。

2. 社会总需求影响社会总供给

在现代商品经济条件下，市场总体上来说是属于买方市场，不再是过去由供给决定需求，社会的需求倾向越来越影响着社会的供给方向，企业提供的产品和服务必须以顾客需求为取向。

3. 社会总供给决定了真实货币需求

因为在商品经济条件下，任何商品都需要用货币来表现或衡量其价值量的大小，并通过与货币的交换实现其价值。因此，有多少社会总供给，必然就需要相应的货币量与之对应。

4. 货币需求决定货币供给

就货币的供求关系而言，客观经济过程中的货币需求是基本的前提条件，货币的供给必须以货币的需求为基础，中央银行控制货币供给量的目的就是要使货币供给与货币需求相适应，以维持货币的均衡。

5. 社会总供给等于社会总需求与货币需求等于货币供给

市场经济条件下，宏观经济持续稳定增长，必须保持社会总供给与社会总需求的均衡。商品生产、商品流通，即实体经济社会总供求均衡决定货币流通，进而决定货币供求平衡，但货币流通、货币供求均衡又影响实体经济，影响社会总供求的均衡。这样中央银行可利用货币政策，调节货币供求，实现社会总供求均衡。

四、实现货币均衡的条件

在市场经济条件下，货币的自身均衡机制能够使得货币供给收敛于货币需求，使得货币的供求趋于一致，要实现货币均衡，需依靠于利率这个调节器。在完全市场经济条件下，若要利率能够发挥对于货币供求的调节器作用，必须具备两个条件：健全的利率机制和发达的金融市场。

（一）要有健全的利率机制

在市场经济条件下，货币均衡最重要的实现机制就是利率机制。健全利率机制就是在社会资金供求关系中，形成以基准利率为中心，市场利率为主体，既具有市场自我调节功能，又具有国家宏观调控功能的一种利率管理系统。只有形成这样的利率机制，利率通过储蓄、消费和投资的流向和流量，对货币供求进行调节，实现货币均衡。

（二）要有发达的金融市场，尤其是活跃的货币市场

金融市场上汇集了代表金融需求的各类市场行为主体和金融工具，形成各类金融价格，并通过金融市场上的各种交易活动及由此带来的资金运动反映和影响实体经济的运行。因此，没有一个发达的金融市场，利率机制就没有了调节运动资金供求的场所，其作用也就无法发挥出来。

除了这两个条件之外，中央银行宏观调控的有效性、一国财政收支的平衡与否、一国的生产部门结构是否合理、国际收支是否保持平衡等因素，都在一定程度上也会影响货币的供求关系，从而影响货币达到均衡状态。

2010 年中国货币信贷概况①

2010 年，国民经济保持平稳较快发展，货币信贷增长从 2009 年高位逐步向常态回归，银行体系流动性总体充裕，人民币汇率弹性增强，金融运行平稳。

一、货币供应量增长趋稳

2010 年年末，广义货币供应量 M_2余额为 72. 6 万亿元，同比增长 19. 7%，增速比 2009 年年末低 8. 0 个百分点；狭义货币供应量 M_1余额为 26. 7 万亿元，同比增长 21. 2%，增速比 2009 年末低 11. 2 个百分点。

流通中现金 M_0 余额为 4. 5 万亿元，同比增长 16. 7%，增速比 2009 年末高 4. 9 个百分点。全年现金净投放 6 381 亿元，同比多投放 2 354 亿元，货币总量增长从 2009 年高位总体回落。其中，M_2和 M_1增速分别于前 7 个月和前 9 个月呈下降态势，但之后受信贷增长持续较快、外汇流入增多的影响，货币总量有所反弹。M_2和 M_1 年末增速分别比年内最低点回升 2. 1 个和 0. 3 个百分点。

二、金融机构存款增长放缓

2010 年年末，全部金融机构（含外资金融机构，下同）本外币各项存款余额为 73. 3 万亿元，同比增长 19. 8%，增速比 2009 年年末低 8. 1 个百分点，比 2010 年年初增加 12. 1 万亿元，同比少增长 1. 1 万亿元。其中，人民币各项存款余额为 71. 8 万亿元，同比增长 20. 2%，增速比 2009 年年末低 8. 0 个百分点，比 2010 年年初增加 12. 0 万亿元，同比少增长 1. 1 万亿元。外币存款余额为 2 287 亿美元，同比增长 9. 5%，比 2010 年年初增加 200 亿美元，同比多增长 39 亿美元。

从人民币存款的部门分布和期限看，住户存款平稳增长，活期占比稳步提高。非金融企业存款增速 2010 年上半年回落，2010 年下半年大体趋稳，总体呈活期化态势。2010 年年末住户存款余额为 30. 8 万亿元，同比增长 16. 5%，增速比 2010 年年末低 2. 8 个百分点，比 2010 年年初增加 4. 4 万亿元，同比多增长 972 亿元。非金融企业人民币存款余额为 30. 5 万亿元，同比增长 21. 5%，增速比 2009 年年末低 16. 0 个百分点，比 2010 年年初增加 5. 3 万亿元，同比少增长 2. 0 万亿元。非金融企业人民币存款增速 2010 年上半年回落较为明显，6 月末增速比 2009 年年末低 18 个百分点，主要与 2009 年基数较高有关。

目前，非金融企业人民币存款增速仍保持相对较高水平，企业支付能力依然较强。受通货膨胀预期等因素影响，存款总体呈活期化态势。其中，全年新增住户存款中活期占比为 56%，四个季度的活期存款占比分别为 42%、51%、55%和 135%，呈逐步上升态势；非金融企业全年活期存款占比为 55%。2010 年年末财政存款余额为 2. 5 万亿元，同比增长 13. 6%，比 2010 年年初增加 3 045 亿元，同比少增长 1 322 亿元。

---

① 中国人民银行货币政策分析小组. 中国货币政策执行报告（2010 年第四季度）[EB/OL]. (2011 - 01 - 31) [2016 - 08 - 12]. http://wenku. baidu. com/link? url = WwmftcnRKBSYAN8ZKjoTVZ3XgDR8iX9QPviG10f9BrXClk - dBcmAckcEF2bQlFOVGHfw21th5f6YJ3VNufqouv1H_YPlMnP9_6Fx8T4qw6G.

三、金融机构人民币贷款增速从高位回落

2010 年年末，全部金融机构本外币贷款余额为 50.9 万亿元，同比增长 19.7%，增速比 2009 年年末低 13.3 个百分点，比 2010 年年初增加 8.4 万亿元，同比少增长 2.2 万亿元。

人民币贷款增速高位回落后总体走稳。2010 年年末人民币贷款余额为 47.9 万亿元，同比增长 19.9%，增速比 2009 年年末低 11.8 个百分点，比 2010 年年初增加 7.95 万亿元，同比少增长 1.65 万亿元。贷款节奏更加均衡，各季新增贷款分别为 2.60 万亿元、2.03 万亿元、1.67 万亿元和 1.64 万亿元。从部门分布看，住户贷款增长稳步回落，非金融企业及其他部门贷款增速相对平稳。2010 年年末住户贷款余额同比增长 37.6%，增速比 2010 年 9 月末和 2010 年 6 月末分别低 4.6 个和 11.7 个百分点，目前仍保持较快增长，比 2010 年年初增加 2.9 万亿元，同比多增长 4 125 亿元。非金融企业及其他部门贷款余额同比增长 15.3%，比 2010 年年初增加 5.1 万亿元，同比少增长 2.1 万亿元。其中，中长期贷款比 2010 年年初增加 4.2 万亿元，同比少增长 7 938 亿元。票据融资比 2010 年年初减少 9 051 亿元，同比多减少 1.4 万亿元。从总体看，2010 年金融机构大体保持着压票据融资、增一般贷款的态势。

2010 年各机构人民币贷款情况如表 7.1 所示：

表 7.1　　2010 年各机构人民币贷款情况　　单位：亿元

	2010 年	
	新增额	同比多增
中资全国性大型银行①	40 822	−12 899
中资全国性中小型银行②	23 456	−1 704
中资区域性中小型银行③	5 289	−2 018
农村合作金融机构④	9 656	−71
外资金融机构	1 628	1 610

注：①中资全国性大型银行是指本外币资产总量超过 2 万亿元的银行（2008 年年末各金融机构本外币资产总额为参考标准）。

②中资全国性中小型银行是指本外币资产总量小于 2 万亿元且跨省经营的银行。

③中资区域性中小型银行是指本外币资产总量小于 2 万亿元且不跨省经营的银行。

④农村合作金融机构包括农村商业银行、农村合作银行、农村信用社。

由于人民币汇率预期总体平稳、人民币跨境贸易结算发展以及境外企业资金状况好转导致境内外企业贸易信贷增加等因素，2010 年企业外币贷款需求下降。2010 年年末，金融机构外币贷款余额为 4 534 亿美元，同比增长 19.5%，比 2010 年年初增加 740 亿美元，同比少增长 618 亿美元。从投向上看，进出口贸易融资增加 177 亿美元，同比少增长 410 亿美元，增量占比为 24.0%。境外贷款和中长期贷款共增加 457 亿美元，同比少增长 133 亿美元，增量占比为 61.8%。

四、银行体系流动性总体充裕

2010 年年末，基础货币余额为 18.5 万亿元，同比增长 28.7%，比 2010 年年初增加4.1万亿元。2010年年末货币乘数为3.92，比2009年年末低0.19。2010年年末金融机构超额准备金率为2.0%，比2009年下降1.13个百分点。其中，中资大型银行为0.9%，中资中型银行为1.8%，中资小型银行为4.4%，农村信用社为7.7%。

五、金融机构贷款利率稳步上升

2010年，金融机构对非金融性企业及其他部门贷款利率总体小幅上升。其中，第四季度受两次上调存贷款基准利率等因素影响，利率上升速度有所加快。12月份，贷款加权平均利率为6.19%，比2010年年初上升0.94个百分点。其中，一般贷款加权平均利率为6.34%，比2010年年初上升0.46个百分点。票据融资加权平均利率为5.49%，比2010年年初上升2.75个百分点。个人住房贷款利率稳步上升，12月份加权平均利率为5.34%，比2010年年初上升0.92个百分点。

从利率浮动情况看，执行下浮和基准利率的贷款占比下降，执行上浮利率的贷款占比上升。12月份，执行下浮、基准利率的贷款占比分别为27.80%和29.16%，比2010年年初分别下降5.39个百分点和1.10个百分点，执行上浮利率的贷款占比为43.04%，比2010年年初上升6.49个百分点。

受境内资金供求关系变动以及国际金融市场利率走势影响，外币存贷款利率波动上升。12月份，活期、3个月以内大额美元存款加权平均利率分别为0.33%和1.84%，比2010年年初分别上升0.16个百分点和1.38个百分点；3个月以内、3个月（含3个月）~6个月美元贷款加权平均利率分别为2.57%和2.85%，比2010年年初分别上升0.98个和1.19个百分点。

思考：

1. 从我国2010年的货币供给和需求的状况入手，分析2010年我国是货币均衡还是失衡？

2. 从资料中可观察我国利率情况，试分析我国目前的利率机制对货币供求的调节作用是否有效。

思考与练习

一、名词解释

货币需求　货币需求量　货币供给　货币供给量　基础货币　内生变量　外生变量　货币非均衡　货币均衡　社会总需求　社会总供给

二、简答题

1. 如何理解货币需求和货币供给的含义？
2. 简述货币供给模型。
3. 简述我国对货币需求的数量界定及影响我国货币需求的主要因素。
4. 什么是货币供给的内生性和外生性？
5. 如何正确理解货币均衡？

6. 货币失衡表现在哪些方面?

三、论述题

1. 试述影响货币供给的决定因素。
2. 试评述“货币乘数必大于1”这一说法是否正确，并解释。
3. 试述货币供求均衡与社会总供求均衡的关系。
4. 如何运用货币政策和财政政策调节货币供求，实现总供求均衡?

第八章　通货膨胀和通货紧缩

本章要点

本章主要让学生了解通货膨胀和通货紧缩的定义、分类以及各种测度指标；重点掌握通货膨胀和通货紧缩的成因及其对社会经济的影响、通货膨胀和通货紧缩的治理对策等内容。其中，通货膨胀和通货紧缩的成因是本章的难点。

2011 年 3 月 CPI 涨 5. 4% 创 32 个月以来新高①

据国家统计局公布的一季度经济数据显示，2011 年一季度国内生产总值（GDP）总量为 96 311 亿元，同比增长 9. 7%。3 月份居民消费价格同比上涨 5. 4%，创出 32 个月以来新高。那么在此背景下，通胀压力会不会减缓？政策又会向何处去？

一些乐观者认为，消费者物价指数（CPI）数据与经济增速相比，可以承受，下半年经济回升通胀会有所减缓。而悲观者认为，由于通胀蔓延，CPI 增幅很难低于 4%，政府调控尚难松动。

国家统计局公布的数据显示，一季度居民消费价格同比上涨 5. 0%，其中 3 月份居民消费价格同比上涨 5. 4%，创出 32 个月以来新高，环比下降 0. 2%。

一季度居民消费价格同比上涨 5. 0%，其中城市上涨 4. 9%，农村上涨 5. 5%。分类别看，食品上涨 11. 0%，烟酒及用品上涨 2. 0%，衣着上涨 0. 3%，家庭设备用品及维修服务上涨 1. 6%，医疗保健和个人用品上涨 3. 1%，交通和通信下降 0. 1%，娱乐教育文化用品及服务上涨 0. 6%，居住上涨 6. 5%。

一季度，工业生产者出厂价格同比上涨 7. 1%，3 月份上涨 7. 3%，环比上涨 0. 6%。一季度，工业生产者购进价格同比上涨 10. 2%，3 月份上涨 10. 5%，环比上涨 1. 0%。

一季度国内生产总值 96 311 亿元，按可比价格计算，同比增长 9. 7%。分产业看，第一产业增加值 5 980 亿元，增长 3. 5%；第二产业增加值 46 788 亿元，增长 11. 1%；第三产业增加值 43 543 亿元，增长 9. 1%。从环比看，一季度国内生产总值增长 2. 1%。

一季度，进出口总额 8 003 亿美元，同比增长 29. 5%。其中，出口 3 996 亿美元，增长 26. 5%；进口 4 007 亿美元，增长 32. 6%。进出口相抵，逆差 11 亿美元。

在国务院新闻办的新闻发布会上，当谈到一季度国内生产总值增速问题时，国家统计局新闻发言人、国民经济综合统计司司长盛来运表示，当前经济不存在滞涨，物

① 2011 年 3 月 CPI 涨 5. 4% 创 32 个月以来新高［EB/OL］. (2011 - 04 - 16)［2016 - 08 - 12］. http://news.cnfol.com/110416/101,1277,9698787,01.shtml.

价仍可控。因为从一季度主要指标来看，国民经济延续了2010年下半年以来平稳较快增长的态势，呈现出经济走稳、就业增加、物价可控、效益提高、民生改善的特点，开局良好。

经济走稳从GDP的增速也可以看出来，一季度GDP的增速是9.7%，2010年三季度是9.6%，2010年四季度是9.8%，连续三个季度GDP的增速在9.5%~10%。实体经济也呈现出稳定增长的态势，规模以上工业增加值的增速一季度是14.4%，2010年三季度是13.5%、2010年四季度是13.3%，基本上是在14%左右运行。

就业形势继续走好，主要可以用两个指标来说明：一是城镇单位就业人数比2010年同期增加463万人；二是一季度农民工外出打工人数比2010年同期增加530万人，这两个指标说明当前的就业在继续增加。

效益提高，可以从政府的收入、企业的收入、居民的收入都可以得到印证，一季度政府的财政收入增长33.1%，规模以上企业的利润增长34.3%，增速都比较快。

民生改善，除了刚才谈到的就业形势向好以外，另外城乡居民收入稳定增长，一季度城镇居民可支配收入扣除物价因素后增长7.1%，农村居民收入增长速度是14.3%。因此，生活消费也在稳定增长。

从这些指标可以看出来，一季度国民经济的总体运行态势良好，继续朝着宏观调控的预期方向发展。

由此可以看出，我国2011年3月存在着较为明显的通货膨胀，测量通货膨胀的指标消费者物价指数（CPI）同比上涨5.4%。通货膨胀对老百姓的生活影响甚大，如何有效治理通货膨胀成为当前宏观调控的重要问题。

思考：

就上述数据，国家统计局新闻发言人、国民经济综合统计司司长盛来运表示，当前经济不存在滞涨，物价仍可控。你是否赞同？为什么？

第一节　通货膨胀的定义与类型

一、通货膨胀的定义

根据西方经济学的观点，通货膨胀是指经济的物价总水平或一般物价水平在一定的时期内持续的上升、货币不断贬值的过程。

这个定义包含下面几个要点：

第一，强调把商品和服务的价格作为考察对象，与金融资产的价格区分开来。

第二，强调“货币价格”，即每单位商品、服务用货币数量标出的价格，说明通货膨胀分析中关注的是商品、服务与货币的关系，而不是商品、服务与商品、服务相互之间的对比关系。

第三，强调“物价总水平”，说明关注的是普遍的物价水平波动，而不仅仅是地区性的或某类商品及服务的价格波动。

第四，强调“持续上涨”是指通货膨胀并非偶然的价格波动，而是一个“持续的上升过程”。

货币数量论认为价格水平的波动主要是由名义货币供应量的变化而引起的。美国著名的经济学家弗里德曼指出：“通货膨胀归根到底是一种货币现象。”当经济中纸币的发行量超过商品流通中人们对纸币的实际需要量时，货币就会贬值，物价水平就会普遍持续上涨。

二、通货膨胀的衡量指标

通常用通货膨胀率来衡量通货膨胀的程度，以下三种价格指数常用于反映通货膨胀率：

（一）消费者物价指数（Consumer Price Index，CPI）

消费者物价指数又称生活费用指数，根据国家统计局的定义，消费者物价指数是一个反映居民家庭一般所购买的消费商品和服务价格水平变动情况的指标，是通过一组代表性消费品及服务项目随着时间的变动，反映在居民家庭购买消费品及服务价格水平变动情况的相对数（指数的基期数值定为100）。

从图 8.1 可以看出，我国 2009 年 4 月—2010 年 3 月 24 个月以来 CPI 是不断走高的，通货膨胀的趋势越来越明显。

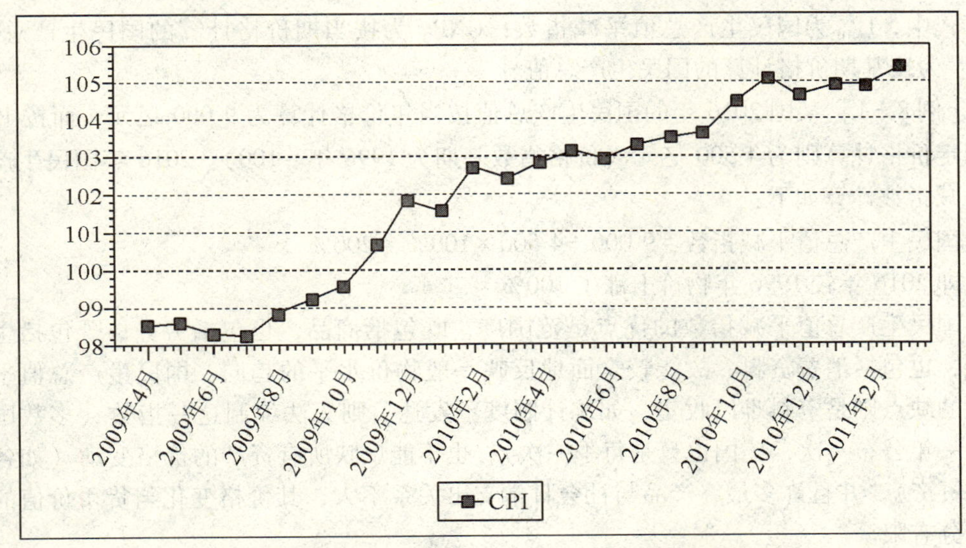

图 8.1　我国 2009 年 4 月—2010 年 3 月以来的 CPI 走势图

消费者物价指数的优点是能及时反映消费品市场的供求状况，直接与居民的日常生活相联系，资料较容易收集，公布次数较频繁。消费者物价指数的缺点则是统计范围较窄，仅涉及日常生活消费领域，公共部门消费、生产资料、进出口商品和劳务的价格均不包括，因而无法全面反映物价水平。

（二）生产者物价指数（Producer Price Index，PPI）

生产者物价指数又称批发价格指数，是指通过计算生产者在生产过程中所有阶段所获得的产品的价格水平变动而得的指数，是衡量工业企业产品出厂价格变动趋势和变动程度的指数，是反映某一时期生产领域价格变动情况的重要经济指标，也是制定有关经济政策和国民经济核算的重要依据。

生产者物价指数的优点是能较好地反映大宗商品的价格波动，较灵敏地反映企业生产成本的升降，并能进一步判断其对最终进入流通领域的零售商品的价格变动可能带来的影响。生产者物价指数的缺点则是不能反映劳务费用的变动，也不能反映消费者日常购买力的变化，容易出现信号失真。

（三）国民生产总值平减指数

国民生产总值平减指数又称国内生产总值平减指数，是一个能综合反映物价水平变动情况的指标。国民生产总值平减指数是将国内生产总值或国民生产总值指标的名义值化为实际值的价格指数。具体的计算为以可变价格计算的国民生产总值与不变价格计算的国民生产总值之比，即按当期价格计算的国民生产总值（名义值）与按基期价格计算的国民生产总值（实际值）的比率。其计算公式为：

$$I_{GDP} = \frac{GNP_T}{GNP_1}$$

式中，I_{GDP}为国民生产总值平减指数；GNP_T 为按当期价格计算的国民生产总值；GNP_1 为按基期价格计算的国民生产总值。

[例 8 - 1] 某国 2016 年的国民生产总值按当年价格计算为 9 000 亿元，而按 1996 年固定价格计算则为 4 500 亿元（价格指数基期为 1996 年 = 100）。2016 年国民生产总值平减指数计算如下：

国民生产总值平减指数 = 9 000 ÷ 4 500 × 100% = 200%

即 2016 年较 1996 年物价上涨了 100% 。

国民生产总值平减指数的优点是范围广，既包括商品，也包括劳务；既包括生产资料，也包括消费资料，故能较全面地反映一般物价水平的趋向。国民生产总值平减指数的缺点则是资料难以收集，如统计制度不发达，则无法编制这一指数（多数国家通常一年公布一次，美国也只是每季一次）；也不能反映所有资产的价格变动（如各种金融资产），并且许多最终产品与社会日常支出关系不大，其价格变化与货币价值的联系十分有限。

三、通货膨胀的分类

（一）按照一般物价上涨的程度分类

按照一般物价上涨的程度分类，通货膨胀可分为温和型的通货膨胀、奔腾型的通货膨胀和恶性通货膨胀。

温和型的通货膨胀也叫做爬行式通货膨胀，是指通货膨胀维持在可以容忍的幅度内[①]，一般是指年物价上涨幅度在10%以内的通货膨胀。其特点是通货膨胀发展缓慢，短期内不易察觉，但持续的时间较长。

奔腾型的通货膨胀是指年通货膨胀率在10%以上到100%以内的通货膨胀。此时，由于物价急剧变化、货币大幅度贬值，使得正常的经济关系遭到严重的破坏。

恶性通货膨胀也叫做超级通货膨胀，是指通货膨胀率在100%以上的通货膨胀，此时物价水平完全失去控制，无限速地上涨，货币体系崩毁，经济陷入瘫痪状态。

（二）按照通货膨胀能否预期分类

按照通货膨胀能否预期分类，通货膨胀可分为未预期到的通货膨胀和可预期到的通货膨胀。

未预期到的通货膨胀是指价格上升的速度超过人们的预料，会打破原有的平衡，对经济的影响比较大。

可预期到的通货膨胀又称为惯性通货膨胀，是指由于通货膨胀程度人们事先已经预料到，所从事的经济活动事先就把通货膨胀的因素考虑在内了，因此对经济活动的影响较小。

（三）按照通货膨胀的成因分类

按照通货膨胀的成因分类，通货膨胀可分为需求拉上型通货膨胀、成本推动型通货膨胀、供求混合型通货膨胀以及结构性通货膨胀（具体的介绍见下节）。

第二节　通货膨胀产生的原因

一、需求拉上型通货膨胀

需求拉上型通货膨胀又称超额需求通货膨胀，是指总需求的过度增长而超过总供给，引起的一般物价水平的持续显著的上涨（如图8.2所示）。

根据凯恩斯主义的观点，在商品市场上，在现有的价格水平下，如果经济的总需求超过总供给水平，就会导致一般物价水平的上升，引起通货膨胀。下面运用AS－AD模型来分析需求拉上型通货膨胀形成的原因。早期的西方经济学家主要从需求方面分析通货膨胀的成因，认为当经济中需求扩张超出总供给增长时所出现的过度需求是拉动价格总水平上升、产生通货膨胀的主要原因。通俗的说法就是“太多的货币追逐太少的商品”，使得对商品和劳务的需求超出了在现行价格条件下可得到的供给，从而导致一般物价水平的上涨。需求拉动说的理论分析可用图8.2来说明。

图8.2中AS表示总供给曲线，AD_0表示总需求曲线的初值，二者的交点决定了供

---

① 可以容忍的幅度应视具体情况分析。不同国家和地区，或同一个国家和地区的不同时期，由于社会经济形势的不同和变化，人们对通货膨胀容忍的程度是不同的，甚至有较大的区别。如当市场物价水平长期处在较低水平时，突然的5%的通货膨胀率，人们可能就觉得很高了。

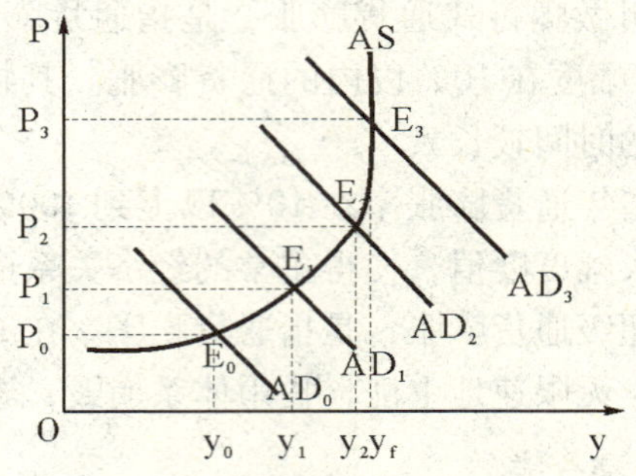

图 8.2 需求拉上型通货膨胀

求平衡条件下的物价水平 P_0 和收入水平 y_0。当总需求增加，曲线 AD_0 移动至 AD_1 时，会使收入水平提高至 y_1，同时拉动物价水平上升至 P_1。由于经济离充分就业差距较大时，总供给曲线 AS 比较平坦，因此收入水平提高至 y_2，同时拉动物价水平的变动较小。当总需求继续增加，曲线 AD_1 移动至 AD_2 时，收入水平提高至 y_2，同时拉动物价水平升至 P_2，此时 AS 曲线倾斜度增大，物价水平的提高加快，进入凯恩斯所说的"半通货膨胀"状况。经济越是接近充分就业时的收入水平 y_f，AS 曲线越是陡峭，表示收入水平难以进一步增长。因此，当需求从 AD_2 移至 AD_3 时，经济达到充分就业，AS 曲线变为垂直，收入水平不再增长，总需求的增加几乎全部通过物价的上涨（提高至 P_3）反映出来，即进入凯恩斯所谓的"真正的通货膨胀"阶段。

二、成本推动型通货膨胀

成本推动型通货膨胀又称成本通货膨胀或供给通货膨胀，是指在没有超额需求的情况下，由于供给方面成本的提高所引起的一般价格水平持续和显著的上涨（如图 8.3 所示）。

当供给曲线 A_1 与需求曲线 D 相交于（Y_f，P_0）点时，经济处于均衡状态。假设成本的增加使总供给曲线从 A_1 移动到 A_2，供给曲线与需求曲线 D 的交点所对应的价格上升到 P_1。假定在短期内需求曲线 D 保持不变，那么价格上升是由成本推动的，而不是由货币供给增加造成的。

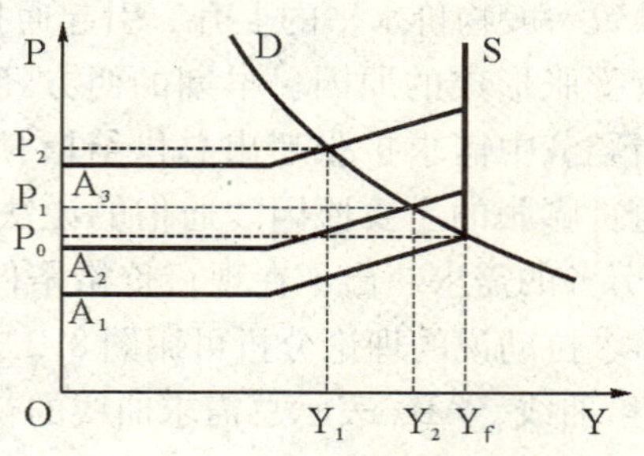

图 8.3 成本推动型通货膨胀

生产成本的提高一方面体现为工资水平上升、原材料和能源等的价格上涨；另一方面也体现在厂商为追逐垄断利润而限制产量，从而引起价格水平的普遍上涨。在现有的价格水平下，工人如果要求提高实际工资，厂商能够雇佣的工人就会减少，其产量就随之减少，导致供给曲线向左移动，总需求水平超过总供给，价格水平上升。与需求拉上型的通货膨胀不同的是，短期成本推动的通货膨胀将减少经济的产出水平。

成本推动型通货膨胀又可以根据生产成本的各组成部分的作用分为以下两种：

第一，工资推动通货膨胀是指不完全竞争的劳动市场造成的过高工资所导致的一般价格水平的上涨。于是，工资提高引起价格上涨，价格上涨又引起工资进一步的提高。如此，工资提高和价格上涨形成了螺旋式的上升运动，导致通货膨胀。

第二，利润推动通货膨胀是指垄断企业和寡头企业利用市场势力谋取过高利润所导致的一般价格水平的上涨。

三、供求混合型通货膨胀

供求混合型通货膨胀理论是从供给和需求两个方面及其相互影响说明通货膨胀的理论。在现实经济生活中，需求拉上和成本推动的作用常常是混在一起的，由此形成的通货膨胀称为混合型通货膨胀。假设需求拉动在先，其后是成本推动，如图 8.4 所示。

在图 8.4 中，Y_f 是充分就业产量。在成本推动时，总供给曲线由 A_1 移动到 A_2、A_3，到达充分就业后，总供给曲线形成一条垂直线 S。如果总需求不变，总供给曲线上移会使物价上升。在这种成本推动型通货膨胀过程中，当物价上涨后，如果货币量不增加，货币购买力会下降，总需求降低，经济则会出现衰退，失业也会增加。此时，一般来说，政府会为了刺激经济，必然实行扩张性货币政策，使总需求增加。因为成本上升使 A_1 上升到 A_2，如果总需求不变，价格从 P_0 上升到 P_E，产出则从 Y_f 减少到 Y_1。此时，政府采取扩张性货币政策，增加总需求，需求曲线从 D_1 右移到 D_2，则物价进一步从 P_E 上升到 P_G。图 8.4 所示的就是供求混合型通货膨胀。

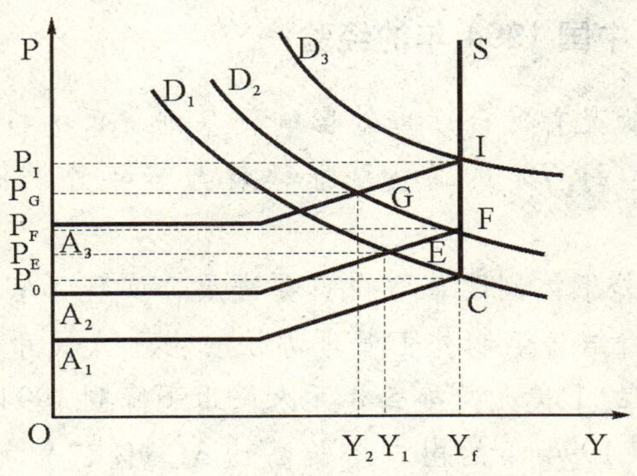

图 8.4　供求混合型通货膨胀

四、结构性通货膨胀

结构性通货膨胀是指在没有需求拉动和成本推动的情况下，只是由于经济结构因素的变动，也会出现一般价格水平的持续上涨，这种价格水平的上涨叫做结构性通货膨胀。结构性通货膨胀有很多原因，故可分为不同类型的结构性通货膨胀。西方学者通常用生产率提高快慢不同的两个部门说明结构性通货膨胀，工资增长率超过生产增长率的百分比就是价格上涨率或通货膨胀率。

（一）不平衡增长模型

不平衡增长模型是由鲍莫尔提出来的。一个国家的经济可以区分为两个部门，一个是进步部门，一个是落后部门。进步部门的劳动生产率比落后部门的劳动生产率要增长得快，但货币工资率却相同。因此，当进步劳动生产率增长时，其货币工资也随之增长，引起落后部门的货币工资同等幅度的增长，但是由于落后部门的劳动生产增长率比进步部门的劳动生产增长率要低，落后部门的货币工资增长则给落后部门造成了一种工资成本增加的压力。在成本加成的定价规则下，这一现象必然使整个经济产生一种由工资成本推进的通货膨胀。

（二）北欧模型

北欧模型的分析对象是所谓的小国开放经济。所谓小国开放经济，是指这样一类国家，它们参与国际贸易，但其进出口总额在世界市场上所占的比重微乎其微，它们的进出口商品对该商品在世界市场上的价格不会产生任何影响。该模型把这种小国开放经济分为两个部门：开放部门和非开放部门。开放部门是指那些生产的产品主要用于出口的，或产品虽用于国内消费，但有进口替代品与之竞争的行业，这个部门有较高的货币工资增长率和劳动生产率；非开放部门是指那些因受政府保护或者因产品本身的性质而免受国外竞争压力的行业，这个部门的货币工资增长率和劳动生产率较低。但是如果上述两个部门的货币工资增长率趋于一致，当发生世界性通货膨胀时，小国开放部门的成本和价格将会上升，在货币工资增长率的刚性作用下，非开放部门的工资和价格也会上升，结果该国的整体物价水平上升，引起通货膨胀。

外汇储备与通货膨胀：中国1994年的经验

外汇市场上的供求状况有时会严重地影响到基础货币的投放，并进而影响到物价水平。我国1994年高达21.7%的通货膨胀率就与当年外汇储备的急剧上升有很大的关系。

1994年年初，我国外汇体制改革取得重要进展，实现了官方汇率和市场调剂汇率的并轨，并开始实行银行结售汇制外汇管理办法。由于人民币的大幅度贬值（人民币官方汇率由1993年年末的1美元兑换5.8元人民币下降到1994年1月1日的1美元兑换8.7元人民币），我国1994年的出口增长高达31.9%，贸易收支由1993年的逆差122.2亿美元一举转变为顺差53.9亿美元，外商直接投资由1993年的275.2亿美元上升至337.7亿美元，增幅达22.7%，实际利用外资额458亿美元，居世界第二位。另外，由于我国1993年连续两次提高利率，1994年继续实行货币紧缩政策，不少企业受信贷规模控制转而借外汇后兑换成人民币使用，一些外商也以各种形式进入国内进行套利活动。例如，某些外商通过其在华企业用外汇兑换成人民币后高息拆借给资金短缺的国内企业。

上述因素使得中国人民银行的外汇储备由年初的212.0亿美元猛增到516.2亿美元，增加304.2亿美元。按照1994年1美元兑换8.6元人民币的平均汇率计算，仅此一项就意味着中国人民银行要增加2 600多亿元的基础货币投放。尽管中国人民银行对此采取了一些抵消性的措施，如加大力度收回对金融机构的贷款，压缩其增长速度(中央银行对存款货币银行债权的同比增长率确实从1994年第一季度的39.4%急剧降低到了第四季度的8.8%)，但是1994年的基础货币增长率仍达到30%左右。基础货币的高速增长带来了货币供给的相应增长。广义货币 M_2 和狭义货币 M_1 的增长率分别达到34.5%和26.2%，均远远高于计划水平。外汇占款的增加构成了当年基础货币投放的主要途径，因此被不少经济学家认为是1994年高通货膨胀的主要原因。

思考：

为什么外汇市场上的供求状况会严重地影响基础货币的投放，并进而影响到物价水平?

第三节 通货膨胀的经济效应

一、通货膨胀对经济增长的影响

由于通货膨胀的产生总是伴随着经济的高速增长，因此通货膨胀往往会给人以诱惑。不少发展中国家的经济学家曾提出以温和的通货膨胀刺激经济增长的口号。然而，由于通货膨胀对经济结构的扭曲作用要远远大于对经济增长的刺激作用，因此一旦发生通货膨胀，其结果往往将经济结构推向恶化。

在历史上，关于通货膨胀的经济效应有三种观点：第一种观点是促进论，认为通货膨胀可以促进经济增长；第二种观点是促退论，认为通货膨胀损害经济增长；第三种观点是中性论，认为通货膨胀对经济既有正效应也有负效应。

(一) 促进论

促进论认为适度的通货膨胀有利于经济增长。其理由主要有以下几点：

(1) 在通货膨胀的情况下，由于货币幻觉的存在和工人对通货膨胀预期的不充分，工资的上涨往往慢于物价的上涨，结果实际工资下降，降低了厂商的生产成本，提高了利润，这样刺激厂商扩大投资，进而促进经济增长。这主要是一种短期效应。

(2) 通货膨胀是一种有利于高收入阶层（即利润收入阶层）而不利于低收入阶层（即工资收入阶层）的收入再分配。由于高收入阶层的边际储蓄倾向较高，因此通货膨胀会促使社会储蓄率的提高。根据哈罗德—多马经济增长模型，社会储蓄率提高会提高经济增长率，加快经济的发展。

(3) 通货膨胀实际上是货币发行者（即政府部门）从货币持有者（即私人部门）手中获得部分收入的过程。通货膨胀期间，纳税人可能因为“档次爬升”和“扣除不足”而被多征税，政府因为货币贬值可能减免债务，也可能通过大量增发货币获得追加财政收入等。这实质上是政府向所有货币持有者征税（通货膨胀税），从而使政府收入增加。如果政府将所获得的这种通货膨胀税收入用于投资，则将提高社会的投资率，从而推动经济增长。

（二）促退论

促退论认为通货膨胀不仅不利于促进经济增长，反而会损害经济的增长，降低效率。其理由主要有以下几点：

（1）在持续性的通货膨胀过程中，市场价格机制将遭到严重破坏。由于市场价格机制失去了其应有的调节功能，这就往往会促使消费者和生产者作出错误的决策，从而导致经济资源的不合理配置和严重浪费，使经济效率大大下降。

（2）通货膨胀会动摇人们对货币的信心，并促使人们更多地持有那些价格随通货膨胀不断上涨的实物资产、黄金、外汇以及各种高档消费品或从事房地产等投机活动，而不去从事正常的生产性活动，结果将严重地阻碍经济增长。而且，在严重的通货膨胀情况下，人们会减少货币的使用，而用实物作为交易媒介，这将使交易成本大大提高，从而造成经济效率的损失。

（3）一国的通货膨胀长期高于外国，会使本国产品相对于外国产品的价格上升，从而不利于本国的出口，并刺激进口的增加，引起经常项目的逆差。另外，本国通货膨胀率长期高于外国，还会促使人们将国内储蓄转移到国外，导致资本的外流，引起资本项目的逆差，不利于国际收支的平衡。

（4）通货膨胀意味着货币购买力的下降，降低了工薪阶层的实际收入水平和储蓄价值，因此公众都不愿意以货币的形式进行储蓄，以免遭受经济损失。在预期物价会进一步上涨的心理支配下，公众势必为避免将来物价上涨所造成的经济损失，减少储蓄而增加目前消费。这样不仅会进一步推高物价水平，还会使社会储蓄率下降，从而使投资率和经济增长率下降。

（5）如果通货膨胀超过一定程度，就会产生通货膨胀预期，造成物价与工资成本的螺旋式上涨，有可能演变成累积性的恶性通货膨胀，导致经济的崩溃。

综合以上观点，并根据世界各国的经济发展经验来看，通货膨胀所带来的经济效应是弊多利少。通货膨胀只是在开始阶段的极短时间里，对经济有促进作用；就长期来看，对经济只有危害，而无任何正效应，各国的货币当局均致力于维护币值的稳定。

二、通货膨胀对分配的影响

首先，通货膨胀不利于靠固定货币收入生活的人，这些人主要包括领取救济金者、退休者、一些雇工等。由于货币收入固定，随着通货膨胀率的上升，其实际收入则不断下降，即使有时货币收入能根据物价水平作出调整，但是这种调整也是滞后的，或者是不充分的，结果即使货币工资有少量上升，但实际工资还是不断下降，导致生活水平的下降。相反，那些可以获得可变收入的人，如企业主则可以根据物价水平不断调整产品价格，以致所支付的工资成本常常落后于物价的上涨，从而可以获得更多的利润。

其次，通货膨胀引起债权人与债务人之间收入的再分配。例如，你借给别人100元钱，年利率为10%，一年后你可以得到110元，如果一年后价格水平上涨了20%，那么这110元钱的购买力就还不如现在的100元。这样，你不仅未能得到利息，反而损失了一些本金，别人却从价格上升中得到好处。这相当于通货膨胀将一部分财富从债权人手中转移到了债务人手中。

再次，通货膨胀期间金融资产可能会因通货膨胀而降低实际价值。例如，债券、存单、保险等，不过股票有时会随着通货膨胀的变化而调整，甚至会出现实际价值上升的现象，但影响股票价格的因素很多，因此股票绝非通货膨胀中较稳妥的保值资产。而实物资产，如房产、土地等一般会随着通货膨胀率的变动而相应地调整价格，使实际价值变化不大，因而这类资产在通货膨胀中有较大的保值作用。

最后，通货膨胀增加了纳税人的负担，政府因此增加了财政收入，因为大部分国家对个人所得税实行累进制征收。纳税人可能因为“档次爬升”和“扣除不足”而被多征税。

三、通货膨胀与失业的关系

1958年，英国伦敦经济学院教授菲利普斯（A. W. Phillips）提出货币工资变动率与失业水平之间存在着一种此消彼长、互为替代的逆向变化关系。他根据英国1861—1957年的统计资料，利用数理统计的方法，估算出一条货币工资变动率与失业率之间的依存关系的曲线，被称之为“菲利普斯曲线”（如图8.5所示）。

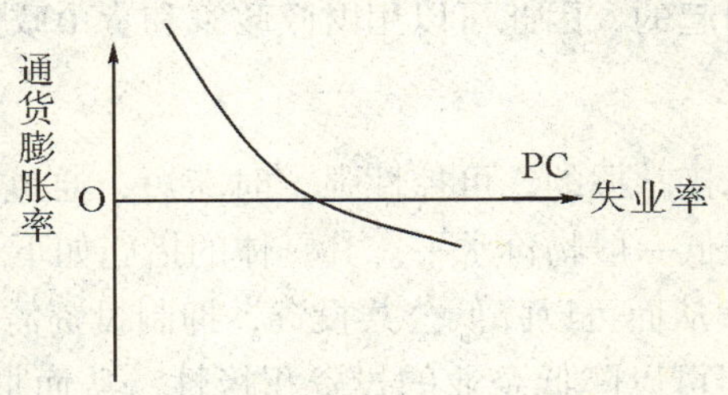

图8.5　菲利普斯曲线

菲利普斯曲线说明，通货膨胀率和失业率之间存在着一种替代关系，即失业率越低，通货膨胀率越高；反之，失业率越高，通货膨胀率越低。其政策含义是要使失业率保持在较低的水平，就必须忍受较高的通货膨胀率；要使价格保持稳定，就必须忍受较高的失业率，二者不可兼得。当然，这种关系也为决策者提供了一种选择，即有可能通过牺牲一个目标来换取另一个目标的实现。

20世纪60年代，许多西方国家应用菲利普斯曲线制定政策，取得了可观的成绩。然而，进入20世纪70年代，大多数西方发达国家先后出现了“滞涨”局面，即经济过程所呈现的并不是失业和通货膨胀之间的相互“替代”，而是经济停滞和通货膨胀相伴随，即高的通货膨胀率与高的失业率相伴随。这说明，菲利普斯曲线的描述和推导并非总能成立。

20 世纪 20 年代德国严重的通货膨胀

20 世纪 20 年代的德国正经历着一场历史上最为严重的通货膨胀。1923 年年初，1 马克能兑换 2. 38 美元；而到夏天的时候，1 美元能换 4 万亿马克。早上能买一栋房子的钱，傍晚只能买一个面包。在 1923 年，德国街头的一些儿童在用大捆大捆的纸币马克玩堆积木的游戏；一位妇人用手推车载着满满一车的马克，一个小偷趁她不注意，掀翻那一车纸币，推着手推车狂奔而逃；一位家庭主妇正在煮饭，她宁愿不去买煤，而是烧那些可以用来买煤的纸币，到了发工资的时候，领到工资就以百米冲刺的速度冲到商店，跑得稍微慢一点，东西就涨一大截。

第四节　通货膨胀的治理对策

许多国家都经历了较为严重的通货膨胀，给经济造成了巨大的破坏，为了将通货膨胀限制在一定的范围之内，西方国家都在深入研究和尝试治理通货膨胀的政策，并针对不同类型的通货膨胀提出了不同的政策措施。

一、抑制总需求

抑制总需求主要是针对需求拉上型的通货膨胀而采取的措施。需求的拉动主要是由财政扩张和货币扩张引起的，因此可以用财政政策和货币政策抑制通货膨胀。

（一）紧缩性财政政策

财政政策是由政府直接掌握的，可控性强、时滞短，通过实行紧缩性的财政政策，可以迅速降低总需求，降低一般物价水平。其具体的措施如下：

（1）减少财政支出，从而可以降低公共投资，抑制投资需求。

（2）增加税收，不但可以降低企业的投资积极性，从而抑制投资需求，而且可以减少个人的可支配收入，抑制消费需求。

（3）减少转移支付，抑制个人收入增加，达到降低消费需求的目的。

以上措施可以达到降低总需求的目的，但是执行起来比较困难。例如，增加税收会遭到各方面的反对。

（二）紧缩性货币政策

货币扩张是通货膨胀的真正源泉，要治理通货膨胀，必须减少货币供给，因为货币供给的减少，直接收缩市场货币量，降低物价上涨的压力；还可以降低经济主体的收入水平，从而抑制消费需求。同时，货币供给的下降会推动利率的上升，提高融资成本，抑制投资需求。因此，通过紧缩性的货币政策可以达到抑制总需求目的。为了降低货币供给，中央银行可以进行公开市场操作卖出债券，或者提高再贴现率，或者提高法定准备金率都可以达到目的。

总需求的降低减缓了通货膨胀的压力，因为缩小了需求与供给的缺口，但是与此同时也减少了劳动的需求，从而产生更多的失业。而当失业水平上升时，增加工资的压力会下降，也就减少了成本推进的可能性。因此，降低总需求是治理通货膨胀的有效工具，但可能增加了失业。

二、实行收入政策

成本推动型通货膨胀之所以能发生，很重要的原因就是总供给曲线的左移，而总供给曲线的左移，主要源于工资的上涨，因此可以通过执行收入政策，稳定工资水平、稳定总供给，从而达到抑制通货膨胀的目的。收入政策主要包括以下内容：

（一）确定工资—物价“指导线”，以限制工资—物价的上升

这是由政府规定一个允许货币收入增长目标值，即根据估计的平均生产率的增长，政府估算出货币收入的最大增长限度，而每个部门的工资增长率应等于全社会劳动生产率增长趋势，不允许超过。只有这样，才能维持整个经济中每单位产量的劳动成本的稳定，因而预定的货币收入增长就会使物价总水平保持不变。“指导线”不是法律规定，不能强迫工人和企业遵守，但政府可以利用政府采购、税收、补贴等政策作为辅助工具，帮助其实施并发生效力。

（二）实行工资—物价管制

这是由政府颁布法令，强行规定工资、物价的上涨幅度，在某些时候，甚至暂时将工资和物价加以冻结。这种严厉的管制措施一般在战争时期较为常见，但是当通货膨胀变得非常难以对付时，和平时期的政府也可能采用这种措施。

（三）以纳税为基础的收入政策

政府以税收作为惩罚或奖励手段来限制工资增长，对于工资增长率保持在政府规定界限以下的企业，以减少税收的方式进行奖励；对于工资增长率超出政府规定界限的企业，则以增加税收的方式进行惩罚。

三、改善供给

有学者认为，治理通货膨胀不仅可以从需求管理着手，还可以从供给方面，即通过刺激生产力的方法增加有效供给，以期同时解决通货膨胀与失业问题。例如，降低边际税率，增加劳动供给，提高储蓄和投资，增加资本存量，提高商品、服务的产出水平。与此同时，适当紧缩货币供给，抑制物价上升。

四、收入指数化

收入指数化或者称为指数联动政策，是20世纪70年代以后由货币学派提出的，并被世界很多国家采用。所谓指数联动政策，就是一种对货币契约订有物价指数条款的政策。具体到收入，则是收入增长与物价指数增长相联动。

指数联动政策的好处在于：首先，指数联动政策有利于国民收入分配的公平和社会的稳定，能够较为有效地排除通货膨胀对固定收入者的影响；其次，指数联动政策能够

保证各种商品和资源的价格水平根据通货膨胀水平同比例调整，在一定程度上稳定价格体系，从而有利于提高资源的分配效率；最后，指数联动政策能够排除通货膨胀对收入和财富分配的影响，有利于促进经济的正常发展。但该政策有可能加剧通货膨胀，使用起来要密切注意。

五、币制改革

如果通货膨胀到了极其严重的地步，最后只得通过币制改革来重构货币制度，理顺价格关系。为治理通货膨胀而进行的币制改革是指政府下令废除旧币，发行新币，变更钞票面值，对货币流通秩序采取一系列强硬的保障性措施等。币制改革一般是针对恶性通货膨胀才采取的措施，当物价上涨已经显示出不可抑制的状态，货币制度和银行体系濒临崩溃时，政府会被迫进行币制改革。历史上，许多国家都曾实行过这种改革，但这种措施对社会震动较大，必须谨慎从事。例如，2009 年朝鲜推进的币制改革就是一个失败的明证。

尼克松的“新经济政策”①

面对“滞胀”并发症，1970 年，尼克松在货币政策上来了个 180 度的大转变，他从一个货币主义者突然变成一个凯恩斯主义者，大力推行刺激经济的扩张信用政策。显然，他把重点押在遏止经济衰退和失业上面，而把通货膨胀暂时搁置下来。联邦银行的贴现率逐步下降，从 1970 年年初的 8.78% 降到 1971 年年底的 4.5%；银行对大企业放款的优惠利率也从 1969 年 6 月的 8.5% 降到 1971 年年底的 5.25%。货币供应量也逐步增加，从 1969 年年均增长率 3.5% 提高到 1970 年的 6%。这些政策为更剧烈的通货膨胀创造了条件，同时会导致过头的经济景气，从而也为新的经济危机创造了条件。

随着上述政策的实行，生产有所增加，以不变价格计算的国民生产总值从 1970 年第二季度至 1971 年第二季度增加 2.5%。可是，这个增长率太低，失业未能减少，失业率浮动于 6% 上下，大大超过 1970 年年初的水平。物价继续以高于 5% 的比率上涨，并有加速的迹象。这已从“衰退”转为“滞胀”。美国统治集团的谋士认为，这种通货膨胀“已变为成本推动的物价随着成本增长而上涨”。于是，1971 年，尼克松颁布了“新经济政策”。这说明，为了对付“滞胀”，美国政府除采用货币政策外，还采用其他政策，如财政政策、收入政策。

“新经济政策”的主要内容是对国内工资、物价和租金直接进行管制。从 1971 年 8 月中旬起的 90 天内为冻结期，目的是“制止工资—物价的螺旋上升，减弱通货膨胀的心理预期”。继而从 11 月中旬起实行管制，要达到的标准是平均一年的工资增长应当不超过 5.5%，物价增长不超过 2.5%。美国在和平时期实行这类管制还是第一次。同时，尼克松还任命生产费用、工资、物价三个委员会专司其职。

尼克松的“新政”结局怎样呢？梅耶教授认为，1971 年尼克松推行的工资和物价管制，这些管制也曾暂时地有助于遏止通货膨胀，但却引起许多失误。物价管制在一

① 秦艳梅. 金融学案例教程［M］. 北京：经济科学出版社，2002.

定程度上掩盖而不是削弱了通货膨胀率，因为各企业按管制的价格对产品进行偷工减料。1974 年 4 月，物价管制取消后，物价急剧上升，当年消费物价指数就陡升 12%。

就货币政策而言，1970 年年初实行的扩张政策，尽管扩张程度时有不同，但一直持续到 1972 年后期。1973 年年初，货币政策同财政政策才略有紧缩。1973 年第二季度和第三季度又出现了新的经济危机苗头，1973 年 12 月工业生产开始下降，到 1974 年 12 月工业生产已下降了 7.3%。1974 年 1 月，工业生产又下降了 3.6%，这是 20 世纪 30 年代大危机以来生产下降幅度最大的一个月。美国走入第二次世界大战后第六次经济危机。与此同时，1974 年还出现了“双位数”的通货膨胀率。

就在这段时间，美国遭到“石油冲击”。为石油产品支出较昂贵的价格，意味着国内消费者对其他商品与劳务的购买力进一步削弱了，因而引起衰退与通货膨胀进一步恶化。在国际收支上，又爆发了一次美元危机。

思考：

1. 为什么美国会出现“滞胀”并发症?
2. 试述尼克松治理“滞胀”政策的指导思想和核心问题。
3. 由本案例分析美国不同政策搭配是否能得到一些规律性的启示?

第五节　通货紧缩

一、通货紧缩的定义

通货紧缩是与通货膨胀相对应的一个概念，通常意义是指一般物价水平的持续下跌。在西方经济学教科书中，通货紧缩被定义为一段时间内“价格总水平的下降”或“价格总水平的持续下降”。

二、通货紧缩的成因

造成通货紧缩的原因主要如下：

（一）紧缩性的财政货币政策

一国当局采取紧缩性的货币政策或财政政策，大量减少货币发行或缩减政府开支以减少赤字，会直接导致货币供应不足，或加剧商品和劳务市场的供求失衡，使“大多数的商品追求太少的货币”，从而引起物价下跌，出现政策紧缩型的通货紧缩。

（二）经济周期的变化

经济周期达到繁荣的高峰阶段，生产能力大量过剩，供大于求，可能引起物价较快下跌，而出现经济周期型通货紧缩。

（三）生产力水平的提高和生产成本的降低

技术进步提高了生产水平，放松管制和改进管理降低了生产成本，因而导致产品价格下降，出现成本压低型通货紧缩。

（四）投资和消费的有效需求不足

当经济出现了下滑，实际利率下跌，从而出现了有效需求不足，导致物价下跌，形成需求拉下型通货紧缩。金融体系为了防止金融风险，会“惜贷”或“慎贷”引起信用紧缩，也会减少社会总需求，导致通货紧缩。

（五）本币汇率高估和其他外部因素的冲击

一国实行盯住强币的汇率制度时，本币汇率高估，会减少出口，扩大进口，加剧国内企业经营困难，促使消费需求趋减，导致物价持续下跌，出现外部冲击型的通货紧缩。国际市场的动荡也会引起国际收支逆差或资本外流，形成外部冲击性的通货紧缩压力。

（六）体制和制度因素

体制和制度方面的因素也会加重通货紧缩，如企业制度由国有制向市场机制转轨时，精简下来的大量工人现期和预期收入减少，导致有效需求下降。住房、养老、医疗、保险、教育等方面的制度变迁和转型，都可能对家庭和企业的消费和投资造成冲击。

（七）供给结构不合理

由于前期经济中的盲目扩张和投资，造成了不合理的供给结构和过多的无效供给，当积累到一定程度时必然会加剧供求之间的矛盾。一方面，许多商品无法实现其价值，迫使价格下跌；另一方面，大量货币收入不能转变为消费和投资，减少了有效需求，就会导致结构型通货紧缩。

三、通货紧缩的社会经济效应

（一）对投资的影响

通货紧缩会使得实际利率有所提高，社会投资的实际成本随之增加，从而减少投资。同时，在价格趋降的情况下，投资项目预期的重置成本会趋于下降，从而推迟当期的投资。这对许多新开工项目所产生的制约较大。

（二）对消费的影响

物价下跌对消费需求有两种效应：一是价格效应。物价的下跌使消费者可以用较低的价格得到同等数量和质量的商品和服务，而将来价格还会下跌的预期促使他们推迟消费。二是收入效应。就业预期和工资收入因经济增幅下降而趋于下降，收入的减少将使消费者缩减消费支出。

（三）对收入再分配的影响

通货紧缩时期的财富分配效应与通货膨胀时期正好相反。在通货紧缩情况下，虽然名义利率很低，但是由于物价呈现负增长，实际利率会比通货膨胀时期高出许多。高的实际利率有利于债权人，不利于债务人。

（四）对工资的影响

在通货紧缩情况下，如果工人名义工资收入的下调滞后于物价下跌，那么实际工资并不会下降；但如果出现严重的经济衰退，往往削弱企业的偿付能力，也会迫使企业下调工资。

（五）通货紧缩与经济成长

大多数情况下，物价疲软、下跌与经济成长乏力或负增长是结合在一起的，但也并非必然，如中国就有通货紧缩与经济增长并存的情况。

四、通货紧缩的治理

通货紧缩的治理与通货膨胀的治理是相反的。治理通货紧缩具体可以采用如下政策措施：

（一）宽松的货币政策

治理通货紧缩可以采用宽松的货币政策，增加流通中的货币量，从而刺激总需求，振兴经济。中央银行要根据自己对宏观经济形势的预测和判断，密切关注商业银行的信贷情况，适时调节，增加有效贷款的投放，增加市场货币量。

（二）宽松的财政政策

治理通货紧缩可以扩大财政支出，直接增加社会总需求，弥补微观经济主体消费需求和投资需求不足造成的需求减缓，还可以通过投资的“乘数效应”带动私人投资的增加，进一步增加社会总需求。但是，采取宽松的财政政策有可能存在政府财政支出对私人投资的“挤出效应”。

（三）结构性调整

对由于某些行业的产品或某个层次的商品生产绝对过剩引发的通货紧缩，一般采用结构性调整的手段，即采用一定的政策措施，减少和控制过剩部门或行业的投入，或鼓励其转型升级，降低其产出。相反，对新兴部门或行业发展，予以政策扶植，完善经济结构，提高资源的配置效率。

（四）改变预期

政府通过各种宣传手段，增加公众对未来经济发展趋势的信心。

（五）完善社会保障体系

治理通货紧缩应改善国民收入的分配格局，提高中下层居民的收入水平和消费水平，建立健全社会保障体系，降低或消除人们对未来不确定性的后顾之忧，消除或减少居民的消费障碍，以增加消费需求。

2010年日本仍深陷通货紧缩泥潭中①

据日本经济新闻2010年11月15日报道，日本内阁府11月15日发布的2010年第三季度国内生产总值（GDP）数据显示，除去物价变动的影响，2010年的GDP与2009年同期相比增加了0.9%，按年率换算增加了3.9%，呈持续正增长的势头。由于环保汽车的补助金的废除、烟草税上涨和夏季需求猛增后，个人消费出现大幅增加。但是，由于政策的助推效果减弱，2010年第四季度GDP值反转为负增长的可能性很大。

经济财政部部长海江田万里11月15日发言称："由于国外经济的状况不定和日元升值的影响，日本经济发展步伐很有可能再度放慢。今后仍需继续密切关注经济动向。"其中，日本的设备投资与此前相比增加了0.8%，连续四个季度增长。但是与第二季度增长值1.8%相比，增速有所放慢。住宅投资和前期相比了增加了1.3%，时隔半年之后，再度出现正增长。

与大幅增加的内需相反，出口仅增加了0.02%。之前一直支撑国内经济的出口增长速度放慢，与前期相比仅增加了2.4%。面向亚洲的出口指数也有所减少，第二季度增加了5.6%，而第三季度仅增加了2.7%。

显示物价动向的GDP减缩指数和2009年同期相比减少了2%，已是连续6个季度负增长，国内减缩指数也下降了1.2%。同时，和前期相比减缩范围进一步扩大，日本仍深陷在通货紧缩的泥潭中。

思考：

亚洲金融危机以来，日本经济始终不景气，试从理论上分析其原因，并指出值得中国借鉴的地方。

思考与练习

一、名词解释

通货膨胀　消费者物价指数　生产者物价指数　国民生产总值平减指数

需求拉上通货膨胀　成本推动通货膨胀　结构性通货膨胀　菲利普斯曲线　收入指数化

通货紧缩

二、简答题

1. 你如何看待当今经济运行中通货膨胀与失业的关系？
2. 按通货膨胀的成因，通货膨胀可以划分为哪几种？
3. 为什么第二次世界大战以后，反通货膨胀一直是世界各国政府的重要施政目标，

① 成丽丽. 日本仍深陷通货紧缩泥潭中［EB/OL］.（2010－11－16）［2016－08－12］. http://www.e－cufe.net/html/2008/jinrongpian_0117/3097.html.

有时甚至是首要施政目标？

4. 你如何理解“通货膨胀是头号人民公敌”这句话的含义呢？

5. 通货紧缩的危害有哪些？应如何治理通货紧缩？

三、论述题

1. 关于通货膨胀的社会经济效应，你有何看法？

2. 试述通货膨胀的治理对策。

3. 试述通货紧缩的社会经济效应。

第九章 货币政策

本章要点

本章要求学生正确理解货币政策及政策目标、政策工具的含义；熟悉和掌握货币政策诸目标的统一与冲突、货币政策中介目标的作用与选择标准、一般性货币政策工具、选择性货币政策工具、直接信用控制和间接信用指导、货币政策传导机制的概念和传导过程、货币政策效应及其影响因素等。本章重点是货币政策目标、货币政策中介指标的选择、一般性货币政策工具、货币政策传导机制。本章难点是一般性货币政策工具的作用和作用机制、货币政策传导机制。

开放经济中的货币政策

20 世纪 90 年代初，英国陷入了二战后的第四次经济衰退。从 1990 年第三季度开始，英国国内生产总值在连续下降四个季度后，1991 年第三季度上升 0.2%，但全年经济出现了 2% 的负增长，1992 年又连续出现了 0.5% 的负增长。在经济衰退阴影的笼罩下，工业生产萎靡不振，支柱产业之一的房地产市场疲软，企业倒闭之风盛行，失业猛增。为刺激经济，英格兰银行实行扩张性货币政策。仅 1991 年一年中，英格兰银行先后 7 次下调利率，1991 年年底，英国银行业的基本利率已由 1990 年的 15% 下降到 10.5%。而邻近的德国，自 20 世纪 80 年代以来经济一直保持着强劲的增长势头，1990 年德国国内生产总值增长率达到 5.1%，1990 年最后两个季度和 1991 年第一季度的增长率达 6%。再加上德国自 1990 年 10 月统一后，振兴东部经济成为政府的重要任务。大量投入东部的资金加重了德国政府财政负担，导致德国国内通货膨胀率的上升，德国政府相应提高了利率。

英、德两国利率差距的拉大，导致英国资本大量外流，英镑贬值压力增大。当时，英镑从属于欧洲货币体系，该体系有着相应的汇率协调机制，即成员国之间的汇率只能在固定汇率的上下窄幅波动，这就使得欧共体内部实行固定汇率，对外实行浮动汇率，英镑因此与欧洲各国的汇率保持固定。

严重经济萧条的英国，在放松银根、增加货币供给的同时，又不得不维持欧共体内的固定汇率。于是，英格兰银行只能在外汇市场上动用外汇储备大量回购英镑，试图扭转英镑对欧洲货币（尤其是德国马克）的颓势，并大幅提高国内利率。这样的操作在很大程度上抵消了扩张性货币政策的效果，致使英国经济毫无起色，失业率居高不下。由此可见，在固定汇率条件下，英国无法实行独立的货币政策，其扩张性货币政策被维持固定汇率的措施所抵消，从而无法刺激国内经济的复苏。

英国在维持英镑与德国马克汇率的过程中，也受到国际投机资本的猛烈攻击，迫使英国政府在1992年8月16日宣布英镑贬值以及英镑退出固定汇率体系，英镑对马克自由浮动。英镑贬值，提高了英国产品在国际市场上的竞争力，农产品、纺织品以及加工工业产品的出口大幅增长，当年英国的外贸赤字减少几十亿美元，失业率下降，经济出现复苏迹象。在浮动汇率条件下，英国实行独立的货币政策，其扩张性货币政策取得了比较积极的效果。

思考：

1. 扩张和紧缩货币政策一般在什么情况下采用？

2. 案例中，在固定汇率条件下，英国无法实行独立的货币政策，其扩张性货币政策被维持固定汇率的措施所抵消，从而无法刺激国内经济的复苏，为什么？

第一节　货币政策及其目标

中央银行调控宏观经济的重要手段之一就是货币政策。货币政策作为一种间接调控手段，其调整通过影响一国经济中的各个经济主体的经济利益和经济行为，进而影响价格水平、资本流动和经济增长速度。

一、货币政策的定义及特征

（一）货币政策的定义

货币政策一般是指中央银行为实现某种特定的经济目标，运用各种货币政策工具来调节货币供给和利率等变量的各种措施的总和。货币政策一般包括四方面的内容：货币政策最终目标、货币政策工具、货币政策中间目标及货币政策传导机制，如图9.1所示。货币政策简单地说也就是运用某些货币政策工具，通过传导机制来实现货币政策的最终目标。一国的某些经济政策只会影响国民经济的某个或有限的某些方面，而货币政策的影响往往涉及整个社会经济生活，因此货币政策是国家重要的宏观经济政策之一。

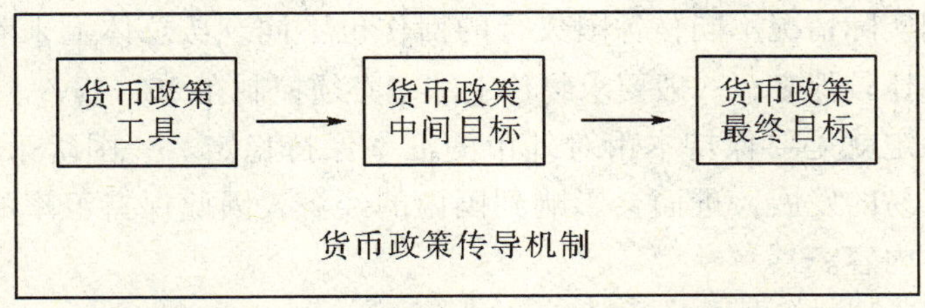

图9.1　货币政策的内容及其关系

（二）货币政策的特征

货币政策一般具有以下几个特征：

1. 货币政策是宏观经济政策

货币政策不是对单个经济主体产生影响的金融行为，而是通过对货币政策工具的调节，影响货币供给量、利率、汇率等宏观经济指标，继而对社会总供给与总需求及其两者的均衡造成影响的宏观经济政策。

2. 货币政策是调整社会总需求的政策

不论运用何种货币政策工具，不论对何种货币政策中间目标产生何种影响，不论是何种政策传导机制，最终货币政策调节都是从社会总需求着眼的，促进的是社会总供给和总需求的平衡。

3. 货币政策是以间接调控为主、直接调控为辅的政策

在大多数情况下，中央银行主要采用间接调控的手段来调整经济主体的行为；在某些特定的经济和金融环境下，中央银行才会采取直接的控制措施。

4. 货币政策是实现长期目标的政策

货币政策的最终目标是一种长期性的政策目标，虽然某些情况下，中央银行会实现一些短期性的目标，但是最终是为了保持货币的长期稳定，实现经济持续、稳定的增长。

二、货币政策的最终目标

（一）货币政策最终目标的内容

货币政策最终目标是指在一段较长时间内所要达到的目标。概括地讲，一国货币政策最终目标一般有以下四个：

1. 币值稳定

币值稳定是指保证货币价值的稳定，包括对内币值稳定和对外币值稳定两个方面。对内的币值稳定即物价稳定，具体是指保证一般物价水平在短期内不发生显著的波动。因此，物价稳定的目标与抑制通货膨胀的实质是一致的。在当前的货币流通条件下，物价总体呈现上升趋势，如何将物价水平控制在一定范围之内，以防止通货膨胀，成为各国乃至各经济理论之间相互争议的热门话题。到底应该把物价水平控制在何种程度上，由于各国实际情况不同，各国央行的操作也不同。从总体上来看，世界上大多数的中央银行都比较保守，一般要求物价上涨率必须控制在2%～3%。

对外币值稳定就是要保持本币对外币的汇率保持稳定。一国货币的汇率不稳定，不利于进出口贸易的发展，进而会影响到国内的经济，因此保持汇率的稳定也是币值稳定目标的重要内容。

2. 充分就业

充分就业是指任一有工作能力并且有意愿工作的人，都能在相对合理的条件下，随时找到合适的工作。如果经济处在非充分就业的情况下，表明社会资源遭到了浪费，社会生活质量下降，严重时会导致社会危机和政治危机。但是充分就业并不是指失业率为零，由于摩擦性失业、结构性失业、季节性失业和自愿性失业的存在，一定程度的失业在经济正常运行中是不可避免的。这种失业率被称作为自然失业率。除了自然

性失业之外还存在非自愿性失业，这是由于总需求不足而造成的失业。因此，这里所指的失业，一般是指除自然性失业外的经济性失业，如非自愿性失业、周期性失业等。实现充分就业的目标就是在消除经济性失业，使得失业率处在自然失业率的水平。

3. 经济增长

经济增长是指国民生产总值的增加，即一国在一定时期内所生产的商品和劳务总量的增加，或者是人均国民生产总值的增加。经济增长是提高社会生活水平的物质保障，也是保护国家安全的必要条件。作为货币政策最终目标的经济增长应该是长期稳定的增长，过度追求短期的高速甚至超高速增长可能导致经济的剧烈波动。但是对经济增长的理解还有另外一种更加强调增长的动态效率的观点，该观点认为经济增长应该是指一国生产商品和劳务能力的增长，并且认为考量经济增长时还应考察增长的生态后果，一国不能为了追求经济增长而牺牲环境。因此，在计量经济增长时应该将自然资源的损耗和环境恶化等从国内生产总值中扣除。

4. 国际收支平衡

国际收支是指一国在一定时期内的所有对外经济往来的系统记录。国际收支平衡是指一国对其他国家的全部货币收入和货币支出持平、略有顺差或逆差。保持国际收支平衡是保证国民经济持续稳定增长和经济安全甚至政治稳定的重要条件。无论是国际收支顺差还是国际收支逆差，对一国经济都是不利的。国际收支顺差和逆差都会加剧贸易的摩擦。国际收支顺差会导致外汇储备闲置和资源的浪费，同时为购买大量的外汇可能增发本国货币，导致或加剧国内通货膨胀；国际收支逆差会导致资本的大量外流，外汇储备急剧下降，本币大幅贬值，并导致严重的货币和金融危机。因此，央行必须通过采取利率或汇率等方式的调节来实现国际收支的平衡。

（二）货币政策诸目标之间的关系

货币政策四个目标之间既有统一，又有矛盾之处。充分就业与经济增长是统一的，一般而言，经济增长时就业会相应增加，而如遇经济衰退，失业则会增加。但是，在很多情况下，这些目标之间存在着矛盾。

1. 充分就业和币值稳定之间的矛盾

充分就业和币值稳定之间往往是存在矛盾的。一方面，要想实现充分就业，国家往往要促进经济的发展，会采取扩张性的政策，使得货币供给量增多，如果货币需求没有得到相应的增长，货币供给会超过货币需求，加大物价上涨的压力，币值难以稳定。另一方面，根据菲利普斯在研究了1861—1957年英国的失业率和物价变动之间的关系后得出的著名的菲利普斯曲线可知，失业率与物价变动率之间总是存在着一种此消彼长的相互替代的关系。

当失业率降低时，通货膨胀率往往很高；当失业率升高时，通货膨胀率才会降低。结论是：失业率与通货膨胀率之间存在着一种负相关的关系。从菲利普斯曲线我们可以看出，若一国中央银行既想要实现充分就业，又想要保证物价即币值的稳定，那是相当困难的，各国央行只能根据自身的实际情况在失业率和通货膨胀率之间寻求一个适合自己的最佳组合点。

2. 经济增长与币值稳定之间的矛盾

在经济学界，有的观点认为，在经济达到充分就业之前，适度的物价上涨能够刺激投资和产出的增加，从而促进经济增长。经济增长源于新生产要素的投入和劳动生产率的提高，劳动生产率的提高会导致单位产品生产成本的降低，物价趋于下降，即经济增长和币值稳定之间并不矛盾。但在当前的信用货币经济中，促进经济的增长往往要使得货币的供给增加，货币供给的增加又会导致产出和总需求的增加，总需求的增加往往会引起物价水平的上涨与币值的下跌，故现实生活中两者常常是矛盾的。

3. 经济增长与国际收支平衡之间的矛盾

对经常账户而言，一国的经济增长会导致该国国民收入的增加，从而增加对进口商品的需求，此时如果出口的增长不能抵消进口的增加，贸易收支就会失衡。对资本和金融项目而言，一国的经济增长往往需要依靠流入的外资来实现，但是外资的流入明显会导致资本项目出现顺差，资本项目失衡。从以上两个方面共同作用的结果可以看出，经济增长与国际收支平衡之间也常常可能是矛盾的。

4. 币值稳定与国际收支平衡之间的矛盾

一方面，在开放经济中，就算本国的币值稳定，但其他国家，尤其本国的贸易往来国如果发生通货膨胀，则会导致本国商品相对其他国家的商品价格下降，本国商品出口增加，如果进口的增加不能抵消出口的增加，则会引起国际收支顺差；另一方面，如果国内发生了严重的通货膨胀，货币当局为了抑制物价上涨，有可能提高利率以降低货币供给。如果资本可以自由流动的话，利率的提高会导致资本流入，资本项目出现顺差。由此可见，币值稳定与国际收支平衡并非总是协调一致的。

由于货币政策最终目标之间存在矛盾，中央银行在进行目标选择时不能不有所侧重、有所取舍。根据《中华人民共和国中国人民银行法》的规定，货币政策目标是保持货币币值的稳定，并依此促进经济增长。很明显，在我国的货币政策目标中，币值稳定与经济增长并不是并驾齐驱的，而是有主次、先后之别的。只有币值和物价稳定了，经济才能保持持续增长的势头。

三、货币政策的中间目标

货币政策的中间目标是介于货币政策工具与货币政策最终目标之间的中间变量。货币政策调节措施的作用效果，往往是在一定时期之后才能观察到，经济增长率和物价水平的变动并不能及时反映货币政策的效果，这样货币政策效果的大小不能及时被预测并作出相应的调整，这样就必须设置中间目标。中间目标是指货币当局运用货币政策工具进行调节，在实现最终目标之前具有传导作用的中间变量目标。中间目标是货币政策作用过程中一个十分重要的中间环节，也是判断货币政策力度和效果的重要指示变量；中间目标的恰当选择关系到货币政策的调节效果以及最终政策目标的实现，是十分重要的过程控制变量。

（一）中间目标的选择标准

根据通常的标准，中间目标的采用一般有以下几方面的要求：

（1）中央银行能够加以控制，即可控性。可控性具体是指中央银行能够通过运用各种货币政策工具，准确、及时地对中间目标变量进行控制和调节，以有效地贯彻其货币政策意图。

（2）中央银行能够及时取得有关中间目标的准确数据，据以分析和检测，即可测性。可测性具体是指中间目标有比较明确的定义，而且数据较容易获取。

（3）与货币政策最终目标关系紧密，中间目标的变动一般能引起最终目标做相应的变化，即相关性。如果中间目标变动不能引发最终目标的变动，则货币政策无效。但是只要能达到中间目标，中央银行在接近或实现最终目标方面遇到的障碍和困难较小。

（4）中间目标在影响最终目标的过程中受干扰程度较低，即抗干扰性。货币政策在实施过程中往往会受到诸如财政政策、经济和政治体制等因素的干扰和影响。如果选取抗干扰程度较低的中间目标，货币政策的实施达不到预期的效果；反之，货币政策工具才能有效地实现最终目标。

（5）与经济体制、金融体制有较好的适应性。由于各国经济和金融环境的不同，货币当局为实现既定的货币政策目标而采取的货币政策工具可能不同，因此选择何种中间目标也必然有区别。所选取的中间目标关键是要与本国的经济和金融体制环境相适应，才能更好地发挥货币政策的调节作用。

（二）主要中间目标

1. 基础货币

基础货币包括流通中的现金以及银行准备金。由于基础货币构成了货币供应量多倍扩张和收缩的基础，因此也叫做高能货币或强力货币。基础货币能够较好地满足中间目标的要求，是一个比较理想的中间目标。首先，基础货币的可测性较强。基础货币直接表现为中央银行的负债，其数额随时反映在中央银行的资产负债表上，很容易掌握。其次，基础货币的可控性强。流通中的现金可以由中央银行直接控制，中央银行也可以通过公开市场操作控制银行准备金中的非借入准备金，借入准备金虽不能完全控制但可以通过贴现窗口进行目标设定，并进行预测，也有很强的可控性。最后，基础货币的相关性强。货币供应量等于基础货币与货币乘数之积，只要中央银行能够控制基础货币的投放，也就等于控制了货币供给。

2. 货币供给量

货币供给量也是较理想的货币政策中间目标。首先，各国对货币供给层次都有较明确的划分，不同的货币层次反映在央行、商业银行及其他金融机构的资产负债表内，可以方便测算和分析。其次，在可控性方面，现金直接由央行发行并进入流通，通过控制基础货币，央行也能有效控制各货币层次的货币供给。最后，由于货币供给量的变动能直接影响经济，货币供给量增加或减少也能直接表明央行货币政策意图，其政策效果也不易与非政策效果相混淆。但是央行对货币供给量的控制不是绝对的，这就阻碍了货币供给量充分发挥中间目标的作用。

3. 利率

利率之所以能成为中间目标，是因为利率可控性强，中央银行可直接控制金融机构融资的利率，或者通过公开市场业务或再贴现政策，调节利率的走向。利率之所以能成为中间目标，也因为利率可测性强，中央银行在任何时候都能观察到市场利率的水平及结构，并且货币当局能够通过利率影响投资和消费支出，从而调节总需求。当货币供给过多引起通货膨胀时，可以提高利率、紧缩银根，稳定币值与物价；当经济不景气时，可以降低利率，刺激经济增长。

4. 超额准备金

超额准备金之所以能够成为中间目标是因为法定存款准备金率、公开市场业务和再贴现政策等货币政策工具，都是通过影响商业银行的超额准备金的水平来发挥作用的。换句话说，无论中央银行运用何种政策工具，必须先改变商业银行的超额准备金，然后对最终目标产生影响。超额准备金增加，货币市场银根放松，超额准备金减少，货币市场银根紧缩。

早在20世纪30年代，西方国家一般都以利率作为中间目标。当市场利率上升，则扩大贷款和货币供给；当市场利率下降，则收缩贷款和货币供给。20世纪70年代以后，固定汇率制度的崩溃和通货膨胀的加剧，市场利率动荡不定，失去反馈信息的价值，各国转向采用基础货币和货币供给量作为中间目标。但是进入20世纪90年代以来，由于金融创新、金融自由化和金融市场一体化的发展，各层次货币供给量之间的界限难以划清，某些国家又转回采用利率作为中间目标。我国则在过去较长一段时期中，采用货币发行指标及贷款规模作为中间目标，后来转而采用货币供给量指标。

第二次世界大战后西方各国货币政策最终目标比较①

第二次世界大战后西方各国中央银行根据本国的具体情况，在不同的时期对货币政策的最终目标有不同的选择（如表9.1所示），或选择单一目标，或选择多重目标，但不同的时期有不同的侧重点。

表9.1　　第二次世界大战后西方各国货币政策最终目标比较

国别	20世纪五六十年代	20世纪七八十年代	20世纪90年代后
美国	以充分就业为主	以稳定货币为主	以反通胀为唯一目标
英国	以充分就业兼国际收支平衡为主	以稳定货币为主	以反通胀为唯一目标
加拿大	充分就业，经济增长	以物价稳定为主	以反通胀为唯一目标
德国	以稳定通货，兼顾对外收支平衡为主		
日本	对外收支平衡，物价稳定		物价稳定、对外收支平衡
意大利	经济增长，充分就业		货币稳定兼顾国际收支平衡

① 萧松华，朱芳．货币银行学［M］．3版．成都：西南财经大学出版社，2009.

从表9.1可见，西方各国第二次世界大战后货币政策的最终目标非但有所不同，而且同一个国家在20世纪五六十年代以前、20世纪七八十年代、20世纪90年代以后发生了很大的变化。其主要原因是各国面临的经济形势和任务不同，政府和中央银行所奉行的理论不同。概括起来有如下特点：

(1) 历史背景不同，政策目标各异。西方各国历史及第二次世界大战后经济情况不同，因而货币政策最终目标选择不同。例如，美国二战后所面临的是生产能力严重过剩的问题；日本面临的是经济恢复和高速增长的问题；德国因其在20世纪20年代和第二次世界大战后曾遭受人类历史上最严重的通货膨胀，所面临的是全国人民对通货膨胀的深恶痛绝。因此，从第二次世界大战后到20世纪70年代，各国的货币政策目标也有所不同。美国货币政策最终目标一直侧重于充分就业，反危机；日本是为保证引进技术所需外汇，以国际收支平衡为货币政策最终目标；德国则是一贯以控制通货膨胀为单一货币政策目标。

(2) 共同的命运，相同的目标。到了20世纪70年代，各国出现了持续的严重通货膨胀，通胀率长期高达两位数。例如，英国在20世纪70年代中期通货膨胀率曾高达20%以上。共同的命运使西方各国采取了共同的货币政策目标，即都将稳定货币作为货币政策的主要目标。进入20世纪90年代，货币主义逐渐暴露其弱点，其表现是过严的货币控制使经济停滞不前，因此西方各国大都进行了货币政策的新调整，选择以反通货膨胀作为货币政策唯一目标，力求实现没有通货膨胀的经济增长。

(3) 不同国家、不同时期货币政策的理论依据不同。在20世纪五六十年代大都以充分就业为目标时，凯恩斯主义是理论依据。该理论的核心是经济大危机和严重的失业是有效需求不足造成的，对付它的办法是扩大有效需求，实现充分就业。在20世纪七八十年代，西方各国以稳定货币作为货币政策的主要目标，其理论依据是弗里德曼的货币主义。货币主义的核心是"单一规则"。其含义是排除利息率等的干扰，仅以一定的货币存量作为唯一的手段处理和解决市场经济中所面临的问题，只要控制好货币供给增长率，其他都由市场机制去调节，经济就能稳定地发展。而德国的货币政策目标依据是社会市场经济理论。该理论认为，没有货币的稳定就不能使市场调节机制得到正常发挥，通货膨胀会减少私人储蓄和投资意愿，如果为了追求高经济增长而导致通胀，还不如在货币稳定的条件下实现较小幅度的经济增长。

思考：

1. 同是市场经济国家，为什么各国货币政策最终目标仍存在差异?
2. 试比较中国与西方国家货币政策最终目标的区别，并说明其原因。

第二节 货币政策工具

要实现货币政策目标，货币当局必须要使用有效的手段，即货币政策工具。货币政策工具包括三大类：一般性政策工具、选择性政策工具和其他货币政策工具（如直接信用控制和间接信用指导等)。

一、一般性货币政策工具

一般性货币政策工具也叫做传统货币政策工具，是指各国中央银行普遍运用的，主要是对社会货币供应总量、信用总量进行总量调控的货币政策工具，从而对社会金融活动产生普遍的、总体的影响，包括法定存款准备金政策、再贴现政策和公开市场操作。

（一）法定存款准备金政策

法定存款准备金是商业银行按照中央银行的法定存款准备金率计提的存款准备。法定存款准备金率是法律规定的商业银行准备金与商业银行吸收存款的比率。商业银行吸收的存款不能全部放贷出去，必须按照法定比率留存一部分作为准备金。准备金制度的基本内容包括对法定存款准备金比率的规定、对作为法定存款准备金的资产种类的限制、法定存款准备金的计提及法定存款准备金率的调整幅度等。

当代各国都由中央银行制定法定准备率，其标准不一。有的国家只发布一个准备率，即所有金融机构无论其吸收存款数额大小，都按统一的标准缴纳存款准备金；也有的国家对不同性质的金融机构实施不同的法定准备率，如商业银行与信托投资公司、信用合作社等分别实行不同的法定准备率；还有的国家按存款规模的不同实施不同的法定准备率，存款规模越大，则法定准备率越高。

法定存款准备金制度最早起源于英国，但是以法律的形式将其形成一种制度，则是始于1913年美国的《联邦储备法》。商业银行为了追求利润最大化，有可能最大限度地贷放款项，这样可能无法满足客户的提现要求。因此，为了避免出现这样的情况，中央银行就要求各类型金融机构缴纳存款准备金，以备客户提现。但是随着金融制度的发展，存款准备金逐步演变为重要的货币政策工具，主要用于调节市场货币量。法定存款准备金率对货币供给的影响是间接的，一是影响商业银行的超额准备金，二是影响货币乘数，两者负相关。当中央银行降低存款准备金率时，金融机构可用于贷款的资金增加，货币乘数增加，社会的贷款总量和货币供应量也相应增加；反之，可用于贷款的资金减少，货币乘数降低，社会的贷款总量和货币供应量将相应减少。

虽然法定准备率的调整对社会货币供应总量有较大的影响，但很多国家尤其是西方国家的中央银行在实施货币政策时往往把重点放在其他操作上。因为调整法定准备率虽然能带来在调整货币供应总量政策上事半功倍的效果，但调整法定准备率给社会带来的副作用也是很明显的。法定准备率的微小变动也会引起社会货币供应总量的急剧变动，迫使商业银行急剧调整自己的信贷规模，从而给社会经济带来激烈的振荡。尤其是当中央银行提高法定准备率时，导致社会信贷规模骤减，使很多生产没有后继资金投入，无法形成生产能力而带来一系列的问题。因此，各国中央银行在调整法定准备率时往往比较谨慎。

（二）再贴现政策

再贴现是指商业银行或其他金融机构要求中央银行帮助兑现未到期的商业票据的一种行为，是中央银行为金融机构提供的一种融资便利。但是央行提供这种便利不是无偿的，而是要按照一定的比率扣除一定的费用，作为提供这种便利的收益。对于要求贴现的金融机构而言则是付出了一定的成本，这一费用与票据金额的比率被称做再贴现率。货币政策工具中的再贴现政策正是通过控制再贴现率来实现宏观调控的。再贴现政策体现了中央银行作为最后贷款人的职能，可以解决商业银行临时性资金短缺和流动性紧张问题，是维护金融体系稳定、防止金融恐慌的一个基本保证。再贴现制度最初于1833年在英国《银行特许法》中被确立。这一法案规定，期限在3个月以内的票据可申请贴现，贴现行可持这些票据向英格兰银行不受任何限制地申请再贴现。据此，英格兰银行就可以自由地调节社会的货币供给量和利率水平。经过100多年的发展和完善，这一货币政策工具逐渐被其他国家所效法和采用。1913年，美国《联邦储备法》也确认再贴现政策是美国的货币政策工具之一。

一般来说，再贴现政策包括两方面的内容：一方面是再贴现率的调整，主要注重短期效果，影响商业银行的准备金和社会的资金供求；另一方面是规定向中央银行申请再贴现的资格，主要注重长期，影响商业银行及全社会的资金投向。

再贴现政策是通过影响银行的融资成本，从而影响商业银行的准备金，以达到松紧银根的目的。如果在经济萧条时期，中央银行要促进经济增长、实现充分就业，则可以降低再贴现率，使其低于市场一般利率水平。商业银行通过再贴现获得的资金的成本降低，促使其增加向中央银行借款或贴现，结果商业银行超额准备金增加，相应地扩大对社会各经济主体的贷款，从而引起货币供给量的增加和市场利率的降低，进而刺激有效需求的扩大，达到经济增长和充分就业的目的。反之，可采用提高贴现率的办法来抑制经济过快的增长。

再贴现率的变动在一定程度上反映了中央银行的政策意向，有一种告示效应。再贴现率升高，表明政府判断市场存在过热现象，有紧缩意图；再贴现率降低，表明政府认为市场经济不够活跃，有扩张意向。在大多数西方国家，再贴现率往往是基准利率，一旦中央银行调整再贴现率，其他市场利率也会做出相应调整，继而对经济主体的行为产生更多的影响。但是再贴现政策也有一定的局限性：一方面，中央银行通过再贴现政策调整货币供给具有一定的被动性。商业银行是否愿意到中央银行申请再贴现，或贴现多少，决定于商业银行，中央银行不能左右商业银行的意志，如果商业银行有其他的融资渠道，再贴现率的调整不会对货币供给产生多大影响。另一方面，正是因为再贴现政策具有告示效应，再贴现率不宜经常调整，否则会引起市场利率的经常性波动，使商业银行和社会公众无所适从。

（三）公开市场操作

公开市场操作是指中央银行在公开的市场上买卖有价证券的行为，目前各国中央银行从事公开市场业务主要是买卖政府债券。

公开市场操作主要是调节商业银行的准备金，影响其信用扩张的能力和信用紧缩的规模；通过影响准备金的数量控制利率；为政府债券买卖提供一个有组织的方便场所；通过影响利率来控制汇率和国际黄金流动。可见，公开市场业务的操作主要是通过购入或出售证券、放松或收缩银根，而使银行储备直接增加或减少，以实现相应的经济目标。如果中央银行需要放松银根，则可以在公开的市场上买入有价证券；如果中央银行需要缩紧银根，则需要在公开的市场上卖出有价证券。目前，西方发达国家使用公开市场操作作为货币政策工具较多，但是一般发展中国家的中央银行较少采用，因为公开市场操作要求国内金融市场必须发达及完善，拥有大量种类齐全的有价证券可供操作等。

公开市场业务在三大货币政策工具中是唯一能够直接使银行储备发生变化的主动性工具，具有主动性和灵活性的特征，可以对货币供给量进行微调。在发达国家，公开市场操作是中央银行吞吐基础货币、调节市场流动性的主要货币政策工具。但公开市场操作也有其局限性：一是中央银行只能在储备变化的方向上而不能在数量上准确地实现自己的目的。二是通过公开市场业务影响银行储备需要时间，不能立即生效，而要通过银行体系共同的一系列买卖活动才能实现。三是公开市场业务发挥作用的先决条件是证券市场必须高度发达，并具有相当的深度、广度和弹性等；同时，中央银行必须拥有相当的库存证券。

中国公开市场业务

在多数发达国家，公开市场操作是中央银行吞吐基础货币、调节市场流动性的主要货币政策工具，通过中央银行与指定交易商进行有价证券和外汇交易，实现货币政策调控目标。中国公开市场操作包括人民币操作和外汇操作两部分。外汇公开市场于1994年3月启动，人民币公开市场业务于1998年5月26日恢复交易，规模逐步扩大。1999年以来，公开市场业务已成为中国人民银行货币政策日常操作的重要工具，对于调控货币供应量、调节商业银行流动性水平、引导货币市场利率走势发挥了积极的作用。

中国人民银行从1998年开始建立公开市场业务一级交易商制度，选择了一批能够承担大额债券交易的商业银行作为公开市场业务的交易对象，目前公开市场业务一级交易商共包括40家商业银行。这些交易商可以运用国债、政策性金融债券等作为交易工具与中国人民银行开展公开市场业务。从交易品种看，中国人民银行公开市场业务债券交易主要包括回购交易、现券交易和发行中央银行票据。其中，回购交易分为正回购和逆回购两种。正回购为中国人民银行向一级交易商卖出有价证券，并约定在未来特定日期买回有价证券的交易行为。正回购为央行从市场收回流动性的操作，正回购到期则为央行向市场投放流动性的操作。逆回购为中国人民银行向一级交易商购买有价证券，并约定在未来特定日期将有价证券卖给一级交易商的交易行为。逆回购为央行向市场上投放流动性的操作，逆回购到期则为央行从市场收回流动性的操作。现券交易分为现券买断和现券卖断两种。前者为央行直接从二级市场买入债券，一次性地投放基础货币；后者为央行直接卖出持有债券，一次性地回笼基础货币。中央银行票据，即中国人民银行发行的短期债券。央行通过发行央行票据可以回笼基础货币，央行票据到期则体现为投放基础货币。

思考：

请查阅相关资料，试比较中美中央银行公开市场业务政策的效果。

二、选择性货币政策工具

一般性货币政策工具都是通过调节货币总量和信用总量进而影响整个宏观经济的。选择性政策工具则主要是对某些特别的领域的信用加以调节和影响，包括消费者信用控制、证券市场信用控制、不动产信用控制和优惠利率等。

（一）消费者信用控制

消费者信用控制是指中央银行对消费者购买耐用消费品的贷款的管理措施，目的在于影响消费者对耐用消费品的支付能力要求。在需求过旺及通货膨胀时，中央银行可以对消费者信用采取一些必要的管理措施，比如对各种耐用消费品规定付现的最低额，并对用于购买这些商品的贷款规定最长期限，或者相应提高贷款利率，使社会用于购买耐用品的支出减少，缓解通货膨胀压力；相反，在经济衰退时期必须撤销或者放宽对消费者信用的限制条件，以提高消费者对耐用品的购买力，促使经济回升。这种管理措施能够有效地调节消费者信用的扩张或收缩，并对社会经济产生一定的影响。

（二）证券市场信用控制

证券市场信用控制是指中央银行通过规定和调节信用交易、期货交易和期权交易中的最低保证金率，以刺激或抑制证券交易活动，促使金融市场稳健运行的货币政策手段。保证金比率是指证券购买人首次支付占证券交易价款的最低比率。中央银行根据金融市场状况调高或调低保证金比率，控制住最高放款额度，间接控制证券市场的信贷资金流入量。最高放款额度和保证金比率之间的关系如下：

最高放款额度 = 交易总额 ×（1 − 法定保证金比率）

（三）不动产信用控制

不动产信用控制是指中央银行对商业银行办理不动产抵押贷款的管理措施，主要是规定贷款的最高限额、贷款最长期限以及第一次付现的最低金额等。

不动产信用控制的效应如下：当经济过热、不动产信用膨胀时，中央银行可通过规定和加强各种限制措施减少不动产信贷，进而抑制不动产的盲目生产或投机，减轻通货膨胀压力，防止经济泡沫的形成；在经济衰退时期，中央银行也可通过放松管制，扩大不动产信贷，刺激社会对不动产的需求，进而通过不动产生产的扩大和交易的活跃带动其他经济部门的生产发展，从而促使经济复苏。

（四）优惠利率

优惠利率是指中央银行对国家重点发展的经济部门或产业的贷款使用低于市场利率的优惠性的利率。优惠利率的采用通常是和国家经济政策相适应，与具体的发展项目相匹配，目的是鼓励某些行业或部门的发展。实行优惠利率有两种方式：制定较低的贴现率和规定较低的贷款利率。

三、其他货币政策工具

(一) 直接信用控制

直接信用控制是指以行政命令或依据有关法令，直接对金融机构尤其是商业银行的信用活动进行控制。其手段包括利率上限、信用配额、规定商业银行的流动性比率和直接干预等。

1. 利率上限

利率上限是指中央银行制定相关法律法规对商业银行等金融机构的存贷款利率规定一个最高限额，如果利率超过这一限额，金融机构会受到处罚。例如，美国历史上曾经采用“Q 条例”，其主要内容是银行对于活期存款不得公开支付利息，并对储蓄存款和定期存款的利率设定最高限度，即禁止联邦储备委员会的会员银行对其吸收的活期存款（30 天以下）支付利息，并对上述银行所吸收的储蓄存款和定期存款规定了利率上限。当时，这一上限规定为 2.5%，此利率一直维持至 1957 年都不曾调整，而此后却频繁进行调整，对银行资金的来源和去向都产生了显著影响。

2. 信用配额

信用配额就是中央银行根据金融市场的供求状况和经济发展需求，对各个商业银行的信用交易规模予以分配和控制，从而实现对整个信用规模的控制。也就是说，并不是商业银行的所有贷款要求都能够被中央银行所接受，中央银行可以根据其政策意向以各种理由直接拒绝或者给予部分金额的融资。在支持商业银行对某个领域的信贷时，中央银行可设立专门信贷基金以保证某个项目的特殊需要。信用配额最早始于 18 世纪的英格兰银行，目前在许多发展中国家，由于资金供给相对不足，这种方法也被广泛采用。

3. 规定商业银行的流动性比率

中央银行为了限制商业银行创造信用的能力，除规定法定存款准备金外，还规定商业银行对其资产维持某种程度的流动性。流动性比率是流动资产占存款的比例，流动性比率越高，则商业银行的收益越少；反之，商业银行的收益越高。如果中央银行提高其规定的流动性比率，商业银行就必须减少长期投资和放款，扩大短期贷款和增加应付提现的资产。

4. 直接干预

直接干预与信用分配相似，是指中央银行对商业银行的信贷活动直接进行干预和控制。直接干预的具体方式有以下几种：

（1）直接限制贷款额度。许多国家和地区在法律上规定，中央银行根据金融情况的变化，在必要时可对各金融机构或某一类金融机构规定贷款的最高发放额。

（2）直接干涉银行对活期存款的吸收。例如，规定支票存款和活期存款的增加额与法定存款准备金的比率，从而限制信贷活动。

（3）中央银行对业务活动不当的商业银行，认为其违背信贷政策时，可拒绝向其提供贷款，拒绝融通资金的要求；或者给予贷款，但采取高于一般利息的惩罚性利率。

（4）规定各银行放款及投资的方针，主要分两类：一类是资产项目的限制，如规定商业银行对不动产投资的限制；另一类是贷款额度的限制，如对商业银行发放的中期贷款规定最高额度，对储蓄银行的股票投资、住宅融资规定最高的限制等。

（二）间接信用控制

间接信用控制是指中央银行通过道义劝告、窗口指导等各种间接的措施影响商业银行的信用创造。间接信用指导较为灵活，但要求中央银行在金融体系中有较强的地位、较高的威望和拥有控制信用的足够的法律权利和手段。

1. 道义劝告

道义劝告是指中央银行利用其声望与地位，对商业银行等金融机构发出通告、指示或与各金融体系的负责人举行面谈，劝告其遵守政府政策，自动调整其放款数量和方向，达到信用控制的目的。

道义劝告作为一种货币政策工具较为灵活，无须花费行政费用。但是由于不具有强制性并且没有法律的约束力，因此中央银行可能不易掌握其效果。其效果完全依靠各金融机构的配合性而定。

2. 窗口指导

窗口指导是指中央银行通过劝告和建议来影响商业银行信贷行为。类似于道义劝告，也是监管机构利用其在金融体系中特殊的地位和影响，引导金融机构主动采取措施防范风险，进而实现监管目标的监管行为。很明显，窗口指导是一种温和的、非强制性的货币政策工具，但是由于这种指导来自享有很高信誉和权威的中央银行，实际上带有很大程度的强制性。如果民间金融机构不听从指导，尽管不承担法律责任，但最终要承受因此带来的其他方面的经济制裁。

窗口指导产生于20世纪50年代的日本。在中国的中央银行宏观调控政策工具中，没有明确的窗口指导这一说法，但是在实际操作中也有类似的做法，窗口指导的做法贯穿在中国人民银行对商业银行的整个信贷计划和资金管理过程中。

联邦储备系统的“货币主义实验”①

在20世纪五六十年代，联邦储备系统在制定货币政策时，货币数量被认为是一个不太重要的指标，联邦储备系统的官员们关注的是短期名义利率、信用条件和银行贷款。到20世纪70年代，由于通货膨胀问题日益突出，货币增长率指标也日益受到关注。但是与此同时，联邦储备系统还为联邦基金利率设定了一个很窄的波动幅度。当货币增长率目标和联邦基金利率目标出现矛盾时，前者往往被迫让位于后者。这种状况使得联邦储备系统控制货币增长率的目标一再落空。在经历了1973—1975年的经济衰退之后，联邦储备系统默许了货币存量的过快增长，从而导致了加速的通货膨胀。到1979年年末，联邦储备系统面临着一个非常困难的局面：通货膨胀预期和通货膨胀

① 托马斯·梅耶，詹姆斯·杜森贝里，罗伯特·阿利伯．货币、银行与经济［M］．洪文金，译．上海：上海人民出版社，1994.

率一起加速上升，黄金价格暴涨，美元汇价在外汇市场上迅速下跌，同时失业率也居高不下。

1979年10月6日，也就是在保罗·沃尔克（Paul Volcker）刚刚成为联邦储备理事会主席不久，联邦储备系统决定采取高度紧缩性政策：贴现率提高为12%，同时对银行的某些可控负债规定了8%的法定准备金比率。更重要的措施是该政策允许联邦资金利率有更大的波动（波动幅度可以达到10%～15%，而不是先前的1.25%），以便更好地抑制货币存量。这一政策被广泛地解释为迅速地转向货币主义，即联邦储备系统把控制通货膨胀摆在了维持高就业的前面，并且更加重视货币增长率目标。

这一政策在阻止美元在外汇市场上的潜在崩溃方面初见成效，而且货币增长率也成功地得以降低，名义利率急剧上升。但是该政策在控制通货膨胀方面则是失败的。证券价格的下跌表明金融市场并不相信联邦储备系统能够抑制通货膨胀，事实证明这种预测是正确的：1979年12月到1980年2月的3个月内，消费价格指数以年均17%的速度上升；信贷市场由于担心通货膨胀率进而导致利率会直线上升而近于瘫痪。

在这种情况下，卡特总统于1980年3月宣布了一项消除通货膨胀预期的综合性计划，作为该计划的一部分，他对政府预算做了修改以减少赤字。联邦储备系统则主要通过采取两方面的措施来配合这一计划：一方面，紧缩常规的货币政策；另一方面，实行信贷配给。联邦储备系统对经常向联储借款的大银行支付的贴现率征收了3%的额外费用，并且对无担保的消费信贷如信用卡和赊账借款规定了15%的准备比率，这一比率不仅适用于银行，而且适用于其他金融机构及零售商。联储还对货币市场基金的资产增加额规定了15%的法定准备比率。另外，银行得到告诫，它们的贷款增长率不应超过9%。这种“道义上的劝告”名义上是自愿的，但是正如一句俗话所说的那样：“你不必一定去做，如果不做你会感到懊悔。”

上述措施的效果很快就显现出来了。通货膨胀率迅速下跌，但是失业率则上升到20世纪30年代以来的最高水平，达10.8%，经济陷入严重衰退。1982年下半年，联储重新改变其政策实施步骤，这通常被视为货币主义实验的终止，但也没有回到过去的政策步骤上，而允许联邦资金利率比以前有更大的波动，而且货币增长率也比以前受到更多的关注。

对于1979年10月至1982年10月的货币主义实验（许多经济学家认为，这种称呼并不贴切）的得失，经济学家对此有很多争论。该政策导致的第一个结果是通货膨胀率大幅度下降，失业率急剧上升。不少经济学家怀疑用如此严重的失业换来的通货膨胀率下降是否值得。该政策导致的另一个结果则多少有些出乎人们的预料，不仅利率更不稳定，货币增长率也变得越来越不稳定。1979年10月以前，货币主义者认为联储应该允许利率的大幅变动以减少货币增长率的变动，而事实上，现在人们却不得不面临两个指标同时趋于变动。具有讽刺意味的是，当20世纪70年代联储主要使用利率指标时，我们相信此时货币存量指标更可取，而1979—1982年期间，当联储更多地使用货币存量指标时，利率指标又变得更为可取。这也许正好应验了著名的“古德哈特”法则——即使一个变量原来是稳定的，当人们把它当做政策手段时，它就变得不稳定了。

思考：

1. 卡特总统1980年3月宣布的“消除通货膨胀预期的综合性计划”主要内容有哪些?

2. 卡特政策在使通货膨胀率大幅度下降的同时，失业率为什么急剧上升？对此政策，你如何评价?

第三节　货币政策传导机制理论

中央银行在运用货币政策工具调节宏观经济时，从政策的实施到最终目标的实现并不是一蹴而就的，必须经过一个过程，这个过程就叫做货币传导机制。不同的学派对货币政策如何影响经济的过程作了不同的解释和描述。

一、魏克塞尔的货币政策传导机制理论

古典学派认为货币是中性的，货币与商品的交换实质上是商品与商品的交换，货币本身没有价值，它只不过是一种便利交换的手段，对经济不发生任何实质性的影响，货币就像罩在实物经济上的一层面纱。因此，古典学派从来没有对货币政策传导机制做出过分析。而魏克塞尔在其《利息与价格》（1898）一书中提出了著名的累积过程理论，开拓性地分析了货币政策传导机制的理论。他认为，货币作为交易媒介是中性的，而作为资本积累与借贷媒介是非中性的；货币供给通过利率变动（即货币利率与自然利率的偏离）影响相对价格体系，进而影响一般价格水平。累积过程理论初步揭示了货币与实质经济之间隐含的内在联系。他的货币政策传导机制可以概括为货币政策 → 商业银行准备金 → 货币利率（即金融市场利率）→ 货币利率与自然利率（即S = I时的利率）的背离累积过程→一般物价水平和社会经济活动的变动 → 货币利率 = 自然利率

上述传导过程可以理解为中央银行如果采取扩张性货币政策，将会导致商业银行的准备金的减少，准备金的减少又会导致银行调整利率，银行往往会提高利率以收缩信用，导致利率偏离自然利率，从而引起一般物价水平和社会经济活动的变化。

二、凯恩斯学派的货币政策传导机制理论

（一）凯恩斯货币政策传导机制理论

凯恩斯的货币政策传导机制理论是利率传导机制的先驱，其理论成立必须满足两个前提条件：第一，利率是可以自由浮动的，不存在任何管制；第二，投资对利率的变动是敏感的。当这两种前提条件不存在时，这种传导机制就不能成立了。凯恩斯的货币政策传导机制理论用符号表示为：

$M\uparrow \rightarrow i\downarrow \rightarrow I\uparrow \rightarrow Y\uparrow$

其中，M表示货币供给数量，i表示利率，I表示投资，Y表示国民收入水平。

当货币供给增加以后，原来的货币供求平衡被打破，货币供给量大于货币需求量，表明人们手中能够持有的货币数量大于他们希望持有的货币数量，于是人们会想办法把多出来的货币转化成其他形式的资产。凯恩斯假设只有两种形式的资产，即货币和债券，也就是说货币供给量的增加使得人们会将超过意愿持有的那部分货币用于购买债券，引起债券价格的上涨，利率的下跌；利率下跌又导致投资的增加，生产扩张，国民收入增加。

需要指出的是，在这里影响支出的是实际利率而不是名义利率，因而即使是在通货紧缩时期，名义利率接近于零，这一传导过程仍然有效。因为当名义利率水平接近于零时，货币供给量的增加会提高预期物价水平和预期通货膨胀率，所以实际利率也会降低。甚至当名义利率水平固定为零时，预期通货膨胀率的变化也会导致实际利率的变化，对经济起到刺激作用。

这一作用过程的实现必须满足上面提到的两个条件，但是仍然可能由于流动性陷阱的原因出现阻塞。凯恩斯认为，当货币供给量增加，导致利率下降，但是到达某一程度后，利率将不再下降，人们预期利率会上升，因此会无限量地持有货币，导致增加的货币供给被无限增大的货币需求吸收，从而未能对资产结构进行调整。

（二）汇率传导理论

如果一国实行对外开放政策，取消对货币的流入流出限制，外币可以自由流入，本币可以自由兑换，并且实行浮动汇率制的前提下，国际的因素也要被考虑进货币政策的传导机制中。汇率传导理论就是在此条件下分析货币政策的传导问题。其作用过程如下：

$M\uparrow \rightarrow i\downarrow \rightarrow E\downarrow \rightarrow NX\uparrow \rightarrow Y\uparrow$

其中，M 表示货币供给，i 表示本国实际利率，E 表示本币汇率，NX 表示本国净出口，Y 表示总产出水平。

由于一国增加其货币供给，导致本国实际利率下降，本国货币存款的价值相对于其他外币存款价值下降，外资流入减少，本国货币贬值，本币汇率下降，导致净出口增加，总产出增加。可以看出汇率传导理论也是通过利率的变动间接影响总产出水平，因此它可以看做凯恩斯货币政策传导机制的补充和延伸。

三、货币学派的货币政策传导机制理论

货币学派反对凯恩斯主义者的关键在于，凯恩斯主义只注重利率这一种资产价格，而没有考虑到其他众多的资产的价格。

（一）弗里德曼的货币政策传导机制理论

弗里德曼认为利率在货币政策传导机制中不起关键性作用，货币政策的传导过程比凯恩斯学派简单、直接。货币政策的传导机制如下：

$M\uparrow \rightarrow E\uparrow \rightarrow I\uparrow \rightarrow Y\uparrow$

其中，M 表示货币供给量，E 表示支出，I 表示投资，Y 表示名义收入。

长期来看，由于货币需求具有内在稳定性，货币供给的增加不会导致货币需求的

变化，但货币供求均衡被打破，公众能够持有的货币量超过愿意持有的货币量，于是购买金融资产或非金融资产，导致支出增加；不同取向的投资会相应引起不同资产相对收益率的变动，比如投资金融资产偏多，金融资产价格上涨，收益率下降，继而导致非金融资产投资增加，如产业投资增加，产出增加，最终导致名义收入增加。

（二）Q理论

Q理论由美国经济学家托宾提出。托宾认为，企业不仅能够通过借款来筹集资金，也可以通过出售股票的方式来筹集资金。对投资者而言，所有未来收入的现值应不低于或至少要等于现在该企业的股票市场价格，他们才会决定购买该企业的股票；而对企业而言，未来收益的现值应不低于或者至少要等于产品市场上企业资本存量的价值才有投资的必要。于是，托宾定义Q等于股票持有者所要求的回报率（企业股票的市场价值）与企业重置资本的边际效益之比。如果Q大于1，意味着企业的市场价值高于资本的重置成本，企业会增加投资，追加资本存量；Q等于1时，企业将停止增加投资。

用Q理论解释货币政策传导过程是这样的：当货币供给增加时，货币供求平衡被打破，人们能够持有的货币供给量超过了愿意持有的货币供给量，于是投资企业的股票，使得股票价格上涨，企业的市场价值上升，Q值增加，投资增加，引起总支出和国民收入的增加。传导过程可表示如下：

$M\uparrow \rightarrow P\uparrow \rightarrow Q\uparrow \rightarrow I\uparrow \rightarrow Y\uparrow$

其中，M表示货币供给，P表示股票价格，Q表示股票持有者要求的回报率与企业重置资本的边际效益之比，I表示投资，Y表示名义收入。

（三）财富效应

财富效应与Q理论有着异曲同工之处。财富效应理论认为，在消费者可以利用的资源中，一个重要的组成部分是消费者的金融财富，主要是由普通股股票构成。与Q理论中的分析相同，财富效应理论同样认为，货币供给增加导致人们对普通股的需求增加，股票价格上涨，人们的财富增加，消费支出增加，总产出Y增加。其用符号表示如下：

$M\uparrow \rightarrow P\uparrow \rightarrow W\uparrow \rightarrow C\uparrow \rightarrow Y\uparrow$

其中，M表示货币供给，P表示股票价格，W表示财富，C表示消费支出，Y表示总产出。

以上几种货币政策传导机制理论都是从宏观的角度考察货币政策，在它们之后的一些经济学家试图通过微观的角度来考察货币政策的传导，包括银行信贷传导与资产负债表传导。前者主要的过程是中央银行增加货币供给可以选择公开市场操作的形式，买入政府债券，使得商业银行的准备金增加，乘数效应的结果导致存款货币数倍扩张，银行贷款的供给增加，那些依赖银行的贷款人的投资和消费都会增加，支出增加，总收入增加。后者主要是从货币供给对借款人的资产负债状况的影响入手来分析的，其过程可表述为货币供给量增加，股票价格升高，企业净值增加，会减少逆向选择和道德风险问题，投资支出增加，总产出增加。

四、货币政策的一般传导过程

货币政策作用或传导过程包括经济变量传导和机构传导。

经济变量传导的主线如下：

货币政策工具 → 货币政策操作目标 → 货币政策中介目标 → 最终目标。

机构传导的主线如下：

中央银行→ 金融机构（金融市场）→投资者（消费者）→ 国民收入。

这两条链条必须结合起来，即中央银行通过各种货币政策工具，直接或间接调节各金融机构的超额准备和金融市场的融资条件（数量、利率、政策等），进而控制全社会货币供应量，使企业和个人调整自己的经济行为，整个国民收入也随之变动。

第二次世界大战后美国货币政策传导机制的发展

1941 年，美联储为筹措军费，采取了廉价的货币政策，即盯住二战前的低利率：三个月期的国库券利率为 0.375%，长期财政债券利率 2.4%。无论什么时候，只要利率上升到高于上述水平，而且债券价格开始下跌时，美联储就进行公开市场购买，迫使利率下降。这一政策在大部分时间内是成功的，但当 1950 年朝鲜战争爆发时，引起了通货膨胀。1951 年 3 月，美联储和财政部达成“一致协议”，取消盯住利率，但美联储承诺将不让利率急剧上升。同时，美联储正式独立于财政部。此后货币政策才开始具有完全的独立性，这也标志着美国货币政策开始成为影响美国经济的主导力量。

20 世纪 50～70 年代，美国经济周期性扩张和收缩的特征非常突出，因此扩张性和紧缩性的货币政策交替也很明显，货币政策目标经常变化。20 世纪 50 年代，美联储控制的中介指标有自由储备金净额、三个月期的国库券利率和货币总量比，并按此次序来决定指标控制的重要性。结果表明，美联储对前两个指标的控制较好，对货币总量控制较差，这导致最初的 10 年内竟发生了三次经济危机。到了 20 世纪 60 年代，美联储又重新推行廉价的货币政策，同时重视财政政策的运用。货币供应量的增长率日趋上升，松的货币政策加之松的财政政策导致通货膨胀率不断上升，从 1965 年的 2.3% 到 1969 年的 6.1%。这些政策进一步导致了 20 世纪 70 年代滞胀的发生。20 世纪 70 年代，美联储将货币总量作为中间目标，从 M_1 和 M_2 的增长率来看，美联储以紧缩的货币政策为主，最终导致了 1979 年的经济危机。

20 世纪 70 年代后，随着通货膨胀被抑制，美联储又转向了平稳利率政策，并获得了极大成功。例如，20 世纪 90 年代初，美国经济陷入萧条，美联储在 1990 年 7 月到 1992 年 9 月间连续逐步降息 17 次，将短期利率从 8% 降到 3%，促进投资与消费上升，从而带动了整个经济的发展。在 1994 年到 1995 年 7 月，美国经济过热时，美联储又连续 7 次提高联邦基金利率，成功地实现了经济软着陆。1994 年，美联储主席格林斯潘指出，美联储将放弃以货币供应量的增减对经济实行宏观调控的做法，今后将以调控实际利率作为经济调控的主要手段。这标志着美国货币政策的重大转变。

自 1999 年 6 月开始，为防止经济过热，美联储开始抽紧银根，半年中先后三次提高利率。但美国经济增长势头仍没有减缓的迹象，于是美联储在 2000 年 2 月 2 日、

3 月21 日和5 月 16 日又分别提高利率，使联邦基金利率达到 65%。美联储于 2000 年 5 月底公布的数据表明力度加大的宏观调控开始见效，经济增长逐步放缓。但 2001 年伊始，种种迹象表明，美国经济已进入了明显放慢的敏感时期。为刺激经济回升，从 2001 年 1 月至 6 月底，美联储连续六次降息。在这么短的时间内采取如此大的降息动作，是近 20 年来的第一次。美国联邦基金利率和贴现率分别为 3. 75% 和 3. 25%，均为 7 年多来的最低水平。美联储表示，美国经济今后一段时期面临的主要危险仍是疲软，这意味着美联储可能还会降息。虽然目前美国经济还没有明显好转的迹象，但大多数经济学家认为，2001 年下半年美国经济形势将会出现好转。因为，首先，利率调整通常需要 6 ~9 个月的时间才能对经济产生全面影响。这意味着美联储 2001 年 1 月开始的降息行动将在下半年充分发挥作用。其次，政府已开始实施其大规模减税计划。根据这一计划，美国家庭下半年可获得 450 亿美元的减税。最后，美国的消费者信心已开始回升，个人消费开支可望继续增加。

思考：

请就上述案例，梳理一下该期间美国货币政策传导机制的演变概况。

第四节 货币政策效应

一项货币政策的推出，到底会对经济产生多大的作用，这是货币当局非常重视，并要进行深入研究的内容。影响货币政策效应的因素很多，如货币政策时滞、货币流通速度、微观经济主体的预期、金融创新和其他经济或政治因素等。

一、货币政策时滞对货币政策有效性的影响

货币政策时滞是指货币政策从研究、制定、实施，到实现其全部效应的过程所需要的时间。货币政策时滞包括内部时滞和外部时滞。

内部时滞又分成两个阶段：认识时滞和行动时滞。认识时滞是指从经济发生变化到中央银行认识到其需要采取行动所需要的时间。行动时滞是指从中央银行认识到它必须采取行动，出台政策，决定采取何种行动，调节何种变量对经济有所帮助所需要的时间。因此，内部时滞是指从经济形式发生变化，到中央银行实际采取行动的整个过程。内部时滞的长短取决于中央银行对经济形势变化的判断和对未来经济运行的预期能力、制定政策的效率和行动的决心。

外部时滞则是指从中央银行出台政策，采取措施调控经济开始直到货币政策对最终目标产生影响为止所需要的时间，因此也叫做“影响时滞”。内部时滞的长短主要是由货币当局的主观能力及因素影响，但是外部时滞主要是由客观的经济和金融条件决定。因为不论是基础货币的调整还是利率的调整，它们都要经过一段时间才能影响到政策目标，而且在很多方面，中央银行并不能直接控制，甚至无能力左右。

时滞的长短决定了货币当局对宏观经济调控的能力大小。如果货币政策的时滞较短，货币政策的效果能较快地体现出来，即使与货币当局事先的期望不一致，货币当

局仍可以迅速对政策的方向和力度作出必要的调整。但是如果货币政策的时滞较长，经济形势可能发生很大的变化，甚至可能会出现相反方向的变化，此时干扰经济目标的因素也随之增加，局面更加复杂，货币当局很难准确地判断其货币政策是否起了作用以及效果究竟有多大。

二、货币流通速度对货币政策有效性的影响

影响货币政策有效性的一个主要因素是货币流通速度。在货币政策的执行阶段，如果货币流通速度发生了变化，货币政策效果会发生巨大的变化。因此，货币政策的制定者在制定货币政策的时候必须考虑到货币流通速度的变化。例如，当经济低迷时，货币当局增加货币供给以期刺激经济增长，其所期望的经济增长速度为10%，但此政策一经推出后，货币流通速度减慢，有可能经济增长率达不到货币当局的目标。

在实际经济中，货币当局对货币流通速度的估算，很难做到不发生误差，这一弊端影响了货币政策的有效性。

三、微观主体的预期对货币政策有效性的影响

微观主体的预期也会对货币政策的效应产生影响。合理预期理论可以用来解释微观主体预期对货币政策的抵消作用。合理预期被定义为人们基于所有可得信息的最优预测。根据合理预期理论，既然人们对未来经济行情的变化已经有了最优预测，那么货币政策公布前后，货币政策的效果人们已经预测到了，他们就会采取相应措施，使得政策的预期效果被合理预期的作用所抵消或是大打折扣。

四、金融创新对货币政策有效性的影响

金融创新是指金融机构和金融管理当局出于对微观利益和宏观效益的考虑而对金融机构、金融业务、金融工具、金融技术及金融市场等方面所进行的金融业创造性变革和开发活动。

金融创新会改变整个金融业的面貌，对经济社会的影响既有有利的方面，又有不利的方面。其中，金融创新会削弱中央银行控制本国货币供给的能力，使得对货币的定义与计量变得困难和复杂，使得货币总量变化及其含义越来越不明朗，甚至金融创新会使货币政策工具部分失灵，使传统的货币政策效力弱化。例如，回购协议和货币市场共同基金的创新，使得商业银行以这种方式筹集的资金不需要缴纳法定存款准备金，使得中央银行通过法定存款准备金率来控制货币供给的能力削弱。金融创新还使金融体系稳定性下降，使得各种类型的金融机构之间的竞争加剧，增加了金融体系的潜在危机。金融创新还使金融机构的经营风险和表外业务风险加大。

除了以上几种因素外，货币政策也会受到其他因素的影响，比如一项货币政策的推出有可能给不同的利益集团造成的影响不同，利益受损的集团往往会给货币当局施加压力，如果该利益集团实力庞大，那么其压力可能会左右货币当局的决策。

流动性泛滥依然挑战宏观调控①

尽管2005年央行在宏观调控方面的成绩相当可观，但一些关键数据依然超过了2005年年初制定的目标，这些数据足以说明，流动性泛滥问题依然是宏观经济管理部门必须面对的严峻挑战。

2006年金融统计数据于1月15日如期发布了，尽管2005年央行在宏观调控方面的成绩相当可观，但一些关键数据依然超过了2005年年初制定的目标，这些数据足以说明，流动性泛滥问题依然是宏观经济管理部门必须面对的严峻挑战。

流动性泛滥与潜在通胀压力并存

2006年1月15日当天，商业银行已上缴1 700亿元存款准备金，中国人民银行又宣布于翌日大规模发行1年期中央银行票据，最高发行量高达2 100亿元，但市场无动于衷，货币市场利率不升反降，深沪股市收盘分别大涨449点和126点。其中，虽然有1月5日宣布提高存款准备金率后市场业已消化政策反应的因素，但也进一步说明了市场流动性何其充裕。而M_1（狭义货币）增幅在23个月以来首次超过M_2（广义货币），又表明潜在的通货膨胀压力加大。流动性泛滥外加潜在通货膨胀压力上升，2007年宏观调控负担难以令人轻松，为此需要采取多方面措施。

近年来中国流动性泛滥带有明显的外部输入特征，巨大的外汇占款成为货币供给增长超标的主渠道，以至于有人称商务部已经成为中国的“事实中央银行”。截至2006年12月末，国家外汇储备余额为10 663亿美元，同比增长30.22%，增幅虽然比2005年下降4个百分点，但仍然非常惊人；全年外汇储备增加2 473亿美元，同比多增长384亿美元。外汇储备增长主要来自贸易顺差和外商直接投资，两项合计即给外汇储备增量贡献了2 469.38亿美元，占2005年外汇储备增量的99.85%。在这种情况下，遏制贸易顺差增长失控和外资过度内流，就成为防止流动性泛滥的首要治本之策。

我国国际收支的双顺差基本格局还将维持

然而，尽管如此，也不能对遏制贸易顺差工作的效果寄予不切实际的过高期望。

2006年，我国国际收支双顺差扩大的局面，是对外贸易以加工贸易为主、人民币升值的反向J曲线效应、国际生产持续向中国转移、人民币升值预期下的变相资本内流等因素共同作用的结果。而且，出口退税制度改革虽然在中长期内有助于减少贸易顺差，但在短期内，却会因为激励企业赶在出口退税新规生效之前抢关出口，而扩大了贸易顺差。2006年10月、11月中国贸易顺差之所以连续创造200多亿美元的纪录，原因就在于此。

其他一些因素也会部分抵消我国削减贸易顺差的努力，如初级产品市场行情下跌，我国初级产品进口支出相应减少，对贸易顺差有推高作用；尽管这一轮世界经济景气期已经走过顶峰，但2007年美国还不太可能出现深度萧条，特别是一些发达国家即使经济降温，吸纳进口商品和服务的能力降低，但对低档次廉价商品的需求增长也会较

① 梅新育. 流动性泛滥依然挑战宏观调控［EB/OL］.（2007-01-17）［2016-08-12］. http://finance.sina.com.cn/review/20070117/08333253607.shtml.

快，我国对其低档廉价商品出口反而可望增长。2000 年下半年起，美国经济逐步滑入萧条，但我国对美出口则逐年增长，就是这个原因。

在可预见的未来，我国国际收支的双顺差基本格局还将维持。即使我国 2006 年能够将贸易顺差压缩一半，也仍有 887.8 亿美元之多，由此增加的外汇占款仍然相当可观。

加息的可能性非常大

第二选择是继续推进资本市场发展。2006 年我国股市火爆，沪深两市市值增长 171%，2006 年年末达 8.8 万亿元；沪深两市代表性股指上涨 130%，就已经对消化流动性增长做出了一定贡献。2006 年居民户存款增加 2.09 万亿元，同比少增长 1 125 亿元，应当归功于此。

为此，可以选择的措施包括适度降低企业上市门槛等，这样也有助于境内资本市场吸纳本土企业，避免海外上市成为境内企业上市融资主渠道格局所蕴藏的潜在风险。然而，这一策略使用也有限度，随着股市上涨，泡沫成分膨胀，其中蕴藏的风险相应上升。

第三项选择是继续使用提高准备金率、加息等货币政策工具。目前存款类金融机构法定存款准备金率已经达到 9.5%，可以提高到的上限在 13% ~15% 之间。在调整准备金率“巨斧”已经日常化的现实下，2007 年央行如果再数次提高存款准备金率，应该不令人惊奇。由于目前中国消费信贷并不发达，居民消费对利率并不十分敏感，加息不至于遏制消费，却有助于遏制投资，因此加息的可能性也非常大。

鉴于 2006 年 1 ~11 月城镇固定资产投资完成 79 312.10 亿元，同比增长 26.6%，无论采取什么调控措施，关键都在于降低投资增速。在中国的现实下，投资调控在很大程度上需要借助政治手段。就总体而言，降低投资增速效果在很大程度上取决于治理官商勾结；就局部而言，效果则取决于堵塞投资调控漏洞的情况，特别是对外资的调控漏洞。前几年紧缩导向宏观调控中都出现了这样的局面，即调控压缩了内资，却为外资创造了增长空间，这种局面不能再继续下去了。

思考：

1. 什么是流动性泛滥？近几年中国流动性泛滥的原因有哪些？

2. 流动性泛滥在中国是一个较常见的问题，为什么？如何从根本上予以解决？

思考与练习

一、名词解释

货币政策　货币政策中间目标　一般性货币政策工具　存款准备金政策
再贴现政策　公开市场业务　选择性货币政策工具　证券市场信用控制
消费者信用控制　不动产信用控制　货币政策传导机制　货币政策时滞

二、简答题

1. 货币政策目标有哪些？如何正确理解它们之间的关系？

2. 为什么要设立货币政策的中间目标?

3. 选择性政策工具是如何发生作用的?

4. 货币政策传导机制理论有哪些?

5. 货币政策效应的影响因素有哪些?

三、论述题

1. 试述货币政策中介目标选择的标准。

2. 试述再贴现政策、存款准备金政策和公开市场业务三大政策工具的作用机制，并比较其优缺点。

第十章　金融发展与金融创新

本章要点

通过本章的学习，要求学生能够较清晰地认识金融发展与经济发展的概念及其相互关系，衡量金融发展的主要指标，金融深化与金融抑制理论，金融约束理论，金融创新的含义、产生的背景及其动因，金融创新的主要内容以及对社会经济造成的影响等；能够运用上述知识对发展中国家金融自由化改革、我国的金融发展和金融改革进行分析。本章的重点是金融发展与经济发展的关系、金融深化与金融抑制理论、金融创新的概念和主要内容。本章的难点是正确理解金融深化与金融抑制理论，较客观地认识金融自由化、金融创新对经济的影响。

拉美国家实施金融自由化的经验与教训①

正如世界银行的《1998/1999 年世界发展报告》所指出的那样："如果说金融是一个经济的神经，那么金融体系就是其大脑。它们作出的决策影响到稀少的资金的流向，并且确保资金到位后以一种最为有效的方式得到使用。有关研究证实，拥有较为发达的金融体系的国家发展较快，而拥有软弱的金融体系的国家则更有可能遇到金融危机，而且危机对增长的消极影响有时会延续数年。"

确实，金融部门是一个重要而特殊的部门。首先，金融现象无所不在，因为个人、企业、组织和政府都需要金融服务。其次，金融对于经济发展来说是至关重要的。金融部门是把资金从储蓄变为投资的主要行为者。一个高效率的金融部门能将更多的储蓄转换为有利于经济增长的投资。最后，金融部门是交易工具和支付机制的提供者，良好的交易工具和支付机制能加快和促进商品和服务的交换和流通。

拉美国家实施金融自由化的目标主要是消除"金融压抑"。"金融压抑"是指政府利用金融管制、利率限制和配给信贷等非市场机制手段来管理金融部门的现象。在经济发展的初期，"金融压抑"似乎有一定的合理性，因为它能使政府在市场尚未发育以前有效地控制资源配置，为经济起飞创造条件。然而，随着经济发展的加快和市场体制的日益健全，"金融压抑"的弊端则越来越明显，其中最大的弊端就是金融机构的效益得不到提高，从而限制了金融部门的发展，对经济起飞构成了"瓶颈"。

拉美国家实施过 2 次较大规模的金融自由化。第一次始于 20 世纪 70 年代中期，20 世纪 80 年代初的债务危机爆发后逐渐趋于停顿。第二次始于 20 世纪 80 年代末，20 世

① 吴慧萍. 拉美金融危机给中国提供宝贵经验教训［EB/OL］.（2007－06－08）［2016－08－12］. http://www.caijing.com.cn/2007－06－08/100021680.html.

纪 90 年代上半期达到高潮。

拉美国家的第一次金融自由化主要是在智利、阿根廷和乌拉圭等“南锥体国家”进行的。在二战后至 20 世纪 70 年代中期，这些国家的人均收入年均增长率仅为 1.5%，其他拉美国家则为 3.4%。因此，20 世纪 70 年代中期，这些国家在拉美地区 GNP 中所占的比重从三分之一下降到不足四分之一。尽管阿根廷的人均收入依然居拉美国家之首，但智利从第 3 名下降到第 7 名，乌拉圭从第 2 名跌至第 5 名。新保守主义者认为，“南锥体国家”在经济发展方面的落伍应归咎于政府的过度干预。而在金融领域，政府过度干预造成的后果就是“金融压抑”。

根据新保守主义者的分析，“南锥体国家”的“金融压抑”主要表现为以下几个方面：第一，过低的利率（有时甚至是负利率）是造成储蓄率低的主要原因之一，因为这样的利率难以使消费者放弃消费，将节余存入银行。第二，过低的利率不利于金融中介的发展。由于有些企业得到了低利率的信贷，有些企业得不到，因此市场是分割的，从而使资源难以得到有效的配置。第三，金融资产的数量和种类十分有限。在“南锥体国家”，M_2 相当于 GNP 的比重仅为 20%，而韩国和墨西哥的这一比例在 30% 左右。新保守主义者认为，解决上述问题的有效途径就是实施金融自由化。

“南锥体国家”实施的金融自由化主要包括建立国内资本市场，放开利率，大幅度减少、甚至取消对信贷的限制，降低进入金融部门的壁垒，降低银行准备金要求，对一些国有银行实施私有化，允许在国内开设外汇存款账户以及逐步放松对外资流入和流出的限制等。

上述措施的积极成效和消极影响都非常引人注目。一方面，金融中介在国民经济中的地位大幅度上升，储蓄和信贷迅速增加，资本流入量（包括外债）大幅度增长；另一方面，利率快速上升，资产价格欠稳定，“金融压抑”也没有彻底消除。

拉美国家的第二次金融自由化是始于 20 世纪 80 年代后期的经济改革的重要组成部分，涉及的国家较多。拉美国家普遍采取以下措施：第一，放松对利率的管制。第二，取消或减少政府对银行放贷（尤其是定向放贷）的管制。第三，降低银行的存款准备金要求。第四，对国有银行实行私有化。

与第一次金融自由化相比，第二次金融自由化的特点是大力开展国有银行私有化。在被称作“私有化高潮”的 1990—1995 年期间，拉美国家从金融服务业私有化中获得的收入高达 146.8 亿美元，占私有化总收入的 23%。换言之，将近四分之一的私有化收入是从金融服务业中获得的。而在金融服务业私有化中，银行私有化是主要组成部分。

美国学者 B. 艾琴格林曾说过：“对于那些希望通过加入开放的世界经济体系来获得较高的投资率、较快的增长和不断提高的生活水平的国家来说，金融自由化是必不可少的。”但是，墨西哥金融危机表明，金融自由化的弊端不容忽视，有时甚至也是有危险的。从拉美国家的情况看，我们至少可以得出这样一个重要的启示：金融自由化并不意味着政府要抛弃或放松金融监管，而是要进一步加强这种监管。

拉美国家在金融监管方面的失误主要体现在：第一，政府未能掌握足够的信息，许多银行的不当行为得不到及时的发现和抑制。例如，有些银行为追求高利润率而从事风险过大的业务；有些银行为应付政府有关部门的检查而作虚账或假账；有些银行则将大量贷款发放给少数人或企业。据估计，在委内瑞拉第二大银行拉丁银行倒闭前的一年时间内，该银行70%的贷款发放给它的股东及“关系户”。1994年3月，该银行的83位高层管理人员被指控犯有各种罪行。在委内瑞拉，由于缺乏对银行体系的有效监督，银行成了经济犯罪者的“天堂”。第二，金融部门借债和放贷的规模得不到有效控制。美洲开发银行的研究表明，在每一次金融危机以前，总是有银行信贷的膨胀。阿根廷（1981年）、智利（1981—1982年）、哥伦比亚（1982—1983年）、墨西哥（1985年）和乌拉圭（1982年）的情况就是如此。信贷膨胀与金融危机两者之间之所以有密切的联系，主要是因为在信贷充裕和经济较为景气的时候，银行很难区分“好”的风险和“坏”的风险，从而加剧“信息失灵”，最终使不良贷款不断增加。第三，实施金融自由化后，一些拉美国家的政府对投资的流向也未能加以正确的引导，从而在一些部门中出现了“泡沫经济”。

银行在一个国家的金融体系中占据着举足轻重的地位，因此在金融自由化的过程中加强监管更为必要。这一必要性来自以下几个方面：第一，银行业中存在着“信息不对称”的问题。例如，银行不了解它们的客户偿还贷款的愿望和能力，而存款人在选择银行时也可能不了解他们所选择的金融机构的资产情况，一般说来更不知道这些金融机构是否存在着欺诈行为或破产的风险。第二，银行接受公众的存款后，利用这些资金进行盈利活动是天经地义的，但这也鼓励银行从事高风险的投资活动，因为银行会得到这些投资活动的全部好处，而存款人则会为银行破产付出代价。第三，银行倒闭不仅对存款人带来损失，而且也会危害到一个国家的宏观经济稳定。如果大批银行倒闭，银行系统为投资融资的能力会降低，从而减少社会的总需求，使经济陷入萧条。

既然在许多情况下金融自由化增加了金融体系的脆弱性，那么发展中国家是否应该放弃或停止金融自由化？答案显然是否定的。20世纪80年代，墨西哥、秘鲁和阿根廷等拉美国家的银行体系受到了高度的管制，但同样爆发了金融危机。当时，这几个拉美国家都保持着较高的储备金要求，对信贷配置有限制，阿根廷和秘鲁甚至还规定了利率的上限。

可见，金融危机并非仅仅与金融自由化有关。事实上，在拉美国家，每当宏观经济政策不稳定或政府对金融部门进行超常的管制时，金融部门的脆弱性就增加。因此，正如美洲开发银行所指出的那样：“自由化金融政策之下的拉美金融体系比在高度管制下的金融体制稳定。”

思考：

1. 我国现实行的是金融自由化还是金融管制？请以客观依据说明。

2. 结合上述案例，我国应否实行金融自由化？

3. 我国在实现金融深化过程中，应该吸取拉美国家哪些经验教训？

第一节　金融深化与经济发展

一、金融发展与经济发展

（一）金融发展与经济发展的概念

1. 经济发展

经济发展是指一个国家或地区从贫困落后状态，逐步实现经济和社会生活现代化的过程。因此，经济发展不仅意味着国民经济规模的扩大，更意味着经济和社会生活质量的提高。

20 世纪 60 年代前，传统理论认为，经济发展意味着国家财富和劳务生产增加以及人均国民生产总值提高。20 世纪 60 年代后，这种观点受到了若干国家现实的挑战，一些国家人均国民生产总值迅速增长，但其社会、政治和经济结构并未相应改善，贫困和收入分配不公正仍十分严重。因此，经济学家将经济发展同经济增长加以区别，认为前者具有更加丰富的内涵，是一个长期、动态的进化过程。不仅涉及物质增长，而且涉及社会和经济制度以及文化的演变。既着眼于经济规模在数量上的扩大，还着重于经济活动效率的提高。一般来说，经济发展包括以下三层含义：

一是经济总量的增长，即一个国家或地区商品和劳务的增加，构成经济发展的物质基础。

二是经济结构的改进和优化，即一个国家或地区的技术结构、产业结构、收入分配结构、消费结构以及人口结构等经济结构的变化和改善。

三是经济和社会生活质量的改善和提高，即一个国家或地区经济稳定和经济效益的提高，医疗卫生状况和自然生态环境的改善与生态平衡，政治、文化和人的现代化进程有了长足的进展。

2. 金融发展

金融发展是指发展中国家的金融深化（金融自由化）过程。也有人认为，金融发展还应该包括发达国家的金融创新过程。金融发展通常包括引进新的金融工具、金融机构的多样化、金融新技术及相关技术的应用、开辟新的金融市场、实现金融机构的创新、实现金融监管的创新与金融管制的放松。

金融发展理论主要研究的是金融发展与经济增长的关系，即研究金融体系（包括金融中介和金融市场）在经济发展中所发挥的作用，研究如何建立有效的金融体系和金融政策组合以最大限度地促进经济增长及如何合理利用金融资源以实现金融的可持续发展并最终实现经济的可持续发展。

金融发展的含义是逐步演进，逐步丰富的。雷蒙德·W. 戈德史密斯（1969）首先对金融发展的含义进行了阐述，他认为金融发展就是金融结构的变化，并对金融结构进行了深入的研究。然而他所研究的金融结构仅仅是从数量或者规模的变化的角度展开的，而当时大多数国家的金融是受政府严格管制的，数量或者规模的变化受到严格限制。而后麦金农和肖（1973）从制度层面拓展了金融发展的含义，指出金融发展的过程就是放松管制、金融深化的过程，麦金农和肖的金融抑制与金融深化理论的提出，标志着金融发展理论的正式形成。20 世纪 90 年代以后，全球金融危机的频繁爆发引起了人们对金融发展理论的反思，金融发展理论研究再次兴起，建立一个什么样的金融体系以及“银行主导型”和“市场主导型”哪个能更好地促进经济增长成为争论的焦点，出现了金融的“功能观”（博迪和莫顿，1995），即把研究视角定位在金融功能上，认为金融发展就是金融功能的不断完善和增强。在此基础上，我国学者围绕着与完善、拓展金融功能密切相连的金融发展环境因素展开了研究，提出了金融“生态环境观”（周小川，2004），即金融发展就是金融生态环境不断优化的过程。因此，金融发展的含义从金融结构的变化、金融深化向金融功能的提升和金融生态环境的优化逐步演进，不断丰富与发展。

（二）金融发展与经济发展之间的关系

现代经济社会中金融发展与经济发展之间存在着一种相互影响和相互作用的关系。一个完善和健全的金融市场能有效地动员、引导资金转化为投资，促进资本合理流动，合理配置资源，从而促进经济发展；反之，经济的蓬勃发展又通过国民收入的提高和经济主体对金融服务需求的增长，刺激金融业的发展。在加快经济货币化的进程中，金融发展和经济发展就可以形成一种互相促进和互相推动的良性循环，这种状态可称做金融深化。

1. 金融发展对经济发展的积极作用

（1）金融是现代经济的核心。一方面，资金是社会再生产的第一推动力，是经济发展的先导因素，是企业生产经营和正常运转的必要前提，金融作为筹集、融通和经营货币资金的部门，其融通资金的基本功能是促进储蓄并将其顺利转化为投资，为经济发展提供资金支持；另一方面，金融运作为经济发展提供各种便利条件，节约交易成本，促进资金融通，便利经济活动，合理配置资源，提高经济发展的效率。

（2）金融稳定是国民经济健康发展的重要保证。金融是现代经济的核心，具体表现为：一是金融发展有助于提高金融资产占 GDP 的比例，因而有助于提高社会的投资水平；二是金融稳定有利于信用的发展，促进资本的积累和集中，为实现现代化的大规模生产经营提供资金支持，实现规模经济效益；三是金融稳定有利于保持货币价值的稳定，便于企业经济核算，促进企业完善经营管理，提高经济效益；四是金融稳定有利于微观经济主体持有的金融资产价值稳定，从而有利于维护社会稳定，为经济发展提供良好的社会环境；五是通过金融业自身的产值增长直接为经济发展做出贡献。

（3）金融是调节国民经济的重要杠杆。在市场经济条件下，市场机制是资源配置的主要方式，而市场配置资源的作用主要是通过资金的合理流动来实现的。金融的发展可改善社会融资条件，增大资本流量与投资规模，提高融资效率，降低资本成本，为资本的流动转移与合理配置创造有利条件，提高资源的使用效率，从而提高社会经济效率。中央银行可通过金融的宏观调控，调节市场货币供应量，引导资金的流向，调节社会总供求，调节产业结构，促进国民经济稳定、协调和持续发展。

2. 经济发展对金融发展的作用

在金融与经济发展的基本关系上，经济发展对金融发展起决定性作用。金融是依附于商品经济的一种产业，是在商品经济发展过程中产生并随着商品经济的发展而发展的。商品经济的不同发展阶段对金融的需求不同，由此决定了金融发展的结构、阶段和层次。这种决定性作用说明了金融绝不能脱离经济发展。只有为经济发展服务并与之紧密结合，金融的发展才有坚实的基础和持久的动力。例如，经济的发展使社会的收入水平不断提高，因而提高人们对金融投资和理财服务的需求，资金的供给量和需求量上升，从而促进金融发展，提高金融相关率（一定时期内金融资产总量与国民经济总量的比例）。经济发展形成越来越多的大企业集团，这些企业集团因其融资需求的规模较大，急需与之相匹配的现代金融机构为其提供金融服务等。

（三）衡量金融发展的主要指标

衡量一国金融发展程度一般用金融相关比率。金融相关比率是指一定时期内金融活动总量与经济活动总量的比值。金融相关比率的变化反映了金融发展的基本特点，即金融上层机构与经济基础结构在规模上的变化关系。

金融相关比率实际的简化应用是以 GNP（或 GDP）代表经济活动总量作为分母，以金融负债（一般以广义货币供给量 M_2 表示）和金融资产之和代表金融活动总量或金融工具总额作为分子。金融资产分为银行资产和有价证券市值，其中有价证券市值为股票市值和债券市值之和。

社会经济活动中，反映和衡量金融活动量的指标包括：

（1）反映经济货币化程度的金融存量指标，如人均货币（广义货币）占有量、广义货币与 GNP（或 GDP）的比值、金融资产交易量与有形财富的比值。

（2）反映金融市场发达程度的指标，如金融资产交易量与商品交易量的比值。

（3）反映利率在引导资金流向从而引导资源流动方面的作用以及货币市场与外汇市场的平衡状况的指标，如名义利率与实际利率的偏离程度、名义汇率与实际汇率的偏离程度。

（4）反映金融业在国民经济中的地位和金融业发展程度的指标，如金融业收入占国民生产总值的比率。

二、金融发展理论的演变和发展

1973 年，美国经济学家罗纳德·麦金农和爱德华·肖先后出版的《经济发展中的金融深化》和《货币、资本与经济发展》，针对当时发展中国家普遍存在的金融市场不完全、资本市场严重扭曲和政府患有对金融的“干预综合征”等影响经济发展的问题，首次提出了金融抑制理论（Financial Repression）和金融深化理论（Financial Deepening）。他们严密地论证了金融深化与储蓄、就业与经济增长的正向关系，深刻地指出“金融压抑”的危害，认为发展中国家经济欠发达是因为存在着金融压抑现象，因此主张发展中国家以金融自由化的方式实现金融深化，促进经济增长。他们的主张后经巴桑特·卡普尔（KaPur，1976）、维森特·加尔比斯（Galbis，1977）、弗莱（Fry，

1978，1980）等人从不同角度发展逐步完善。

金融抑制理论认为：

第一，金融体系和经济发展之间能够相互促进和相互影响。

第二，金融发展与经济发展间的恶性循环的根本原因在于金融抑制。由于制度上的缺陷和政府政策上的失误，发展中国家对经济活动的各个领域都进行过多的行政干预，诸多的金融管制制约了金融业的发展，对经济发展起了反方向的抑制作用。比如强制规定和控制利率和汇率，使其低于市场均衡水平，受到严格管制的官定利率和汇率，不能真实地反映市场供求，也不能有效地制止通货膨胀，而是导致实际利率为负数，人们不愿进行储蓄，而造成投资减少，经济增长受阻。

第三，发展中国家的金融抑制使政府可能积累财政赤字和加剧通货膨胀，反过来又使政府进一步采取金融抑制的办法，由此形成金融抑制与金融停滞的恶性循环。

针对上述情况，金融深化理论则认为，要使经济发展，必须使金融得到发展。要发挥金融对经济增长的作用，必须摒弃“金融抑制”政策，推行“金融深化”政策。为此，政府应尽量避免对金融体系和金融市场的过分干预；充分发挥市场机制的作用，放开对利率和汇率的限制，让利率和汇率由市场决定，使利率和汇率能充分反映资金和外汇的供求状况，从而有利于增加储蓄和投资；放松对金融机构和金融活动的管制，鼓励民间金融机构的发展（包括各种非银行金融机构也能适应市场金融服务的需求而蓬勃发展起来）；在有效地控制通货膨胀后，使金融体系，尤其是银行体系一方面能以合理利率吸收大量储蓄资金，另一方面也能在合理的利率水平上满足各经济部门的资金需求。这样金融体系本身既能发展，也能推动经济的增长，使金融发展和经济发展之间形成良性循环。

显而易见，“金融深化”的经济，是货币化程度相当高的经济。货币化是指在 GNP 中货币交易总值所占的比重。货币化程度越低，表示“自然经济”的程度和物物交换总值的比重越高，经济越不发达。因此，“金融深化”意味着：一是在经济中金融资产的存量相当大；二是金融机构多元化；三是金融活动方式不断更新变化，金融工具的种类也在不断增多；四是金融资产的价格已基本上不受人为的控制，并开始成为资源调配和投资方向的指示器。

金融深化的实质是金融自由化，包括利率自由化、汇率自由化、金融机构准入自由化、经营业务范围自由化以及资本自由流动，这实质上是新古典主义发展经济学在金融领域的一种演绎。金融深化的次序如下：第一，平衡中央财政，并且政府必须有能力征收税基广泛而税率较低的税收，以保证消除财政赤字，保持物价稳定；第二，开放国内资本市场，但要保持对货币的控制，并与政府稳定宏观经济方面的成效相适应；第三，汇率自由化和资本市场开放。

从 20 世纪 70 年代起，发展中国家掀起以“金融自由化”为核心内容的改革，后扩及发达国家。发展中国家的金融自由化进程，取得了很大的成就，但也有一些失败的教训，有的甚至酿发了金融危机。20 世纪 90 年代，赫尔曼（Hellman）、斯蒂格利茨（Stiglitz）、罗伯特·金（King）和莱文（Levine）等人指出金融抑制模型存在诸多缺陷，金融自由化并不适宜发展中国家。他们根据内生增长理论的最新成果，将内生增长和内生金融中介引入金融发展模型，提出“金融约束论”。其主要观点是选择性的政府干预有助于金融发展，政府的当务之急是优先发展金融。在发展中国家暂不具备金融自由化条件时，可先推行“金融约束”政策，但其约束程度可随金融发展不断降低，直至过渡到“金融自由化”，即发展中国家金融发展实际上应经历从金融抑制到金融约束再到金融深化的过程。

他们认为，金融中介和金融市场在不同经济发展阶段的作用是不同的，金融自由化需要一定条件（如良好的宏观经济环境和微观基础），选择性的政府干预有助于金融发展。由于信息不对称、委托—代理行为、道德风险，市场机制难以使资金资源有效配置，因此政府有必要进行适当的干预，实行一系列金融政策，为金融部门和生产部门创造“租金机会”，通过“租金效应”和“激励作用”，可以规避潜在的逆向选择行为和道德风险，鼓励创新，维护金融稳定，从而促进经济稳定和发展。发展中经济和转型经济适宜走“金融约束”的金融发展道路（淡儒勇，2000）。因此，发展中国家在暂不具备金融自由化条件时，可先行推行“金融约束”政策。但是“金融约束”并不是静态的政策工具，其约束程度可随金融发展不断降低，即不断为实现“金融深化”创造条件，直至过渡到“金融自由化”。

第二节　发展中国家金融自由化改革

前已述及，发展中国家都存在严重的金融抑制现象；货币化的程度，均较先进的工业国家低；金融体系具有二元结构的特征，即现代金融部门同传统金融部门同时并存；即使现代金融部门也存在着显著的发展不平衡现象；政府当局通常对利率和汇率进行不同程度的管制和过多的干预；等等。因此，发展中国家必须由金融抑制向金融深化发展。

金融发展是一个非常复杂的问题，金融深化是金融发展的一种战略，严格地说，金融自由化是金融深化的一种方法。对发展中国家来讲，金融发展是其目的，金融深化和自由化却是一个长期的过程，其实施是有条件的，每个国家必须根据本国的具体金融情况，选择合适的时机和方式，不断推进金融自由化和金融深化，最终推进金融发展，促进经济的增长及发展。20 世纪 70 年代后的发展中国家开始了不同程度的金融自由化进程，取得了很大的成就，但也有一些失败的教训，有的甚至酿发了金融危机。因此，对发展中国家金融自由化的认识及如何推进，仍是一个尚在深入研究的重要课题。

一、金融自由化的利与弊

（一）金融自由化的利

（1）金融自由化无疑增强了金融市场的竞争性，提高了各国金融市场和国际金融市场的效率，促进了世界银行业的发展。金融自由化对所有金融市场上的供求双方，既构成了压力也提供了机会，使其有可能，也有必要降低成本或提高收益。

（2）金融自由化的条件下，金融信息更具公开性，更能迅速地反映市场的供求状况，大大提高了金融市场的效率。尤为重要的是，金融自由化因摒弃了一些人为设计的制度藩篱，大大减少了产品间、产业间、银行间的资金流动障碍，加速资金周转、合理流动，从而使资源配置更为接近最优化。

（3）金融自由化为金融机构提供了更广阔的业务活动空间和更多的盈利机会。一方面，金融自由化极大地推动了金融资本的形成，促使金融向社会经济各方面的渗透，为金融企业提供了更广阔的业务活动空间；另一方面，分业管理制度的逐步解除，为金融机构（尤其是商业银行）提供了更灵活的经营手段，尤其是银行业竞争力的提高，为经济的增长与发展予以强有力的支持。

（4）由于金融自由化，商业银行由分业经营逐步向混业经营发展，在盈利性与安全性之间的权衡选择上有了更多的机会和手段。分业管理制度的建立原本着眼于商业银行的安全性，然而在传统的分业管理制度下，商业银行一方面由于经营手段的匮乏，另一方面也要面对国内外同业的竞争，安全性并未真正得到保障，银行破产倒闭现象依旧层出不穷。而在混业经营的条件下，商业银行因业务空间的扩大和经营手段的大量增加，从而有可能将高风险高收益的产品与低风险低收益的产品进行合理地搭配，从而使商业银行从原有的两难局面中解脱出来。

（5）金融自由化推动了全球金融一体化。随着各国日益敞开本国金融市场的大门，资本流动的速度不断加快，资本流动的自由化使资源配置能够在世界范围得到改善。而且，因此形成的国际金融竞争、国际金融合作和金融监管的国际化，进一步推动了各国金融体系的发展。

（二）金融自由化的弊

（1）金融自由化在某些方面提高金融市场效率的同时，却在其他方面有降低金融市场效率的作用。例如，金融市场的一体化、数不胜数的金融创新、大量金融机构的出现降低了金融市场的透明度。银行客户面对极端复杂的衍生工具，只能听从银行的建议，从而使银行对提高效率的积极性下降。此外，金融市场容量的扩张给银行带来了机会，同时也减弱了银行降低成本、增加效益的压力。

（2）银行致力于金融创新的动力明显下降。在实行严厉金融管制的条件下，金融机构（尤其是商业银行）被迫不断推出新的金融产品，以便绕开金融管制，增强自身竞争实力。而在金融自由化已成气候的今天，世界各国普遍实行利率、汇率自由化，分业管理的藩篱已基本拆除，金融创新的必要性也就不再那么突出。近些年，金融创新的势头减缓，传统业务的比重逐渐回升，便是根源于此。

（3）金融自由化加大了客户和金融业自身的风险。利率和汇率管制的解除导致市场波动幅度剧增。解除分业管理制度实行商业银行全能化之后，商业银行大量涉足高风险的业务领域，风险资产明显增多。资本流动障碍的削减以及各国金融市场的日益对外开放，加快了资本的国际流动。虽然从理论上讲，更为顺畅的资本流动有助于资源的最优配置，但如果金融市场不完善和金融监管不力，游资的冲击可能会对一国经济造成巨大危害。另外，从宏观层面看，由于政府对金融业的干预大大减少，加之金融自由化所引致的各种新现象、新问题、新矛盾，以致法规严重滞后，大大增加了金融监管的难度。

（4）在金融自由化之后，银行之间，商业银行与非银行金融机构之间以及各国金融市场之间的联系更加密切，单一企业财务危机冲击金融体系稳定性的危险加大。由于全球金融的一体化和金融业的国际化经营，金融监管因涉及母国和东道国，有效监管更加困难，一国的金融风险或金融危机可能会引发世界性的金融危机。

（5）由于银行客户面对极端复杂的衍生工具茫然不知所措，只能听从银行的建议，由此而生的银行员工诈骗案件频频出现。而与此同时，在竞争加剧的条件下，为了追求效益，银行普遍出现了忽视风险追求利润的倾向，放松了对客户的严格审查，客户违约率不断上升，银行遭到诈骗的事件也屡见不鲜。事实证明，银行业操作风险频繁发生，已成为巴塞尔协议高度关注的金融风险。

（6）在实行金融自由化之后，尽管商业银行获得了更多的盈利机会，但垄断地位的丧失和竞争的加剧却又导致商业银行利润率出现下降苗头。

上述情况都表明，金融自由化绝非有利无害。金融自由化在增强金融市场效率的同时，往往在其他方面又具有降低金融市场效率的作用；在提供较安全性的金融工具的同时，往往又增加了风险的因素。即使是在金融体系相当完善的西方国家，金融自由化也是权衡利害之后的抉择，有时甚至是不得已而为之。以取消金融分业管理为例，1995年美国旨在取消《格拉斯—斯蒂格尔法案》的《里奇法案》的主要背景，在相当大的程度上是由于在世界各国金融市场日益开放的条件下，采取分业管理的国家银行业受到外资金融机构的严重冲击，取消分业管理以提高本国银行实力的呼声日益高涨。

事实上，金融自由化之后金融风险加大的现象早已引起金融界，尤其是受到各国中央银行以及国际清算银行的高度重视，加强金融监管，强化商业银行的风险自律的呼声极为高涨。然而迄今却迟迟未见行之有效的监管措施和风险管理手段出台。这一方面表明金融自由化以后（尤其是实行了商业银行全能化以后）金融监管和风险管理的难度加大；另一方面也反映了各国中央银行、商业银行和非银行金融机构投鼠忌器、踌躇不决的态度。就商业银行和非银行金融机构而言，不充分利用金融自由化之后所出现的宽松经营环境提高收益率，无视金融自由化后出现的机遇，一味退守传统业务，就有可能在激烈的竞争之中败下阵来。而对于中央银行来说，一味加强监管，则有可能使金融自由化的成果付之东流，不仅对金融业，而且对国民经济（尤其是对外经济）将产生不可忽视的影响，因而不愿骤然采取过于严厉的措施。处于两难窘境之中的各国中央银行都在试图探索出一条两全之策，但又一时难以有所突破。虽然从逻辑上讲，金融自由化和强化金融监管并不冲突，但在实际运作中确实极难掌握。经过利害权衡，迄今为止，在金融自由化与金融监管之间产生不协调时，相当一些国家的金融监管部门采取了优先自由化、适当放松监管的态度，把控制金融风险的担子放在金融机构自己身上。

20世纪70年代后的发展中国家开始了不同程度的金融自由化进程，取得了很大的成就，但也有一些失败的教训。原因在于，实现金融自由化需要一定的条件，即稳定的宏观经济背景，要与其他管理体制的改革相配合，金融自由化并不完全是取消政府的对金融的干预，而主要是改变干预的方式。因此，无论是在金融市场较发达的国家，还是在金融市场较不发达的国家，只有用积极的、审慎的态度客观地评估每一项具体措施的利弊，权衡利害，大胆推进金融体制改革才是根本出路。

二、拉美国家金融自由化

20 世纪 70 年代以来，以拉美国家为代表的发展中国家首先进行了以金融自由化为核心的金融体制改革。由于拉美国家多年来曾一直是美国推行新自由主义的试验场，美国和国际货币基金组织在拉美国家金融自由化改革中发挥着重要的影响，拉美国家的金融自由化具有典型的激进特征。

拉美国家的金融自由化首先是在智利、阿根廷和乌拉圭等国进行。在二战后至 20 世纪 70 年代中期，这些国家的经济普遍落后于其他拉美国家，人均收入年均增长率仅为 1.5%，其他拉美国家则为 3.4%。20 世纪 70 年代中期，它们在拉美地区 GNP 中所占的比重从 1/3 下降到不足 1/4。智利等国实施的金融自由化主要包括实行利率市场化、取消定向贷款、降低银行储备金比率。上述措施的积极成效和消极影响都非常突出：第一，金融中介在国民经济中的地位大幅度上升，储蓄和信贷迅速增加；第二，资本流入量（包括外债）增长幅度很大；第三，利率快速上升，如在 1975—1981 年期间，智利的实际利率高达 41%；第四，资产价格欠稳定；第五，由于政府放松了对金融机构的管制，越来越多的金融机构从事高风险的金融业务。

到了 20 世纪 80 年代末 90 年代初，实施金融自由化的国家不再限于少数，而是几乎遍布整个拉美大陆，只有海地、巴拿马和苏里南三国基本上很少或没有采取金融自由化措施。除放松利率管制、取消定向贷款和降低银行储备金比率等措施以外，不少拉美国家还采取了对国有银行实施私有化、积极引进外国银行的参与及加强中央银行的独立性等措施。

拉美国家实施的金融自由化在一定程度上缓解了“金融抑制”。此外，金融自由化还使拉美国家吸引了大量外资，并增强了金融机构为投资项目融资的能力。但是，金融自由化在推动“金融深化”的过程中也加重了金融部门，尤其是银行部门的脆弱性，甚至引致危机。国际货币基金组织的研究表明，金融自由化与银行危机的频繁爆发有着十分密切的关系。世界银行的《1998/1999 年世界发展报告》也认为，金融自由化后的这一时期与爆发银行危机的可能性有着十分密切的关系。原因之一就是这种自由化损害了特许权价值，而且自由化没有伴随着适度的谨慎监督。20 世纪 80 年代以来，拉美国家的确发生了多次银行危机。拉美国家银行危机的根源当然是多方面的，但就拉美国家遇到的大多数银行危机而言，政府在实施金融自由化后对银行部门放松监管无疑是最重要的根源之一。

三、东南亚国家金融自由化

东南亚国家的金融自由化主要采取渐进式的自由化战略。相对于拉美国家，东南亚国家的金融改革起步较晚，成效较为显著，曾被誉为成功的范例，但终因一些国家改革进程过快和政策失误而陷入严重的金融危机中。

第二次世界大战后，东南亚五国（新加坡、泰国、马来西亚、菲律宾、印度尼西亚）的金融发展与改革大致经历了三个时期，即20世纪五六十年代政府主导型金融；20世纪60年代末70年代初新加坡、马来西亚的金融改革；20世纪80年代以来泰国、印度尼西亚和菲律宾的金融改革。尽管东南亚五国金融自由化的具体措施略有不同，但各国金融自由化改革均以放宽政府管制、开放金融市场、加速金融国际化为特征。从金融自由化的内容来看，东南亚国家金融制度的演进主要包括：

第一，逐步放松了对利率的控制；

第二，取消了一些金融领域的准入限制，以加强金融领域的竞争；

第三，减少了政府对金融机构包括银行和非银行金融机构的干预，在日常经营和资产管理方面给了金融机构更多的自主权；

第四，改变了传统的金融分业经营方式，使金融机构向综合化方向发展；

第五，放松了对外汇交易的限制；

第六，使资本跨国流动更加自由。

经过金融自由化改革，东南亚五国的货币化程度、金融资产相关率均达到相当水平，金融机构与金融市场也发生了一系列变化：

第一，经历金融改革之后，东南亚五国的货币化过程加速发展，广义货币（M_2）增长率大大超过国内生产总值增长率与通货膨胀率之和。

第二，在金融自由化改革之后，各国金融资产的规模迅速扩大，金融相关率不断提高。金融相关率（金融资产总额/GDP）的快速上升，反映了金融部门资产规模的扩大快于国内经济增长。东南亚五国的银行资产和债券等金融资产占GDP的比重，有些已接近或超过韩国，甚至与英、美、日、德等发达国家相当。

第三，各国储蓄率和投资率普遍大幅提高。进入20世纪90年代，除菲律宾外的其他四个国家的国内储蓄率和投资率一直维持在30%～40%的高水平，因而国内呈现旺盛的投资需求。

第四，在金融自由化改革中，中央银行放弃了一些直接干预和参与金融领域的活动，注重推行市场导向的货币金融政策。因此，一些国家中央银行资产的增长大大低于银行和非银行金融机构资产的增长，从而使中央银行的资产比重趋于下降。商业银行是东南亚国家金融机构的主体，随着各国普遍放宽对商业银行利率、信贷规模以及经营范围的限制，使商业银行得到较快的发展。近10多年来，东南亚国家的非银行金融机构也有较快的发展。

第五，东南亚国家的货币市场、资本市场和衍生工具市场等有了飞速发展。

近年来，东南亚国家的金融自由化改革进展十分迅速，也取得明显的成效。但是，随着各国经济逐渐步入转型期，一些国家金融改革与经济转型不相适应，金融自由化进程过快，金融改革政策失误，终于酿成严重的金融危机。

第一，对金融自由化缺乏足够的准备，在国内宏观经济不够稳定的情况下，仓促实施自由化改革措施。例如，菲律宾、泰国的金融自由化进程在20世纪80年代几度中断。

第二，国内金融制度与监管体系不健全，在中央银行缺乏有效的金融监管的条件下，商业银行与非银行金融机构急剧扩张使金融运行风险大大增加。随着金融自由化改革，除新加坡外，其他四个国家的商业银行与非银行金融机构迅速发展，而中央银行的调控能力却不断降低。例如，泰国和印度尼西亚中央银行的资产增长率要比商业银行和非银行金融机构低得多，因而中央银行直接控制和管理的金融资产不断下降，直接削弱中央银行的调控能力。

第三，金融市场过度开放导致国际短期资本大量涌入。20 世纪 80 年代中期以后，东南亚国家放宽金融管制，包括取消外汇管制、提高外资在上市公司的持股比率、放松外资银行准入条件等，加快国内金融市场的对外开放，促使外国资本大量涌入。20 世纪 80 年代下半期，外国资本的流入以直接投资形式为主。但到 20 世纪 90 年代初，以短期借贷和证券投资形式的外国资本大量增加。由于国内金融市场尚不规范，政府缺乏有效监管措施，这些国际短期资本流动性大、投机性强，容易对国内金融市场带来较大的冲击。

第四，自由化改革的注意力主要集中在利率自由化的改革上，忽视了利率的市场化改革要受到平均利润水平等因素的制约。

第五，金融自由化缺乏一系列的相互配套改革。从东南亚国家金融自由化过程看，金融改革措施及其与非金融政策的改革不配套。这主要表现在国内金融市场开放与中央银行调控能力不适应；放宽银行金融机构限制与加强金融风险管理相脱节；汇率与利率政策调整滞后于资本项目开放；银行自由化改革与国有企业私有化不同步；等等。这些缺乏系统性的金融改革措施，不仅降低了金融改革的成效，而且更易引起金融动荡。

四、发展中国家金融自由化改革的经验借鉴

金融自由化促进了金融发展，金融发展促进了经济增长；同时，金融自由化加剧了金融脆弱性，金融脆弱性引发的危机促使经济衰退。在实践中，由于经济金融全球化的压力，金融自由化又是一个不得不经历的过程。因此，必须推进金融自由化。无疑，金融自由化政策的适当安排，将减低其金融脆弱性的一面，增大其收益性的一面，因此金融自由化必须讲究策略和方式。

（一）注重金融改革对经济转型的关键作用，科学地设计金融改革的政策和步骤，逐步稳健实施，并与其他体制的改革相配套

发展中国家经过一段时期的经济发展后，其经济将步入转型期。在经济转型过程中，国内经济的结构性矛盾日益突出，因为金融在社会经济中的突出地位和作用，金融改革的成败将直接影响国内经济稳定和转型。例如，泰国等国，由于金融自由化过快，改革政策失误，不仅未能促进国内经济结构的调整与升级，反而致使国内金融无序，最终导致金融危机的爆发。因此，发展中国家实行金融自由化，宜采取渐进式的金融深化战略。具体说来，可以沿着货币市场→资本市场→金融自由化的思路进行。首先，应培育货币市场，形成富有弹性的利率机制，提高央行运用三大政策工具间接

调控金融的能力；其次，大力发展股票市场、企业债券市场、产权市场等资本市场，促成货币市场与资本市场的对接，完善金融市场体系和相应监管体系；最后，放松金融管制，实现汇率、利率自由化，资本流动自由化，金融市场国际化。

(二) 逐步开放资本市场，但开放的进程必须谨慎

在国家缺乏有效金融调控能力的条件下，若过早和过快地全面放开资本项目，对外资流出和流入不加任何约束，必然对一国的经济安全造成巨大的冲击。这是因为当前国际金融体系的监管和国际合作严重滞后于经济全球化和金融一体化进程，国际社会在控制资本跨国流动所带来的风险方面，并没有形成有效的制度和方法。新兴国家由于金融市场不完善，金融监管机制不健全以及缺乏经验，开放国内资本市场后，更难以对大规模国际资本流动进行有效的调控。

(三) 进一步健全金融调控与风险管理体制，保持宏观经济稳定，强化有效金融监管

发展中国家金融自由化实践证明，在缺乏监管或监管不力的情况下实施金融自由化，会产生许多严重的不良后果。东南亚金融危机爆发的深层次原因，是本国金融体系的不成熟和不健全。也就是说，国内金融开放速度与政府宏观调控能力不相适应。在金融危机中，新加坡和泰国提供了正反两方面的经验与教训。新加坡金融开放度大，但国内金融制度健全，金融法规体系完善，政府调控能力较强，因而能够有效地减缓金融危机的影响程度；泰国金融市场开放过度，而国内金融体系与相应制度尚未建立健全，政府缺乏有效的调节和监管手段，结果泰国陷入严重的货币、银行和债务等多重危机之中。因此，发展中国家实行金融自由化，一方面应努力控制通胀，稳定宏观经济，为金融改革创造良好的外部环境；另一方面在放松管制鼓励竞争的同时，应强化金融业监管，主要是完善公共金融基础设施、加强央行外部有效监管、健全金融机构内控机制、推进监管国际化等。由于银行在一个国家的金融体系中占据着举足轻重的地位，因此在金融自由化的过程中特别加强对银行业的监管更为必要。

(四) 重视对引进外资的规模与结构的调控

东南亚金融危机已经表明，一国吸收外资的规模过大，外资、外债结构不合理，如长期直接投资过少、短期投资过多、本国对外负债依赖度过高、短期外债所占比重过大，将不利于国内经济持续稳定的发展。

(五) 重视金融结构升级

东南亚国家通过实施金融自由化改革，使国内的金融结构不同程度地发生变化，非银行金融机构增多，股票、证券等资本市场得到很大程度的发展。但从本质上说，东南亚国家的金融结构并未得到应有的提升，金融结构并未随经济的发展而得到相应的调整。东南亚国家并未对改革前的那种银行主导型的金融结构进行相应的调整和改革，任由这种落后、单一的金融结构与政府的腐败行为相结合，最终成为导致金融危机爆发的主要原因。因此，提升金融结构，大力发展资本市场和直接融资等多种投资、融资方式，改变企业融资过度依赖银行的状况，分散金融风险，促进金融机构的多元化竞争，是发展中国家金融改革和发展中应十分重视的问题。

（六）审慎渐进地推行利率市场化

首先，应整顿现有的不合理的利率结构，杜绝负利率和存贷利率倒挂，保持适度利差。其次，建立以央行基准利率为导向的弹性利率体制。最后，在法规完善、制约机制强化的前提下实现利率市场化。另外，在实施金融自由化的过程中不能单纯追求利率市场化，因为利率市场化不只是个利率问题，而是整个金融产品和服务价格体系市场化同步推进的系统工程，其挑战在于银行要成为以支付结算为基础，能够经营和管理风险的金融企业。

麦金农在《经济自由化的顺序》（1993）中提出，发展中国家实行经济和金融自由化改革，首先要有一个平衡的中央政府财政，国内物价水平稳定；然后可以实行开放国内资本市场的改革，包括利率市场化和国内金融体系改革；最后进行汇率自由化改革和资本项目的自由兑换。这样一国才真正实现了金融部门的完全自由化。我们可以从中看出，每一步都必须以前面的步骤作为前提条件，在完成了前一个步骤之后，才能过渡到后一个步骤。国内宏观经济的稳定是进行改革的前提和基础，有了这个前提之后，才能对国内资本市场进行改革。东南亚国家金融自由化所遇到的问题，用新古典经济学的理论是很难发现和解决的，因为它是全球化背景下发展中国家的内外部平衡的问题。对发展中国家来说，经济越发展，类似的问题就越可能遇到。在现存的国际货币制度中，利率市场化、汇率浮动、资本自由流动等金融自由化进程，对于发展中国家来说到底能走多远，这需要做进一步的研究。

俄罗斯金融危机的由来与启示（节选）①

一直到1998年上半年，人们常常把亚洲金融危机挂在嘴上。1998年8月，俄罗斯汇率突然崩溃，震惊了世界，紧接着巴西又拉响了警报，越来越多的人认识到金融风暴绝不只是亚洲区域性危机，它是整个世界金融市场逐渐失去控制的表现。事实上，亚洲并不是金融风暴的起源。早在1994年金融风暴就冲击了墨西哥，在1996年阿根廷和保加利亚相继出现了金融危机，在1997年年初捷克也遭遇了金融危机，由于这些受冲击的国家不大，解决问题相对来说比较容易，因此没有引起人们的足够重视。1997年7月，金融风暴袭击了泰国并且迅速蔓延到了马来西亚、印度尼西亚、韩国，把世界第二大经济体——日本也拖下了泥潭。金融风暴的规模和破坏力这才引起了人们的广泛注意。如今，亚洲金融危机尚未平息，俄罗斯和巴西又先后陷入了危机，连带着欧洲和拉丁美洲许多国家出现了危机的前兆。在最近举行的国际会议上几乎没有一个经济学家认为世界金融危机已经到了谷底，更为严峻的局势随时都会出现。

为什么在俄罗斯爆发了严重的金融危机？中国应当从中吸取什么教训来防范金融风暴的袭击呢？

20世纪90年代初，俄罗斯在“休克疗法”中吃了大亏，国民生产总值一路下滑。

① 徐滇庆. 俄国金融危机的由来与启示［EB/OL］.（2001-11-15）［2016-08-12］. http://www.modernchinastudies.org/us/issues/past-issues/65-mcs-1999-issue-2/497-2012-01-01-10-06-23.html.

据估计，俄罗斯工业生产下降了将近80%，固定投资下降了90%。到了1997年经济增长率才扭负变正。虽然经济增长率只有0.4%（其中工业产值增长1.9%），通货膨胀率还有11%，但是相对于前些年生产大幅度下降和恶性通货膨胀来说，已经看到了光明，俄罗斯政府上下都为之吐了一口气，新闻媒体也都纷纷报道说俄罗斯经济总算要走出谷底了。

从1997年1月到10月，亚洲各国股票市场严重受挫。就在这个时候，俄罗斯股票市场上涨了80%。在1997年10月前后，大量外国资本流入俄罗斯。俄罗斯的外汇储备在1997年10中旬创造了历史记录，达到250亿美元。在1997年1月，美元与卢布之间的汇率是1∶5 629，到1997年10月，其汇率为1∶5 887，汇率相当稳定。没有人去仔细推敲为什么外国资本突然垂青俄罗斯以及这些外国资本是从哪里来的？反正有钱来就是好事，似乎亚洲金融危机对俄罗斯完全没有影响。

可是到了1997年10月28日，俄罗斯经济风云突变。随着纽约股票市场下跌，俄罗斯股票市场也剧烈下跌。到1997年11月10日，股票价格减少了30%；到1998年2月，股票价格跌到了1997年年初的水平。外国投资者见形势危急，纷纷夺路而逃。由于俄罗斯卢布已经实行自由兑换，无论外国公司或者俄罗斯企业和居民都争先恐后抛出股票和债券，兑换美元。汹涌而来的挤兑浪潮，迫使俄罗斯中央银行不得不动用外汇储备来保卫汇率，外汇储备下降为160亿美元。同时，债券价格急剧下跌，利率上升30%～42%。1998年2月，国际石油市场价格下降，每桶低于15美元，达到25年来最低水平。俄罗斯出口主要靠原材料，其中石油占40%，天然气占10%。出口的产值严重地依赖于国际市场石油价格。能源价格下降如同雪上加霜，进一步加大了俄罗斯还债的困难。

在风雨飘摇之中，叶利钦在1998年3月撤换了总理切尔诺梅金，任命基里年科职掌政府。尽管基里年科政府采取了一系列措施但是仍然难以挽回颓势，在1998年5月份再度爆发大规模资金外逃。俄罗斯中央银行被迫动用所有的手段进行惨烈的汇率保卫战。在1998年7月，俄罗斯政府要求国际货币基金组织救援，在谈判过程中要求的救援资金不断上升，最后开出的清单高达226亿美元。

1998年8月17日，基里年科政府宣布鉴于政府财政严重困难，停止支付高达400亿美元的短期国家债券，长期政府债券的价值被缩减了79%。俄罗斯政府在没有与国际上主要的债权人商量的情况下，单方面宣布在90天内不支付外国投资的短期债务，引起了国际金融界一片抗议。1998年8月26日，俄罗斯中央银行宣布由于已经使用了一半以上的硬通货，没有力量来继续保卫汇率，放宽卢布浮动区间。卢布汇率应声而落，贬值34%。俄罗斯外汇交易所见势不妙索性关门三天，取消一切外汇交易。在20世纪80年代末，美元与卢布的汇率几乎是1∶1。在1997年汇率跌到1∶5 600。为了省事，俄罗斯更改币制，干脆取消三个零。在1998年7月，美元与卢布之间的汇率是1∶6，到了9月底汇率像自由落体一样狂跌到1∶20.8。

在这场风暴中，俄罗斯的黄金和外汇储备从250亿降为120亿美元，下降了2倍多。每天的股票交易量从3 000万～4 000万美元降为100万美元。政府财税收入继续下降，在1998年8月为120亿卢布，1998年9月下降为93亿卢布。

在金融风暴袭击下，人们担心自己的积累血本无归，纷纷涌向银行，挤提存款。由于许多企业无力归还贷款，银行出现大量坏账。几乎所有的大银行和许多中小银行都面临破产。俄罗斯经济好不容易才出现的一点转机被金融风暴彻底摧毁了。1998 年，俄罗斯的国民生产总值起码下降 8%。1998 年 8 月，通货膨胀率为 43.5%，俄罗斯经济部副部长谢姆瑞伊预测说，如果得不到外部救援的话，1998 年的通货膨胀率有可能达到 230%；失业率上升 1.5 倍，据估计在莫斯科就有将近 20 万银行雇员被解雇了。

1998 年 8 月底，叶利钦再度阵前换将，撤掉基里年科，打算重新任命切尔诺梅金担任政府总理，却遭到议会（国家杜马）坚决反对。叶利钦两次提名都遭到议会否决，双方拉锯很久，最后达成妥协，任命了普里马可夫。叶利钦的威信和权力在金融风暴中严重受挫。由于没有一个强有力的领导中心，俄罗斯的经济和政治危机变得越来越糟糕。

普里马可夫政府主张加强政府在经济中的作用。他开出的药方是印发 120 亿卢布，先用来支付拖欠的工资、军队开支、养老金、维持煤矿等企业；实行酒类专营；增加国家财政收入；对出口企业的外汇实行管制，防止资本非法输出；在药物和基本食品上实行价格控制；实行工资和养老金指数化。政府的目标是争取得到国际货币基金组织 226 亿美元的救援资金，把 1999 年的通货膨胀率控制在 30% 以下。摆在俄罗斯政府面前的是一个难于求解的悖论：如果大量印发钞票必然导致恶性通货膨胀，如果不增印钞票，在严重的债务压力之下，俄罗斯政府从什么地方能够得到足够的资金来实现这些计划？

思考：

为什么在俄罗斯爆发了严重的金融危机？中国应当从中吸取什么教训来防范金融风暴的袭击？

第三节　金融创新

一、金融创新的定义（Financial Innovation）

金融创新是指金融机构和金融管理当局出于对微观利益和宏观效益的考虑而对金融机构、金融业务、金融工具、金融市场、金融技术和金融机制等方面所进行的金融业创造性变革和开发活动。如果归类的话，金融创新包括金融工具、金融业务、金融组织和金融制度的创新。

金融创新实质上是通过变更现有的金融体制和增加新的金融工具，以获取现有的金融体制和金融工具所无法取得的潜在的利润，是一个为盈利动机推动、竞争压力促使、持续不断的发展过程。关于金融创新的定义，目前国内外尚无统一的解释，总括起来对于金融创新的理解无外乎有以下三个层面：

一是在宏观层面，将金融创新与金融史上的重大历史变革等同起来，即金融发展史上的每一次重大突破都视为金融创新。金融创新涉及的范围相当广泛，不仅包括金融技术的创新、金融市场的创新、金融服务和金融产品的创新、金融企业组织和管理方式的创新、金融服务业结构上的创新，而且还包括现代银行业产生以来有关银行业务、银行支付和清算体系、银行的资产负债管理乃至金融机构、金融体系、国际货币制度等方面的历次变革。

二是在中观层面，金融创新是指20世纪50年代末60年代初以后，金融机构特别是银行中介功能的变化和发展，具体包括技术创新、产品创新以及制度创新。从这个层面上金融创新定义为金融当局和金融机构为适应经济环境的变化，防范或转移经营风险和降低成本，实现流动性、安全性和盈利性高水平的均衡，而逐步改变金融中介功能，创造和组合一个新的高效率的资金营运方式或营运体系的过程。

三是在微观层面，金融创新仅指金融工具的创新，大致可分为四种类型：信用创新型，如用短期信用来实现中期信用、分散投资者独家承担贷款风险的票据发行便利等；风险转移创新型，如货币互换、利率互换等；提高流动性创新型，如长期贷款的证券化等；股权创造创新，如附有股权认购书的债券等。

现一般将大额可转让定期存单的出现称为金融创新的萌芽，如以此为据，则中观层次的金融创新概念不仅把研究的时间限制在20世纪60年代以后，而且研究对象也有明确的内涵。因此，大多数关于金融创新理论的研究均采用此概念。

二、金融创新的动因分析

（一）需求因素

20世纪七八十年代，通货膨胀率急剧上升导致市场利率急剧上升和剧烈波动。以美元国库券利率为例，20世纪50年代，3个月期的美元国库券利率在1%～3.5%之间波动；到了20世纪70年代，其波幅达到4%～11.5%；而20世纪80年代这一波幅已扩大至5%～15%。利率的剧烈波动造成了巨额的资本利得或资本损失，并使投资回报率具有较大的不确定性。投资收益下降和风险增大，增加了对能够降低利率风险的金融产品和服务的需求，从而刺激了微观金融主体创造一些能够降低利率风险的新的金融工具，在该需求的推动下，20世纪70年代开发出可变利率抵押贷款、金融期货交易和金融工具的期权交易。这种由创新需求引致的诱致性金融创新成为基本的金融创新方式。

（二）供给因素

计算机和通信技术的改善是导致金融创新供给条件发生变化的最重要源泉，其有力地刺激了金融创新。当能够大大降低金融交易成本的新计算机技术可以运用时，金融机构便可据以设计和推出可能对公众具有较大吸引力的新金融产品和新金融工具，如银行卡以及与之相应的电子货币等。计算机和通信技术的改善也改善了市场获得证券信息的能力，这种由交易和信息技术的改善而引发的金融创新最重要的例证是证券化。此外，政府管理制度的变化也能够导致供给条件改变而发生金融创新，如贴现经纪人和股票指数期货的出现。

（三）规避监管法规

金融创新与金融监管是一对矛盾，金融监管是金融创新的障碍，也是金融创新的动因。由于金融业较其他行业受到更为严格的管理，并且这种严格的管理束缚了金融业的竞争力以致不能顺应社会经济发展的趋势时，政府管理法规就成为金融业创新的重要推动力量。当管理法规的某种约束可以合理地或被默认地予以规避，并可以带来收益，创新就会发生。

对于金融业中的银行业来说，这种感受可能更深。由于金融市场的发展，非银行金融机构获得了长足的发展，致使银行业不仅要面对自己内部的激烈竞争，还要面对外部的非银行机构的激烈竞争，银行业的经营环境不断恶化。过去美国银行业在法定准备金与存款利率两个方面受到严格限制，政府针对银行业的严格监管，使银行业经营受到严重的束缚。自 20 世纪 60 年代末期开始，由于通货膨胀率引起的较高的利率水平同存款利率上限和存款准备金合在一起减少了银行业的利润。为了生存，迫使商业银行进行创新，产生了欧洲美元、银行商业票据、可转让提款通知书账户（NOW）、自动转换储蓄账户（ATS）、隔日回购协定、货币市场互助基金（MMM）等形式的金融工具。

（四）金融竞争因素

金融竞争是金融创新的重要原因。随着经济、金融的发展，金融竞争的范围、内容等均发生了较大变化。在金融创新过程中，提高创新者的市场竞争能力始终是创新的重要动力。商业银行一直是最重要的金融机构，也是金融监管的主要对象。然而 20 世纪 70 年代后，一是为了突破利率管制需要，二是为了应对非银行金融机构的竞争，金融创新遂成为商业银行与非银行金融机构的主要筹码。进入 20 世纪 90 年代以后，商业银行与非银行金融机构之间的界限进一步打破，商业银行在多功能、综合化方向上的发展也取得了长足进展。因此，金融同业之间的市场竞争变成了全方位、多领域的竞争，与此相适应，金融创新也在不同领域全方位展开。此外，各国金融管制的陆续放松带来了金融竞争的国际化。因此，金融机构纷纷借助于金融创新以适应国际金融市场一体化发展的需要，金融创新的范围由国内市场扩展到国际市场，金融创新的内容则涵盖了国际金融制度、国际金融工具和国际金融机构等方面。

三、金融创新的内容

（一）金融工具和融资方式的创新

金融工具创新是指金融资源的分配形式与金融交易载体发生的变革与创新。金融工具创新是金融资源供给与需求各方金融要求日益多样化、金融交易制度与金融技术创新的必然结果。一方面，通过金融工具的创新活动最大限度地动员和分配可支配的金融资源，满足了社会经济发展对金融资源的需要；另一方面，金融工具创新适应了社会财富不断增长背景下，金融投资者对投资工具的多样化需要和投资风险管理的各种要求。金融工具创新从金融资源供给与需求两个方面改善了金融资源的分配状况，提高了金融效率。此外，金融工具创新还使金融产业不断适应金融交易对金融中介服务的需要，适时进行金融结构的调整，并在金融结构变化中获得不断发展。金融工具创新大致可以归纳为以下几类：

1. 所有权凭证

股票是所有权的代表，传统的股票主要有普通股和优先股。由于创新出现了许多变种，如以优先股为例，有可转换可调节优先股、可转换可交换优先股、再买卖优先股、可累积优先股、可调节股息率优先股、拍卖式股息率优先股等。

2. 融资工具

债务工具对借款人来说是债务凭证，对放款者则是债权凭证。最早的债务工具是借据，紧接着出现的是商业票据，以后又出现了银行票据和企业、金融机构、政府发行的各种债券。由于创新债务工具又发生了许多新变化，如就个人债务工具而言，其变种主要表现为信用卡、可转让支付命令账户、可变或可调节利率抵押、可转换抵押、可变人寿保险等。

3. 股权账户

就企业而言，金融工具创新就更多，主要表现为以下几类：可调节的利率有浮动利率票据、利率重订票据、可调节利率、可转换债券、零息票可转换债券。可变期限的有可展期票据、可卖出可展期票据、可变期限票据、可卖出可调节清偿债务。可以外国通货标值的有外国通货标值债券、双重通货标值债券、欧洲通货债券。可担保的债务有以抵押为后盾债券、以应收项目为后盾债券、以不动产为后盾债券、有附属担保品抵押债券。

4. 衍生金融产品

最传统的金融产品是商业票据、银行票据等。由于创新，在此基础上派生出许多具有新的价值的金融产品或金融工具，如期货合同、期权合同互换及远期协议合同。远期合同和期货近几年又有新的创新，具体表现在远期利率协议、利率期货、外国通货期货、股票指数期货等。此外，衍生金融产品近年来的杰作则为欧洲利率期货、远期外汇协议，前者为不同通货的短期利率保值，后者为率差变动保值。

5. 组合金融工具

组合金融工具是指对种类不同的两重以上（含两重）的金融工具进行组合，使其成为一种新的金融工具。组合金融工具横跨多个金融市场，在多个市场中，只要有两个市场或两个以上市场的产品结合，就能创造出一种综合产品或一种组合工具，如可转换债券、股票期权、定期美元固定利率等，都是组合金融工具。其他衍生金融工具还有票据发行便利、备用信用证、贷款承诺等。

（二）金融制度和金融机构的创新

1. 金融制度的创新

金融制度的创新是为了适应金融效率提高的要求，而在金融资源分配制度方面发生的变革和创新，是一国经济制度的必要组成部分。金融制度的创新是通过金融资源分配和金融交易的某种制度变革或制度安排，增强金融交易的活力、降低金融交易成本、改善金融资源分配状况、扩大金融交易规模，最终达到提高金融效率的目的。金融制度创新涉及金融体系的组织与构造、金融市场的组织与结构、金融活动的监管与调节等方面的变革。而且广义上，金融制度创新还应包括金融交易主体的产权制度创新和内部组织制度创新。

金融制度的创新主要表现在以下三个方面：

（1）分业管理制度的改变。长期以来，在世界各国的银行体系中，历来有两种不同的银行制度，即以德国为代表的“全能银行制”和以美国为代表的“分业银行制”。二者主要是在商业银行业务与投资银行业务的合并与分离问题上的区别。但自20世纪80年代以来，随着金融自由化浪潮的不断升级，这一相互之间不越雷池一步的管理制度已经发生改变，美国于1999年年底废除了对银行业经营严格限制60多年的《格拉斯—斯蒂格尔法案》，允许商业银行混业经营。从目前来看，世界上大多数国家的商业银行的上述两个传统特征和分业界限已逐渐消失，商业银行的经营范围正不断扩大，世界上的著名大银行实际上已经成为“百货公司”式的全能银行，从其发展动向上看，商业银行经营全能化、综合化已经成为一种必然的趋势。

（2）对商业银行与非银行金融机构实施不同管理制度的改变。由于商业银行具有信用创造的特殊功能，因此世界上的大多数国家都对商业银行实行了比非银行金融机构更为严格的管理制度。如对其市场准入的限制、存款最高利率的限制、不同存款准备金率的差别限制、活期存款不得支付利息的限制等。但是，在不断发展、扩大的金融创新中，非银行金融机构正是看准了这一制度上的薄弱环节，进行了大胆创新与发展，使非银行金融机构的种类、规模、数量、业务范围与形式等都得到了迅速发展，使商业银行在新的市场竞争中处于明显的弱势。鉴于经济环境、市场条件所发生的巨大变化，各国政府都先后缩小了对两类金融机构在管理上的差别，使商业银行与非银行金融机构在市场竞争中的地位趋于平等。

（3）金融市场准入制度趋向国民待遇，促使国际金融市场和跨国银行大发展。在20世纪80年代以前，许多国家均采取了对非国民进入本国金融市场以及本国国民进入外国金融市场以种种限制，尤以日本为最。在金融自由化浪潮的冲击下，这些限制正逐渐取消。经济一体化和金融全球化的发展，为跨国银行的出现以及国际金融中心的建立创造了条件。各国大银行争相在国际金融中心设立分支机构，同时在业务经营上加快电子化、专业化和全能化的步伐。由于金融创新使各国之间的经济、金融联系更加紧密，经营的风险也在加大。从而使全球金融监管出现自由化、国际化倾向，各国政府在对国际金融中心、跨国银行的监管问题上更加注重国际的协调与合作。

2. 金融机构的创新

金融机构的创新主要是指投资银行、对冲基金、私募股权基金、货币市场基金、债券保险公司等非银行金融机构发展，其资产规模占整个金融体系资产规模的比重大幅度提高。

例如，2007年年初，美国非银行金融机构的资产规模高达10.5万亿美元，而美国五家银行控股公司的资产总额超过6万亿美元，整个商业银行体系资产约为10万亿美元，非银行金融机构的资产规模已经超过了商业银行体系。

非银行金融机构的快速发展是20世纪70年代以后的事。20世纪70年代初，布雷顿森林体系解体，汇率与利率的变动加大，金融衍生产品迅速发展，为非银行金融机构的发展提供了良好的机遇。1999 年 11 月 4 日，美国参众两院分别通过《金融服务现代法》，从法律上废除了商业银行、证券与保险分业经营的规定，允许并提倡商业银行、投资银行和保险公司合并成立金融控股公司。2000 年年底，美国第 106 届国会通过《大宗商品期货现代化法》将场外交易排除在监管之外。这两项法律的实施为非银行金融机构的迅猛发展创造了条件。

（1）投资银行。传统意义上投资银行是为企业融资和投资者服务的中介机构，其主要业务是证券的承销与经纪以及作为并购和融资业务的财务顾问。投资银行利用自己的专业知识，为企业选择证券发行的规模、条件、时机和价格提供咨询服务。但投资银行后来的发展远远超出传统投资银行的业务范围，几乎涉足了资本市场的所有业务，而且业务重点由从代客交易转向自营交易，由股票市场交易转向金融衍生品交易。投资银行不仅大量从事发放贷款、大宗商品和货币交易、房地产融资、杠杆收购等业务，而且在证券化产品、信用衍生品、结构性融资和场外交易等领域占据主导。同时，投资银行纷纷由合伙制转变为有限责任公司和上市公司，其职业经理的高额报酬与投资的利润直接相关。为了追逐高额的财务回报，除传统的中介业务外，投资银行大量涉足高风险的衍生品投资，而且一般采取高杠杆比率运作。

（2）对冲基金。对冲的本意是指通过套利、做空和衍生品等不同的交易手段来规避投资中的风险，但对冲基金大多并不局限于通过对冲操作来规避投资中的风险，而是充分利用做空、衍生工具、套利、杠杆、程序交易等手段在市场上进行投机。对冲基金最大的特点是“黑箱”操作。每只基金的投资策略、类型和方式都属于商业机密，不需要向监管当局报告其风险敞口，只对客户提供一些有关基金规模和基金回报的笼统信息。对冲基金的另一特点是普遍运用银行贷款、保证金账户等手段，提高财务杠杆比率。

（3）私募股权基金。私募股权基金是指投资非上市公司股权或杠杆收购已上市公司股权的基金。私募股权基金业务中利润最丰厚而风险也最大的是杠杆收购。私募股权基金收购的债务通常会占到收购价格的 60% ~90%，有的甚至达到 95%。

（4）货币市场基金。货币市场基金是指主要投资于政府债券、银行定期存单、商业票据等短期、低风险证券的共同基金。自 20 世纪 70 年代初设立货币市场基金以来，货币市场基金很少跌破面值，投资货币市场基金可以获得类似于银行储蓄账户的安全性和流动性，而且可以获得高于银行存款利息的投资收益。但是，货币市场基金的收益不受美国联邦储蓄保险公司的保护。

（5）结构投资载体（Structured Investmen Vehicle，SIV）。结构投资载体是商业银行的资产负债表外业务。一般由银行或其他金融机构以发行股份的方式设立 SIV，购买其股份的投资者拥有 SIV，并有权享受 SIV 带来的利润。SIV 通过发行短期商业票据获得短期资金，然后投资长期、高收益证券。SIV 既不受美联储监管，也无资本充足率的要求。

投资银行、对冲基金、私募股权基金、货币市场基金以及结构投资载体等非银行金融机构的发展极大地促进了金融市场的发展和繁荣。如果没有非银行金融机构的迅速发展，不可能有华尔街昔日的辉煌，也不可能有美国金融业20世纪80年代以来20多年的繁荣。但是，非银行金融机构的迅速发展也增大了金融市场的风险。

四、金融创新的影响

（一）金融创新的微观效应

1. 金融创新为金融机构拓展了生存空间，降低了交易成本，提高了金融效率

金融创新促进了金融机构，特别是商业银行业务的创新和多元化，使其摆脱困境，拓展了新的盈利空间。金融创新创造了一些新型的金融机构，促进了非银行金融机构的快速发展。金融创新改变了金融中介机构的分割局面，使得金融机构日趋同质化。

金融创新一方面充分激发金融机构逐利的动力，通过竞争迫使金融机构降低成本，提高效率，提升竞争力；另一方面通过金融资源分配和金融交易的某种制度变革或制度安排，增强金融交易的活力，降低金融交易成本，改善金融资源分配状况，扩大金融交易规模，提高金融效率。

2. 金融创新为投资者提供了更多的投资选择，增强了抗风险的能力

金融创新创造了很多新型金融工具，提供了多功能、多样化和高效率的金融工具和金融服务，扩大投资者的选择空间。金融创新降低了持有和保管金融工具的成本，同时也降低了发行成本。金融创新便利了金融工具的交易，各类资产之间转换的便利，大大降低了金融工具的交易成本。金融创新使得金融工具多样化，便于投资者进行组合投资，分散风险。另外，衍生金融工具的交易也为投资者避险创造了条件。

3. 金融创新可能使金融机构和投资者风险增大

金融创新加剧了金融业的竞争，竞争使金融机构的盈利下降，经营环境不断恶化，经营风险增大。而且竞争可能迫使金融机构为追求利润最大化，更加激进经营，不断进行资产扩张，甚至从事一些高风险的金融业务，从而面临巨大的风险。

金融创新虽为投资者提供了较多的风险转移、风险分散和风险回避的投资工具，但也为投机者创造了很多投机机会。一方面，投机者可能因为决策失误而造成巨大损失；另一方面，因其投机行为所引致的金融市场的动荡，也会殃及其他投资者。

（二）金融创新的宏观效应

1. 金融创新对货币需求的影响

（1）金融创新降低了货币需求总量，改变了广义货币结构，从而可能改变货币需求的结构。金融创新中出现了大量货币性极强的金融工具，具有较好的变现功能和支付功能，有些金融工具还可能带来较高的收益，相对提高了持币的机会成本。人们在资产组合中可能尽量减少货币的持有量，而增加非货币资产的比重，从而引起对传统货币需求的减少。

金融电子化和支付结算系统的改革，缩小了现金的使用范围，而且活期存款的使用也在减少，加速了货币资金的周转，从而导致货币需求不断下降。

金融创新使金融资产日益多样化，利率可能不再是人们持有金融资产权衡选择的唯一或主要标准，货币需求的利率弹性不断下降。

（2）金融创新降低了货币需求的稳定性。金融创新产生了一系列既有流动性又有收益性的金融工具，从而改变了人们持有货币的动机，引起货币需求结构的变化。稳定性高的交易货币需求比重下降，投机性货币需求比重上升，从而使货币需求函数的稳定性下降。

金融创新使货币需求的决定因素变得复杂和不稳定。

金融创新使货币与其他金融工具之间的替代性增强。短期内经济形势稍有变化就会引起资金在各类金融资产之间的大规模转移，从而导致狭义的货币需求变幻频繁。

2. 金融创新对货币供给的影响

（1）金融创新扩大了货币供给主体。金融创新模糊了银行金融机构与非银行金融机构的业务界限，非银行金融机构也具有创造存款货币的能力。

（2）金融创新增强了金融机构货币创造能力。金融创新通过作用于现金比率、定期存款比率、法定存款比率和超额存款比率四个因素来影响货币乘数，进而导致货币供应量的变化。

（3）金融创新部分地削弱了中央银行控制货币供给的能力。金融创新一方面通过减少货币需求，充分利用闲置资金、加快货币流通速度来改变货币供应量，另一方面又通过扩大货币供给主体，加大货币乘数、创造新型存款货币，货币供给的内生性越来越强，使得货币供给在一定程度上脱离中央银行的控制。

（4）金融创新使货币定义与计量变得十分困难和复杂，中央银行运用货币政策工具调控货币供应量的难度越来越大。

3. 金融创新对货币政策的影响

（1）金融创新使得货币控制的中间目标复杂化。这主要是因为货币与其他金融资产之间的替代性增强，使货币外延变得模糊，中央银行很难把握货币总量的变化，降低了货币政策的效力。

（2）金融创新降低了货币政策工具的效力。金融创新使金融机构能够获得大量的不用缴纳存款准备金的资金，从而限制了存款准备金率这一工具的效力；金融创新使银行融资渠道多样化，不到万不得已时，商业银行不会向中央银行申请再贴现或再贷款，从而贴现率工具的效力也会降低；金融创新为中央银行公开市场业务提供了多种交易手段与场所，强化了公开市场业务的作用，但也同时增加了有效运用公开市场手段的难度。

（3）金融创新扩大了货币政策效率的时滞。由于金融创新深刻地影响了金融运行的过程，中央银行在制定货币政策时要多方面加以考虑，扩大了货币政策的内在时滞。金融创新改变了货币供给过程，影响了中央银行控制货币供应量的能力，而且大量创新金融工具的存在，使居民和企业的经济行为不一定能像中央银行和金融机构预期的那样，从而造成的货币政策的外在时滞。

4. 金融创新使金融体系稳定性下降，金融风险增大

如上所述，金融创新加剧了金融业竞争，竞争使金融机构的盈利下降，经营环境不断恶化，经营风险增大，并因为金融机构相互之间的密切联系，一个金融机构的损失，可能通过传递效应，不断放大风险，最后甚至可能引发金融危机。

金融创新为金融投机提供了新的手段与场所，可能导致投资猖獗，加剧了金融市场的波动，滋生金融泡沫，并可能导致金融危机。

金融创新对货币供求将产生巨大影响，进一步强化了货币供给的内生性因素，致使中央银行货币政策的有效性大打折扣。此外，金融创新使得相应金融法规愈发滞后，从而加大金融监管的难度。

美国20世纪80年代规避既有管理法规的吸存创新

1970年，作为努力寻找法律管制漏洞的结果，马萨诸塞州的一家互助储蓄银行发现了对支票存款禁止支付利息的法规的漏洞，从而发了横财。实际上，只要把一种支票称作可转让提款通知书（NOW），可签发这种通知书的账户便可以在法律上不被作为支票账户看待了。这样，NOW账户便不受有关支票账户法规之限，可以支付利息。在两年的讼争后，马萨诸塞州的互助储蓄银行于1972年5月获准发行支付利息的NOW账户。之后，1972年9月新罕布什尔州的法院确认了NOW账户在该州的合法性。由于商业银行不愿意在支票账户存款上受到来自其他金融中介机构的竞争，它们发动了一场运动来阻止此类账户向其他州蔓延。结果是美国国会于1974年1月通过法令，把NOW账户限制在新英格兰的各州之内。1980年，法律最终还是允许了全国各地的储贷协会、互助储蓄银行和商业银行开办NOW账户，同时信贷协会的类似账户（股金汇票账户）也获批准。

除了NOW账户以外，另一种能使银行对支票账户支付利息的创新是自动转换储蓄账户（ATS）。在这种安排中，支票账户中一定金额之上的余额都能自动转换为支付利息的储蓄账户。当对自动转换储蓄账户签发支票时，必要的兑付支票资金会自动地从储蓄账户转到支票账户上。这样，可得利息的储蓄账户上的金额实际上成为存款者支票账户的一部分，因为它们是可供签发支票的。然而，从法律上说，这是一种储蓄账户，而不是向存款者支付利息的支票账户。商业银行向其公司存款者提供了另一种形式的ATS账户，即利用一种所谓的“清理账户”来从事隔日回购安排。在这种安排下，在一家公司营业终了时，其支票账户一定金额以上的存款都“全数清理出去”，投资于隔日回购协定上，而这项交易是向该公司支付利息的，即这家公司购买财政部债券，而银行同意于第二天以稍高的价格回购这些债券。同样，尽管支票账户在法律上不支付利息，但该公司实际上还是在它可以签发支票的存款余额上获得了利息。

货币市场互助基金（MMM）是为了规避存款利率上限和法定准备要求的管制而产生的。货币市场互助基金发行一种股份，这种股份可按固定价格（通常是1美元）以开支票的方式兑现。此外，客户还能对这些以股份形式持有的存款签发支票。尽管货币市场基金的股份实际上是有利息的支票账户，但它们在法律上并不是存款，因而不受法规限制，可以支付高于银行存款的利率。第一家MMM是由华尔街两名离经叛道者布鲁斯本特和亨利布朗于1971年创设的。然而，1971—1977年，市场利率很低，使得它们不比银行存款有特别优越之处。1978年年初，当市场利率攀升超过10%，比起Q项条款（Q条例）规定的上限5.5%高出许多时，情况就迅速发生了变化。1977年，货币市场互助基金的资产只有不到40亿美元，1978年增至100亿美元，1979年超过

400 亿美元，1982 年则达到了 2 300 亿美元。现在，它们的资产约为 5 000 亿美元。至少可以说，货币市场互助基金是一项成功的创新。

思考：

1. 为什么说 NOW、ATS、MMM、隔日回购协议以及经纪人存款，这些脍炙人口的金融创新品种，虽然在法律上没有任何位置，但美国商业银行的这种创新没有触犯法律？

2. Q 条例是在怎样的背景下颁布的？这一条例对美国商业银行的经营管理活动有怎样的影响？

3. 美国商业银行的存款创新是在怎样的情况下进行的？

4. 这些创新的存款品种对商业银行的业务经营有何重要意义？

5. 美国商业银行的创新之举对我国商业银行的经营活动有何借鉴作用？

思考与练习

一、名词解释

金融发展　经济发展　金融抑制　金融深化　金融约束　金融创新　对冲基金　私募股权基金　货币市场基金

二、简答题

1. 简述金融发展与经济发展之间的关系。
2. 如何观察和度量金融发展的水平？
3. 简述“金融抑制”理论的内容。
4. 简述“金融深化”理论的内容。
5. 简述“金融约束”理论的内容。
6. 导致发展中国家出现“金融抑制”的主要原因是什么？
7. 什么是金融创新？金融创新的动因有哪些？
8. 金融创新的内容有哪些？

三、论述题

1. 试分析金融自由化的利弊。
2. 发展中国家金融自由化进程中有哪些值得借鉴的地方？
3. 试分析金融创新的微观效应。
4. 试分析金融创新的宏观效应。
5. 试从发展中国家金融压抑和金融深化的角度论述我国的金融改革已取得的成就及以后改革应注意的问题。

第十一章 网络金融

本章要点

本章主要要求学生了解网络金融的产生与发展；熟悉和掌握网络金融的概念和特点，网络银行、网络证券、网络保险的内涵及功能；理解网络金融创新模式以及网络金融的风险与监管。其中，本章的重点是网络金融的概念和特点、网络金融的风险与监管；难点是网络金融创新模式。

网络金融诈骗案[①]

瑞典最大的银行北欧金融集团自2006年9月至今多次被一犯罪团伙利用互联网进行诈骗，诈骗金额高达800万瑞典克朗（1元人民币约合1.27瑞典克朗）。这是瑞典有史以来情节最严重且金额最大的针对银行的诈骗活动。

斯德哥尔摩警察局宣布，已有两名重要嫌疑犯被逮捕，另有121人被列为嫌疑人。瑞典警方怀疑这次诈骗活动的幕后黑手是俄罗斯的有组织犯罪集团。

在这一系列的诈骗活动中，共有250多个个人储户被骗。罪犯的犯罪手法狡诈，他们通过电子邮件引诱用户在他们伪造的银行主页上提供自己的银行信息。储户在提供相应资料后，便会收到该页面技术错误的提示，而罪犯则使用木马病毒程序窃取储户信息。之后，罪犯迅速使用窃取来的储户信息，通过网上银行登录进入该储户的账号并转移全部资金。

瑞典警方和北欧金融集团已经联合向公众提出警告，提示人们在办理网上银行业务时，保持高度警惕，不要随意提供个人信息。北欧金融集团表示，所有上当受骗的客户都将得到赔偿。

2003年2月，美国一名计算机黑客攻破了一家负责代表商家处理维萨（Visa）卡和万事达卡交易业务的企业计算机系统，掌握了220万个顾客的信用卡号。

在日本，黑客利用安装在网吧中的特殊软件非法窃取用户网上银行的密码，使1 600万日元（约合104万元人民币）不翼而飞。

2002年，我国公安部曾经破获一起不法分子利用黑客手段在银行的网银服务器中植入木马程序，窃取了多家银行和证券客户的账号、密码信息进行诈骗的案件，涉案金额达80多万元。

---

① 马世骏. 瑞典最大银行遭遇网络诈骗受骗客户都将获赔［EB/OL］（2007-01-21）［2016-08-12］. http://news.qq.com/a/20070121/000389.htm.

思考：

1. 个人储户应该如何保护自己的金融资产的安全？

2. 金融机构应该如何加强安全管理，防御网络金融诈骗？

第一节 网络金融概述

随着计算机网络的广泛应用，金融活动也开始在网上实现，进而形成了网络金融。网络金融不同于传统的以物理形态存在的金融活动，是存在于电子空间中的金融活动，其存在形态是虚拟化的、运行方式是网络化的。网络金融是网络信息技术与现代金融相结合的产物，是未来金融业发展的一个重要方向。

一、网络金融的产生与发展

（一）网络金融的产生基础

首先，网络和信息技术为网络金融提供了技术基础。计算机技术、网络技术和信息技术的飞速发展以及网络的安全保密技术不断完善，使上网越来越快捷、方便，从而给网络金融机构提供了生存和不断发展的空间，同时也为金融服务带来更加激烈的竞争。为了在竞争中谋求生存与发展，金融机构纷纷推出了网上服务品种。

其次，网络经济的深化和电子商务的发展催生了网上银行，进而产生网络金融。网络经济的深化和电子商务的发展，既要求银行为之提供相互配套的网上支付系统，也要求网上银行提供与之相适应的虚拟金融服务，从而向传统银行支付体系提出了严峻的挑战，极大地推动了金融创新。

最后，金融资本的集中为网络金融的发展提供了资本基础。金融资本的集中是指金融业资本（包括商业银行、投资银行、证券投资基金、保险业等）通过资本市场形成大资本集团或联盟，其实质是在全球范围内寻求资本的最优配置以及超常规扩张的目的。这些规模巨大，以混业经营、跨国经营为特征的资本集团或联盟，必须以网络金融作为业务支撑，其雄厚的资金实力推动了网络金融的成长和壮大。

（二）网络金融的发展

互联网商业性应用的发展诞生了网络金融。从20世纪90年代中期开始，传统式金融开始向网络金融转变。以银行为例，世界上第一家网络银行——美国安全第一网络银行（Security First Network Bank）于1995年10月在美国亚特兰大开业，美国最大的50家银行中都已提供网上金融服务。继美国之后，欧洲、亚洲等地也兴起了网络金融。

随后，网络金融界出现了传统的金融机构和高新技术公司合作创办的纯虚拟金融机构，它在优势互补、合作发展的基础上促进了网络金融的发展。网络金融现在已发展成包括银行、证券、保险、基金、期货、电子支付、技术解决方案提供商等电子金融及相关行业。新出现的网络金融超市是金融服务创新的一种表现形式。

二、网络金融的概念和特点

(一) 网络金融的概念

网络金融（Internet Finance，e－Finance）简单讲就是网络技术与金融的高度结合而形成的一种新的金融形态。从狭义上说，网络金融是金融与网络技术全面发展的产物，包括网上银行、网上证券、网上保险、网上支付等相关的金融业务内容。从广义上说，网络金融包括网络金融活动涉及的所有业务和领域。

(二) 网络金融的特点

1. 信息化与全球化

网络金融是金融信息收集、整理、加工、传输、反馈的平台，同时也是金融信息化的产物。网络金融市场是一个信息市场，也是一个虚拟的市场，在互联网上将全球计算机联结起来后，借助全球化，金融融为一体，实现金融业的国际化。在国际金融市场，一切信息、交易可以利用开放性环球网络来传输和实现。

2. 便捷性与高效性

网络技术的应用使得金融信息和业务处理的方式更加先进，大大提高了金融系统的自动化程度，突破了时间和空间的限制，能够随时随地为客户提供金融服务。此外，网络金融能在很大程度上降低金融机构的运作成本，同时也使地理位置的重要性降低。提高金融服务的速度与质量，能为客户提供更丰富多样、自主灵活、方便快捷的金融服务。

3. 综合性与风险性

网络金融推动了客户的银行账户、证券账户、资金资产管理和保险管理等融合统一管理的趋势，极大地推动了金融混业经营的发展，而且提高了金融市场透明度和非中介化程度。但是，网络化的金融体系使得金融风险明显增大。在网络金融活动中，欺诈和犯罪活动将变得更加隐蔽。例如，非法入侵金融机构的网络系统、攻击金融组织的数据库、通过网络改动数据盗取他人钱财的行为将使金融系统面临巨大的潜在风险。

4. 互动性与创新性

网络使得客户与金融机构的相互作用更为直接，解除了传统条件下双方活动的时间、空间制约，实现实时互动，完成个性化服务。网络金融以客户为中心的性质决定了它的创新性特点。为了满足客户的需求、扩大市场份额和增强竞争实力，网络金融必须进行业务创新。这种创新在金融的各个领域都在发生，比如在信贷业务领域，银行利用互联网上的搜索引擎软件，为客户提供适合其个人需要的消费信贷、房屋抵押信贷、信用卡信贷、汽车消费信贷等服务。资本市场提供了一个可通过计算机网络直接交换信息和进行金融交易的平台，买方和卖方可以通过计算机相互通信来寻找交易的对象，从而有效地消除了经纪人和交易商等传统的金融中介，大大降低了交易费用。

5. 管理整合化与监管国际化

网络金融的管理创新包括两个方面：一方面，金融机构放弃过去那种以单个机构的实力去拓展业务的战略管理思想，充分重视与其他金融机构、信息技术服务商、资讯服务提供商、电子商务网站等的业务合作，达到在市场竞争中实现双赢的局面；另一方面，网络金融机构的内部管理也趋于网络化，传统商业模式下的垂直官僚式管理模式被一种网络化的扁平的组织结构所取代。

由于信息技术的发展，网络金融监管呈现自由化和国际合作两方面的特点。一方面，过去分业经营和防止垄断的传统金融监管政策被市场开放、业务融合和机构集团化的新模式所取代；另一方面，随着在网络上进行的跨国界金融交易量越发巨大，一国的金融监管部门已经不能完全控制本国的金融市场活动。因此，国际金融监管合作就成了网络金融时代监管的新特征。

网络金融不受时空限制①

在美国，网络银行开办费只是传统银行开办费的1/20甚至1/40。美国传统银行开设一个分支机构，平均需要200万美元的成本，而一家“nFront”的网络服务公司的公开开价却是收费5万美元即可为任何商业银行建立一个网络银行。美国商务部1998年4月的调查表明：办理一笔金融业务的成本，传统柜台为1.08美元，电话方式为0.54美元，自动取款机（ATM）为0.27美元，个人电脑为0.15美元，而通过互联网则只需0.01美元。对券商而言，网上股票交易的成本也仅为传统交易的1/6，甚至更低。对保险公司而言，代理人从与客户见面到签订保单，平均需要接触27次，而通过网络进行，直接见面次数就大大减少，从而节约了大笔费用。另外，保险业务的网络理赔也大大降低了成本。过去，几天、几个礼拜甚至几个月客户才能办好索赔手续，拿到赔款；现在以网络申请理赔的形式进行，最快的一单从客户报案到拿到赔款仅花了25分钟。如此的高效率、低成本，既是网络金融的重要特点之一，又是网络金融迅速崛起和蓬勃发展的重要原因之一。

第二节　网络金融的发展现状

20世纪90年代中期以来，发达国家和地区的网络金融发展迅速，出现了从网络银行到网络保险、从网络个人理财到网络企业理财、从网络证券交易到网络金融信息服务的全方位、多元化网络金融服务。

我国的金融电子化建设经历了重要的、具有历史意义的四个发展阶段：第一阶段，从20世纪70年代末到20世纪80年代，银行的储蓄、对公业务等以计算机处理代替手工操作；第二阶段，从20世纪80年代到20世纪90年代中期，逐步完成银行业务的联网处理；第三阶段，从20世纪90年代初到20世纪90年代末，实现全国范围的银行计算机处理联网、互联互通，支付清算、业务管理、办公逐步实现计算机处理；第四阶

① 网络金融不受时空限制［EB/OL］.(2013-04-25)[2016-08-12]. http://www.wangdaibangshou.com/info-876.html.

段，从2000年开始，完成业务的集中处理，利用互联网技术与环境，加快金融创新，逐步开拓网上金融服务，包括网上银行、网上支付等。

随着网络技术的发展，网络银行、网络证券、网络保险等开始在具体行业中拓展，同时网络金融也创新了一些新模式，如网络余额理财、P2P借贷、众筹等。

一、网络银行

（一）网络银行的内涵

网络银行（Internet Banking）又称网上银行、在线银行，是利用网络（包括因特网及银行内部网络）技术，为客户提供综合、统一、安全、实时的银行服务，包括提供对私、对公的各种零售和批发的全方位银行业务，还可以为客户提供跨国的支付与清算等其他贸易、非贸易的银行业务服务。

在1998年巴塞尔银行监管委员会（BCBS）发表的题为《电子银行与电子货币活动风险管理》的报告中，网络银行被定义为：那些通过电子渠道，提供零售与小额产品和服务的银行。这些产品包括存贷管理、账户管理、金融顾问、电子账户支付以及其他一些诸如电子货币等电子支付的产品和服务。

（二）网络银行的发展

随着因特网的广泛应用，1995年10月18日美国诞生了第一家网络银行，即美国安全第一网络银行（SFNB），这是世界上第一家将其所有银行业务都通过因特网交易处理的开放性银行。受其影响，欧美其他商业银行纷纷做出积极反应，绝大部分有影响的商业银行都陆续建立了自己的网络银行。

随着中国经济的快速发展，中国银行业也在积极利用先进的信息网络技术工具并在经营理念上与国际接轨，这为网络银行在中国的快速发展奠定了基础。到现在为止，中国网络银行在发展环境、服务水平等方面均有了显著的提高，在面临挑战的同时也拥有很好的机遇。中国第一家“上网银行”是中国银行，时间是在1996年10月。招商银行也是国内最早推出上网银行业务的商业银行。2000年6月29日，由中国人民银行牵头，组织国内12家商业银行联合共建的中国金融认证中心全面开通，开始正式对外提供发证服务。中国金融认证中心作为一个权威的、可信赖的、公正的第三方信任机构，专门负责为金融业的各种认证需求提供证书服务，为参与网络交易的各方提供安全的基础，建立彼此信任的机制。

网络银行业务蓬勃发展

目前，国内商业银行中招商银行、中国银行、中国建设银行、上海浦东发展银行和深圳发展银行等多家银行都拥有了具有支付功能的网上银行。中国银行的网上银行与其1 000万张长城卡相结合，推出“支付网上行”，形成了明显的集成效益。中国建设银行则在总行成立了网上银行部，统筹经营，可逐步实现日处理业务130万笔，同时允许5万个客户访问和交易。1997年，招商银行在国内率先推出自己的网上银行——“一网通”，构建起由企业银行、个人银行、网上证券、网上商城、网上支付组成的功能较为完善的网络银行服务系统，办理信息查询、银企对账、代发工资、定向转账及网上购物等业务。1999年9月，招商银行全面启动了网络银行业务，推出网上支付的全国联网，其中网上“企业银行”可提供同城转账、异地电汇、信托、母公司与子公司账务稽核等业务；“个人银行”能为客户提供网上查询账务、财务分析、转账等服务。招商银行的网上业务使许多网民成为它的用户，并在网络市场上超过了同行企业，其综合实力明显提高。据中国互联网络信息中心（CNNIC）的统计，招商银行的网上服务点覆盖面涵盖了国内近10万个上网企业的79.02%以及1 000万网民中的72.24%，其“企业银行”业务实现了B2B功能。

（三）网络银行的功能

除了传统商业银行的基本服务功能以外，网络银行还提供了很多新型的服务功能，并且通过网络技术的先进性，还使得传统业务增添了新的活力，使网络银行的服务延伸到更多的领域，提高了网络银行的竞争力。

1. 个人网银业务功能

网络银行的基础服务功能主要是个人网上银行业务，包括网上开户、网上销户、密码设置、密码修改、账户余额查询、利息查询、交易明细查询、个人账户挂失、票据汇兑、电子转账业务等。个人网银主要包括以下业务功能：账户管理业务、账户查询业务、网上转账业务、代理缴费业务、其他服务功能等。

2. 企业网银业务功能

企业网银的主要服务对象是企业集团或企事业单位。其业务内容涵盖查看账户余额和历史业务情况、不同账户间划转、外汇资金的汇入和汇出、核对账户、电子支付雇员工资、获取账户信息明细、了解支票利益情况、打印显示各种报告和报表（如每日资产负债表、余额汇总表、详细业务记录表、付出支票报表、银行明细表、历史平均数表等）。另外，银行同业的拆借、往来资金的清算和结算，也是一项主要的批发业务。企业网银主要包括以下业务功能：账户查询业务、账务处理业务、代发工资业务、电子汇票业务和企业操作员管理业务等功能。

3. 网银衍生业务功能

网银衍生业务功能是指网络银行在基本业务以外，纯粹是因网络银行运营而衍生的业务。这些业务覆盖面广、业务量大，已经成为网络银行的核心业务。网银衍生业务功能主要包括：

（1）网上支付。随着电子商务发展的深入，许多商家已经意识到网上支付服务中所潜在的丰厚利润，这使得提供网上支付服务的竞争异常激烈。个人网上支付服务已经成为个人用户最常使用的网银服务，对网络购物的推动作用明显。在企业银行服务方面，网银支付服务主要是针对各类企业的经营活动推出的各类支付结算服务，由于大大简化了支付流程、节省了时间，极大地方便了企业在网络经济时代业务拓展的需求。

（2）网上信用卡业务。这种业务包括网上信用卡申办、查询信用卡账单、银行主动向持卡人发送电子邮件、信用卡授权和清算。例如，持卡人也可登录网页自行查询已出账单、未出账单以及了解信用卡消费情况及还款要求等。

（3）网上投资理财服务。网络银行个人理财主要是指个人账户组合、家庭理财计划、投资与保险等。企业理财是帮助企业制订合理的资金计划，有效投资理财等。

（4）网上金融信息咨询服务。金融信息是个人、公司及政府机构进行投资决策、管理活动、制定经济发展规划的依据，如汇率、利率、股价、保险、期货、金价、基金等以及政府的金融行业政策、法律法规等。网络银行可以通过向用户提供这些金融信息获得收益，并赢得潜在的顾客群。

（5）网上消费贷款服务。消费贷款已经成为广大居民最常用的金融产品服务，但是传统的消费贷款在抵押担保等手续方面异常繁琐，严重影响贷款业务效率。因此，银行推出了网络贷款业务，利用网络银行用户的良好信用记录，在线提出贷款申请，简化了贷款申请程序，缩短了贷款申请时间，极受用户欢迎。

（6）网上企业信贷和融资服务。这是网上银行专门为中小企业客户打造的服务，通过"端对端"的工厂式"流水线"运作和专业化分工，提高服务效率，根据中小企业经营特点，设计融资产品组合与方案，为广大中小企业客户提供专业、高效、全面的金融服务。网上融资主要是通过第三方平台所掌握的大量企业信息，解决银行贷款信息不对称的现状，通常是由第三方平台担保，满足企业融资需求。

除此之外，网络银行的功能还包括网上购物业务、网络证券业务、网上外汇买卖服务等其他服务项目。

巴克莱银行的网银服务

巴克莱银行是全球一流的综合型金融机构，拥有世界领先的网络银行业务，以先进的技术和强大的创新能力著称。巴克莱银行是世界上第一家使用ATM的银行，是英国第一家推出信用卡、私人银行并拥有银行业务计算机中心的银行，在英国拥有领先的基于网络的"虚拟银行"。截至2011年年底，巴克莱银行在英国拥有3 800万在线活跃客户，在网络银行业务方面屡获殊荣，在*Profit& Loss*杂志的评比中，连续三年获得网络银行的创新奖，荣获*Euromoney*评选的电子交易平台第一名。

1. 以功能完整、操作简便为目标，并对细分客户提供差异化服务

巴克莱银行注重电子渠道功能的完整性。在网上银行方面，巴克莱银行具备全面的功能，致力于将所有的柜面业务电子化，并注重简约、透明的操作流程以方便用户使用。例如，简洁的开户流程和网上账户管理，提供极具吸引力的储蓄利率等。在客户细分方面，包括普通个人、高端客户、中小型企业、大型企业、基金和资产管理、投资银行等类型，巴克莱银行对每类客户有专门的网银界面提供个性化的功能和服务。例如，针对中小型企业提供银行账户透支、商业启动资金支持计划和现金流管理工具等，针对基金公司、私募股权投资（PE）公司等提供量身订制的先进交易平台"BARX"。在统一的平台上，客户可查看固定收益、股票、期货、大宗商品、结构化产品的实时市场动态，并可以通过平台交易和资产买卖。另外，该平台附加下载研究报告、管理头寸等功能。在手机银行方面，巴克莱银行的手机银行功能覆盖账户管理、转账付款、投资理财等基本功能，并提供其他工具包括最近的分行或柜员机查询、货

币汇率换算和各个证券交易所价格指数实时分析。

2. 以提供便捷性的体验功能和推出区别于传统的创新业务为特色

(1) 网银在个性化页面设计、快捷键、汇款追踪、各种下载和导出功能等方面提供便捷性的功能供客户个性化设置，并提供了“虚拟账户”创新产品。

①个性化页面设计：每个客户可以根据自己的需要、偏好改变网银的界面，挑选自己喜欢的功能并排序，对主页进行完全地个性化页面设计，还能通过上传喜欢的照片和图片，然后被印在客户的信用卡上，使客户拥有一张“丰富多彩”的信用卡。

②快捷键：增设各种快捷键，方便客户快速完成各种功能，或同时操作多个功能或多个账户。

③汇款追踪：客户可随时随地查看汇款状态和路径。这项业务在极大地方便了客户的同时，也节省了电话银行和柜台查询的工作。

④各种下载和导出功能：客户可以通过网上银行将账户信息和交易信息下载成为各种电子表格和图表，或者使用会计软件进行全面的数据分析。

⑤虚拟账户：强大的网络平台可以为客户提供“虚拟账户”的服务，并提供资金优化的解决方案。在虚拟账户业务中，客户无须在巴克莱银行开户，只是在网上银行开立虚拟账户，随时随地从虚拟账户上拨入资金或转出资金，并享受更高的利息收入。巴克莱银行在美国市场推出了虚拟账户，主要是考虑在美国物理分支机构较少，为节省成本，同时扩大美国市场份额，通过采用虚拟账户为美国客户提供了丰富的理财产品和方便快捷的结算手段，推出后即在美国市场获得了巨大的成功。

(2) 手机银行界面功能基本上继承了网银的一些客户体验功能，同时在业务特色上，主要体现在提供两个特色产品“Pingit”和“PAYTag”。

①手机到手机的转账服务：客户可使用手机下载客户端“Pingit”，只要输入对方手机号码，无须输入对方银行账号，在确认付款金额后，轻轻一点，即可向对方汇款。如果收款人在巴克莱银行有账户，收款人会收到一条短信，确认收款；如果收款人在巴克莱银行没有账户，则可以凭借巴克莱银行发到手机上的收款代码，将款项转到其个人账户。“Pingit”在推出后立即获得市场的极大欢迎，一份2012年2月的第三方调查报告指出，“Pingit”两天之内下载到2万部手机上，增加速度在英国遥遥领先。

②手机支付服务——“PAYTag”：“PAYTag”是一种信用卡，只有正常卡大小的三分之一，能够贴在手机的背面，可以用于20英镑（约合172元人民币）以下的小额支付。客户可以在麦当劳、超市和便利店使用“PAYTag”。2012年年底，伦敦的公共汽车也开始接受“PAYTag”支付。

思考：

1. 巴克莱银行是如何创新它的网络银行产品及服务的?

2. 巴克莱银行在手机银行业务上如何进行创新?

二、网络证券

(一) 网络证券的内涵

网络证券，狭义上是指网上证券交易业务，即券商通过数据专线将证券交易所的股市行情和信息资料实时发送到网上，投资者将自己的电脑通过网络接入设备连接上网，在线观看股市实时行情、分析个股、查阅上市公司资料和其他信息、接受投资咨询服务、委托下单买卖股票、进行资金转账等。而从广义上看，网络证券包含通过网络进行证券投资的全过程，还涵盖券商经营的网络化证券发行、承销、推广、一系列投资理财服务以及券商通过网络在证券交易所进行的报价、交易和结算过程。随着移动上网的推广，目前广大投资者已经普遍通过移动设备上网进行证券交易活动，形成所谓的“移动证券”业务，这也是未来网络证券发展的方向。

（二）网络证券的发展

1994 年，美国的查尔斯·斯沃伯公司最早开始办理网上证券经纪业务。美国是网上证券交易最发达、规模最大的国家。到 2003 年，美国网上证券账号超过 2 040 万户，网上账户资金超 6 880 亿美元。网上证券交易额增加到 3 万亿美元。在我国，中国网络证券起步比国外稍晚。1997 年 3 月，广东湛江的中国华融信托公司湛江营业部率先推出视聆通网络交易系统，标志着我国网上证券的出现。由于因特网的迅猛发展，网上证券推出后的发展速度很快。刚推出网上交易的前三年，国外网上证券交易量的增长速度超过 100%，中国的这一增速则是 126%。以后几年，每年的增长速度也在 50% 以上。

（三）网络证券的功能

1. 网络证券的发行

网络证券的发行是利用证券交易所的交易系统，证券发行主承销商在证券交易所挂牌销售，通过证券营业部交易系统进行申购的发行方式。传统证券发行方式存在着运作成本和发行费用较高、所确定的发行价格与上市后市场价格之间出现较大的反差等缺点。因此，在美国，从 20 世纪 90 年代后期开始，一些新型券商就开始尝试运用网络证券业务平台进行网上发行，至此网上证券发行业务得以快速发展。

2. 网络证券的交易

网络证券交易就是指投资者利用因特网网络资源，获取国内外各交易所的即时报价，查找国际国内各类与投资者相关的经济金融信息，分析市场行情，并通过互联网进行网上的开户、委托、支付、交割和清算等证券交易全过程，实现实时交易。

3. 网上路演

网上路演（Net Roadshow）是指证券发行人和网民通过互联网进行互动交流的活动。通过实时、开放、交互的网上交流，一方面可以使证券发行人进一步展示所发行证券的价值，加深投资者的认知程度，并从中了解投资人的投资意向，对投资者进行答疑解惑；另一方面可以使各类投资者了解企业的内在价值和市场定位，了解企业高管人员的素质，从而更加准确地判断公司的投资价值。

4. 网上证券信息服务

证券市场是一个信息化市场，信息的传播、开发与应用对于提高证券市场效率，促进市场公开、公正与公平具有十分重要的作用，提供证券信息服务越来越离不开基于现代计算机技术之上的证券信息数据库。在信息服务方面，网上证券信息服务平台主要包括信息、行情和交易等主要功能模块。

除此之外，网络证券也开始进入到较高的发展层次。各种网络金融创新业务模式层出不穷，突破现有的各种制度及机制框架、寻求更大程度的发展空间成为必然的选择，包括创新网上证券销售通道，建立基金超市，向电商平台的跨界发展等。

美国主要的网络证券服务商

1. 嘉信理财证券电子商务

美国嘉信理财公司（Charles Schwab）于1995年建立了第一个证券网上证券交易站点。在2001年一季度，嘉信理财公司网上客户资产总额就达到了3 280亿美元，网上证券交易额所占比例为81%。根据国际数据公司（IDC）的调查结果，嘉信理财公司在美国市场的相对渗透率达到了60%以上，品牌已经被成功地推广。在市场规模一定的情况下，嘉信理财公司致力于为现有客户提供更深入、全面的服务，使投资者能够获得更充分、准确的市场信息，得到更多的市场机会，增加交易量。在投资者成功的前提下，给嘉信理财公司带来更多的利润。

嘉信理财公司成功的主要原因有以下五点：

（1）有效的市场细分。嘉信理财公司将科技与人的作用完美地结合起来，以低成本方式服务于自助投资群体，以客户的需求为发展动力，不断利用新技术推出创新服务。

（2）优质的服务战略。为了建立优良的服务体系，嘉信理财公司还彻底地改变了原有的绩效评估体制。经纪人不仅要以他们获得的佣金作为业绩评估基础，客户满意度也将作为核心指标。对于部门的客户服务水平评估也不再以客户的抱怨次数为依据，而是以客户抱怨前后他们所接受的服务量为根据。此外，嘉信理财公司还要求每个部门认真分析客户抱怨的原因和性质，从根本上解决问题，并建立服务补救机制。

（3）注重公司品牌的提升。嘉信理财公司自从开展网上证券交易以来，就积极地致力于把过去广受欢迎、稳定的折扣经纪商品牌形象扩展到网上证券业务市场中。

（4）广泛的合作策略。嘉信理财公司注意通过为客户提供愉快的网络体验来实现品牌的承诺，为此嘉信理财公司首创了一种与其他共同基金合作共创品牌的新方法。这种与第三方合作的方法表面上会失去对顾客的控制，弱化公司的自有品牌形象，但实际上嘉信理财公司向业界证明了这是提升公司品牌的好方法。当这些第三方合作伙伴有了发展时，嘉信理财公司也在不断地扩大自有产品的种类。这样，一方面扩大了顾客的金融产品选择范围，另一方面也扩展了顾客关系。

（5）稳定获取的客户资源。嘉信理财公司还认识到未来真正的竞争威胁其实来自顾客，他们的需求变化越来越快。例如，嘉信理财公司为了满足部分富裕投资者对于信托和私人银行业务的需求，兼并了这个行业中的领导者美国信托公司，弥补了嘉信理财公司在这一领域的空白。随着全球一体化程度的加深，嘉信理财公司还在积极地开展国际化战略。

2. 亿创理财（E－Trade）网上证券交易

亿创理财公司于1996年建立自己的证券交易网站（www. etrade. com），直接从事网上证券交易，目标是成为美国主要折扣经纪公司。为此，亿创理财公司对信息技术进行投资，使委托单录入、顾客支持、交易执行、交易结算与确认等有关业务环节实现了自动化。随着网络证券业务的快速发展，亿创理财公司的业务规模和业务范围不断扩大。目前，亿创理财公司的客户已经遍及全美50个州和世界上100多个国家和地区。在国际各大机构近年来对证券经纪网站的评价中，亿创理财公司多次名列榜首。

亿创理财公司以电子化高折扣经纪商的市场定位经营，其目标客户是那些通常能够独立作出投资决策且不愿向全服务经纪商支付高额交易佣金的投资者。亿创理财公司的服务价格在同行竞争中一直保持一定的优势。亿创理财公司重视信息技术的运用，节约了人工成本，是其低价格的主要原因。虽然亿创理财公司平均每笔交易的营业收入低，但是亿创理财公司的客户交易更为频繁，使得亿创理财公司平均每一交易账户的营业收入还高于嘉信理财公司等主要竞争对手。

公司营销是证券经纪业务的重要环节，它为经纪商创造品牌效应，从而吸引投资者成为客户。亿创理财公司近年来的营销费用一直占经营成本的一半以上。最初，亿创理财公司宣传突出在电子化证券变革中的领先地位和低佣金服务等的特点，亿创理财公司知名度迅速提高。随着亿创理财公司的影响力与日俱增，在越来越多的投资者心目中树立了品牌形象。在这种情况下，亿创理财公司及时将营销重点转移到服务内容方面，强调投资者成为亿创理财公司客户以后能享受的各种增值服务和投资节约，加强公司的市场地位。

3. 美林证券网上证券交易

嘉信理财公司、亿创理财公司在网上证券交易领域获得了巨大的利润后，美林证券公司才开始了在网上证券业务领域的探索。1999年12月，美林证券公司针对个人投资者推出了网上证券业务平台“ML DIRECT”。该平台的设计宗旨是保证股票交易的快捷、简便和安全。

美林证券公司网上证券业务的经营目标是提供成本最低的网上证券交易最适合自主指导型投资者使用，为网上客户提供最好的信息和研究报告。“ML DIRECT”为客户提供的是成本最低而不是佣金最低的服务。交易成本除了交易佣金之外，还包括咨询服务费用、信息费用（如购买投资报告）等。尽管“ML DIRECT”的交易佣金几乎是所有知名网上证券交易公司中最高的，但是出于对其品牌以及服务质量与内容的认可，“ML DIRECT”还是最受网上投资者欢迎的交易网站之一。因此，在“ML DIRECT”平台上，帮助客户分析市场信息、为客户理财咨询和培训成为区别于其他网上证券交易平台的重要功能，而委托交易仅仅是投资者一个理财计划的实施操作环节。

美林证券公司这种针对客户不同需求提供不同层次服务的市场细分方式，可以说是20世纪最重要的金融创新之一。这既抵挡了折扣经纪商的强烈冲击，挽留了部分对佣金敏感的自主指导型投资者，又能充分利用自己的投资咨询优势与经纪人队伍，服务于高端客户。

思考：

1. 嘉信理财公司是如何在网上证券交易业务中获得成功的？
2. 亿创理财公司网上证券交易的特色是什么？
3. 美林证券公司网上证券交易成功的原因有哪些？

三、网络保险

（一）网络保险的内涵

网络保险（Online Insurance）也称保险电子商务，是指保险公司或新型的网络保险中介机构以现代信息技术为基础，以互联网为主要渠道，以电子商务技术为工具来支持保险经营管理活动的经济行为。

网络保险表现为通过互联网实现保险业的电子化、网络化发展，其基本内容就是保险公司或新型的网络保险中介机构建立网络化的经营管理体系，最终实现保险电子交易。其中，包括通过互联网与客户交流信息，利用网络进行保险产品的宣传、营销，并且提供整个保险各个环节的服务，根据保险的业务流程实现全过程的保险网络化（包括保险信息咨询、保险计划书设计、投保、核保、缴费、承保、保单信息查询、续期缴费、理赔和给付等）。

（二）网络保险的发展

美国是发展互联网的先驱，也是网络保险的先行者。20 世纪 90 年代初，美国的保险公司就开始提供网上保险咨询。1995 年 2 月，美籍埃及人侯赛因·安南在美国加州的红杉城与人合办了世界上第一个，也是目前全美最大的网络保险专业网站，为保险公司和客户提供网上交易平台。1996 年，美国国民第一证券银行首创网上保险直销，前 10 个月，保费收入就达 1 500 万美元。同年，全球最大的保险及资产管理公司法国安盛集团也紧随其后推出了网上保险业务。

1997 年 11 月 28 日，中国保险学会和北京维信投资顾问公司合作，正式开通了我国第一家保险信息网站，即中国保险网，并在当天就收到了国内客户的第一份网上投保意向书。1999 年 3 月，国内专门从事网络保险的网站——“东方网险”也推出。随后，同年 8 月，中国太平洋保险公司、泰康人寿保险公司分别创建了“太保网”和“泰康在线”。自此，我国保险业开始逐步走进网络保险时代。

（三）网络保险的功能

1. 在线交易功能

在线交易是网络保险的基本功能之一，只有具备了在线投保的完全功能，网络保险的形态才算完整。用户在保险官网和第三方保险平台上投保，只需像网上购物那样，非常简单地即可完成这个投保流程，通过在线支付完成保单定制服务。这个流程完全是通过在线销售程序的支持完成的，基本上不需要人工的介入，是一种高效率的保险网络销售模式。在线交易保证了最小的人工介入，简化了交易环节，最大化地节省了销售成本，可以让利于用户，也增加了保险产品的利润。

2. 在线中介功能

一些保险超市型网站产品齐全，但是网站本身却并不具备销售功能，而是仅仅向保险公司和保险产品提供业务展示平台，用户可在线向保险公司或保险代理商提出需求，平台经过筛选，将合适的保险公司或代理商提供给用户，用户经过进一步在线、离线沟通，与保险公司或代理商签订保险业务合同，中介平台即可得到保险公司或代理商支付的佣金。由于保险平台具有巨大的会员流量，线上产品资源丰富，较容易满足用户的不同需求，撮合成功率较高。

3. 推广宣传功能

在线推广宣传指的是两种情况：一种情况是保险产品的宣传推广活动，这个功能类似于网络广告，通过平台页面的横幅广告（Banner）、分类链接等信息窗口，向用户宣传保险产品的特点；或者是通过在线搜索功能，向用户推荐合适的保险产品。另一种情况是保险公司和保险业务员的在线推介，保险公司在一些中介平台推介业务，往往会以宣传板块等形式集中介绍公司概况及业务特色；保险业务员往往通过提供在线免费咨询与用户保持接触，引导和标注用户选择合适的保险产品，吸引用户与自己建立业务关系。

4. 售后服务功能

保险产品销售后，仍有很多服务的问题，通过在线服务模式，可以使服务成本得到最大限度地降低，还能保证服务效率最大限度地得到提升，主要包括保单验证、保单激活、保单状态查询、在线理赔等售后服务。

“壁虎”保险网站的特点分析

美国最大的车险网站“壁虎”是美国“股神”巴菲特投资的一家全资子公司，将具有标准化特性的车险搬到了网上，业务全部通过网络进行。目前，该网站一年有700 万张保单，销量占美国市场的5% ~6%，每年有数百亿美元的代理额，净利润约有15 亿 ~20 亿美元。“壁虎”网站经营的成本很低，平均可以为每个保户节省约500美元的费用，而美国的车险费用是 1 500 ~2 500 美元，差不多节省了 1/3 ~1/4。“壁虎”网站的特点归纳起来有以下七个方面：

（1）界面友善和直觉式的网站导航方式。业务逻辑作为网站的架构逻辑主线，首页重点突出报价、付费、索赔三个环节；产品和服务为网站逻辑分支。网站布局清晰，逻辑清楚，客户体验很好。

（2）产品分类清晰、全面、标准化。有身份盗窃保险和收藏品保险等特殊种类的保险。

（3）移动应用，并和苹果移动商店绑定应用。

（4）需求分析和教育工具帮助客户了解保险的各种选择因素，推荐特定保险覆盖，由客户决定选择范围。

（5）以卡通壁虎为网站形象代言，亲和力好，客户易于接受。

（6）首页突出强调速度和价格为网站优势，并强调网站、电话、人员三种服务方式。

（7）按照投保城市区域划分保险代理人和中介机构。

思考：

“壁虎”保险网站成功的原因有哪些？

四、网络金融创新发展

网络金融的纵深发展，已经突破了在传统金融业务模式上进行简单的网络化延伸的范畴，依靠网络、移动通信、云计算等新技术，利用移动支付、P2P 等新模式，突破传统金融概念和货币创造模式，改变了交易、投资与信贷业务相关的产品和服务组合，使得网络金融业务不再局限于金融机构，非金融机构也在积极介入并推动着这个新生事物的发展。

从另一个角度看，其动摇了传统金融业的格局。于是，出现了网络企业、电商平台与商业银行的业务跨界交流发展的突破，并对传统金融业务格局产生了颠覆性的冲击。例如，出现的支付结算（主要指第三方支付，是独立于商户和银行为商户和消费者提供的支付结算服务）、网络融资（包括 P2P 贷款、众筹融资、电商小贷等）、虚拟货币（指以比特币为代表的非实体货币，以提供多种选择和拓展概念为主）、渠道业务（指金融营销，为基金、券商等金融或理财产品的网络销售）等。

（一）网络余额理财

网络余额理财实际上是货币基金公司与网络支付平台合作的一项创新业务，由于客户支付账户里小额资金不计利息，而余额理财就是把这类小额资金聚少成多，购买货币基金获得收益，然后按照份额分配给客户。

早在 1999 年，美国的第三方支付公司“PayPal”就设立了账户余额的货币基金，用户只需简单设置，原先存放在“PayPal”账户中不计算利息的余额就会自动转入默认的货币基金。2007 年，其规模曾经达到 10 亿美元。但是 2011 年以后，由于美国连续数年实行零利率政策，货币基金整体业绩急降，“PayPal”最终将该基金清盘。

国内的网络余额理财是由著名第三方支付平台“支付宝”首先推出的一个网络理财服务产品“余额宝”推动起来的。

“余额宝”拉开中国网络余额理财序幕

2013 年 6 月 13 日，“支付宝”上线了一项全新的余额增值理财服务——“余额宝”，实际上是在“支付宝”账户内嵌入了天弘基金旗下名为“增利宝”的货币基金。如果用户将资金从“支付宝”账户转入“余额宝”内，即相当于默认购买“增利宝”货币基金等理财产品，获得相对较高的收益，同时“余额宝”内的资金还能随时用于网上购物、“支付宝”转账等支付功能。货币基金主要投资于短期货币工具（一般期限在一年以内，平均期限 120 天），如国债、央行票据、商业票据、银行定期存单、政府短期债券、企业债券（信用等级较高）、同业存款等短期有价证券，特点是本金安全、流动性强、收益率较高、投资成本低、分红免税。通过“余额宝”，用户在“支付宝”的余额资金不仅能拿到投资收益，而且有较高的流动性。

2013 年 11 月 14 日 15：00，天弘“增利宝”货币基金（“余额宝”）的规模突破 1 000亿元，用户人数近 3 000 万人，成为国内基金史上首只规模突破千亿元规模的基金，在全球货币基金中排名 51 位。截至 2014 年 3 月 31 日，“余额宝”的客户数超过

5 000万人，规模达5 413 亿元，自成立以来累计给用户带来57 亿元的收益，每万份日收益在所有货币基金中最为稳定，自成立以来的总收益水平稳居同类货币基金的第二位。

思考：

1. “余额宝”理财成功的原因有哪些？

2. 简单分析“余额宝”理财的风险。

（二）P2P 网贷

P2P（Personal to Personal）网贷也叫 P2P 金融、P2P 网络信贷，是指个人与个人间通过网络渠道进行的小额借贷交易，一般需要借助电子商务专业平台帮助借贷双方确立借贷关系并完成相关交易手续，属于一种“点对点”的信贷模式。借款者可自行发布借款信息，包括金额、利息、还款方式和时间，实现自助式借款；借出者根据借款人发布的信息，自行决定借出金额，实现自助式借贷。

P2P 网贷模式依据的是《中华人民共和国合同法》，其实就是一种民间借贷方式，只要贷款利率不超过银行同期贷款利率的 4 倍，就是合法的。但是，P2P 操作过程中缺乏完整的指引规范，非合规操作往往缺乏监控，导致风险源暴露不够，近年来频频发生 P2P 网站倒闭案例，使这个领域充满着变数。

（三）众筹

众筹（Crowd Founding）这个概念来源于众包（Crowd Souring）和微型金融（Micro - Finance），一般指融资者借助于网络融资平台，为其项目向广泛的投资者融资，每位投资者通过少量的投资金额可从融资者那里获得实物（预计产出的产品）或股权作为回报。与微型金融一样，众筹本身也是一种融资活动。

众筹融资项目种类繁多，根据众筹的服务对象进行分类，众筹可以分为面向广大创业群体、覆盖领域广、涉及专业多的综合型众筹和专注于某一领域、定位鲜明的垂直型众筹。根据众筹的参与性质进行分类，众筹可以分为股权型众筹和非股权型众筹等。

（四）第三方支付

第三方支付（Third - Party Payment）是指独立于电子商务商户和银行，为商户和消费者（在交易过程中，消费者可能是其他商户）提供支付服务的机构。这通常是具备一定实力和信誉保证的独立机构，采用与各大银行签约的方式，基于网络提供网上和网下支付渠道，完成从用户到商户的在线货币支付、资金清算、查询统计等系列过程的一种支付交易方式。

第三方支付平台就是指提供第三方支付服务的交易支付平台。在通过第三方支付平台的交易中，买方选购商品后，使用第三方平台提供的账户进行货款支付，买家的资金直接付给第三方支付平台，再由第三方平台转到卖家账户，买卖双方的账户并不直接对接发生关系，因而保证了支付账户的安全。部分第三方支付平台还具备担保支付功能，通常是在买家付款后暂时保管货款并告知卖家货款已支付的信息，通知发货；

买方检验物品无误后，向第三方支付平台确认收货，平台则随之付款至卖家账户，交易结束。

（五）移动支付

移动支付的定义可以分为广义角度和狭义角度。广义的移动支付是指进行交易的双方以一定信用额度或一定金额的存款为了某种货物或业务，通过移动设备从移动支付服务商处兑换代表相同金额的数据，以移动终端为媒介，将该数据转移给支付对象，从而清偿消费费用完成交易的支付方式。移动支付所使用的设备可以是手机、具备无线功能的平板电脑、移动电脑、移动消费终端（POS）机等。移动支付实施的基础是金融电子化和网络化应用。

狭义的移动支付也称为手机支付，就是允许用户使用其移动终端（通常是手机）对所消费的商品或服务进行账务支付的一种服务方式。

众贷网满月即夭折①

2013 年 4 月 2 日，上线仅一个月的众贷网宣布破产，成为史上最短命的 P2P 网贷公司。该公司在“致投资人的一封信”中表示，由于整个管理团队经验的缺失，造成了公司运营风险的发生，所有的投资都造成了无法挽回的经济损失。该公告同时称，对于投资者的损失，已经用自己的资金先行按照一定比例垫付给了投资人，垫付款已经通过网银转账给投资者。

资料显示，众贷网注册资金 1 000 万元，隶属于海南众贷投资咨询公司，总部在海口市，定位为中小微企业融资平台。同时，众贷网也自称是“P2P 网络金融服务平台”，提供多种贷款中介服务。据第三方网贷平台统计，众贷网运营期间共计融资交易近 400 万元。众贷网的投资模式与大部分 P2P 网贷一致，即投资人通过第三方支付宝或银行将投资款打给众贷网，拍标完成后再由众贷网将此笔款打给借款人。

对于众贷网倒闭的具体原因，该公司法定代表人卢儒化曾对媒体表示，众贷网破产是“栽”在了一个项目上。由于缺乏行业经验，审核工作没有做到位，众贷网未能及时发现一个 300 万元左右的融资项目的抵押房产已经同时抵押给了多个人，到众贷网这里已经是第三次抵押了。在资金难以追回的情况下，众贷网只能走向破产这一步。

思考：

1. 简单分析众贷网破产的原因。
2. 根据众贷网的破产，分析 P2P 网贷的风险。

除了上述网络金融创新模式外，还有一些网络融资服务的延伸，如商业银行的网络信贷服务，通过网络银行实现在线申请贷款，银行在线审批，提高贷款效率，降低贷款成本；基于大数据的网络贷款服务，如阿里巴巴的网络贷款服务等。

---

① 范京蓉．众贷网满月即夭折 引发业界对新兴网贷风险质疑［EB/OL］．(2013－04－03)［2016－08－12］．http://finance.chinanews.com/it/2013/04－03/4701755.shtml.

第三节　网络金融的风险与监管

与传统金融机构及其业务经营管理活动所面临的风险相比，网络金融机构和业务所面临的风险没有什么本质的区别，比如信用风险、流动性风险、利率风险和市场风险，在网络金融的交易中仍然存在，但是其特殊性在于引发风险的因素以及这些风险对传统金融机构和网络金融机构的影响是很不相同的。目前网络金融风险可分为两大类：基于网络金融业务特征导致的业务风险和基于电子信息技术导致的技术风险。

一、网络金融风险的类型

（一）网络金融业务风险

1. 法律风险

法律风险来源于违反法律、规章的可能性，或者有关交易各方的法律权利和义务的不明确性。网络金融属于新兴事物，大多数国家尚未有配套的法律法规与之相适应，造成了金融机构在开展业务时无法可依。例如，有关互联网金融市场的企业准入标准、运作方式的合法性、交易者的身份认证等方面，尚无详细明确的法律规范。互联网金融企业极易游走于法律盲区和监管漏洞之间，进行非法经营，甚至出现非法吸收公众存款、非法集资等现象，累积了不少风险。

2. 信用风险

信用风险是指网络金融交易者的任何一方不能如约履行其义务的风险。由于网络金融的虚拟性，交易的真实性验证难度变得更大。如果金融机构不能持续地提供安全、准确和及时的网上金融服务，金融机构的信誉将受到损害。

3. 操作风险

操作风险来源于系统可靠性、稳定性和安全性的重大缺陷而导致潜在损失的可能性，可能来自网络金融客户的疏忽，也可能来自网络金融安全系统和其产品的设计缺陷及操作失误。操作风险主要涉及网络金融账户的授权使用、网络金融的风险管理系统、网络金融机构和客户间的信息交流、真假电子货币识别等。

除此之外，网络金融业务风险还包括市场风险、支付结算风险和基于电子化的金融创新风险等。

（二）网络金融技术风险

1. 黑客攻击

网络金融交易的运行必须依靠计算机和互联网，所有交易资料都在计算机中存储，网上信息的传递很容易成为众多网络黑客的攻击目标。另外，网页访问是互联网服务形式的一种，也是网络金融机构提供交易和服务的平台，然而其依赖的传输控制协议/因特网互联协议（TCP/IP 协议）中存在很多安全漏洞，这就给黑客通过网络闯入金融机构的系统创造了条件。黑客只需要利用系统中本身存在的漏洞，“只需要修改几个设置”就可能让金融机构瘫痪。

2. 技术选择风险

要想开展网络金融业务，就必须选择一种成熟的技术解决方案来支撑。而一旦存在选择，就同样会存在因选择失误而导致的风险。一种风险可能是选择的技术系统与客户终端软件的兼容性差导致的信息传输中断或速度降低；另一种风险就是选择的技术方案已经被淘汰，造成技术相对落后、网络过时，导致巨大的技术和商业机会的损失。对网络金融而言，技术选择失误可能失去全部的市场，甚至失去生存的基础。

二、网络金融监管

（一）网络金融监管的定义

网络金融监管是金融管理部门对网络金融的业务经营机构实施的全面的、经常性的检查和督促，并以此促使金融机构依法稳健地经营以及安全可靠和健康的发展。

（二）网络金融监管的主要内容

对网络金融的监管可以分为两个大的方面：一是针对网络金融机构提供的网络金融服务进行监管；二是针对网络金融对国家金融安全和其他管理领域形成的影响进行监管。

1. 加快网络金融的立法进程，强化法律监管

有关部门应修订完善我国现行的金融法律，补充相关互联网金融条款，明确法律与监管的红线，依法打击金融违法犯罪行为，为我国互联网金融持续健康的发展提供重要的法律保证。同时，有关部门应积极探索实施互联网金融行业准入制度，强化行业准入规制与标准，明确监管主体的界定，构建起多层次的监管体系。

2. 对网络金融的服务程式和真实性的监管

实际上，网络金融机构可以更准确地被定义为一种先进的网络金融服务系统，对该系统中金融服务的确切性、真实性、合规性的监管应是网络金融监管的重点。首先，网络金融机构的业务应符合国家的金融政策，尤其是要控制网络金融机构利用其相对于传统金融服务方式的低成本优势进行不正当竞争。其次，对于网络金融机构提供的各项金融服务，应形成一套标准的行业服务规范，如对在线支付、网上保险、网上证券交易等各种网络金融服务进行条例式的规定。

3. 对网络金融系统安全性的监管

网络金融发展最关键的因素是安全问题，如何确保交易安全是网络金融发展需要克服的最大障碍。对网络金融系统安全性的监管主要包括访问控制监管、建立安全评估监管组织体制、日常监管维护、风险责任负责制等。

4. 对利用网络金融方式进行犯罪的监管

基于网络金融的飞速发展，犯罪分子无疑会进行充分的“网络犯罪创新”。各国央行及早防范并进行监管是整个网络安全健康发展的重要一环。为防范网络金融犯罪，央行应建立数字认证中心，以签发代表网络主体身份的“网络身份证”，加强对参与网络金融交易的企业和个人进行识别，亦加强对进入网络系统的资金来源和流向的合法

性审核。

除此之外，对利用网络金融方式进行犯罪的监管还包括对消费者的权益进行监督、对网络金融跨境金融服务的监管和对网络金融的市场准入与市场退出的监管等。

麦道夫骗局案欧洲受害者获赔155亿美元①

麦道夫骗局受害者律师团2010年5月25日表示，已于近日与欧洲多家银行达成和解协议，为在“金融巨骗”伯纳德·麦道夫“庞氏骗局”欺诈案中蒙受损失的约72万名美国以外的投资者，获取了总额155亿美元的赔偿。

克勒马德和卡尔沃—索特洛律师事务所高级合伙人哈维尔克勒马德表示，该和解协议涵盖了约80%被代理的受害者。该律师事务所从一年前开始协调全球25个国家、60家律师行的500名律师，共同向麦道夫欺诈案提出索赔要求。据悉，155亿美元理论上是所有客户的全部投资额，不包括骗局中虚假文件所声称的投资收益。

据报道，此和解协议不包括科威特银行，该行的20名客户已于2009年通过另一份和解协议取得了5 000万美元的赔偿。此前也有其他一些银行通过不同方式与一些受害者达成了个别的赔偿协议。西班牙最大的贷款商桑德尔银行2009年以优先股的形式为该行私人银行业务的客户提供了补偿，这些优先股的利息为2%，目的是试图借此修复与客户之间的关系。桑德尔银行曾向私人银行业务客户出售了与麦道夫诈骗案相关联的产品，这些产品导致客户损失13.8亿欧元（约合17亿美元）。

报道说，自麦道夫案发生以来，欧元区各大银行始终承受着巨大的压力，瑞士银行和欧洲最大的银行汇丰控股曾收到上百起的投资者诉讼。投资者对银行提出指控，要求偿还损失。麦道夫的庞氏骗局总共造成了648亿美元的账面损失，有300多万名投资者受影响。此案罪魁祸首——纳斯达克证交所前主席伯纳德·麦道夫本人在2009年6月被判150年徒刑。

思考：

1. 试举出网络金融诈骗的其他案例，分析其作案特点。
2. 在麦道夫案中，金融监管的哪些漏洞造成了此案？

思考与练习

一、名词解释

网络金融　网络银行　网络证券　网络保险　P2P网贷　众筹　第三方支付
移动支付　网络金融风险　网络金融监管

① 陈听雨．麦道夫骗局案欧洲受害者获赔155亿美元［EB/OL］．(2010-05-26)［2016-08-12］．http://finance.ifeng.com/stock/qqgs/zbsc/20100526/2238084.shtml.

二、简答题

1. 简述网络金融产生的基础。
2. 简述网络金融的特点。
3. 简述网络银行、网络证券和网络保险的内涵及功能。
4. 简述网络金融创新方式。

三、论述题

论述网络金融的风险类型及其监管内容。

第十二章　金融危机

本章要点

本章主要让学生掌握金融危机的基本知识，如金融危机的定义、分类及主要特征；理解货币危机理论、银行危机理论和债务危机理论；了解金融危机的成因以及如何防范与治理金融危机。其中，金融危机的定义、分类以及如何防范与治理金融危机是重点；难点是对金融危机相关理论的理解。

东南亚金融危机①

1996 年以来，东南亚不少国家出现经济问题，国际投资基金把投机的目标转移到了新兴市场，东南亚各国中经济问题最为严重的泰国就成为投机资金打击的首选目标。1997 年 2 月，国际投机资金对泰铢发动了第一轮攻击，泰国国内银行出现挤兑，股指大幅回落。1997 年 5 月，投机资金卷土重来，泰铢对美元跌至 10 年以来的最低点 26.7 铢/美元。泰国央行联合新加坡、中国香港支持泰铢，勉强平息了投机风潮。但是，投机商并未就此罢手。1997 年 6 月下旬，泰国财政部部长辞职又引发了新一轮更为猛烈的投机狂潮。这次在巨大的市场压力下，泰国央行终于不得不于 1997 年 7 月2 日宣布泰铢放弃与美元挂钩，泰铢当日跌至 29.5 铢/美元，跌幅近 20%。由于东盟各国经济存在很大的相似性与相关性，泰铢的贬值严重打击了投资者对攻击其他东盟国家的信心，投机者于是扩大了投机范围。经济状况不佳的菲律宾和马来西亚首当其冲，在投机狂潮的猛烈冲击下，菲律宾比索、马来西亚林吉特分别于 1997 年 7 月 11 日和 14 日宣布贬值并放宽浮动范围。到 1997 年 7 月 25 日货币危机告一段落，此时东南亚各国的货币贬值幅度如下：泰铢贬值幅度为 29.5%，菲律宾比索贬值幅度为 11.9%，印度尼西亚盾贬值幅度为 8.3%，马来西亚林吉特贬值幅度为 6.4%，新加坡元贬值幅度为 3.3%。泰国的国内生产总值损失了 15%，马来西亚消耗了 12.5% 的外汇储备，其他国家和地区也各有损失。

为防止货币危机蔓延和扩大，1997 年 8 月 11 日，国际货币基金组织和一些亚太国家在东京承诺向泰国提供 160 亿美元的经济援助。东盟各国央行在国内也纷纷实行入市干预及金融管制措施以打击货币投机者。泰国央行将贴现率由 10.5% 提高到 12.5%；马来西亚央行在一夜之间将利率从 9% 提高到 50%，同时规定本国银行与外国客户进行的林吉特掉期交易最高额为 200 万美元；菲律宾央行向市场紧急抛售 20 亿美元，同时 3 次提高利率，将隔夜拆借利率从 15% 提高到 32%，并宣布停止美元期货交易 3 个月；

① 艾红德，范立夫. 货币银行学［M］. 大连：东北财经大学出版社，2005.

印度尼西亚央行也制定了本国银行从事外汇交易的限制措施。

上述种种措施并未能阻止东南亚汇市的跌势。1997 年 8 月 18 日、19 日，东南亚多种货币跌至近年来最低点。其中，马来西亚林吉特跌至 3 年来的最低点 2.794 林吉特/美元，印度尼西亚盾跌破 3 000 盾/美元的关口，菲律宾比索跌破 30 比索/美元，新加坡元创下 1.517 新元/美元的两年来的新低，泰铢则达到自由浮动以来的最低点。

思考：

1. 什么是金融危机？
2. 试分析东南亚金融危机的原因。

第一节 金融危机的定义、类型及特征

金融危机作为一个世界性的理论课题，受到社会各方面的高度关注。早在 18 世纪 20 年代，理查德·坎蒂隆（Richard Cantillon）在其著作《论一般商业的危机》中就曾对金融危机进行过论述。20 世纪 70 年代布雷顿森林体系崩溃以来，对金融危机的研究更是成为国际经济学界、金融学界研究的热点，2008 年美国次贷危机引发的全球性的金融危机更是把对金融危机理论的研究推向了一个高潮。

一、金融危机的定义

在《新帕尔格雷夫经济学大辞典》中，金融危机是指全部或大部分金融指标——短期利率、资产价格、商业破产数和金融机构倒闭数的急剧、短暂和超周期的恶化。

国内学者多数认为，金融危机是指起源于一国或一地区及至整个国际金融市场或金融系统的动荡超出金融监管部门的控制能力，造成金融制度混乱。其主要表现为所有或绝大部分金融指标在短期内急剧的超周期变化，其结果是金融市场不能有效地提供资金向最佳投资机会转移的渠道，从而对整个经济造成严重破坏。

金融危机往往与金融风险不断累积但并未集中爆发的金融脆弱性紧密联系，后者通常被统称为金融不稳定。

总之，尽管国内外学术界从表现形式、原因等方面对金融危机概念给出了不尽相同的定义，但对金融危机的共同特征却有大致一致的描述：持续快速的货币贬值、银行发生挤兑、强制清理旧债、金融机构连锁倒闭、股市崩溃、货币量严重缺乏、借贷资金枯竭、市场利率上升、汇率下降、金融市场剧烈动荡等。

二、金融危机的类型

根据金融危机爆发的领域不同，可以将金融危机分为五种类型：货币危机、银行危机、债务危机、资本市场危机和系统性金融危机。

（一）货币危机

货币危机是指有关国家或地区货币的购买力或汇兑价值因过度投机等因素冲击导

致货币币值的急剧下降，迫使货币当局通过急剧提高利率、动用大量外汇储备或直接现值兑换来保卫货币，致使外汇储备大幅度下降。例如，1994 年墨西哥比索兑美元的汇率和 1997 年泰铢兑美元的汇率骤然下跌，都属于典型的货币危机。

货币危机可以看作与狭义金融危机并列的一个概念。一般而言，出现了货币危机也就意味着一国发生了金融危机；但是出现了金融危机却不一定会发生货币危机。货币危机主要是货币在流通、购买力、汇价等方面因风险的累积导致的巨大波动。金融危机则是指金融市场遭到潜在的严重破坏，市场有效运作的能力受到损害，从而对实际经济产生较大的负面影响的系统性危机。

就货币危机而言，在危机前一般会出现信贷总量增长，与之相伴的是较高的通货膨胀和过热的经济，资产价格会经历上升与下跌的周期，金融部分通常都进行了自由化改革，并成为金融危机的直接诱因。

（二）银行危机

银行危机是指实际或潜在的银行运行障碍或违约导致银行不能如期偿付债务，终止其负债的内部转换，以致储户对银行丧失信心从而发生挤兑，银行最终破产倒闭或需要政府提供大量援助。一家银行的危机发展到一定程度，可能波及其他银行，从而引起整个银行系统的危机。

判断是否出现银行危机的依据如下：

（1）银行系统的不良资产占总资产的比重超过 10%；

（2）拯救失败银行的成本占国内生产总值的 2% 以上；

（3）银行出现问题而导致大规模银行国有化；

（4）出现范围较广的银行挤兑或政府为此而采取冻结存款、银行放假、担保存款等措施。

只要出现以上四种情形之一就构成银行危机。

例如，20 世纪 30 年代的大萧条，曾将金融危机推至顶峰。美国 1930 年银行倒闭数量突破四位数，达到 1 350 家，占银行总数的 5.29%；1931 年银行倒闭了 2 293 家，占银行总数的 9.87%；1933 年银行倒闭达到高峰，银行倒闭数量达到 4 000 家，占银行总数的 20%。20 世纪 90 年代中期的日本和东南亚危机中的主要受损国和地区就曾发生大批金融机构的经营困境和破产倒闭。

（三）债务危机

债务危机是指一国政府不能按照预先约定的承诺偿付其国外债务，并且导致该国发放外债的金融机构遭受巨大的损失。债务危机往往是在本国借入大量外债，尤其是短期外债，偿债期限过于集中，而原有的偿债计划失败时突然爆发。一般发生货币危机的国家很容易发生债务危机。出现债务危机时的表现有：停止对外偿付债务；要求外国债权人进行债务重议、债务重新安排或减免债务；危机发生时往往伴随着资金迅速外逃，国际借贷条件的突然恶化。

20 世纪 80 年代，拉丁美洲许多国家就爆发了债务危机。1982 年，墨西哥宣布无力偿还当年到期的国际债务。随后，巴西、阿根廷、委内瑞拉等拉丁美洲债务国也相继发生偿债困难，并导致其大批外国债务银行陷入经营危机。

2009 年 10 月，希腊新任首相乔治·帕潘德里欧宣布，其前任隐瞒了大量的财政赤字，随即引发市场恐慌。截至同年 12 月，三大评级机构纷纷下调了希腊的主权债务评级，投资者在抛售希腊国债的同时，爱尔兰、葡萄牙、西班牙等国的主权债券收益率也大幅上升，欧洲债务危机全面爆发。2011 年 6 月，意大利政府债务问题使危机再度升级。这场危机不像美国次贷危机那样一开始就来势汹汹，但在其缓慢的进展过程中，随着产生危机国家的增多与问题的不断浮现，加之评级机构不时的评级下调行为，成为牵动全球经济神经的重要事件。政府失职、过度举债、制度缺陷等问题的累积效应最终导致了这场危机的爆发。在欧元区 17 国中，以葡萄牙、爱尔兰、意大利、希腊与西班牙五个国家的债务问题最为严重。

（四）资本市场危机

资本市场危机是指人们丧失了对资本市场的信心，争先恐后抛售所持有的股票或债券，从而导致股票或债券价格急剧下跌的金融现象。

1929 年 10 月 28 日，纽约股市日跌幅达到 12.82%，史称“黑色星期五”。从 1929 年 9 月到 1933 年 7 月，美国道琼斯工业股票价格指数跌幅达 87.4%。这场危机不仅使无数市场参与者倾家荡产，也使美国金融、经济遭受重创并波及全球。

1987 年 10 月 19 日，道琼斯指数一天内重挫了 508.32 点，创下自 1941 年以来单日跌幅的最高纪录。不到 7 小时，纽约股指损失 5 000 亿美元，价值相当于当时美国国内生产总值的 1/8，全球股市均受到强烈冲击，股票跌幅高达 10% 以上。这个美国金融史上著名的“黑色星期一”让许多百万富翁一夜间沦为贫民，数以千计的人精神崩溃，甚至跳楼自杀。

2015 年的中国股市坐上了惊险而刺激的过山车。2015 年 6 月 15 日，上证指数最高触及 5 178.19 点后，随即掉头向下，并引发融资崩盘，到 8 月 26 日达到最低的 2 850 点，下跌了 45%，中小板和创业板分别下跌 44.6% 和 51.8%。下跌以多米诺骨牌式的反应上演，先是机构主动降杠杆，随后前期大涨的个股开始暴跌，导致高比例配资账户开始爆仓，配资平台为自保开始强制平仓，使得更多的股票暴跌，最后甚至连非配资账户也开始抛售股票，千股跌停，反复出现。

根据学界的标准，在 10 个交易日连续累计下跌超过 20%，一般就认为这个市场出现了危机，这是一般的学术概念和标准。虽然以前也有过大幅度的下跌，但是因为以前股市的市场化不明显，并且也没有达到这么严重的程度，所以并不算是真正的危机。而这次是自 1990 年股市建立以来一次真正意义上的市场危机。在这次危机以后，引入了很多制度、办法，所以说这也是第一次市场化的危机。①

（五）系统性金融危机

系统性金融危机又称为全面金融危机，是指主要的金融领域都出现严重混乱的局

---

① 吴晓求：2015 中国股市危机的 6 大成因（警示与反思）[EB/OL].（2016－06－14）[2016－08－12]. http://finance.sina.com.cn/stock/marketresearch/2016－06－14/doc－ifxszkzy5273219.shtml.

面，如货币危机、银行危机、外债危机同时或相继发生，从而对实体经济产生较大的破坏性影响。系统性金融危机往往发生在金融经济、金融系统、金融资产比较繁荣的市场化国家和地区以及赤字和外债较为严重的国家，对世界经济的发展具有巨大的破坏作用。

系统性金融危机是那些波及整个金融体系乃至整个经济体系的危机，比如20世纪30年代引发西方经济大萧条的美国金融危机，20世纪90年代导致日本经济萎靡不振的日本金融危机，1997年下半年袭击东南亚的亚洲金融危机，2008年席卷全球的美国次贷危机等。这些危机都是从一种金融市场波及另外一种金融市场，如从股市到债市、外汇、房地产甚至整个经济体系。

三、20世纪90年代以来金融危机的主要特征

（一）金融危机发生的频率有所加快

根据金德尔伯格编写的金融危机年表可知，从1522—1987年的400多年时间来看，通常每隔10年就会出现一次金融危机。其中，1929年的大萧条是仅有的一次由于经济危机所引起，并且波及面较广的金融危机。自20世纪80年代末到20世纪90年代，金融危机的频率有所加快。1995年，因金融衍生品投机失利而发生“巴林银行事件”和“大和银行事件”。1985—1989年，以芬兰、瑞典为代表的北欧国家出现了房价和股市价格呈倍数增长的现象，北欧国家为了解决经济过热问题，于1987—1992年陆续升息，导致经济出现衰退及资产价格剧烈下跌，严重影响金融体系稳定及民间消费行为，实体经济也遭受严重冲击。此后不久便是新兴市场的墨西哥发生的“新兴市场时代的第一次危机”。1997年，爆发了“全球化时代的第一次危机”——亚洲金融危机。2001—2002年，阿根廷爆发了金融危机。2008年，美国爆发了次贷危机，并进一步蔓延到欧洲，发生主权债务危机。

（二）金融危机具有超周期性与超前性

传统金融危机主要是由经济周期波动所引起的，是经济周期中长期潜伏的主要问题在危机爆发时所产生的某些后果。而现代金融危机与传统的金融危机不同，更体现出它的超周期性与超前性。凯恩斯主义在20世纪30年代的经济大危机中为各国政府干预经济提供了理论支撑，各国纷纷加强宏观调控，在某种程度上似乎控制住了经济危机。但是，金融危机却是此起彼伏，似乎有些脱离了经济周期的轨道。随着经济全球化、资本化、货币化的进一步发展，虚拟经济与实体经济脱钩，长期积累的经济问题先在金融领域爆发，使得现代金融危机具有敏感性与超前性。相关学者在考察墨西哥金融危机、东南亚金融危机以及美国次贷危机时，均有这一认识。

（三）金融危机具有很强的综合性与破坏性

20世纪90年代之前的金融危机更多地表现为单一形式。例如，20世纪60年代的英镑危机为单一的货币危机；20世纪80年代的美国储贷协会危机为单一的银行业危机。而到了20世纪90年代之后，多数金融危机表现为很明显的综合性，即多种危机融

合在一起，对实体经济具有较强的破坏性。现代金融危机比较明显的表现为危机开始时外汇市场发生超常波动，由此发生货币危机，进而发展到货币市场与证券市场，最终影响到实体经济的运行。例如，1994 年的墨西哥金融危机与 1997 年的东南亚金融危机中，发生危机的国家货币大幅贬值并最终放弃原来的固定汇率制度，同时出现银行坏账严重、存款抽逃等银行危机的表现，甚至在危机中还出现外汇储备无法保证外债按期偿还的债务危机。

（四）金融危机蔓延速度加快，呈现出全球性

20 世纪 90 年代以后，信息技术发展迅速，促使经济全球化速度加快，也使金融危机蔓延和传染的范围更广。现代金融危机呈现双向传导的趋势，即传统的单向传导（由发达国家传递到发展中国家）变成了双向趋势，发展中国家的金融危机会很快传递给发达国家。这在东南亚金融危机中已有所体现。

历代金融危机①

1. 1637 年郁金香狂热

1637 年的早些时候，当郁金香还在地里生长时，价格就已上涨了几百甚至几千倍。一棵郁金香可能是 20 个熟练工人一个月的收入总和。这被称为世界上最早的泡沫经济事件。

2. 1720 年南海公司泡沫

17 世纪，英国经济兴盛，使得私人资本集聚，社会储蓄膨胀，投资机会却相应不足。当时，拥有股票还是一种特权。1720 年，南海公司接受投资者分期付款购买股票，股票供不应求，价格狂飙到 1 000 英镑以上。后来《反金融诈骗和投机法》通过，南海公司股价一落千丈，南海公司泡沫破灭。

3. 1837 年经济大恐慌

1837 年，美国的经济恐慌引起了银行业的收缩，由于缺乏足够的贵金属，银行无力兑付发行的货币，不得不一再推迟。这场恐慌带来的经济萧条一直持续到 1843 年。

4. 1907 年银行危机

1907 年 10 月，美国银行危机爆发，纽约 50% 的银行贷款都被高利息回报的信托投资公司作为抵押投在股市和债券上，整个金融市场陷入极度投机状态。

5. 1929—1933 年的金融危机

1929 年 10 月 28 日，即历史上著名的“黑色星期一”。这一天，纽约股票交易所的股票价格平均下降 50 点，引发了美国债券市场的大崩溃，并迅速蔓延到整个资本主义世界，揭开了 20 世纪首次金融危机和经济危机的序幕。这次危机一直持续到 1933 年。期间出现了大批银行倒闭风潮，而且引发了国际性的连锁反应和整个金融体系的严重混乱；同时，造成西方金本位货币制度的崩溃，各国货币纷纷贬值，国际货币体系遭到极大破坏。

---

① 白玉珍. 后金融危机时代美国金融监管改革方向探析［M］. 兰州：甘肃人民出版社，2010.

6. 1944—1975 年的金融危机

1973 年年底，资本主义国家爆发了第二次世界大战以后的最严重的经济危机。在危机前期的 1973 年 10 月，美国已发生圣地亚哥国民银行因贷款无法收回而倒闭的事件。在各国先后陷入经济危机后，银行倒闭停业接连发生。震动较大的是 1976 年 5 月、6 月联邦德国最大的私人银行之一的赫斯塔特银行和美国第 20 大银行富兰克林国民银行因经营远期外汇投机蒙受损失被迫倒闭。在这次事件的冲击下，西方外汇市场收缩，国际资金紧张。由于受影响而倒闭的还有以（色列）英银行、开曼群岛的几家银行以及意大利的几家银行，突出的是意大利辛杜那集团的破产，从而导致意大利股票，特别是安布鲁西亚银行股票猛跌。因牵涉这次银行风潮而受损失的还有美国摩根银行等十几家欧美银行。此后，除法国、日本外，在美国、联邦德国、瑞士、英国、意大利等许多资本主义国家都发生了许多银行破产或严重亏损的事件。据不完全统计，这场金融危机涉及的大大小小的银行、金融公司有 100 多家。美国不少知名的大银行，如花旗银行和大通银行都被列入美国问题银行名单，引起国际金融界的震惊。

7. 1987 年的西欧金融危机

1987 年 10 月 19 日，纽约证券交易所道琼斯股票指数一天内下跌了 508. 32 点，跌幅为 22. 62%，5 000 亿美元的市值顷刻间化为乌有。与此同时，全球股市遭遇到毁灭性打击。伦敦《金融时报》近百种股票全天暴跌 249. 6 点，损失达 500 亿英镑；东京、巴黎、法兰克福股票市场股指跌幅分别为 14. 9%、10%、7. 6%；我国香港联合交易所的股指下跌了 420. 81 点。这次股市崩盘迅速扩展到欧洲大陆和太平洋地区，并对西方的黄金市场和外汇市场造成严重冲击，各国银行的债务危机愈演愈烈，许多银行相继倒闭，美国就有 100 多家银行倒闭。

8. 1992 年的欧洲货币危机

1989—1991 年，统一后的德国政府为振兴东部经济，解决失业问题，加大货币投放，通胀压力随之增大。德国政府从 1991 年起不断提高贴现率，到 1992 年 6 月贴现率达到 8. 75%，利率水平的提高使德国马克币值不断升高，马克在欧洲货币单位中的比重也相应提高，从而导致外汇市场上英镑、里拉、法郎等货币被抛售，马克成为“抢手货”，引发了欧洲货币危机。

第二节　金融危机理论

一、货币危机理论

20 世纪 70 年代以来，西方金融学界对货币危机形成了三种不同的理论。

（一）第一代货币危机理论

第一代货币危机理论由美国经济学家克鲁格曼于 20 世纪 70 年代末提出。克鲁格曼认为，货币危机源于扩张性经济政策与试图维持固定汇率的目标之间存在着根本性不协调。典型的情况是政府预算存在一个持续的财政赤字，为了弥补财政赤字，政府不得不发行大量货币，结果导致国内物价持续上涨。如果在其他条件不变的情况下，本国货币增长率持续高于国际水平，本国货币将面临贬值压力。那么为了维持本国货币的固定汇率，就只能动用外汇储备来干预外汇市场。如果货币贬值压力不大，而且是暂时的，货币贬值的压力就有可能有效化解。但如果货币贬值压力很大且持续很久，那本国中央银行就将面临外汇储备耗尽的危险。此时，一些“深谋远虑”的投机者将会在外汇储备耗尽前卖出本国货币，形成对本国货币的突然性投机冲击，从而迫使本国外汇储备加速枯竭，导致货币危机提前到来。由上述分析可知，第一代货币危机理论认为，货币危机是财政赤字的产物。

该理论对货币危机的现实有较强的解释力。首先，在现实中，很多货币危机反映了国内经济政策与汇率政策之间的根本不协调，该理论对这种不协调状况做了高度简化，适用于由这种不协调所产生的货币危机。其次，该理论表明投资者放弃一种货币，在短时间内大规模抽逃货币与资本并不是一种非理性行为，不能归因于市场操纵，是一国经济发展到一定程度的合乎逻辑的结果。

（二）第二代货币危机理论

第二代货币危机理论最早是由奥伯斯特菲尔提出的。该理论与第一代货币危机理论分析的出发点较接近，都将货币危机的爆发归结于国内经济政策与固定汇率制的矛盾上。而两个理论的差别主要在于：第一代货币危机理论比较注重财政政策，第二代货币危机理论则比较注重货币政策。

政府使本国货币贬值的动机主要是出于以下两个方面的考虑：一是政府试图通过通货膨胀的办法来“销蚀”大量以国内货币标价的债务，一国汇率固定不变则难以实现该目标。如果外汇投机者识破了政府的这种动机，他们就可能开始攻击该国货币。例如，发生在20世纪20年代的法国法郎危机就是一个典型例子。当时国际投资者怀疑法国政府试图通过通货膨胀的途径来消除其在第一次世界大战中的债务，从而对法国法郎发起攻击，从而导致法国放弃了固定汇率制。二是政府试图采取扩张性的货币政策来解决国内严重的失业问题，这会导致“对内目标”与“对外目标”之间的冲突。如果政府想维持固定汇率制，那么货币政策的扩张将受到限制；如果货币政策的扩张势在必行，那么固定汇率制便难以维持。

如果政府基于国内经济状况的考虑，出现贬值动机，但又要维持汇率的稳定，原因可能有两个：一是政府认为固定汇率制对发展国际贸易与跨国投资都非常重要。考虑到对外因素，政府认为维持固定汇率制对自己是有利的。二是该国有通货膨胀的历史，因此保持汇率的稳定可以看成某种形式的信用保证。另外，某些国家将汇率看成是某种民族尊严的象征，或者该国在某种国际条约的约束下有进行国际合作的义务。

那么，为什么人们对维持固定汇率失去信心会使得保卫汇率变得更加困难呢？其主要原因在于如果各种国内因素使得本国货币有贬值的压力，那么会提高维持固定汇率的成本。例如，外国债权人可能要求高利率，从而使得经常项目下的债务负担更大；如果货币坚持不贬值，国外资金将不再流入，同样也会使固定汇率难以维系。又如，在人们普遍存在汇率贬值预期的情况下，国内工资水平可能提高，从而使得现行汇率下的国内产业缺乏对外竞争力，导致汇率贬值压力越来越大。再如，倘若一国政府由于各种原因决心保卫固定汇率，它可能提供短期利率，这会使得政府和企业的现金流恶化，从而导致衰退和失业。无论如何，贬值预期本身会改变维持固定汇率平价的成本与收益之间的平衡，使得维持固定汇率的成本增大，最终使政府重新考虑汇率调整的问题。

在克鲁格曼看来，如果将这些因素综合在一起，就可以产生一个类似于标准模型的理论。假定一国在维持现行汇率平价和放弃现行汇率平价之间进行平衡，如果前者的成本比较高，那么在未来某个时候，即使没有遇到国际资本的投机性攻击，该国货币也会贬值。投机者在货币贬值之前就会开始放弃该国货币，使得货币贬值提前到来。

简言之，第二代货币危机理论认为货币危机不是由经济因素恶化引起的，相反至少在该国政府看来，维持货币汇率平价的基本经济条件依然存在，并且政府做好了准备来维持该货币平价，只是由于投机攻击，使得保卫固定汇率成本太高，不得不放弃维持固定汇率的努力。①

（三）第三代货币危机理论

对近20多年来发生的金融危机进行研究的结果显示，金融危机的爆发有一些现象相伴发生。例如，金融自由化、国际游资流入、金融中介信用扩张过度、投资过热导致的资产价格泡沫化、银行等金融业资本充足率较低、金融监管缺失等。因此，第三代货币危机理论的研究不再局限于对固定汇率制度、财政政策、货币政策、公共政策等宏观层面经济政策的研究，而是加入了以银行业为代表的金融中介、资产价格等因素的研究。

第三代货币危机理论把金融企业资本充足率低、信用过度扩张以及由此造成的投资过热、资产价格泡沫化相联系。当资产价格泡沫破裂时，银行采用紧缩政策加快了资产价格的下跌，会产生大量坏账，引发银行业危机并诱发货币危机。两种危机的相互叠加和相互强化，会导致整个金融系统的恶化，可能发生全面金融危机甚至爆发影响到经济实体的经济危机。

三代货币危机理论研究的侧重点各有不同，具体如下：

第一代货币危机理论认为，一国货币和汇率制度的崩溃是由于政府经济政策之间的冲突造成的。第一代货币危机理论解释20世纪70年代末80年代初的拉美式货币危机最有说服力，对1998年以来俄罗斯与巴西由财政问题引发的货币波动同样适用。

第二代货币危机理论认为，政府在固定汇率制上始终存在动机冲突，公众认识到政府的摇摆不定，如果公众丧失信心，金融市场并非是天生有效的，而是存在种种缺陷的。这时，市场投机以及“羊群行为”会使固定汇率制崩溃，政府保卫固定汇率制的代价会随着时间的延长而增大。第二代货币危机理论运用于实践的最好例证是1992年英镑退出欧洲汇率机制的情况。

第三代货币危机理论认为，企业、脆弱的金融体系以及亲缘政治是东南亚货币危

① 夏丹阳，胡丹，冯莉，等．货币银行学［M］．北京：经济管理出版社，2012.

机发生的原因之所在。

三代货币危机理论虽然从不同的角度回答了货币危机的发生、传导等问题，但是关于这方面的研究还远不是三代货币危机理论所能解决的。例如，三代货币危机理论对经济基本变量在货币危机的积累、传导机制中的作用，对信息、新闻、政治等短期影响投资者交易心理预期因素的研究，都显得有很大的缺陷。同时，三代货币危机理论对于资本市场管制下货币危机爆发的可能性、传导渠道等均未涉及。其中，第三代货币危机理论认为紧急资本管制是应付货币危机的手段之一。

（四）过度交易理论

金德尔伯格认为，20 世纪 30 年代货币危机的发生与危机前的“过度交易”分不开。所谓“过度交易”，就是人们疯狂地追逐实物资产和金融资产，即投机家“急功近利”，这种状况必然导致恐慌和经济崩溃。金德尔伯格将货币危机爆发的过程归纳如下：经济扩张→疯狂投机行为产生→形成过度交易→出现资产价格泡沫→价格预期逆转→抛售资产→金融恐慌→货币危机。他认为，减少此类货币危机的措施应该是理性投机、最后贷款人提供援助来维持信心以及提高利率以限制疯狂性投机等。

二、银行危机理论

（一）货币政策失误论

货币政策失误论由弗里德曼提出，核心思想是货币需求是一个稳定的函数，货币供给是货币乘数与基础货币的乘积，由于货币乘数相对稳定，货币数量决定物价和产出量，货币供给变动的原因在于货币政策，货币政策的失误可导致一些小规模的、局部的金融问题发展为剧烈的、全面的金融危机。

也就是说，以弗里德曼为代表的货币主义认为，造成金融体系的内在脆弱性的原因是货币政策的失误和过多的货币供给，正是由于货币政策的失误导致了金融风险的产生和积累，并使得微小的和个别的金融灾难演变为剧烈的金融动荡，进而演变成金融机构相继破产的银行业危机。

（二）金融不稳定假说

金融不稳定假说由海曼·明斯基提出，他对金融内在脆弱性进行了系统性分析，提出了金融不稳定假说。明斯基认为，如果现金流不能得到维护，金融体系就不稳定，就会导致金融危机。他把这种不稳定称作金融体系本身的缺陷，强调这种不稳定的不可避免性。明斯基将市场经济中的经济主体分为以下三类，以便于深入分析其不可避免性：

第一类是“套期保值”理财者。“套期保值”是指预测在未来的时期有多少现金流入、有多少现金支出，以预期的现金流入保证预期的现金支出。该类理财者比较稳健，主要靠自身的利润和能收回的债权求得资产的流动性，不靠负债，财务杠杆率较低。也就是说，他们的预期收入不仅在总量上超过债务额，而且在每一时期内，现金流入都大于到期债务本息。

第二类是投机理财者。该类理财者也预期现金流入和现金支出，但预期的结果保证不了支出，要保证支出必须借助于负债，这样就必须借新还旧来维持正常运转。也就是说，他们的预期收入在总量上超过债务额，但在借款后的前一段时期内，其现金流入小于到期债务本息，而在这段时期后的每一时期内，其现金流入大于到期债务本息。

第三类是庞兹理财者。这类理财者现金流入都小于到期债务本息，只在最后一期，其收入才能足以偿还所有债务本息。也就是说，他们不仅仅是借新还旧，而且把“后加入者的入伙费充作先来者的投资收益”。这种状况持续下去，债务累计越来越多，潜伏的危机就越来越大。

随着经济的发展，第一类经济主体在缩小，因为其假定总利润等于总投资，如果总利润减少，总投资便相应减少，在总投资减少的情况下，预期现金收入保持预期现金支出是不可能的，要保持资产的流动性，只有依靠负债。第二类经济主体有发展的趋势，即靠负债维持其经营是不可避免的。第三类经济主体虽然不正常，但在市场竞争条件下，也是客观存在。三种行为主体，三种不同的理财方式，使得负债经营、债务链的存在构成经济发展和经济运行的金融体系，在这种体系存在的状况下，一旦遇到经济危机，金融危机便不可避免。因此，明斯基认为金融体系的内在不稳定、经济发展周期和经济危机不是由外来冲击或失败的宏观经济政策导致的，而是经济自身发展的必经之路。

（三）银行体系关键论

银行体系关键论是 1981 年由托宾提出的。该理论认为，银行体系在金融危机中起关键作用。其基本作用过程如下：企业过度负债会引起银行风险增大，银行为了规避风险会加强贷款管理，从而导致企业投资减少，经济发展放缓；企业为了偿还贷款而被迫出售资产，导致资产价格急剧下降，资产缩水，债务链条可能断裂，进一步引起连锁反应，从而发生银行危机。若银行能保持对企业的放贷，企业资金链就不会断裂，银行危机也不会发生。该理论强调银行体系在金融危机中的关键作用，实际上是强调金融危机的“货币因素”。这里包括货币的供给和“最后贷款人”问题，即在发生金融危机的情况下，要增加货币供给，由“最后贷款人”出来缓解危机。

与这一理论相近的是沃尔芬森强调大型非金融公司的违约、破产对金融体系以及对金融危机的恶化作用。他指出，大公司负债过度，按负债—通货紧缩理论，必须更大、更集中地使资产价格急剧下降，这种状况引起的连锁反应更大，震动更强烈，使本来已经脆弱的金融体系崩溃更快。

（四）金融恐慌理论

金融恐慌理论由戴尔蒙德和狄伯威格于 1983 年提出，他们认为，银行体系的脆弱性主要源于存款者对流动性要求的不确定性以及银行的资产较其负债缺乏流动性之间的矛盾。其基本思想是银行的重要功能是将存款人的不具流动性的资产转化为流动性的资产，以短贷长，实现资产增值。在正常情况下，依据大数定理，所有存款者不会同一时间取款。但当经济中发生某些意外事件（如银行破产或经济丑闻）时就可能发生银行挤兑，银行保留的资产流动性将可能很快耗尽。此时，理性的存款人会纷纷加入提款大军中，因为每个人都会担心来晚了而无法取到款。为了应对提款的要求，银行只能出售流动性差的资产。当银行在挤兑面前无法满足提款时则面临倒闭。一家银行的倒闭可能会引起社会经济主体对银行体系的信心危机，从而使挤兑现象从一家银行蔓延到其他银行，甚至会引起整个银行业的恐慌，金融危机的发生在所难免。

三、债务危机理论①

（一）债务—通货紧缩理论

1933 年，欧文·费雪发表了《大危机的债务—通货紧缩理论》一文，对大危机进行了开创性的研究。该理论的核心思想是企业在经济繁荣时期为追逐利润过度负债，当经济不景气时，没有足够的资金去清偿债务，会引起连锁反应，导致货币紧缩。

其传导机制如下：为清偿债务廉价销售商品（导致）→廉价销售商品→存货减少、货币流通速度降低→总体物价水平下降→企业债务负担加重、净值减少→破产、失业→社会成员悲观和丧失信心→人们追求更多的货币储藏、积蓄→名义利率下降、实际利率上升→资金盈余者不愿贷出、资金短缺者不愿借入→通货紧缩。

对于欧文·费雪的债务—通货紧缩理论，后来的经济学家进行了丰富和发展，主要有明斯基的金融不稳定假说、金德尔伯格的过度交易理论以及沃尔芬森的资产价格下降论、托宾的银行体系关键论。

（二）资产价格下降论

资产价格下降论是由沃尔芬森在银行体系关键论的基础上提出的，其研究重点从银行转移到了企业。该理论的核心思想是由于企业过度负债，在银行不愿意提供贷款或减少贷款的情况下，被迫降价出售资产，导致资产价格急剧下降。资产降价出售会产生两方面效应：一方面是负债资产率（负债/资产）提高；另一方面是使债务人拥有的财富减少，即按降价后的资产价格估价其净资产减少。这两方面效应都削弱了企业债务的承受力，增加了企业的债务负担。费雪曾指出，“债务越还越多”，意思是负债欠得越多，资产降价变卖就越多，资产降价变卖越多，资产就越贬值，债务负担就越重。托宾也认为，在债务—通货紧缩的条件下，“债务人财富的边际支出倾向往往高于债权人”，因为在通货紧缩—货币升值的状况下，债务人不仅出售的资产贬值，而且拥有的资产也贬值。在债务人预期物价继续走低的情况下，变卖资产还债的倾向必然提前。

（三）综合性国际债务论

苏特从经济周期的角度提出综合性国际债务论。该理论认为，随着经济的繁荣，国际借贷规模扩张，中心国家（通常是资本充裕的发达国家）的资本追求更高回报流向资本不足的边缘国家（通常是发展中国家），致使边缘国家的投资外债增多。债务大

① 刘肖原，李中山．中央银行学教程［M］．2 版．北京：中国人民大学出版社，2011.

量积累导致债务国偿债负担的加重，当经济周期进入低谷时，边缘国家赖以还债的初级产品出口的收入下降导致其逐渐丧失偿债能力，最终爆发债务危机。

美国次贷危机

美国次贷危机（Subprime Crisis）又称次级房贷危机，也译为次债危机。它是指一场发生在美国，因次级抵押贷款机构破产、投资基金被迫关闭、股市剧烈震荡引起的金融风暴。它致使全球主要金融市场出现流动性不足危机。美国次贷危机是从2006年春季开始逐步显现的。2007年8月开始席卷美国、欧盟和日本等世界主要金融市场。

美国次贷的定义

次贷，即“次级按揭贷款”（Subprime Mortgage Loan），“次”的意思是指与“高”“优”相对应的，形容较差的一方，在“次贷危机”一词中指的是信用低、还债能力低。

在美国，贷款是非常普遍的现象。当地人很少全款买房，通常都是长时间贷款。可是在这里失业和再就业是很常见的现象。这些收入并不稳定甚至根本没有收入的人，买房因为信用等级达不到标准，就被定义为次级信用贷款者，简称次级贷款者。

次级抵押贷款是一个高风险、高收益的行业，是指一些贷款机构向信用程度较差和收入不高的借款人提供的贷款。与传统意义上的标准抵押贷款的区别在于，次级抵押贷款对贷款者信用记录和还款能力要求不高，贷款利率相应地比一般抵押贷款高很多。那些因信用记录不好或偿还能力较弱而被银行拒绝提供优质抵押贷款的人，会申请次级抵押贷款购买住房。

美国次级抵押贷款市场通常采用固定利率和浮动利率相结合的还款方式，即购房者在购房后头几年以固定利率偿还贷款，其后以浮动利率偿还贷款。

在2006年之前的5年里，由于美国住房市场持续繁荣，加上前几年美国利率水平较低，美国的次级抵押贷款市场迅速发展。

随着美国住房市场的降温尤其是短期利率的提高，次贷还款利率也大幅上升，购房者的还贷负担大为加重。同时，住房市场的持续降温也使购房者出售住房或者通过抵押住房再融资变得困难。这种局面直接导致大批次贷的借款人不能按期偿还贷款，银行收回房屋，却卖不到高价，大面积亏损，引发了次贷危机。

美国次贷危机爆发

2007年2月13日，美国新世纪金融公司（New Century Finance）发出2006年第四季度盈利预警。汇丰控股宣布业绩，并额外增加在美国次级房屋信贷的准备金额达70亿美元，合共105.73亿美元，升幅达33.6%。消息一出，令当日股市大跌，其中恒生指数下跌777点，跌幅达4%。

面对来自华尔街174亿美元的逼债，美国第二大次级抵押贷款公司——新世纪金融公司（New Century Financial Corp）在2007年4月2日宣布申请破产保护，裁减54%的员工。

2007年8月2日，德国工业银行宣布盈利预警，后来更估计出现了82亿欧元的亏损，因为旗下的一个规模为127亿欧元为“莱茵兰基金”（Rhinel and Funding）以及银行本身少量地参与了美国房地产次级抵押贷款市场业务而遭到巨大损失。德国央行召集全国银行同业商讨拯救德国工业银行的一揽子计划。

美国第十大抵押贷款机构——美国住房抵押贷款投资公司于2007年8月6日正式向法院申请破产保护，成为继新世纪金融公司之后美国又一家申请破产的大型抵押贷款机构。

2007年8月8日，美国第五大投行贝尔斯登宣布旗下两支基金倒闭，原因同样是次贷风暴。

2007年8月9日，法国第一大银行巴黎银行宣布冻结旗下三支基金，同样是因为投资了美国次贷债券而蒙受巨大损失。此举导致欧洲股市重挫。

2007年8月13日，日本第二大银行瑞穗银行的母公司瑞穗集团宣布与美国次贷相关损失为6亿日元。日、韩银行已因美国次级房贷风暴产生损失。据瑞银证券日本公司的估计，日本九大银行持有美国次级房贷担保证券已超过10 000亿日元。此外，包括友利银行（Woori）在内的五家韩国银行总计投资5.65亿美元的担保债权凭证（CDO）。投资者担心美国次贷问题会对全球金融市场带来强大冲击。不过日本分析师深信日本各银行投资的担保债权凭证绝大多数为最高信用评等，次贷危机影响有限。

其后花旗集团也宣布，2007年7月份由次贷引起的损失达7亿美元，不过对于一个年盈利200亿美元的金融集团而言，这个也只是小数目。不过2007年的花旗集团的股价已由高位时的23美元跌倒了2008年的3美元多一点，也就是说2007年的花旗集团的身价相当于一家美国地区银行的水平，根据当时最新排名花旗集团已经跌至19名，并且市值已经缩水90%，其财务状况也不乐观。

思考：

1. 什么是次级贷款和次级贷款危机?
2. 试分析美国爆发次级贷款危机的原因是什么？
3. 美国次级贷款危机对全球经济产生怎样的影响?

第三节　金融危机的成因分析

20世纪90年代以来，金融危机频繁爆发，引起了世界各国的高度重视。对于金融危机爆发的原因，可以归纳为以下几方面：

一、自身发展原因

一国经济结构不合理以及政府采取不合理的政策措施会导致国家经济基础的恶化。其主要表现为经常项目逆差巨大、短期外债严重、信用过度扩张、金融体系脆弱等。克鲁格曼认为，东南亚金融危机的爆发在于东南亚各国的宏观经济基础存在根本问题。例如，亚洲一些国家的外汇政策不恰当，为了吸引外资，保持固定汇率的同时又扩大金融自由化，给国际炒家提供了可乘之机。一些国家长期动用外汇储备来弥补逆差，使得外债的增加并进一步导致外债结构不合理。在中短期债务较多的情况下，一旦外资流出超过外资流入，再加上本国的外汇储备不能弥补其不足，该国便会发生货币贬值。

二、金融创新工具的投机操作

金融创新通过加速推动国际资金投机活动而加大了国际金融市场的动荡和风险，形成国际金融市场的脆弱性。金融创新原本是为了规避金融市场风险和迎合市场需求而出现的，但是对一种风险的规避，可能造成另一种风险的暴露。其具体表现是金融创新使大量资金滞留于金融市场，这些资产表现为增值资本。金融资产价格变动会成倍地放大实体经济的变动幅度，其中有相当的泡沫成分，金融深化所动员的大量资金进入这种市场，会吹大泡沫并从中获利。金融自由化发展促进了金融衍生工具的发展。而金融衍生工具具有高杠杆效应，可以以小博大，通过逐步套利演变为投机工具，促进了泡沫经济的形成。

金融衍生产品是金融创新的重要组成部分，本身具有放大利润与风险的特征。金融衍生产品以前主要用于对冲和套期保值，但是现在更多地被用于投机和牟利行为。越来越多投资者进入金融衍生产品市场进行投机，甚至在传统行业中面临激烈竞争的商业银行也利用衍生金融工具进行自营买卖，以增加利润。金融市场的交易属于零和交易，财富并未创造，只是在不同投机者之间相互转移，此时市场上有盈利者，也有投机失败者。如果投机失败者在市场中占比重较大或影响力足够大的话，那么就会引起整个金融体系的失败，最终爆发金融危机。

三、虚拟经济与实体经济相脱离

在传统的国际金融体系下，主要用于媒介交易和贮藏财富的世界货币，必须有一定的贵金属作为支撑，任何一种作为世界货币的主权货币与实体经济之间，通常必须保持基本一致。美国的虚拟经济与实体经济相脱离是其金融危机爆发的原因之一。布雷顿森林体系解体后，由于美国利用其世界美元地位，主权信用不断膨胀，产生巨大的流动性过剩，其虚拟经济与实体经济严重背离。美国政府及民众因此而获得巨大的美元铸币红利，但同时也为金融危机的爆发埋下了隐患。随着增长的预期压力不断加大，资金逃离房地产业就不可避免，以前埋下的定时炸弹——次贷危机爆发，并通过其以前构建的风险分散、利润共享的网络扩散开来，从而使实体经济受到严重冲击，经济陷入多重危机之中。

四、国际游资的冲击

所谓游资，是指尚未投入或约定投入确定的经济领域，处于游动状态的资本。根据《新帕尔格雷夫经济学大辞典》的解释，游资是指在固定汇率制度下，资金持有者或出于对货币预期贬值（或升值）的投机心理，或者受国际利率差收益明显高于外汇风险的刺激，在国际上掀起大规模的短期资本流动，这类移动的短期资本通常被称为游资。

随着金融工具的日新月异，金融资产迅速膨胀，国际资本私人化以及大量资金在境外流通，国际资本日益显示出“游资”的特征。国际游资就是为了追求高额投机利润而在全球金融市场中频繁流动、积聚和炒作的短期资金。20 世纪 90 年代以来，游资成为国际金融市场上常见的现象，并表现出以下一些新的特征①：

第一，资本高速流动。随着现代通信与电子技术的高度发展，巨额的资金调动只需要打个电话或按一下电钮，巨额交易瞬间就能完成。游资的这一特性使得它们能够对任何瞬间出现暴利空间或机会发动闪电式袭击，当管理当局发现时，它们早已逃之夭夭。

第二，国际游资呈现集体化倾向。由于机构投资迅速发展，今日的“游资”已不再是“散兵游勇”，而是名副其实的“强力集团”。

第三，交易杠杆化。游资惯常的投机做法是利用金融衍生工具，运用“杠杆原理”，以较少的资金买卖数倍甚至数十倍于其资金合约金额的金融商品。正是金融交易的杠杆化，使得一家金融机构的少量交易就可以牵动整个国际金融市场。简言之，过去长期以“无政府”状态存在的游资现正被机构投资者“组织”起来，从而发挥了越来越大的威力。

虽然游资在弥补短期资金不足、增强市场流动性等方面一直发挥着不可替代的作用，但是游资的危害性日趋显著。因为随着金融全球化的加深，金融监管的国际合作跟不上全球化的步伐，游资会引发一些不利后果，如经济泡沫化、汇率无规则波动、货币政策失灵以及危机的传播扩散效应。例如，在股票、期货、房地产等极富投机性的市场上，巨额游资可以轻易地在较短时间内吹起金融泡沫，引发市场的暴涨暴跌。而且这种狂热的投机活动还会很快由一个地区波及其他地区，或由一种投机对象波及多种投机对象，从而引起市场的连锁反应。国际游资的这种“金钱游戏”，可能将一国经济和金融形势的不稳定迅速传递给所有其他有关国家。

欧债危机

欧洲债务危机，即欧洲主权债务危机，是指在 2008 年金融危机发生后，希腊等欧盟国家所发生的债务危机。2013 年 12 月 16 日，爱尔兰退出欧债危机纾困机制，成首个脱困国家。

欧债危机的基本定义

欧债危机全称欧洲主权债务危机，是指自 2009 年以来在欧洲部分国家爆发的主权债务危机。欧债危机是美国次贷危机的延续和深化，其本质原因是政府的债务负担超过了自身的承受范围，而引起的违约风险。早在 2008 年 10 月华尔街金融风暴初期，北欧的冰岛主权债务问题就浮出水面，而后中东债务危机爆发，鉴于这些国家经济规模小，并且国际救助比较及时，其主权债务问题未酿成较大全球性金融动荡。

2009 年 12 月，希腊的主权债务问题凸显，2010 年 3 月进一步发酵，开始向“欧洲五国”（葡萄牙、意大利、爱尔兰、希腊、西班牙）蔓延。

美国三大评级机构则“落井下石”，连连下调希腊等债务国的信用评级。至此，国

① 刘肖原，李中山．中央银行学教程［M］．2 版．北京：中国人民大学出版社，2011.

际社会开始担心债务危机可能蔓延全欧，由此侵蚀脆弱复苏中的世界经济。欧债危机的导火索是2009年10月20日希腊政府宣布当年财政赤字占国内生产总值的比例将超过12%，远高于欧盟设定的3%的上限。随后，全球三大评级公司相继下调希腊主权信用评级。

希腊危机

欧洲主权债务危机率先在希腊爆发。2010年上半年，欧洲央行、国际货币基金组织（IMF）等一直致力于为希腊债务危机寻求解决办法，但分歧不断。欧元区成员国担心，无条件救助希腊可能助长欧元区内部“挥霍无度”并引发本国纳税人的不满。同时，欧元区内部协调机制运作不畅，致使救助希腊的计划迟迟不能出台，导致危机持续恶化。

葡萄牙、西班牙、爱尔兰、意大利等国接连爆出财政问题，德国与法国等欧元区主要国家也受到拖累。欧洲稳定机制（ESM）执行董事、欧洲稳定基金首席执行官克劳斯·雷格林表示，欧债危机的发生归结于三大原因：一是货币联盟设计本身存在很多问题；二是各个欧盟成员国之间的政策协调性还有待提升；三是预防机制不健全。雷格林表示，这三个原因使得欧债危机发生之后的欧盟各国措手不及，欧元区国家经济更是受到重创。

欧债危机起因

第一，整体经济实力薄弱。遭受危机的国家大多财政状况欠佳，政府收支不平衡。

第二，财务造假埋下隐患。希腊因无法达到《马斯特里赫特条约》所规定的标准，即预算赤字占国内生产总值（GDP）的3%、政府负债占GDP的60%以内的标准，于是聘请高盛集团进行财务造假，以顺利进入欧元区。2010年欧洲各国债务占GDP的比值如图12.1所示：

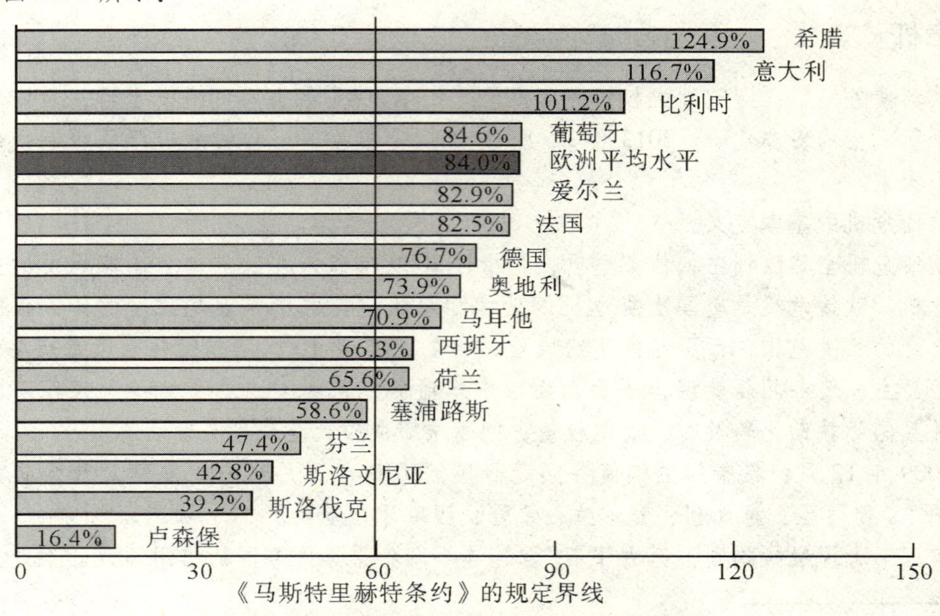

图12.1　2010年欧洲各国债务占GDP的比值

第三，欧元体制天生的弊端。作为欧洲经济一体化组织，欧洲央行主导各国货币政策大权，欧元具有天生的弊端，经济动荡时期，无法通过货币贬值等政策工具而只能通过举债和扩大赤字来刺激经济。

第四，欧式社会福利拖累。希腊等国高福利政策没有建立在可持续的财政政策之上，历届政府为讨好选民，盲目为选民增加福利，导致赤字扩大、公共债务激增，其偿债能力遭到质疑。

第五，国际金融力量博弈。一旦经济状况出现问题，巨大的财政赤字和较差的经济状况会使整体实力偏弱的希腊等国成为国际金融力量的狙击目标。

思考：

1. 为什么欧债危机率先在希腊爆发？

2. 资料中对欧债危机发生原因的分析，你持什么看法？为什么？

第四节　金融危机的防范

金融危机对经济的冲击涉及方方面面，社会会因此而付出较大代价。随着全球经济一体化的推进，不确定的因素越来越多，金融危机发生的可能性越来越大。为防患于未然，各国应该十分重视对金融危机的研究，采取必要措施进行防范。

一、确保宏观经济的稳定

要实现金融体系的稳定，必须要实现国家宏观经济的稳定，确保政府的财政赤字在可控范围内，私人部门（包括家庭与企业）经济健康稳定运行。在国际收支方面要尽量实现国际收支基本平衡，不能使国际财政赤字成为长期的经常性现象。同时，要避免过高的失业率。另外，重视通货膨胀的情况，一旦出现通货膨胀现象，应该及时采取措施。

二、加强金融监管

在防范金融危机方面，金融机构的作用不容忽视。可通过金融监管来增强金融机构的稳定性，具体措施如下：

（一）建立金融机构经营的安全网

一国管理当局对本国金融机构提供“最后贷款人”的存款保险制度，这样能有效消除银行存款挤兑行为。许多国家已经有完整的存款保险制度，即使没有明确的存款保险制度的国家，人们也相信政府有默示的存款保险，即在金融动荡时期，政府会采取措施拯救金融机构，减少储蓄者的损失。

（二）尽量减少道德困境

减少道德困境的具体做法是作为最后贷款人的货币当局应该只贷款给那些陷入流动性危机的金融机构，而不是贷款给那些陷入清偿性危机的金融机构。该做法的难点在于不易区分流动性危机与清偿性危机。

（三）加强金融监管以限制银行承担过度的风险

加强金融监管以限制银行承担过度的风险一般有两种不同的方法。一种是强调限制金融机构可能从事的活动，即金融机构的分业经营管理。该方法在20世纪70年代以前广泛运用，但因为金融创新浪潮爆发无法维持下去。第二种是对金融机构进行资本充足率管制。目前西方国家普遍采用的就是保证银行的资金充足率，并建立相当复杂的国内与国际监管机制。例如，巴塞尔委员会在国际范围内就银行资本充足率标准的协议确认了这种原则。

（四）强化信息披露以增强金融机构经营透明度

信息披露可以减少信息不完全的程度，使金融机构更审慎地经营，进而促进市场稳定。在东南亚金融危机之后，有一种共识，即在一切金融活动中，若能提供更多、更及时、更准确、更有效的信息，可以引导经济主体做出正确决策，也使监管者能进行有效的监管决策。当然，这样的信息搜集耗时费资，政府及相关机构只能尽力而为。

三、选择合理的汇率制度和资本项目开放

不合理的汇率制度与资本项目开放可能会带来货币危机。例如，选择固定汇率制与资本项目开放就是一组错误的搭配。在固定汇率制下，一国货币的汇率往往会被高估，但由于资本项目开放，当该国货币汇率被高估后，就很容易受到投机冲击，从而使固定汇率制度崩溃，该国货币汇率大幅度的贬值，引发货币危机。

但是，如果允许汇率完全自由浮动，又会增大汇率风险，不利于吸引长期投资。在这样的情况下，维持一定幅度的浮动汇率制度也许更可取，而且基准汇率宜选取一篮子实际有效汇率。如果能确保经常项目的基本平衡，那么这样的汇率制度将保证汇率的相对稳定，同时政府干预外汇市场的压力也小很多。

东南亚金融危机发生后，克鲁格曼提出了“永恒三角形”，也被称为“克鲁格曼三角”（见图12.2）。克鲁格曼认为，世界各国或地区的金融发展模式都可以概括进这个三角形框架，A是选择国内货币独立性和资本自由流动，美国及若干亚洲金融危机国家选择了这一模式；B是选择汇率稳定和资本自由流动，实行货币局制度的南美诸国选择了这一模式；C是选择货币政策独立性和汇率稳定，采用这一模式最有代表性的国家是中国。克鲁格曼认为，美国选择A模式却不发生金融危机的原因是美国的金融体系十分健全与完善，而亚洲一些国家之所以发生金融危机，主要原因是没有像中国那样实行严格的资本管制。资本项目的管制断绝了国际投机资本对本国货币的投机冲击。①

① 夏丹阳，胡丹，冯莉，等．货币银行学［M］．北京：经济管理出版社，2012.

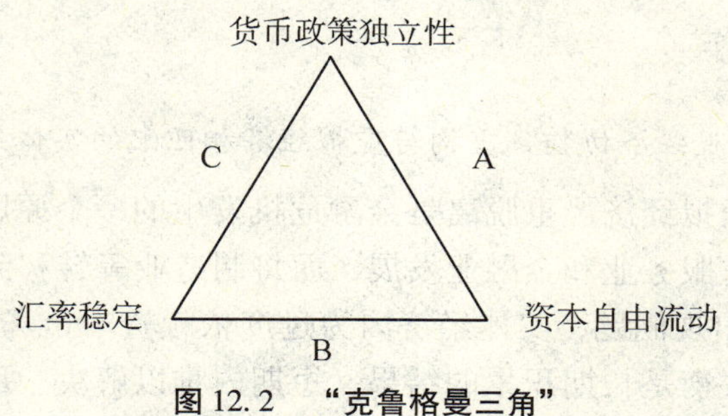

图 12.2 “克鲁格曼三角”

管理短期国际资本的方法——托宾税[①]

在管理短期资本流动方面，最突出的建议就是对短期资本流动课税。人们称这种税为托宾税。托宾认为，由于流动性不同，商品和劳务依据国际价格信号做出反应的速度比金融资产价格变动缓慢得多。国际市场上由投机引起的国际金融市场震荡，会传递到商品和劳务市场。商品和劳务市场的反应速度慢，来不及做出合适的反应，于是导致商品和劳务市场的扭曲。为此，托宾于20世纪70年代末建议，在快速运转的国际金融飞轮下面撒些沙子，即对短期资本流动课税，使之转得慢一些，对稳定经济是绝对必要的。托宾税的益处是有助于减轻国际投机对本国经济的支配程度，而且对贸易和长期投资不会有太大的冲击。

四、提高政府对金融市场的干预调控能力

（一）可以动用外汇储备干预外汇市场

针对国际性投机资本的入侵，货币当局应该运用本外币资金干预外汇市场，以稳定汇率。这种对冲性干预能在一定时期减少汇率的波动幅度和打击投机。但是，对外汇市场的干预能维持多久，要受到该国或地区的外汇储备规模、从国际金融市场上所能借到的外汇规模等因素的影响。一般来说，一国的外汇储备规模的选择要考虑对外贸易规模、资本流入流出状况、本国居民的国内资产转换外币资产的需求量，还要考虑资产潜在外逃量等因素。

（二）可以动用财政资金来稳定股市

在股市大跌特别是市场信心不足的时候，政府可动用财政资金护盘，以此恢复市场信心，制止因恐慌而大量抛售的行为。例如，2008 年的国际金融危机，各国政府都以这种方法积极救市。

① 夏丹阳，胡丹，冯莉，等. 货币银行学［M］. 北京：经济管理出版社，2012.

五、加强国际安全协作

（一）加强各国间的宏观经济协作，重构与虚拟经济相匹配的实体经济

一国实体经济与虚拟经济严重脱离是金融危机发生的一个原因。例如，在欧美发达国家，一直以来注重服务业和金融业发展，而将制造业等转移到发展中国家。一旦消费市场和资本市场出现问题，实体经济因为过度依赖资本市场而受到影响。显然，虚拟经济与实体经济失衡是长期积累的结果，短期内难以解决。那么这就需要国家制定出实体经济与虚拟经济协调发展的机制，使虚拟经济更好地服务于实体经济，发现新的增长点。

（二）加强各国间的政策协调机制，循序渐进地调整全球经济失衡

各国应该根据自身情况，扩大需求，削减赤字，进行结构调整与体制改革，相互开放市场，加强政策协调，推进国际经济体制合理发展，促进世界经济的均衡发展。各国应该加快建立双边或多边协调机制，为经济失衡的调节明确政策方向和发展重心。

（三）加强各国间配合，建立国际金融体系，共同抵御金融风险

各国应积极配合，发挥各自作用，完善国际金融组织体系，改革国际金融监管体系，加快推进多元化的国际货币体系稳定。

欧盟向银行体系注入流动性①

次贷危机后，欧盟迅速制订了银行救助方案，确保金融市场的稳定，尽力减少风险在欧盟成员国内部的传递。银行救助主要集中在为银行注入资本及流动性以及为银行的债务提供担保，以保证金融机构能够履行正常的功能。

一是欧盟于2008年10月启动了3.3万亿欧元（约占欧盟地区生产总值的1/3）的救助资金，主要用于以下四个方面：债务担保、资本注入、流动性支持和不良资产处理。其中，债务担保占了最主要的部分，达到了2.9万亿欧元。这些举措避免了银行间市场流动性的快速蒸发。

二是欧盟成员国分别采取了与欧盟类似的救助措施，各国批准了相当可观的救助资金和担保规模，但国家之间的救助规模差距不小。其中，爱尔兰的救市资金规模最大，超过其GDP规模的两倍，其次是英国和荷比卢经济联盟，占到其GDP规模的20%~40%。

三是救助重点放在提供银行体系的流动性。仅2008年，希腊政府承诺为救助希腊银行提供280亿欧元；西班牙政府提供1 000亿欧元的银行债务担保，并批准政府收购注资银行的股份；德国政府推出5 000亿欧元银行业拯救计划；法国政府拿出3 600亿欧元帮助银行渡过金融危机；英国政府向3家银行共注资370亿英镑。

① 曾昊睿. 欧洲应对次贷危机的经验与教训［EB/OL］.（2015-10-28）［2016-08-12］. http://www.bisf.cn/zbscyjw/yjbg/201510/f9fd0d5fccde42ea9ee6abfccd00d6b2.shtml.

此外，欧盟将国际收支援助的上限从1988年的120亿欧元提高到2009年5月的180亿欧元。主要有三个成员国从中获益，分别为匈牙利（65亿欧元）、罗马尼亚（50亿欧元）、拉脱维亚（31亿欧元）。

欧洲央行的流动性支持与低利率政策

欧洲央行（ECB）在雷曼兄弟银行破产后，及时对市场的恐慌情绪做出了反应。在2008年10月初，欧洲央行将贷款利率降低了50个基点到3.75%，英格兰银行、瑞典央行也做了相应调整。在此之后到2009年夏天，欧洲央行进行了一系列利率的调整，基准利率共计降低了325个基点到1%，相应地，英格兰银行、瑞典央行降低了400个基点。

欧洲央行还担负起主要流动性提供者的角色。欧洲央行以固定利率来满足每周市场操作中的流动性需求，放宽了“利率走廊”（从2009年4月开始欧洲央行存款利率维持在0.25%的水平，致使隔夜拆借利率近乎为0）以及为外汇提供流动性。此外，欧洲央行增加了可以为再融资提供担保的资产种类，拓宽央行对商业银行的资金供应渠道。除了短期的流动性支持，欧洲央行还扩大了3个月再融资操作的规模，并引入了6个月和12个月的再融资市场操作。2009年5月，欧洲央行为了支持金融市场，使用了非传统的政策手段：同意购买共计600亿的以欧元计价的担保债券。

由于这些增强流动性措施的实施，欧洲央行的资产负债表从2007年8月初的1.2万亿欧元，迅速扩张到2008年7月的近1.85万亿欧元，占欧元区地区生产总值的比重从13%提高到21%。

经济恢复与财政刺激：抬升政府债务总水平

为避免经济深度下滑、维护金融市场的稳定，欧盟通过“欧洲经济恢复计划（European Ecomomic Recovery Programme，EERP）”制定了积极的财政政策与经济结构改革相结合的框架以应对经济下行。欧盟委员会于2008年12月通过了该计划，财政支出规模达到了2009—2010年地区生产总值的2%，其中包括由欧洲投资银行（European Investment Bank）提供的200亿欧元的贷款。

根据欧盟统计局数据显示，2008—2010年间欧洲总体债务水平从69.4%攀升至84.7%，其中金融危机的刺激政策和金融支持政策使债务水平提高了约1/4~1/3。应对次贷危机的过程中，欧洲各国都不同程度地实施了扩张性的财政政策，这对于暂时稳定经济和刺激经济增长起到了一定作用，但也为后来的主权债务危机埋下隐患。

思考：

1. 欧洲各国是如何应对美国次贷危机的?

2. 有观点认为欧洲各国应对次贷危机及救助效果并不理想，并且为后来的欧洲主权债务危机埋下隐患。你对此有何看法，请说明。

思考与练习

一、名词解释

金融危机　货币危机　银行危机　债务危机　系统性金融危机　国际游资

二、简答题

1. 金融危机有什么特点？
2. 金融危机根据爆发的领域不同有哪些类型？
3. 外债危机理论有哪些？
4. 银行危机理论有哪些？
5. 简述货币政策失误论。
6. 简述金融危机的成因。
7. 如何防范与治理金融危机？

三、论述题

结合本章所学内容，试论述我国如何更好地开放金融市场而不至于引起金融危机？

参考文献

[1] 艾洪德，范立夫. 货币银行学 [M]. 大连：东北财经大学出版社，2005.

[2] 爱德华·肖. 经济发展中的金融深化 [M]. 邵伏军，许晓明，宋先平，译. 上海：上海三联书店，1988.

[3] 白景明. 货币供求与实物供求 [J]. 财政研究，1996 (11).

[4] 彼得·罗斯，西尔维娅·赫金斯. 商业银行管理 [M]. 刘园，译. 北京：机械工业出版社，2007.

[5] 蔡风景，李元，王慧敏. 货币、投资、通货膨胀与经济增长的实证 [J]. 统计与决策，2008 (1).

[6] 曹龙骐. 货币银行学 [M]. 北京：高等教育出版社，2000.

[7] 曹永琴，李泽祥. 货币政策对成型效应形成机理的理论述评 [J]. 经济学家，2007 (4).

[8] 陈宏. 货币银行学 [M]. 上海：立信会计出版社，2008.

[9] 大卫·H弗里德曼. 货币与银行 [M]. 毕波，译. 北京：中国计划出版社，2001.

[10] 戴国强. 货币银行学 [M]. 上海：上海财经大学出版社，2001.

[11] 戴国强. 商业银行 [M]. 北京：高等教育出版社，2007.

[12] 单玲娜. 中国货币政策有效性分析 [J]. 科技信息，2011 (8).

[13] 高彩霞. 货币银行学概论 [M]. 上海：上海财经大学出版社，2008.

[14] 关梦觉. 价格改革及通货膨胀治理 [J]. 湖北社会科学，1988 (12).

[15] 韩廷春，周佩璇. 金融生态系统失衡及调节机制的实证研究 [J]. 理论学刊，2010 (8).

[16] 胡庆康. 现代货币银行学教材 [M]. 2版. 上海：复旦大学出版社，2003.

[17] 黄达. 货币银行学 [M]. 北京：中国人民大学出版社，2000.

[18] 黄旭东. 试论中央银行调控基础货币的困难性及其解决途径 [J]. 金融研究，1988 (5).

[19] 季伟杰. 中国式通过膨胀的成因及治理——基于围观市场的视角 [J]. 金融与经济，2008 (2).

[20] 蒋先玲. 货币银行学 [M]. 北京：对外经济贸易大学出版社，2007.

[21] 金德尔伯格. 西欧金融史 [M]. 徐子健，何建雄，朱忠，译. 北京：中国金融出版社，1991.

[22] 李成，任远. 商业银行经营学 [M]. 西安：西安交通大学出版社，2007.

[23] 李庚寅，王孝仙. 金融发展理论与中国农村金融改革 [J]. 特区经济，2005 (3).

[24] 李红梅. 通货膨胀预期不确定性 [J]. 财经问题研究，1996 (4).

[25] 李雪茹. 现代金融学 [M]. 广州：中山大学出版社，2005.

[26] 里瓦尔. 银行史 [M]. 陈淑仁，译. 北京：商务印书馆，1997.

[27] 刘鸿儒. 刘鸿儒论中国金融体制改革 [M]. 北京：中国金融出版社，2001.

[28] 刘佳. 近年来我国货币政策运用效果及未来取向 [J]. 江西金融职工大学学报，2010 (6).

[29] 刘康兵，申朴，李达. 利率与通货膨胀：一个费雪效应的经验分析 [J]. 财经研究，2003 (2).

[30] 刘巍. 中国的货币供求与经济增长 [J]. 中国社会经济史研究 . 2004.

[31] 刘宇飞. 货币银行学 [M]. 北京：中国发展出版社，2008.

[32] 龙玮娟，郑道平. 货币银行学原理 [M]. 北京：中国金融出版社，1997.

[33] 罗纳德·麦金农. 经济市场化的次序 [M]. 2 版. 周庭煜，尹翔硕，陈中亚，译. 上海：上海人民出版社，1997.

[34] 米什金. 货币金融学 [M]. 4 版 . 李杨，等，译. 北京：中国人民大学出版社，2002.

[35] 潘石. 西方通货紧缩理论评析 [J]. 当代经济研究，2000 (2).

[36] 裴少峰. 货币银行学 [M]. 广州：中山大学出版社，2006.

[37] 彭伶. 紧缩性货币政策下中小企业融资问题探讨 [J]. 当代经济（下半月），2008 (4).

[38] 彭兴韵. 金融发展德路径依赖与金融自由化 [M]. 上海：上海人民出版社，2002.

[39] 苏剑. 西方货币传导理论综述 [J]. 经济学动态，1997 (4).

[40] 苏平贵. 金融学 [M]. 北京：清华大学出版社，2007.

[41] 孙建平. 货币政策与汇率政策的冲突：中国的实践与理论新解 [J]. 国际金融研究，2002 (12).

[42] 谈儒勇. 金融自由化的条件研究 [M]. 北京：中国人民大学学报，1999 (3).

[43] 谭儒勇. 金融发展理论与中国金融发展 [M]. 北京：中国经济出版社，2000.

[44] 田湘龙. 中央银行最后贷款人作用的发展与深化 [J]. 武汉金融，2005 (3).

[45] 万军. 中央银行的最后贷款人职能与应注意的问题 [J]. 金融会计，2004 (4).

[46] 王传纶，阎先东. 外汇储备与通货膨胀：中央银行的对冲可行性分析 [J]. 财贸经济，1998 (3).

[47] 王松奇. 金融学 [M]. 2 版 . 北京：中国金融出版社，2000.

[48] 王兆星. 金融市场学 [M]. 北京：中国金融出版社，1999.

[49] 吴锡琴，季红艳. 试论我国中央银行的独立性 [J]. 商业经济，2008 (1).

[50] 武康平. 货币银行学教程 [M]. 北京：清华大学出版社，1999.

[51] 夏德仁，李念斋. 货币银行学 [M]. 北京：中国金融出版社，1997.

[52] 萧松华，朱芳. 货币银行学［M］. 3 版. 成都：西南财经大学出版社，2009.

[53] 谢杭生，孙青. 战后西方国家货币政策目标比较［J］. 金融研究，1999（10）.

[54] 扬咸月. 金融深化理论发展及其微观基础研究［M］. 北京：中国金融出版社，2001.

[55] 姚长辉. 货币银行学［M］. 北京：北京大学出版社，1998.

[56] 姚遂，李健. 货币银行学［M］. 北京：中国金融出版社，1999.

[57] 易刚，吴有昌. 货币银行学［M］. 上海：上海人民出版社，1999.

[58] 殷孟波. 货币金融学［M］. 北京：中国金融出版社，2004.

[59] 余永定. 通货膨胀严重威胁稳定［J］. 理论参考，2008（3）.

[60] 曾令华. 货币短期非中性的政策意义及实证分析［J］. 金融研究，2000（9）.

[61] 张贵乐，艾洪德. 货币银行学教程［M］. 大连：东北财经大学出版社，1997.

[62] 张一飞. 我国货币供应量与物价非常规关系研究——基于货币供求视角的分析［J］. 黑龙江对外经贸，2010（8）.

[63] 张亦春. 货币银行学［M］. 厦门：厦门大学出版社，1995.

[64] 周大中. 现代金融学［M］. 北京：北京大学出版社，1994.

[65] 周好文，何自云. 商业银行管理［M］. 北京：北京大学出版社，2008.

[66] 周骏，王学青. 货币银行学原理［M］. 北京：中国金融出版社，2002.

[67] 周延军. 西方金融理论［M］. 北京：中信出版社，1992.

[68] 庄毓敏. 商业银行业务与经营［M］. 北京：中国人民大学出版社，2005.

[69] 夏丹阳，胡丹，冯莉，等. 货币银行学［M］. 北京：经济管理出版社，2012.

[70] 刘肖原，李中山. 中央银行学教程［M］. 2 版. 北京：中国人民大学出版社，2011.

[71] 李永，王振宇. 货币银行学［M］. 北京：清华大学出版社，2013.

[72] 易纲，吴有昌. 货币银行学［M］. 上海：上海人民出版社，2006.

[73] 刘朝阳. 金融危机形成机理研究［D］. 长春：东北师范大学，2013.